SCIENCE FICTION

Herausgegeben
von Wolfgang Jeschke

Von Greg Bear erschienen in der Reihe
HEYNE SCIENCE FICTION & FANTASY:

Das Lied der Macht · 06/4382
Der Schlangenmagier · 06/4569

Äon · 06/4433
Blutmusik · 06/4480
Corona (STAR TREK-Roman) · 06/4499
Schmiede Gottes · 06/4617

Liebe Leser,

um Rückfragen zu vermeiden und Ihnen Enttäuschungen zu ersparen: Bei dieser Titelliste handelt es sich um eine Bibliographie und NICHT UM EIN VERZEICHNIS LIEFERBARER BÜCHER. Es ist leider unmöglich, alle Titel ständig lieferbar zu halten. Bitte fordern Sie bei Ihrer Buchhandlung oder beim Verlag ein Verzeichnis der lieferbaren Heyne-Bücher an. Wir bitten Sie um Verständnis.

Wilhelm Heyne Verlag GmbH & Co. KG, Türkenstr. 5–7, Postfach 201204, 8000 München 2, Abteilung Vertrieb

GREG BEAR

SCHMIEDE GOTTES

Roman

Deutsche Erstausgabe

Science Fiction

WILHELM HEYNE VERLAG
MÜNCHEN

HEYNE SCIENCE FICTION & FANTASY
Band 06/4617

Titel der amerikanischen Originalausgabe
THE FORGE OF GOD
Deutsche Übersetzung von Winfried Petri
Das Umschlagbild schuf John Harris

Redaktion: Wolfgang Jeschke
Copyright © 1987 by Greg Bear
Copyright © 1989 der deutschen Übersetzung
by Wilhelm Heyne Verlag GmbH & Co. KG, München
Printed in Germany 1989
Umschlaggestaltung: Atelier Ingrid Schütz, München
Satz: Schaber, Wels
Druck und Bindung: Elsnerdruck, Berlin

ISBN 3-453-03488-0

INHALT

Introitus: Kyrie Eleison* 7

Quid sum miser tunc dicturus? 21
1—6

Quaerens me, sedisti lassus 83
7—8

Offertorium 95
9—15

Agnus Dei 143
16—59

Lacrimosa dies illa 447
60—61

Hostias et preces tibi, laudis offerimus 461
62—68

Dies irae 497
69—74

Agnus Dei 535

Danksagungen 544

---

* Das Buch ist in Abschnitte geteilt, deren Überschriften der lateinischen katholischen Liturgie entnommen sind. *Introitus: Kyrie Eleison* und Schluß *(Agnus Dei)* haben keine Kapitelzählung. — *Anm. d. Übers.*

*Für Alan Brennert,
der mir im Fernsehen die Hölle
heiß gemacht hat*

Introitus

✺

Kyrie Eleison

26. Juni 1996

Arthur Gordon stand im Dunkeln am Ufer des Rogue River. Er hatte sich einige Schritte weit von seinem Haus, seiner Familie und seinen Gästen entfernt, weil er im Moment keine Gesellschaft mochte. Er war fast zwei Meter groß, von denen er nur zwei bis drei Zentimeter durch krumme Haltung einbüßte. Sein Haar war matt braun, und seine Augenbrauen ein klein wenig heller getönt. Seine Figur war gut proportioniert. Er war hinreichend muskulös, ohne eine Spur von Fett. Unter der Haut traten die Muskeln hervor, was ihn etwas hager erscheinen ließ.

Die gleiche Schlankheit verlieh seinem Gesicht einen Anflug von Heftigkeit und fälschlich auch von Durchtriebenheit. Wenn er lächelte, sah es so aus, als ob er über etwas Unangenehmes nachdächte oder einen Anschlag planen würde. Aber sobald er sprach oder lachte, war dieser Eindruck rasch verflogen. Seine Stimme war voluminös, ausgeglichen und ruhig. Er war ein überaus liebenswürdiger Mensch und war es sogar während seiner anderthalb Jahre in Washington, D.C., gewesen.

Die Kleidung von Arthur Gordon wirkte professionell. Am liebsten trug er — wie jetzt — alte braune Cordsamthosen, eine dazu passende Jacke und ein blaukariertes Hemd mit langen Ärmeln. Die wenigen Schuhe, die er besaß, waren solide: Im häuslichen Bereich Turnschuhe und bei der Arbeit kräftige braune oder schwarze aus Leder.

Seine einzige Extravaganz war eine breite rechteckige Gürtelschnalle, die einen Saturn aus Türkis und silberne Sterne zeigte, die in Rosenholz über Messing und Ahornbergen eingelegt waren. Fünf Jahre lang hatte er sich ernsthaft etwas mit Astronomie beschäftigt, die für ihn immer noch der edelste aller Berufe war. Sie stand seinem Herzen nahe und lag ihm oft auf der Zunge.

Er kniete sich im Schatten von Eschen und Ahornbäumen hin und steckte die Finger in die üppige, von schwarzen Blättern verkrustete Humusschicht. Mit geschlossenen Augen sog er den Geruch von Wasser ein, von scharf wie Tee riechendem vermodertem Laub und das saubere seifenartige Aroma feuchter Erde. Es war schön, allein zu sein. Allein zu sein und zu wissen, daß er jederzeit umkehren und zu Francine und ihrer beider Sohn Marty zurückkehren könnte, war ein Glücksgefühl, das er kaum zu ermessen vermochte.

Der Wind fauchte über ihm durch die Zweige. Als Arthur aufschaute, erspähte er zwischen den schwarzen Konturen der Ahornblätter einen dichten Schwarm von Sternen. Er kannte jedes Sternbild. Er wußte (so gut wie jedermann sonst), wie die Sterne geboren werden, wie sie alt werden und manchmal auch sterben. Dennoch waren die Sterne selten mehr als Lichter auf tiefblauem Samt. Nur manchmal während längerer Zeit konnte er sie in Gedanken sich aufblähen lassen und als das sehen, was sie wirklich waren, nämlich ferne Teilnehmer an einem komplizierten Spiel.

Stimmen hallten durch den Wald. Auf der weiten Veranda des einstöckigen Landhauses, das auf kräftigen Betonpfeilern über die mit Farnen und Bäumen bewachsene Klippe ragte, unterhielt sich Francine mit ihrer Schwester Danielle und ihrem Schwager Grant über Fischfang.

»Männer mögen Hobbies mit Schneid und Schmalz«, sagte Danielle. Ihre hohe Stimme war angenehm und hatte noch etwas von dem Akzent aus North Carolina bewahrt, den Francine längst fast völlig abgelegt hatte.

»Unsinn!« konterte Grant herzlich — ganz Iowa. »Der Reiz besteht in dem Töten unschuldiger Geschöpfe Gottes.«

Unterhalb von Arthur strömte der Fluß mit sanftem Gemurmel dahin. Immer noch in Hockstellung rutschte er auf den Absätzen seiner vollkommen schlammigen

Turnschuhe zum Ufer hinunter und tauchte seine Hände mit ihren langen Fingern in das kalte Wasser.

Für einen zufriedenen Menschen hängen alle Dinge miteinander zusammen. Er blickte wieder zum Himmel empor. »Verdammt«, sagte er ehrfurchtsvoll mit feucht werdenden Augen. »Ich liebe das alles.«

Da tapste in seiner Nähe etwas im Dunkeln herum und schnupperte. Arthur fuhr zusammen und erkannte dann das eifrige Winseln. Gauge, Martys drei Monate alter schokoladenbrauner Labrador, war ihm bis zum Fluß herunter gefolgt. Arthur spürte die kalte Nase des Welpen an seiner ausgestreckten Hand und rieb den Kopf und die Ohren des Hundes zwischen seinen Händen. »Warum bist du die ganze Strecke hierher heruntergekommen? War der junge Herr unfreundlich? Hat er sich nicht um dich gekümmert?«

Gauge saß hin und her schwankend im Schlamm. Sein Schwanz peitschte die nassen Blätter. Die feuchten runden braunen Augen des kleinen Hundes reflektierten paarweise den Sternenschimmer. »Der Ruf der Wildnis«, sagte Arthur zu dem Welpen. »Hier draußen in der rauhen freien Natur.« Gauge sprang davon und stupste seine Vorderfüße ins Wasser.

Arthur hatte in seinem Leben drei Hunde besessen. Den ersten, eine alte zottige Colliehündin, hatte er beim Tode seines Vaters geerbt, als er gerade so alt war wie Marty jetzt. Sie war das Ein und Alles seines Vaters gewesen; und diese Beziehung hatte sich auf ihn übertragen, noch ehe er deren Bedeutung voll ermessen konnte. Nach einiger Zeit hatte Arthur sich gefragt, ob sein Vater nicht einen Teil seiner selbst in das alte Tier übertragen hätte, weil es so besonnen und beschützend wirkte. Er hoffte, daß Marty mit Gauge eine ähnlich enge Beziehung finden würde.

Hunde konnten einen wilden Jungen besänftigen oder einen scheuen aufmuntern. Arthur war besänftigt worden. Marty — ein fröhlicher, ruhiger Knabe, acht

Jahre alt und mager wie ein Gespenst — begann sich schon zu entfalten.

Er spielte mit seiner Cousine auf dem Rasen unterhalb und östlich der Terrasse. Becky, eine hübsche Range, die mehr Energie als Verstand aufwies — für ihr Alter verzeihlich —, hatte eine Handpuppe in Form eines Affen mitgebracht. Dessen Stimme ahmte sie mit schrillen schnatternden Tönen nach, die mehr nach Vogel als nach Affe klangen.

Martys aufgeregtes mädchenhaftes Gekicher stieg bis zu den Baumwipfeln empor. Er war hoffnungslos in Becky verknallt. Hier in der Einsamkeit, wo es niemanden gab, der sie ablenken konnte, wies sie ihn nicht zurück; aber sie zankte ihn in gesetztem Tone oft wegen seines »miesen« Benehmens aus. »Mies« konnte alles mögliche bedeuten, aber nie etwas Gutes. Marty ließ sich diese Bemerkungen mit säuerlichem Schweigen gefallen. Er war noch zu jung, um zu erkennen, wie tief sie ihn verletzten.

Die Gordons lebten schon seit sechs Monaten in dem Häuschen, seit Arthurs Tätigkeit als wissenschaftlicher Berater des Präsidenten der Vereinigten Staaten ein Ende gefunden hatte. Er hatte diese Zeit genutzt, um sich mit Lektüre aufs laufende zu bringen, und täglich astronomische und naturwissenschaftliche Zeitschriften im Werte eines ganzen Monats verschlungen. Einen oder zwei Tage in jeder Woche fungierte er als Berater für Projekte der Luft- und Raumfahrt, und er flog monatlich einmal nach Seattle im Norden oder südlich nach Sunnyvale oder El Segundo.

Francine hatte sich nach der stürmischen Zeit in der Hauptstadt mit Vergnügen wieder ihren Studien über alte nomadische Steppenvölker zugewandt, von denen sie weit mehr wußte und verstand, als er von den Sternen. Sie hatte an diesem Projekt seit ihren Tagen bei Smith gearbeitet, wobei sie langsam und stetig ihr Material sammelte, das zu der (wie sie meinte, recht offenkundigen) Schlußfolgerung führte, wonach die große ökologische Produktionsstätte der zentralasiatischen Steppen praktisch jede große Bewegung in der Geschichte hervorgebracht oder angeregt hätte. Schließlich wollte sie alles zu einem Buch machen. Tatsächlich hatte sie schon über zweitausend Seiten auf Disketten. In Arthurs Augen machte diese Zweigleisigkeit einen Teil von dem Charme seiner Gattin aus: Draußen eine hilfreich beflissene Mutter, drinnen eine sture Forscherin.

Das Telephon läutete dreimal, ehe Francine von der Terrasse aus herangehen konnte. Ihre Stimme kam aus dem offenen, dem Fluß zugewandten Fenster des Schlafzimmers. »Ich werde ihn schon finden«, sagte sie dem Anrufer.

Er stand seufzend auf und zupfte an dem Cordsamt über seinen Knien.

»Arthur!«

»Ja?«

»Chris Riley vom CalTech. Bist du zu sprechen?«

»Sicher«, sagte er — weniger widerstrebend. Riley war kein enger Freund, sondern bloß ein Bekannter; aber im Laufe der Jahre hatten sie einen Pakt geschlossen, wonach jeder den anderen über interessante Entwicklungen informieren würde, ehe die meisten Wissenschaftler oder gar die allgemeinen Medien davon Wind bekommen könnten. Arthur stieg leise vor sich hin pfeifend im Dunkeln den schmalen Weg vom Ufer hoch. Er kannte jede Wurzel und jede durch Schlamm und Blätter rutschige Stelle. Gauge tobte durch die Farnbüsche.

Marty sah ihm von der Rasenkante her unter einem wilden Pflaumenbaum wie eine Eule zu. Die Affenpuppe baumelte schlaff und grotesk an seiner Hand. »Ist Gauge bei dir?«

Der Hund kam hinterher, Ohren und Augen fest auf den Affen gerichtet, den er leidenschaftlich liebte.

Becky lag mitten im Hof auf dem Rücken, das leuchtend blonde Haar über das Gras ausgebreitet, und schaute feierlich in den Himmel. Marty fragte. »Papa, wann können wir das Teleskop herausholen?« Er packte Gauge am Halsband und bückte sich, um ihn zu streicheln. Der Hund kläffte und verdrehte den Hals, um in die Luft zu schnappen, als ihn das Plastikgesicht des Affen auf den Rücken knuffte. »Becky möchte etwas sehen.«

»Etwas später. Sag es der Mutti!«

»Wird sie es schaffen?« Marty hegte gerade jetzt Zweifel an dem technischen Geschick seiner Mutter. Das ärgerte Arthur.

»Sie hat es mehr benutzt als ich, Bursche.«

»Na *schön!*« Marty ließ begeistert den Hund los und die Puppe fallen und rannte Arthur voraus zur Treppe. Gauge packte den Affen sofort an der Kehle und schüttelte ihn knurrend. Arthur folgte seinem Sohn, wandte sich in der Diele hinter der Kühltruhe nach links und hob seinen Hörer im Büro ab.

»Christopher, was für eine Überraschung!« sagte er freundlich.

»Art, hoffentlich bin ich der erste.« Rileys Tenorstimme klang höher als sonst.

»Das kommt darauf an, um was es geht.«

»Hast du von Europa gehört?«

»Europa — wieso?«

»Ich meine Europa, den sechsten Jupitermond.«

»Was ist damit?«

»Er ist verschwunden.«

»Pardon?«

»Man hat auf Mount Wilson und Mauna Kea Nachforschungen angestellt. Die *Galileo*-Sonde ist da draußen noch voll aktiv. Sie wurde aber seit Wochen nicht auf Europa gerichtet. JPL* hat jetzt mit den Kameras dahin gezielt, wo Europa sein sollte, aber es gab da nichts,

---

* Jet Propulsion Laboratory — *Anm. d. Übers.*

was groß genug wäre, um es zu photographieren. Falls Europa noch da wäre, müßte sie in ungefähr zehn Minuten aus einer Verfinsterung durch Jupiter wieder auftauchen. Aber niemand erwartet, sie zu sehen. Seit sechzehn Stunden laufen ständig Anrufe von Amateuren bei JPL und Mount Palomar ein.«

Arthur konnte nicht schnell genug schalten, um zu wissen, wie er reagieren sollte. »Ich verstehe nicht ganz...«

»Sie ist weder schwarz angestrichen und hält sich auch nicht versteckt — sie ist einfach *verschwunden*. Es hat sie auch niemand verschwinden sehen.«

Riley war ein rundlicher Wissenschaftler mit kurzem Haarschnitt in Sportdress, persönlich zurückhaltend außer am Telephon, und sehr konservativ. An Humor hatte es ihm stets sehr gefehlt. Er hatte Arthur niemals irgendwie zum besten gehabt.

»Was ist Ihrer Meinung nach passiert?«

»Kein Mensch weiß das«, sagte Riley. »Niemand riskiert auch nur eine Vermutung. Hier in Pasadena wird morgen eine Pressekonferenz stattfinden.«

Arthur kniff sich nachdenklich in die Wange. »Ist sie explodiert? Hat sie etwas getroffen?«

»Können wir nicht sagen, nicht wahr?« Er konnte an der Stimme von Chris direkt heraushören, wie er lachte. Riley lächelte nur dann, wenn er mit einem wirklich bizarren Problem konfrontiert war. »Keine Daten. Ich muß jetzt noch ungefähr siebzig andere Leute anrufen. Halte Verbindung, Arthur!«

»Danke, Chris!« Er legte auf und kniff sich immer noch in die Backe. Die sanfte Stimmung des Augenblicks am Flusse war dahin. Er stand einen Augenblick mit gerunzelter Stirn noch am Telephon und ging dann in das große Schlafzimmer.

Francine langte hoch nach oben, um das oberste Fach des Kleiderschranks zu durchstöbern. Marty und Becky drängten sich hinter ihr.

Während ihrer gemeinsamen siebzehn Jahre hatte seine Frau die Grenzen von üppig über füllig zu plump überschritten. Der physische Kontrast zwischen Arthur und Francine mit ihren Kurven und ihrer reifen Anmut war offenkundig. Ebenso offenkundig war die Tatsache, daß die beiden bei sich selbst nicht sahen, was die anderen in ihnen erblickten. Francine liebte Kleiderstoffe, die mit volkskundlichen Motiven bedruckt waren. Vieles in ihrer Garderobe zeugte von geschmackvoller Anpassung an ein matronenhaftes Alter.

Aber in seinen Gedanken war sie ewig so, wie er sie zuerst gesehen hatte, als sie im südlichen Kalifornien den von der Sonne beschienenen weißen Sand von Newport Beach heraufgegangen war, mit einem knappen einteiligen Badeanzug, während ihr langes schwarzes Haar lose in der Brise wehte. Sie war die erotisch attraktivste Frau gewesen, die ihm je begegnet war — und sie war es noch immer.

Sie holte den geschwollenen Segeltuchsack mit dem Teleskop herunter. Dann bückte sie sich, um unter einem Haufen von Schuhen nach der Schachtel mit den Okularen zu wühlen. »Was hat Chris gewollt?« fragte sie.

»Europa ist verschwunden«, sagte Arthur.

»Europa?« Francine grinste über die Schulter und reichte ihm den Sack.

»Ja, Europa, der sechste Mond des Jupiters.«

»Ach. Wie denn?«

Arthur zog eine Grimasse und zuckte die Achseln. Er nahm das Teleskop und seinen grau gestrichenen Metallfuß und trug die Sachen nach draußen. Gauge folgte ihm schnaufend auf den Fersen.

»Oho, Kinder, Papa ist in Robotstimmung«, rief Francine aus dem Schlafzimmer. »Was hat Chris nun wirklich gesagt?« Sie folgte Arthur die Treppe hinunter auf den Rasen, wo er den Fuß des Stativs in den weichen, mit Gras bewachsenen Boden drückte.

»Das ist es, was er wirklich gesagt hat«, antwortete Arthur und fügte den großen roten Körper des Reflektors in die drei hohlen Stativbeine.

Der ergraute, würdevolle Grant und die kleine blonde Danielle standen auf der östlichen Seite der hinteren Balustrade am Geländer und blickten über den Hof und den Pflaumenbaum. Danielle hielt Grant am Arm und sagte: »Es ist eine wunderschöne Nacht.« Arthur fand, daß sie Modellen in Immobilienanzeigen der besseren Kategorie ähnlich sahen. Aber es waren nette Menschen. »Wollen wir die Sterne anschauen?«

»Es ist doch nicht etwa geheim oder so?« fragte Francine.

Arthur antwortete: »Ich bezweifle sehr, daß so etwas geheim gehalten werden kann«, und blickte ins Okular.

»Einer der Jupitermonde ist verschwunden«, rief Francine zu ihnen hinauf.

»Oh«, sagte ihre Schwester. »Ist das möglich?«

»Wir haben einen Freund oder eher einen Bekannten. Der und Arthur halten einander über gewisse Dinge auf dem laufenden.«

»Dann hält er also jetzt danach Ausschau?« fragte Danielle.

Grant fragte: »Könnt ihr den Jupiter von hier aus sehen — ich meine heute abend?«

»Ich denke schon«, antwortete Francine. »Europa ist einer der Galileischen Monde, einer von den vier, die Galilei entdeckt hat. Die Kinder wollten gerade ...«

Arthur hatte den Jupiter im Gesichtsfeld, ein heller Fleck inmitten des blaugrauen nebeligen Hintergrundes mit einzelnen erkennbaren Sternen. Auf der einen Seite des viel helleren Planeten waren deutlich zwei punktförmig erscheinende Monde unterschiedlicher Helligkeit zu sehen. Der schwächere war entweder Io oder Callisto, der hellere wahrscheinlich Ganymed. Ein dritter lief entweder gerade, für das kleine Instrument unerkennbar, über die Scheibe des Jupiters oder er befand sich in seinem Schattenkegel und hatte eine totale Sonnenfinsternis. Arthur versuchte, sich die Regel von Laplace bezüglich der ersten drei Galileischen Monde ins Gedächtnis zu rufen: *Die Länge des ersten Satelliten, abzüglich der dreifachen Länge des zweiten, vermehrt um die doppelte des dritten, ist immer gleich dem halben Umfang* ... Er hatte das in der Oberschule auswendig gelernt, und jetzt konnte er es gut anwenden. Er murmelte die Konsequenzen der Regel vor sich hin: »Die ersten drei Galileischen Monde — dazu zählt auch Europa — können nie alle gleichzeitig verfinstert werden und auch nicht alle zugleich vor der Scheibe stehen. Wenn Io und Europa gleichzeitig verfinstert sind oder vor der Scheibe durchlaufen ... Ach, zum Teufel!« Er konnte sich nicht an die Details erinnern. Er würde einfach dasitzen und darauf warten müssen, daß alle vier zugleich sichtbar würden, oder daß nur drei auftauchen sollten.

»Können wir einmal schauen?« fragte Marty.

»Gewiß. Ich werde wahrscheinlich die ganze Nacht hier draußen verbringen«, sagte Arthur.

»Aber nicht Becky«, erklärte Danielle.

»Ach Mama! Darf ich sehen?«

»Komm schon!« redete Arthur ihr zu und lehnte sich zurück. Marty hockte dicht beim Teleskop und zeigte seiner Cousine, wie man ins Okular schaute. »Nicht dranstoßen!« warnte Arthur sie. »Francine, kannst du mir den Feldstecher bringen?«

»Wo ist er?«

»In dem Schrank in der Diele, über dem Campingzeug, in einem schwarzen Lederetui.«

»Was könnte einen Mond verschwinden lassen? Wie groß ist der?« wollte Grant wissen.

»Für einen Mond ist er ganz hübsch groß«, sagte Arthur. »Felsen und Eis, wahrscheinlich mit einer Schicht flüssigen Wassers unter einer Eiskruste.«

»Er ist also nicht so wie unser Mond?« fragte Danielle.

»Nein, ganz anders«, sagte Arthur. Francine gab ihm

den Feldstecher, und er richtete ihn auf den Himmel in der allgemeinen Nähe des Jupiters. Nachdem er ihn kurze Zeit hin- und hergeschwenkt und scharf eingestellt hatte, fand er den Lichtpunkt. Er konnte aber das Glas nicht ruhig genug halten, um Monde auszumachen. Becky rückte von dem Teleskop ab, rieb sich das Auge und zog ein Gesicht. »Das ist anstrengend«, sagte sie.

»Schon recht. Jetzt laß mich wieder dran!«

Marty fragte seine Cousine, ob sie es gesehen hätte.

»Ich weiß nicht. Es war schwer, überhaupt etwas zu sehen.«

Arthur brachte ein Auge ans Okular und erkannte einen dritten Mond, der auch ziemlich schwach war. Callisto, Io und Ganymed. Kein Zeichen von einem vierten.

Der Rest der Familie hatte die Nachtwache bald satt. Sie gingen hinein und begannen ein geräuschvolles Scrabble-Spiel.

Nachdem er zwei Stunden lang seine Augen angestrengt hatte, stand Arthur auf. Seine Beine schmerzten ihn von den Knien abwärts. Francine kam etwa um zehn Uhr wieder in den Hof und blieb mit verschränkten Armen dicht bei ihm stehen.

»Mußt du dich selbst durch eigenen Augenschein überzeugen?« fragte sie.

Arthur sagte: »Du kennst mich doch. Das Ding müßte zu sehen sein, ist es aber nicht.«

»Ein Mond ist doch ein ziemlich großes Objekt, um verlorenzugehen, nicht wahr?«

»Ganz unerhört.«

»Hast du irgendeine Idee, was das bedeutet?«

Arthur sah zu ihr auf. »Es sind nur drei Monde. Ich weiß aber, daß ich inzwischen hätte vier sehen müssen.«

»Was hat das zu bedeuten, Arthur?«

»Verdammt, wenn ich das wüßte! Vielleicht sammelt da jemand Monde?«

»Mir macht das Sorge«, sagte Francine. »Wenn es stimmt.« Sie sah ihn kläglich an. Er sagte nichts. »Es ist also wahr?«

»Ich denke schon.«

»Beunruhigt dich das?«

Arthur reckte sich, um die verkrampften Muskeln zu entspannen und ergriff die Hand seiner Frau. »Ich weiß noch nicht, was das zu bedeuten hat«, sagte er.

Francine kannte sich in den Naturwissenschaften fast ebenso gut und tüchtig aus wie er, wenn auch auf einem mehr instinktiven Niveau. Er schätzte ihre Erkenntnisse; und das Bewußtsein ihrer Angst ernüchterte ihn noch mehr. »Warum hast du Angst?«

»Ein Mond ist größer als ein Berg; und wenn ein Berg oder Fluß spurlos verschwände, wärest du da nicht erschrocken?«

»Das könnte schon sein«, gab er zu. Er ergriff das Teleskop und setzte den Objektivdeckel auf. »Das reicht für heute abend.«

Francine schlang die Arme um sich und fragte: »Ins Bett? Grant und Danielle und die Kinder schlafen. Gauge ist bei Marty.«

Arthurs Gesicht raste, als er neben Francine lag. Die winterlichen Flanellbezüge des breiten Bettes waren gegen die gewöhnliche Frühlings- und Sommerwäsche aus Perkalin ausgetauscht worden. Er genoß den weichen Komfort. Seine Emotionen hatten ihn eingeholt.

Europa hatte seit Jahrmilliarden existiert und ihre stille Bahn um Jupiter gezogen. Einige Forscher hatten Leben auf ihr vermutet; aber das war niemals bewiesen oder widerlegt worden.

Wenn ein Berg oder ein Fluß verschwindet, ist das viel näher bei uns zu Hause ...

Arthur träumte davon, daß er mit seinem besten Freund, Harry Feinman, angelte. Sie saßen in einem Boot auf dem Fluß, die Angelschnüre wurden von der Strömung dahingezogen, und sie hatten breitkrempige

Hüte auf gegen eine nicht allzu helle Sonne. Im Traum erinnerte sich Arthur daran, wie Harry beim Haus mit Marty gespielt hatte. Er hob ihn hoch in die Luft und machte ein Geräusch wie ein Flugzeug. Dabei rannte er um den Baum im Hof herum. Harrys Frau — die hochgewachsene, ansehnliche Ithaca — hatte im Traum zugeschaut und dabei etwas gezwungen gelächelt. Sie war unfruchtbar und hatte Harry nie das Kind schenken können, nach dem er verlangte. Nur gelegentlich schien Harry die vermißten Gelegenheiten zu bedauern. *Ich habe Harry seit über acht Monaten nicht mehr gesehen*, dachte Arthur. *Aber hier ist er doch.*

Wie geht es dir, Kumpel? fragte Arthur Harry im Boot. *Beißen sie?* Es war ein seltsames Gefühl, daß Harry, wie er mit einem tief ins Gesicht gezogenen Hut da saß, nur Teil eines Traumes war. Arthur interessierte, was der geträumte Harry sagen würde. *Schläfst du?*

Er langte hinüber, um den Hut hochzuheben.

Unter Harrys Hut lag der Mond der Erde, hell und voll. Harrys Gesicht war in den Kratern und Meeren seiner Oberfläche. *Oha*, sagte Arthur. *Das ist wirklich sehr schön.*

Aber er bedauerte es augenblicklich, daß er nicht träumte, und erwachte jäh.

Quid sum miser tunc dicturus?

PERSPEKTIVE

*AP/Regionaler Nachrichtendienst,
2. September 1996:*
WASHINGTON, D.C. — Wissenschaftler kommen zur Konferenz der American Association for the Advancement of Science (AAAS) zusammen, um Vorträge von Rednern zu hören, die Themen behandeln, welche von »Mangelnde Beweise für die Existenz supermassiver intergalaktischer Gravitationslinsen« bis hin zu »Ausbreitung von Pest bei wilden Nagetieren durch Erdhörnchenflöhe *(Diamanus Montanus)* im südlichen Kalifornien« reichen. Gestern hat Dr. Frank Drinkwater vom Balliol-College der Oxford University einen der am heißesten diskutierten Beiträge vorgestellt. Dr. Drinkwater behauptet, daß es keine intelligenten extraterrestrischen Zivilisationen gäbe. »Wenn es welche geben würde, hätten wir sicher bis jetzt ihre Effekte gesehen.« Dr. Drinkwater erklärt, daß eine Zivilisation, die sich selbst vermehrende, Planeten besuchende Raumfahrzeuge schüfe, die Galaxis in weniger als einer Million Jahre durchdringen würde.

Zu keinem Ergebnis kamen die gelehrten Konferenzteilnehmer hinsichtlich des kürzlich erfolgten Verschwindens von Europa, dem sechsten Jupitermond. Die Professorin Eugenie Cook von der University of Washington in Seattle vertritt die Meinung, daß der Mond durch Zusammenstoß mit einem massereichen und bisher unbekannten Asteroiden aus seiner Bahn geworfen wäre. Der angesehene Astronom Fred Accord erklärt, daß eine solche Kollision den Mond hätte »zerfetzen« müssen und wir die noch im Orbit befindlichen Trümmer müßten sehen können. Es wurden aber keine solchen Beobachtungen gemeldet. Viele Wissenschaftler äußerten sich über öffentliche Gleichgültigkeit gegenüber einem solchen noch nie dagewesenen Ereignis. Nach einem Monat ist die Story von Europa fast aus den Medien verschwunden. Accord bemerkte dazu: »Offenbar sorgen provinziellere Probleme wie die Wahl des U.S.-Präsidenten für mehr Aufregung.«

1

28.—29. September

Edward Shaw, der mitten in kalter Wüstennacht neben dem Berg kampierte, den es gar nicht geben dürfte, konnte nicht schlafen. Er hörte die ruhigen Atemzüge seiner beiden Kameraden und wunderte sich über deren Gelassenheit.

Er hatte in seinem Notizbuch vermerkt:

Der Hügel ist ungefähr fünfhundert Meter lang und halb so breit, vielleicht hundert Meter hoch. Er wirkt wie der basaltische Aschenkegel eines erloschenen Vulkans, bedeckt mit Brocken schwarzer Vulkanschlacke in der Größe von Feldsteinen bis hin zu Kieseln, umgeben von weißem Quarzsand. Er steht weder auf unseren Karten noch im Geosat-Handbuch für 1991. Die Flanken des Kegels sind steiler als der Schüttwinkel — etwa fünfzig bis sechzig Grad. Die Verwitterung ist ziemlich unterschiedlich; einige der Sonne und dem Regen ausgesetzten Teile sind kohlschwarz, andere Stellen dagegen leicht rostfarben. Es gibt auf dem Hügel keine Insekten. Wenn man irgendeinen Stein aufhebt, findet man *keinen* Skorpion oder Tausendfüßler darunter. Es liegen auch keine Bierdosen herum.

Edward, Brad Minelli und Victor Reslaw waren von Austin in Texas angereist, um etwas geologische Studien mit viel Camping und Wandern durch frühherbstliche Wüste zu verbinden. Edward war mit dreiunddreißig der älteste; er war auch am kleinsten und lag mit Reslaw im Wettstreit, wer von beiden schneller das Haar verlieren würde. In seinen Wanderstiefeln maß er

173 Zentimeter. Seine schlanke Figur und sein jungenhaftes, wißbegieriges Wesen ließen ihn trotz dem schütter werdenden Haar erheblich jünger erscheinen. Um Dinge zu betrachten, die von seiner runden Nase weniger als 60 Zentimeter entfernt waren, trug er eine goldgeränderte Brille mit runden Gläsern. Diesen Stil hatte er schon als Jugendlicher in den späten siebziger Jahren angenommen.

Edward lag mit hinter dem Kopf gefalteten Händen auf dem Rücken und sah in die klare, ruhige und unermeßliche Weite des Himmels auf. Drei Tage zuvor hatten sich schwere dunkle Wolken zusammengeballt, um im Death Valley bei flammendem Sonnenuntergang einen heftigen Platzregen niedergehen zu lassen. Ihr Lager befand sich auf erhöhtem Boden; aber sie hatten sehen können, wie Steine von Basketballgröße ins Rutschen gekommen und frisch ausgewaschene Rinnen hinabgerollt waren.

Jetzt erschien die Wüste wieder harmlos frei von Wasser und Veränderung. Rings um das Lager lag eine Stille, die wertvoller war als jede Menge Goldes. Nicht einmal der Wind äußerte sich.

Er fühlte sich in der Einsamkeit sehr groß, als ob er seine Finger über das halbe Land von Horizont zu Horizont spreizen und einen schimmernden Sternenmantel in die Hände bekommen könnte. Andererseits war er auch ein wenig ängstlich. Diese aufgeblähte Empfindung seiner Persönlichkeit konnte leicht einen Stich bekommen und zu nichts zusammenschrumpfen als eine Illusion von Behagen, Wärme und hohem intellektuellen Fieber.

Während seiner sechsjährigen Laufbahn als Professor der Geologie hatte er noch niemals einen größeren Fehler in den vom U.S. Geological Survey herausgegebenen Karten des Death Valley gefunden. Die Mojave-Wüste und Death Valley waren das Mekka und Medina der Geologen in den westlichen USA. Schon seit mehr als einem Jahrhundert hatten sie diese Gebiete durchstreift, angezogen durch diese in ihrer Nacktheit geradezu schamlose Eigenart der Erde. Aus den Tiefen hatten Bergleute Borax, Talk, Gips und andere nützliche unansehnliche Mineralien herausgeholt. An manchen Stellen erstreckten sich Höhlen mit Salpeter an den Wänden Hunderte von Metern in die Erde. Ein Höhlenforscher brauchte nur etwa zehn Meter tief hineinzusteigen, um die Wärme zu fühlen. Unter Death Valley war die Schöpfung noch nahe.

Es gab Hunderte von erloschenen Vulkanen, schwarz oder trüb rot auf der braunen, grauen und rosafarbenen Wüste, zwischen dem Stützpunkt am Furnace Creek und der kleinen Stadt Shoshone, aber jeder einzelne war schon kartiert und in irgendeinem Forschungsbericht abgehandelt worden.

Dieser Berg war eine Anomalie.

So etwas war unmöglich.

Reslaw und Minelli hatten ihn achselzuckend als einen interessanten und vielleicht sogar einzigartigen Fehler auf den Karten abgetan, ein Versehen, wie die Entdeckung einer neuen Insel in einem Archipel, die den Eingeborenen bekannt, aber in einem Gewühl von Navigationskarten verlorengegangen war — eine Art Pitcairn unter den Vulkankegeln.

Aber der Schlackenberg lag zu nahe an Routen, die jedes Jahr mindestens ein- oder zweimal passiert wurden. Edward wußte, daß es sich nicht um eine falsche Ortsangabe handelte. Er konnte sich nicht selbst betrügen, wie seine Freunde es taten.

Aber er konnte auch keine andere Erklärung vorweisen.

Am nächsten Vormittag schritten sie noch einmal die Basis des Hügels ringsum ab. Die Sonne stand schon hoch an dem offenen tiefblauen Himmel. Es würde ein heißer Tag werden. Der rothaarige, untersetzte Reslaw schlürfte Kaffee aus einer grün emaillierten Thermosflasche, einem nützlichen alten Stück, das er in einem Laden für Mineralien und Krimskrams in Shoshone erstanden hatte. Edward kaute an einem Nougatriegel und skizzierte Details in einem kleinen, in Leinen gebundenen Notizbuch. Minelli trödelte hinterher und hackte lässig mit einem Geologenhammer an Felsblöcken herum. Seine schlaksige Figur, das ungekämmte schwarze Haar und die blasse Haut ließen ihn wie einen an die falsche Stelle verschlagenen Stadtstreicher erscheinen.

Er blieb zehn Schritte hinter Edward stehen und rief laut: »He, hast du dies gesehen?«

»Was denn?«

»Ein Loch.«

Edward kam zurück. Reslaw warf ihnen einen Blick zu, zuckte die Achseln und setzte den Rundgang um den Hügel fort.

Das Loch war ungefähr einen Meter weit und führte schräg aufwärts in die Tiefe des Hügels. Edward hatte es nicht gesehen, weil der Eingang in tiefem Schatten lag, unter einer von den warmen Sonnenstrahlen beschienenen Steinplatte. »Das ist keine Strömungsröhre. Sieh nur, wie glatt!« sagte Minelli. »Kein Einbruch, keine Spuren.«

»Schlechte Geologie«, bemerkte Edward. *Wenn der Hügel ein Schwindel ist, dann ist dies der erste Irrtum.*

»Hm?«

»Das ist natürlich. Sieht so aus, als ob irgendein Schürfer vor uns hier gewesen wäre.«

»Warum sollte er in einen Schlackenkegel ein Loch bohren?«

»Vielleicht ist es eine Indianerhöhle«, schlug Edward lahm vor. Das Loch beunruhigte ihn.

»Indianer mit Diamantbohrern? Unwahrscheinlich«, sagte Minelli leicht spöttisch. Edward ignorierte seinen Ton und stieg auf einen Lavablock, um besser in die

Dunkelheit schauen zu können. Er zog eine Taschenlampe aus dem Gürtel und richtete den Lichtstrahl in die Tiefe. Glatte runde Lavawände mit matter Oberfläche absorbierten das Licht nach acht bis zehn Metern. Bis dahin war der Tunnel gerade und ohne Merkmale, mit einer Steigung von ungefähr dreißig Grad.

»Riechst du etwas?« fragte Minelli.

Edward schnüffelte. »O ja. Was ist das?«

»Ich bin mir nicht sicher ...«

Der Geruch war schwach, sanft und angenehm, leicht säuerlich. Er lud nicht zu weiteren Nachforschungen ein. »Wie ein Labormief«, sagte Minelli.

»Das ist es!« pflichtete Edward bei. »Jod. Kristallines Jod.«

»Stimmt.«

Minelli runzelte die Stirn in vorgespielter verrückter Spekulation und sagte: »Ich habe es. Das ist eine Müllhalde, ein sanitärer Aschenhaufen.«

Edward ignorierte ihn abermals. Minelli war berüchtigt wegen eines so ausgefallenen Sinnes für Humor, daß dabei kaum etwas Lustiges herauskam. »Der Punkt ist genau markiert«, erklärte Minelli mit gedämpfter Stimme. Er hatte seinen Fehler erkannt. »Glaubst du immer noch, daß es kein Kartenfehler ist?«

»Wenn du in New York eine Straße finden würdest, die auf keinem Plan steht, wärest du da nicht mißtrauisch?«

»Ich würde die Leute anrufen, die die Karten machen.«

»Nun schön, diese Stelle hier ist ebenso überlaufen wie New York City, was Geologen anbetrifft.«

»Jawohl«, gab Minelli zu. »Also ist es *neu*. Gerade aus dem Nichts aufgetaucht.«

»Das klingt doch höchst blöde, nicht wahr?« sagte Edward.

»Es ist deine Idee, nicht meine.«

Edward rückte von dem Loch ab und unterdückte ein

Schaudern. *Ein neues Loch, und es will nicht verschwinden; ein Schandfleck, den es nicht geben sollte.*

»Was macht Reslaw?« fragte Minelli. »Wir wollen ihn suchen.«

»Hier entlang!« sagte Edward. »Wir können ihn noch einholen.«

Sie hörten Reslaw laut rufen.

Er war nicht weit gegangen. An der nördlichsten Stelle der Basis des Hügels fanden sie ihn, wie er auf einem Lavablock von der Form eines Käfers hockte.

»Sagt mir, daß ich nicht sehe, was ich da sehe!« sagte er und deutete in den Schlagschatten unter dem Stein. Minelli machte eine Grimasse und rannte vor Edward voraus.

Im Sand lag etwa zwei Meter von dem Stein entfernt etwas, das auf den ersten Blick an ein prähistorisches Flugtier erinnerte, vielleicht ein Pteranodon mit zusammengelegten Flügeln, auf eine Seite gekippt.

Edward entschied sofort, daß es sich nicht um ein Mineral handelte; es sah bestimmt nicht irgendeinem Tier ähnlich, das er je gesehen hatte. Es könnte eine verkrümmte Pflanze sein, eine besondere Art von Fettpflanze oder Kaktus. Das wäre die wahrscheinlichste Erklärung.

Minelli ging vorsichtig in ein paar Metern Abstand um den Fund herum. Was es auch sein mochte, es war ungefähr so groß wie ein Mensch, zweiseitig symmetrisch und bewegungslos, staubig graugrün mit rosa fleischfarbenen Flecken. Minelli blieb stehen und keuchte bloß.

Reslaw sagte: »Ich glaube nicht, daß es lebendig ist.«

Minelli fragte: »Hast du es angefaßt?«

»Zum Teufel — nein.«

Edward kniete sich davor hin. Das Ding verriet eine gewisse Logik: Eine Art Kopf von zwei Fuß Länge, der ungefähr wie eine Bischofsmitra geformt war oder eine abgeflachte Granate mit der Spitze im Sand; ein knubbliges Paar Schulterblätter hinter den rückseitigen Zierbändern der Mitra; ein kurzer hagerer Rumpf und dahinter in Hockstellung zusammengelegte Beine. Plumpe sechsfingrige Füße oder Hände an den Enden der Gliedmaßen.

Keine Pflanze.

»Vielleicht ist es ein Leichnam?« fragte Minelli. »Trägt etwas wie ein Hund, weißt du, von Kleidung bedeckt...«

»Nein«, sagte Edward. Er konnte seine Augen nicht von dem Ding abwenden. Er langte hin, um es zu berühren, überlegte es sich dann anders und zog seine Finger langsam zurück.

Reslaw kletterte von dem Felsen herunter und erklärte: »Ich war so erschrocken, daß ich gesprungen bin.«

»Jesus Christus!« sagte Minelli. »Was sollen wir tun?«

Die Nase der Mitra erhob sich aus dem Sand, und es tauchten drei glasige Augen von der Farbe guten alten Sherrys auf. Der Schock war so groß, daß sich keiner von den dreien bewegte. Edward ging schließlich fast widerstrebend einen Schritt zurück. Die Augen in dem Mitrakopf folgten ihm. Dann sanken sie wieder ein, und der Kopf kippte zurück in den Sand. Aus dem Ding kam ein Ton, gedämpft und undeutlich.

Reslaw meinte: »Ich meine, wir sollten gehen.«

»Ich glaube, es ist krank«, sagte Minelli.

Edward suchte nach Fußabdrücken, versteckten Fäden, Anzeichen für einen dummen Streich. Er war schon überzeugt, daß es keine Mystifikation sein konnte; aber es war besser, sich zu vergewissern, ehe man sich auf eine so lächerliche Hypothese einließ.

Wieder ein gedämpfter Laut.

»Es sagt etwas«, meinte Reslaw.

»Oder versucht es wenigstens«, fügte Edward hinzu.

»Es ist eigentlich nicht wirklich häßlich?« fragte Minelli. »Irgendwie ist es sogar hübsch.«

Edward kauerte sich hin und näherte sich wieder dem

Ding, wobei er immer nur einen seiner in Stiefeln stekkenden Füße auf einmal vorschob.

Das Ding hob den Kopf und sagte sehr deutlich: »Es tut mir leid; aber es gibt eine schlechte Nachricht.«

»Was?« stieß Edward mit krächzender Stimme hervor.

»Allmächtiger Gott!« rief Reslaw.

»Es tut mir leid; aber es gibt eine schlechte Nachricht.«

»Bist du krank?« fragte Edward.

»Es gibt eine schlechte Nachricht«, wiederholte es.

»Können wir dir helfen?«

»Nacht. Bringt Nacht!« Die Stimme hatte die flüsternde Art vom Wind verwehter Blätter, an sich nicht unangenehm, aber unter diesen Umständen erschreckend. Ein Hauch von Jodgeruch ließ Edward mit verklemmten Lippen zurückweichen.

»Es ist noch früh am Tage«, sagte Edward. »Nacht wird es erst sein, wenn ...«

»Schatten!« sagte Minelli. Seine Miene drückte ernste Besorgnis aus. »Es will im Schatten sein.«

»Ich werde das Zelt holen«, sagte Reslaw. Er sprang von dem Felsen herunter und lief zum Lager zurück. Minelli und Edward starrten einander an und dann auf das im Sand umgekippte Ding.

Minelli sagte: »Wir sollten uns, um Himmels willen, hier fortmachen.«

»Wir werden bleiben«, erklärte Edward.

»Richtig!« Minellis Miene veränderte sich von Besorgnis zu verwirrter Neugier. Er hätte ein Museumsstück in einer Flasche anstarren können. »Dies ist wirklich wundervoll komisch.«

»Bringt Nacht!« bat das Ding flehentlich.

Shoshone schien wenig mehr zu sein als ein Haltepunkt für Lastwagenfahrer an der Fernstraße, ein Café und der Mineralienladen, ein Postamt und ein Gemischtwarengeschäft. Aber von der Hauptstraße weg wand sich ein Kiesweg an einer Anzahl von durch Bäume beschatteten Bungalows und einem breit hingezogenen modernen einstöckigen Haus vorbei und verlief dann pfeilgerade zwischen ehrwürdigen Tamarisken und einem vier Morgen großen Sumpf hin zu einem von einer heißen Quelle gespeisten Schwimmbecken und einem Stellplatz für Wohnwagenanhänger. Die kleine Stadt zählte etwa dreihundert ständige Einwohner und beherbergte in der touristischen Hochsaison von Ende September bis Anfang Mai weitere dreihundert Schneevögel, Rucksacktouristen und gelegentlich eine Gruppe von Geologen. Shoshone nannte sich das Tor zum Death Valley, zwischen Baker im Süden und Furnace Creek im Norden. Im Osten lag jenseits der Mojave-Wüste, Resting Spring, den Nopah- und Springbergen und der Grenze zu Nevada Las Vegas als größte bedeutendere Stadt.

Reslaw, Minelli und Edward schafften das Wesen mit dem Mitrakopf nach Shoshone über die kalifornische Staatsstraße Nummer 127, die sie etwa 250 Kilometer nördlich der Stadt erreicht hatten. Die Kreatur lag unter feuchten Handtüchern hinten in ihrem Geländewagen auf dem ausgebreiteten Zelttuch, wo sie inzwischen wieder einmal tot zu sein schien.

»Wir sollten direkt bis Las Vegas fahren«, sagte Minelli. Er teilte sich mit Reslaw einen Vordersitz, während Edward fuhr.

Edward meinte: »Ich glaube nicht, daß es das aushalten würde.«

»Na schön, falls es wirklich tot ist, gibt es in dem Laden von Shoshone eine große Kühltruhe für Fleisch.«

»Es sieht nicht toter aus, als bevor es zu sprechen begann«, sagte Reslaw mit einem Blick nach hinten auf die reglose Gestalt. Sie hatte vier Gliedmaßen, zwei an jeder Seite; aber ob sie auf allen vieren stand oder ging, wußte keiner von ihnen.

»Wir haben es angefaßt«, sagte Minelli besorgt.

»Halt den Mund!« meinte Edward.

»Dieser Schlackenkegel ist sicher ein Raumschiff, oder ein Raumschiff ist darunter begraben...«, platzte Minelli heraus.

»Nichts ist sicher«, sagte Reslaw ruhig.

»Ich habe das in ›*Es kam aus dem Weltraum*‹ gesehen.«

»Sieht es etwa aus wie ein großes Auge am Ende eines Tentakels?« fragte Edward. Auch er hatte diesen Film gesehen. Seine Erinnerung beruhigte ihn aber nicht.

»Fleischkühltruhe«, antwortete Minelli, dessen Hände zitterten.

»Dort gibt es ein Telephon. Wir können Ambulanzen in Las Vegas anrufen oder einen Hubschrauber. Vielleicht können wir auch Edwards oder Goldstone anrufen und die Behördenvertreter herkommen lassen«, sagte Edward, um seine Maßnahmen zu verteidigen.

»Was werden wir denen erzählen?« fragte Reslaw. »Die werden uns die Wahrheit nicht abnehmen.«

»Ich denke doch«, sagte Edward.

»Vielleicht haben wir ein Düsenflugzeug herunterkommen sehen«, schlug Reslaw vor.

Edward blinzelte unsicher.

»Es hat englisch gesprochen«, bemerkte Minelli und nickte.

Keiner von ihnen hatte diesen Umstand während der anderthalb Stunden erwähnt, seit sie die Kreatur von der Basis des Aschenkegels weggeschafft hatten.

»Zum Teufel!« sagte Edward. »Es hat uns draußen im Weltraum belauscht. Wiederholungen von ›*I love Lucy*‹.«

»Warum hat es dann nicht gesagt: ›He, Ricky!‹?« fragte Minelli und verbarg seine Angst durch ein irres Grinsen.

Edward fuhr den Wagen so in die Servicestation, daß seine schweren Geländereifen die Rufglocke auslösten. Ein tief sonnengebräunter Bursche in zu unbestimmtem Blaßgrau ausgeblichenen Jeans und einem Def-Leppard-T-Shirt kam aus der Garage neben dem Laden und ging auf den Geländewagen zu. Edward winkte ihm ab und sagte: »Wir müssen telephonieren.«

»Münzfernsprecher da gleich rechts«, knurrte der Teenager mißtrauisch.

»Wegbleiben!« warnte Minelli.

»Sei still, Minelli!« zischte Reslaw durch die Zähne.

»Nun ja.«

»Tot?« fragte der Bursche. Eine Wange tat bei ihm einen nervösen Ruck.

Edward zuckte die Achseln und ging in den Gemischtwarenladen. Dort wollte ihm eine kleinwüchsige, sehr mollige Angestellte in einem Mumu energisch die Benutzung des Telephons verwehren. Er erklärte: »Schauen Sie! Ich werde mit meiner Kreditkarte, meiner Telephonkarte bezahlen.«

»Ärst de Kachte zeijen!« sagte sie.

Da kam eine große, schlanke, schwarzhaarige Frau herein. Sie trug verblichene Jeans und eine weiße Seidenbluse. »Was stimmt da nicht, Esther?« fragte sie.

Esther sagte: »Der Kerl will nich das Telephon draußen nähmen. Sacht aber, er hat 'ne Kreditkachte...«

»Jesus, danke, Sie haben recht«, sagte Edward und warf einen Blick zwischen den beiden hindurch. »Ich will meine Karte für das Münztelephon benutzen.«

»Ist das ein Notfall?« fragte die Schwarzhaarige.

»Allerdings«, antwortete Edward.

»Na schön, los, nehmen Sie das Telephon im Laden!«

Esther sah sie ärgerlich an. Edward schob sich hinter den Kassentisch, wobei er die Angestellte energisch aus dem Weg stieß, und drückte einen Knopf für eine freie Verbindung. Dann machte er eine Pause.

»Krankenhaus?« fragte die Frau mit den schwarzen Haaren.

Edward schüttelte den Kopf, nickte dann aber. »Ich weiß nicht«, sagte er. »Vielleicht die Luftwaffe.«

»Haben Sie ein Flugzeug herunterkommen sehen?«

»Jawohl«, sagte Edward der Einfachheit halber.

Die Frau gab ihm die Nummer eines Notfallkrankenhauses und schlug vor, er sollte sich von dort die Luftwaffenverbindung besorgen. Aber er wählte nicht gleich den Notruf. Er schwankte und schaute sich nervös im Laden um. Warum hatte er sich nicht vorher genau überlegt, was zu tun wäre?

Goldstone oder Edwards, oder vielleicht sogar Fort Irwin?

Er ließ sich aus dem Verzeichnis die Nummer des Stützpunktkommandanten in Edwards geben. Als es klingelte, suchte Edward rasch nach einer Ausrede. Reslaw hatte recht gehabt: Wenn er die Wahrheit sagte, würden sie nichts erreichen.

»Büro von General Frohlich, Lieutenant Blunt am Apparat.«

»Lieutenant, mein Name ist Edward Shaw.« Er bemühte sich, so ausgeglichen und ruhig zu sein wie ein Fernsehreporter. »Ich und zwei Freunde und Kollegen von mir haben gesehen, wie ein Jet etwa dreißig Kilometer nördlich Shoshone heruntergekommen ist. Ich rufe von dort aus an.«

Der Lieutenant wurde sofort sehr interessiert und fragte nach Details.

»Ich weiß nicht, was für eine Art von Jet«, fuhr Edward fort, ohne ein leichtes Beben in seiner Stimme vermeiden zu können. »Er sah nicht aus wie etwas, das mir bekannt ist, außer vielleicht ... Nun, einer von uns denkt, er sah wie ein MiG aus, den wir in *AvWeek* gesehen haben.«

»Ein MiG?« Der Ton des Lieutenants wurde skeptischer. Edwards schludbewußtes Blinzeln verstärkte sich. »Haben Sie das Flugzeug wirklich herunterkommen sehen?«

»Jawohl, Sir. Und das Wrack. Ich kann kein Russisch lesen. Aber ich glaube, es gab da kyrillische Markierungen.«

»Sind Sie dessen sicher? Bitte, geben Sie mir Ihren Namen und einen Identitätsnachweis!«

Edward gab dem Lieutenant seinen Namen und die Nummern seines Kennzeichens, des Führerscheins und überdies auch noch seiner MasterCard an. »Wir glauben, wir wissen, wo der Pilot sich befindet, haben ihn aber nicht gefunden.«

»Der Pilot lebt?«

»Er baumelte am Ende eines Fallschirms, Lieutenant. Er schien zu leben, kam aber zwischen einigen Felsen herunter.«

»Von wo aus rufen Sie an?«

»Shoshone. Der... Ich weiß nicht, wie der Laden heißt.«

»Charles Morgan Company Market«, sagte die schwarzhaarige Frau.

Edward wiederholte den Namen. »Der Gemischtwarenladen des Ortes.«

»Können Sie uns dahin führen, wo Sie das Flugzeug gesehen haben?« fragte der Lieutenant.

»Jawohl!«

»Und Sie sind sich über die Strafe klar, falls Sie uns falsche Information über einen Notfall wie diesen gegeben haben?«

»Allerdings, Sir.«

Die beiden Frauen schauten ihn mit aufgerissenen Augen an.

»Ein MiG?« fragte die schlanke Schwarzhaarige, nachdem er aufgelegt hatte. Sie klang ungläubig.

»Hören Sie zu!« sagte Edward. »Ich habe die Leute angelogen. Aber ich werde Sie nicht belügen. Wir könnten Ihre Fleischkühltruhe brauchen.«

Esther sah aus, als ob sie gerade in Ohnmacht fallen würde. »Was is denn passiert, hä?« fragte sie. »Stella? Was iss'n da bloß los?« Ihr Akzent war noch härter geworden, und ihr Gesicht sah verschwitzt und teigig aus.

»Wir brauchen Sie jetzt«, sagte Edward zu Stella.

Sie blickte ihn mißtrauisch an und wies auf seinen Gürtel und den Felshammer, der noch in seinem Lederhalfter hing. »Sie sind ein Steinejäger?«

»Ich bin Geologe«, sagte er.

»Woher?«

»University of Texas.«

»Kennen Sie Harvey Bridge von ...«

»U.C. Davis. Sicher.«

»Er kommt im Winter her ...« Sie wirkte bedeutend weniger skeptisch. »Esther, geh und hole den Sheriff! Er unterhält sich gerade im Café mit Ed.«

»Ich glaube nicht, daß wir jedermann hierbei hinzuziehen sollten«, meinte Edward. *Unbehagen.*

»Nicht einmal den Sheriff?«

Er blickte zur Decke. »Ich weiß nicht ...«

»Na schön also — Esther, geh heim! Wenn du von mir binnen einer halben Stunde nichts gehört hast, dann hole den Sheriff und gib ihm die Beschreibung dieses Mannes!« Sie nickte Edward zu.

»Wirste okay sein, hä?« fragte Esther. Ihre kurzen, dicken Finger trommelten auf dem Kassentisch.

»Mit mir wird schon alles stimmen. Geh nach Hause!«

Im Laden war nur ein einziger Kunde, ein junger Bursche, der sich in dem Regal mit Paperbacks und Magazinen umsah. Als sowohl Stella wie Edward ihn anstarrten, verschwand er alsbald achselzuckend durch die Tür und rieb sich den Hals.

»So, was passiert jetzt?« fragte Stella.

Edward gab Minelli Anweisung, den Geländewagen zur Hinterfront des Ladens herumzufahren. Er winkte Stella zu, ihm durch den rückwärtigen Ausgang zu folgen. »Wir brauchen einen kühlen, dunklen Platz«, sagte er, während sie warteten.

»Ich möchte wissen, was da vor sich geht«, wiederholte sie mit vorgeschobenem Kinn und leicht zur Seite geneigtem Kopf. So wie sie da stand, mit den Füßen fest auf dem Linoleum und die Hände in die Seiten gestemmt, wurde Edward so gut wie durch Worte klar, daß sie keine Ausflüchte mehr dulden würde.

Er sagte: »Da draußen ist ein neuer Aschenkegel entstanden.« Minelli parkte das Fahrzeug nahe der Tür. Edward sprach rasch, damit seine Story nicht brüchig wurde. Er öffnete die hintere Tür des Autos und schob das Zelt und die feuchten Tücher beiseite. »Ich meine, nicht frisch, sondern einfach neu. Auf vielen Karten nicht verzeichnet. Es dürfte ihn nicht geben. Dicht dabei haben wir dies hier gefunden.«

Der Mitrakopf hob sich etwas, und die drei sherryfarbenen Augen traten vor, um die drei Personen zu mustern. Reslaw stand an der anderen Ecke des Ladens und hielt nach müßigen Gaffern Ausschau.

Es sprach für Stella, daß sie nicht schrie oder auch nur blaß wurde. Sie beugte sich nur noch weiter vor und sagte: »Das ist also kein Schwindel.« Sie war ebenso rasch überzeugt, wie er es gewesen war.

»Nein, gnädige Frau.«

»Armes Ding ... Was ist es?«

Edward bat sie zurückzutreten. Sie luden das Ding ab und trugen es durch den Lieferanteneingang in die Kühltruhe für das Fleisch.

PERSPEKTIVE

Interview des East Coast News Network mit Terence Jacobi, Headsinger der HardWires, am 30. September 1996:

ECNN: Mr. Jacobi, die Musik Ihrer Gruppe hat ständig sozusagen das Kommen der Apokalypse gepredigt — aus einer recht radikalen christlichen Sicht. Mit zwei Songs in den Top 40s und drei Platten, die insgesamt zehn Millionen mal verkauft wurden, haben sie offensichtlich einen Nerv bei der jüngeren Generation getroffen. Wie erklären Sie die Beliebtheit Ihrer Musik?

Jacobi *(erst lachend, dann schnaubend und sich schneuzend):* Jeder weiß, im Alter zwischen vierzehn und zweiundzwanzig Jahren hast du nur zwei wirklich gute Freunde: deine linke Hand und Christus. Die ganze Welt hat es auf dich abgesehen. Falls die Welt verschwinden und Gott die Tafel abwischen würde, dann würden wir vielleicht mit uns selbst ins reine kommen. Gott ist ein gerechter Gott. Er wird seine Engel auf die Erde schicken, um uns zu warnen. Das glauben wir, und es kommt in unserer Musik zum Ausdruck.

2

3. Oktober

Harry Feinman stand hinten im Boot und rollte seine Angelschnur von der Spule ab. Arthur ließ das Boot mit dem langsam strömenden Wasser treiben. Er warf ein Dutzend Meter von der großen überhängenden Kiefer entfernt, die das tiefe Wasserloch markierte, wo dem Vernehmen zufolge Fischer in den letzten Jahren so viele große Fische herausgezogen hatten, den Anker aus. Marty spielte mit den Elritzen im Ködereimer und öffnete die Pappschachteln voller Schlamm und Würmer. Die Sonne strahlte stark durch dünne, hohe Wolken. Die Luft roch nach dem Fluß, frischem scharfen Grün und der Kühle des frühen Herbstes. In dem ruhigen toten Wasser des Lochs hatten sich orangefarbene und braune Blätter zu einem flachen, hin und her treibenden Klumpen zusammengeballt.

»Muß ich mir den Köder auf meinen Angelhaken selbst aufspießen?« fragte Marty.

»Das ist ein Teil des Spiels«, sagte Harry. Harry Feinman war stämmig und muskulös, fünfzehn Zentimeter kleiner als Arthur, mit früh ergrauendem Haar, das überall zurückging außer im Nacken, wo es einen steifen Flaum bildete, der bis unter den Kragen seiner schwarzen Lederjacke hinabreichte. Sein Gesicht war voll und freundlich, mit kleinen durchdringenden Augen und schweren dunklen Augenbrauen. Er spulte die lockere Nylonschnur energisch auf und steckte die Rute zwischen die Köderbüchse und einen Behälter für Angelgerät. »Du verdienst deinen Fisch nicht, ohne die ganze Arbeit zu leisten.«

Arthur zwinkerte bei Martys unsicherem Blick.

»Könnte den Würmern wehtun«, sagte Marty.

»Ich weiß wirklich nicht, ob sie Schmerz empfinden oder nicht«, sagte Harry. »Vielleicht doch. Aber so ist der Lauf der Welt.

»Ist das wirklich der Lauf der Welt, Papa?« fragte Marty.

»Ich denke, ja.« In der ganzen Zeit, die sie am Fluß gewohnt hatten, hatte Arthur Marty nie zum Angeln mitgenommen.

»Dein Vater ist hier, um es dir leicht zu machen, Marty. Ich nicht. Fischen ist eine ernsthafte Sache. Es ist ein Ritual.«

Marty hatte schon von Ritualen gehört. »Das heißt, man erwartet von uns, etwas auf eine bestimmte Art zu tun, damit wir uns nicht schuldig fühlen«, sagte er.

»Du hast es erfaßt«, sagte Harry.

Marty bekam die leere Miene, die anzeigte, daß er einer Idee auf der Spur war. »Peggy heiratet ... Ist das ein Ritual, weil sie miteinander Sex machen werden? Und könnten sie schuldig sein?«

Am nächsten Morgen wollten Francine und Martin nach Eugene fahren, um an der Hochzeit ihrer Nichte teilzunehmen. Arthur hätte sie begleitet, aber jetzt gab es viel wichtigere Dinge.

Arthur zog gegenüber Harry die Augenbrauen hoch und sagte: »Bis jetzt hast du das große Wort geführt.«

»Er ist dein Sohn, Freundchen.«

»Heiraten ist eine Feierlichkeit. Es ist ein Ritual, aber kein Spaß. Durchaus nicht so, wie einen Wurm an den Haken stecken.«

Harry grinste. »Künftig wird niemand mehr schuldig sein, wenn er Sex macht.«

Marty nickte befriedigt und empfing von Arthur eine Schnur mit Haken. Arthur holte rasch einen Wurm aus der Schachtel und gab ihn seinem Sohn. »Dreh ihn zusammen und spieß ihn ein paarmal auf!«

»Igitt!« sagte Martin, als er es so machte, wie man es

ihm gesagt hatte. »Das Blut des Wurms ist gelb«, meinte er noch dazu. »Klebrig.«

Sie fischten in dem Loch eine Stunde lang ohne Erfolg. Um halb zehn wollte Marty die Angelrute weglegen und ein Sandwich essen. »Nun gut. Wasch dir die Hände im Fluß!« sagte Arthur zu ihm. »Wurmsaft, denk daran!«

»Igitt!« Marty beugte sich über das Schanzdeck, um seine Hände einzutauchen.

Harry lehnte sich zurück, klemmte sich die Rute zwischen die Knie, faltete die Hände im Nacken und grinste breit. »Das haben wir seit Jahren nicht mehr gemacht.«

»Ich vermisse das Fischen nicht sehr«, sagte Arthur.

»Schlappschwanz!«

»Papa ist kein Schlappschwanz«, behauptete Marty.

»Mach ihm das klar!« ermutigte ihn Arthur.

Marty sagte: »Fischen ist brutal.«

»Wie der Vater, so der Sohn«, jammerte Harry.

Harrys weiche Fischermütze beschattete seine Augen. Arthur erinnerte sich plötzlich an den Traum, mit Harrys Kopf als Vollmond, und erschauderte. Der Wind stieg kühl und feucht mit einem schönen, morgendlichen Seufzen in den Schatten der Bäume bei dem Loch auf.

Marty aß achtlos sein Sandwich.

4. Oktober

Hinter den weiten Aussichtsfenstern und einem Vorhang aus hohen Kiefern strömte der Fluß still und grün um eine leichte Krümmung. Im Westen zogen weiße Wolken landeinwärts. Ihre Unterseiten waren schwer und grau.

In der Küche schlug Arthur zwischen aufgehängten kupfernen Töpfen und Pfannen Eier in ein kleines Gefäß auf dem breiten Gasherd.

»Wir kennen uns nun schon seit dreißig Jahren«, sagte er, brachte zwei Teller mit Rühreiern und Würstchen an und stellte einen davon auf dem dicken Eichentisch seinem Freund hin. »Wir sehen uns viel zu wenig.«

»Darum sind wir auch so lange Freunde geblieben.« Harry klopfte mit der Gabel leicht auf die Tischplatte. »Diese Luft«, sagte er. »Sie erweckt in mir das Gefühl, als ob ich vor dreißig Jahren zum letzten Male etwas gegessen hätte. Was für ein erholsamer Platz!«

»Du strapazierst mein Gefühlsleben«, sagte Arthur und holte aus der Küche noch einen Krug mit Orangensaft.

»Was ist mit den Würstchen?«

»Koscher.«

»Gott sei Dank.« Harry wühlte in dem lockeren gelben Haufen auf der runden irdenen Platte. Arthur nahm ihm gegenüber Platz.

»Wie kannst du hier überhaupt arbeiten? Ich ziehe Betonzellen vor. Das hilft bei der Konzentration.«

»Du hast aber gut geschlafen.«

»Ich *schnarche*, Arthur, ob ich gut schlafe, oder nicht.«

Arthur lächelte. »Und du bezeichnest dich selbst als einen Mann für die frische Luft, einen Fischer.« Er schnitt den Wurstzipfel ab und führte ihn zum Munde. »Während ich als Berater arbeite und mich daneben selbst umzuschulen suche, habe ich versucht, ein Buch über die Hampton-Regierung zu schreiben. Habe noch nicht einmal ernsthaft mit dem ersten Kapitel angefangen. Ich weiß nicht recht, wie ich das beschreiben soll, was da passiert ist. Was für eine wundervolle Tragikomödie das alles war.«

»Hampton hat der Wissenschaft mehr Glaubwürdigkeit verliehen als ... Nun gut«, sagte Harry. »Seit ...« Er hob eine Hand und begann an den Fingern abzuzählen.

»Ich hoffe auf Crockerman ...«

»Ausgerechnet der — ein Präsident?«

»Vielleicht gar nicht so übel. Er ist mit ein Grund dafür, daß ich dich hierher eingeladen habe.«

Harry hob eine buschige Augenbraue. Die beiden bildeten einen ebenso großen Kontrast wie jedes klassische Komikerpaar: Arthur groß und leicht vorgebeugt, mit natürlichen braunen Locken; Harry mittelgroß und in seinen mittleren Jahren zur Plumpheit neigend, mit hoher Stirn und einem freundlichen, breitäugigen Gesicht, das ihn älter erscheinen ließ, als er tatsächlich war. »Ich habe Ithaca Bescheid gesagt.« Ithaca, seine schöne Frau von anmutig klassischen Proportionen, hatte Arthur seit sechs Jahren nicht mehr gesehen. Sie war zehn Jahre jünger als Harry.

»Was hast du ihr erzählt?«

»Ich sagte ihr, daß der Ton deiner Stimme erkennen ließe, du hättest einen Job für mich.«

Arthur nickte. »So ist es. Das Büro wird wieder zum Leben erweckt. In gewisser Weise.«

»Will Crockerman Betsy reaktivieren?«

»Nicht als solches.« Das Bureau for Extraterrestrial Communication* war Arthurs letzte Ruhmestat in Washington gewesen. Er hatte drei Jahre lang als Sekretär von BETC gearbeitet unter Hampton, der ihn 1992 nach dem Vorfall von Arecibo eingesetzt hatte. Das hatte sich zwar als falscher Alarm erwiesen, aber Hampton hatte Arthur bis zu seiner Ermordung in Mexico City im August 1994 beibehalten. Vizepräsident William Crockerman war in einem Eisenbahnzug in New Mexico vereidigt worden und hatte sofort damit begonnen, dem Weißen Haus seinen eigenen Stempel aufzuprägen, indem er die meisten Kabinettmitglieder durch Personen seiner Wahl ersetzte. Drei Monate nach der Vereidigung hatte der neue Chef des Stabes, Irwin Schwartz, Arthur gesagt: »Keine kleinen grünen Männchen, keine Schiffsverluste im Bermudadreieck ... Sie könnten ebenso gut nach Hause gehen, Mister Gordon.«

»Wird er dich zum wissenschaftlichen Berater ma-

---

* BETC oder kurz »Betsy« — *Anm. d. Übers.*

chen?« fragte Harry. »Will er den Idioten Rotterjack rausschmeißen?«

Arthur schüttelte grinsend den Kopf. »Er bildet eine besondere Eingreiftruppe für den Präsidenten.«

»Australien«, sagte Harry und nickte schlau. Er stellte sein Glas mit Orangensaft ab, ohne einen Schluck zu nehmen, und versteifte sich wie gegen einen Angriff, wobei er den Blick fest auf die Dosen mit Pfeffer und Salz in der Mitte des Tisches gerichtet hielt. »Die Große Victoria-Wüste.«

Arthur war nicht überrascht und fragte: »Wieviel weißt du?«

»Ich weiß, daß es von Opalschürfern gefunden wurde und eigentlich nicht da sein sollte. Ich weiß, daß es eine Art Duplikat von Ayers Rock sein könnte.«

»Dieses letztere stimmt nicht ganz. Es ist beträchtlich anders. Aber du hast recht. Es ist neu, und es dürfte nicht da sein.« Arthur war erleichtert, daß Harry nichts von dem Vorfall gehört hatte, der sich in viel größerer Nähe ereignet hatte.

»Was haben wir damit zu tun?«

»Australien verlangt endlich nach Rat. Der Premierminister wird in drei Tagen oder noch eher mit einem Bericht an die Öffentlichkeit treten. Er steht einigermaßen unter Druck.«

»Kleine grüne Männchen?«

»Noch nicht einmal darauf kann ich antworten, ehe ich dir nicht die Fragen gestellt habe, Harry.«

»Dann frag also!« sagte Harry, immer noch verklemmt.

»Der Präsident hat mich mit der Leitung des zivilen wissenschaftlichen Untersuchungsteams beauftragt. Wir arbeiten mit dem Militär und dem Staat zusammen. Du bist meine erste Wahl.«

»Ich bin Biochemiker. Das heißt also...«

Arthur schüttelte langsam den Kopf. »Hör mich bis zu Ende an, Harry! Ich brauche dich wegen der Biochemie und als meinen Stellvertreter in der Leitung. Ich bemühe mich um Warren von Kent State wegen Geologie und Abante von Malibu wegen Physik. Sie haben zugesagt, müssen aber noch politisch überprüft werden.«

»Meinst du, daß ich Crockermans politisches Fragespiel durchstehen werde?«

»Du wirst es, wenn ich darauf bestehe, und das werde ich tun.«

»Brauchst du wirklich einen Biochemiker?«

»So sagt man«, erklärte Arthur und grinste noch breiter.

»Das wäre herrlich.« Harry schob seinen Stuhl zurück, obwohl er nur die Hälfte seiner Eier und ein Würstchen gegessen hatte. »Alte Freunde, die wieder zusammenarbeiten. Ithaca würde zustimmen. Zum Teufel, wenn sie es nicht täte, aber...«

»Eine solche Chance wird es nie wieder geben«, sagte Arthur und betonte jedes Wort, als ob er einige wichtige Punkte einem begriffsstutzigen Studenten klar machen müßte.

Harry runzelte die Stirn und schaute Arthur an. »Dupres vom King's College?«

»Ich habe ihn gefragt. Er hat noch nicht geantwortet. Es könnte sein, daß wir keine Bürger fremder Staaten in das Team werden aufnehmen können.«

»Es würde mir schwerfallen, dir eine Absage zu erteilen«, sagte Harry. Arthur sah, wie sich die Augen seines Freundes röteten. Er schien den Tränen nahe. »Du brauchst jemand, auf den du dich verlassen kannst.«

»Was soll das heißen?«

Harry schaute aus dem Fenster, preßte die Hand um den Griff einer Gabel und entspannte sich. »Ich habe es Ithaca gerade vor drei Wochen gesagt.«

Arthurs Gesicht wurde gelassen, frei von all der Erregung, die er noch vor wenigen Augenblicken gezeigt hatte. »Ja?«

»Chronische Leukämie. Die hat mich erwischt. Ich habe sie.«

Arthur blinzelte zweimal. Harry wollte ihm nicht gerade ins Gesicht sehen.

»Es ist schlimm. Noch ein paar Monate. Ich werde den größten Teil meiner verbliebenen Zeit damit verbringen, dagegen anzukämpfen. Ich würde nur hinderlich sein.«

»Endstation?« fragte Arthur.

»Meine Ärzte sagen, vielleicht nicht. Aber ich habe darüber nachgelesen.« Er zuckte die Achseln.

»Diese neuen Heilverfahren ...«

»Sehr aussichtsreich. Ich habe Hoffnung. Aber du mußt einsehen ...« Harry richtete seinen Blick wieder offen auf Arthur. »Jenes Ding ist so groß wie Ayers Rock, seit wann ist es schon da?«

»Nicht mehr als sechs Monate. Vermessungssatelliten haben das Gebiet gerade vor gut sechs Monaten kartographiert, und es war noch nicht da.«

Harry grinste breit. »Das ist wundervoll. Das ist wirklich wundervoll. Was, zum Teufel, ist es, Arthur?«

»Vielleicht ein Stück von Europa?« Arthurs Stimme war weit entfernt. Sein Freund wollte seinen Blick vermeiden.

Harry lachte laut auf und warf seine Serviette auf den Tisch. »Ich werde nicht Trübsal blasen. Nicht mit so etwas.«

Arthur wurde beklommen. Er war mit Harry praktisch aufgewachsen. Sie kannten sich seit dreißig Jahren. Er konnte doch einfach nicht sterben. Arthur räusperte sich. »Harry, wir sind damit groß geworden. Die ganze menschliche Rasse. Ich brauche dich so dringend ...«

»Kannst du auch einen Invaliden gebrauchen?« Ihre Blicke begegneten sich, und diesmal schaute Arthur mit steifen Schultern weg. Mit einiger Anstrengung sah er wieder hin. »Du wirst es schaffen, Harry.«

»Herr, gib mir Willen zum Leben!«

»Mach in dem Team mit!«

Harry wischte sich mit dem rechten Zeigefinger die Augen. »Reisen? Ich meine, oft ...«

»Zunächst ja; aber du kannst später in Los Angeles bleiben, wenn du es wünschst.«

»Das werde ich brauchen. Die Behandlung erfolgt in der dortigen Universitätsklinik.«

Arthur hielt ihm die Hand hin. »Du wirst es schaffen.«

»Danach wird es vielleicht gar nicht so schlimm sein«, sagte Harry. Er nahm die angebotene Hand und drückte sie fest.

»Was gibt es?«

»Sterben. Wie ist es, wenn man ... kleine grüne Männchen sieht, Arthur?«

»Gehörst du zu uns?«

»Ja, das weißt du doch.«

»Dann werde ich dich voll ins Bild setzen. Es geht nicht bloß um Australien. Da gibt es etwas im Death Valley in der Mojave-Wüste zwischen einem Stützpunkt namens Furnace Creek und einer kleinen Stadt namens Shoshone. Es sieht wie ein Schlackenkegel aus. Es ist neu. Es gehört nicht dahin.«

Harry grinste wie ein kleiner Junge. »Wundervoll!«

»Ja und dann ist da ein kleines grünes Männchen.«

»Wo?«

»Zur Zeit in der Luftwaffenbasis Vandenberg.«

Harry schaute zur Zimmerdecke auf und hob beide Arme. Aus seinen Augen strömten Tränen. »Herr, ich danke dir.«

PERSPEKTIVE

WorldNet USA Earthpulse, 5. Oktober 1996:
Mit der Welt ist heute fast alles in Ordnung. Keine Erdbeben, keine Wirbelstürme, keine Hurrikane, die sich auf das Land zu bewegen. Offengestanden würden wir sagen, daß es heute klar und herrlich gewesen ist, abgesehen von frühen leichten Schneestürmen im Nordosten der Vereinigten Staaten, Regen heute abend im pazifischen Nordwesten und der vorige Woche eingegangenen Bestätigung, daß die stets beliebte Strömung El Nino in den Südpazifik zurückgekehrt ist. Die Australier rüsten sich für eine lange Dürre angesichts dieser Warmwassergeißel des Ozeans.

3

Als Trevor Hicks Shelly Terhune, seiner Nachrichtenagentin, mitteilte, daß das morgendliche Interview mit KGB dran war, machte sie eine Pause, kicherte und sagte: »Vicky dürfte es mißfallen, wenn du zum Verräter würdest.« Vicky Jackson war seine Verlegerin bei Knopf.

»Sage ihr, daß es auf UKW ist, Shelly. Ich werde zwischen den Surfbericht und die Frühnachrichten eingequetscht.«

»Liefert KGB einen Surfbericht?«

»Schau, es war auf unserer Stationsliste«, sagte er mit gespieltem Ärger. »Ich bin nicht verantwortlich.«

»Schon gut, laß mich nachsehen«, sagte Shelly. »KGB-UKW. Du hast recht. Hat man dir die Sendezeit bestätigt?«

»Der Nachrichtenredakteur sagt zehn oder fünfzehn Minuten; aber ich bin sicher, daß es auf etwa dreißig Sekunden hinauslaufen wird.«

»Zumindest wirst du die Surfer erreichen. Vielleicht haben die noch nicht von dir gehört.«

»Falls nicht, dann brauchst du es auch nicht zu versuchen.« Er bemühte sich, einen munteren Ton anzuschlagen. In Wirklichkeit war er ziemlich erschöpft. Er war sechzig Jahre alt und zwar noch vergleichsweise rüstig und tüchtig, aber doch nicht mehr an einen solchen Zeitplan gewöhnt. Vor zehn Jahren hätte er so etwas im Kopfstand geschafft.

»Gut, gut. Für morgen haben wir dich in dieser frühen Talkshow im Fernsehen vorgesehen.«

»Bestätigt. Morgen früh. Live, so daß sie nicht daran herumredigieren können.«

»Sag nichts Ungehöriges!« ermahnte ihn Shelly. Das

war allerdings kaum nötig. Trevor Hicks lieferte einige der höflichsten und gebildetsten Interviews, die man sich vorstellen konnte. Sein Image in der Öffentlichkeit war klar und modisch zerknautscht. Er ähnelte sowohl Albert Einstein wie einem Bertrand Russell in seinen mittleren Jahren. Was er zu sagen hatte, war technokratisch gestimmt, kaum strittig und immer für eine kurze Nachrichtenmeldung gut. Er hatte den britischen Zweig der Trojaner-Gesellschaft gegründet, die sich der Weltraumforschung und dem Bau riesiger Wohnkomplexe im Orbit widmete. Er war seit siebenundvierzig Jahren Mitglied der British Interplanetary Society. Er hatte dreiundzwanzig Bücher geschrieben, das letzte davon war *Starhome,* ein Roman über den ersten Kontakt. Und zu guter Letzt war er der bekannteste Sprecher des sogenannten ›zivilen Sektors‹ für bemannte Weltraumforschung. Sein Name war nicht gerade in aller Munde, aber er gehörte zu den angesehensten Wissenschaftsjournalisten der Welt. Obwohl er zwölf Jahre in den Vereinigten Staaten verbracht hatte, hatte er seinen englischen Akzent nicht verloren. Kurzum — im Funk und Fernsehen gehörte er einfach dazu. Shelley hatte dies ausgenutzt, um ihn für eine allgemeine ›Blitztournee‹ durch siebzehn Städte in vier Wochen zu buchen.

Diese Woche war er in San Diego. Er war seit 1954 nicht mehr dort gewesen, als er über die Versuchsflüge des ersten Düsenkampfflugzeugs, der *Sea Dart,* in der Bucht von San Diego berichtet hatte. Seit damals hatte sich die Stadt sehr verändert und war nicht mehr ein verschlafener Ort am Meer. Er war in dem neuen schicken Hotel Intercontinental am Hafen einquartiert worden und konnte aus seinem Fenster im zehnten Stock die ganze Bucht überblicken.

In jenen Jahren war er Telegraphiereporter bei Reuter gewesen und hatte sich auf naturwissenschaftliche Themen konzentriert, wo immer es möglich war. Indessen schien die Welt in den fünfziger Jahren in einen tiefen und unruhigen Schlaf zu fallen. Von seinen wissenschaftlichen Stories hatten nur wenige viel Beachtung gefunden. Wissenschaft wurde gleichgesetzt mit H-Bomben; Politik war als Thema der Zeit mehr sexy und leichter zu erfassen. Dann war er nach Moskau geflogen, um über einen Ackerbaukongreß zu berichten, als Teil für den Hintergrund eines geplanten Buches über den russischen Biologen Lysenko und den stalinistischen Kult des Lysenkoismus. Das war Ende September gewesen.

Der Kongreß hatte sich über fünf quälend langweilige Tage hingezogen, ohne Substanz für sein Buch und — noch schlimmer — ohne Stories, um Reuter zu überzeugen, daß seine Teilnahme überhaupt sinnvoll war. Am letzten Tage der Konferenz war die Nachricht vom Start des ersten künstlichen Mondes der Erde, einer schimmernden Metallkugel von 83,6 Kilogramm, genannt *Sputnik*, gerade noch rechtzeitig gekommen, um seine Karriere zu retten. Der *Sputnik* hatte die Naturwissenschaft in die vorderste Front des Weltjournalismus gerückt. Trevor Hicks hatte mit einem Male sein zentrales Interessengebiet gefunden: den Weltraum. Er hatte sein Buch über Lysenko begraben und stürmte vorwärts, ohne einen Blick zurück zu werfen.

Er hatte 1965 seine Frau abgeschüttelt — man konnte es wirklich nicht freundlicher ausdrücken — und seither mit drei Frauen gelebt und gebrochen. Gegenwärtig war er überzeugter Junggeselle, obwohl er die Reporterin vom *National Geographic* angehimmelt hatte, die er im vergangenen Jahr in Pasadena anläßlich der Feier zum Vorbeiflug der *Galileo*-Sonde kennengelernt hatte. Sie hatte diese Neigung aber nicht erwidert.

Trevor Hicks hatte keinen größeren Bestand an historischen Erinnerungen angesammelt. Er wurde alt. Sein Haar war ganz grau. Er hielt sich in Form, so gut er konnte, aber ...

Er zog die Gardinen vor die Bucht und die glitzernde,

disneylandartige Ansammlung von Läden und Gaststätten, die sich Seaport Village nannte.

Sein tragbarer Computer stand stumm auf dem Ahornfurnier des Schreibtisches in seinem Zimmer. Der offene Bildschirm war voll von schwarzen Buchstaben auf cremefarbenem Hintergrund. Er sah einem eingerahmten Blatt maschinenbeschriebenen Papiers erstaunlich ähnlich. Hicks saß auf dem Stuhl und knabberte an einer Schwiele des ersten Gelenks seines Mittelfingers. Wie er sich beiläufig erinnerte, hatte er diese Schwiele durch Tausende von Stunden bekommen, in denen er mit dem Bleistift in der Hand Notizen gemacht hatte, die er jetzt ebenso gut dem Computer eintippen konnte, welcher auf seinen Schoß paßte. Die jüngeren Reporter hatten keine Schwielen am Mittelfinger.

»Das ist es«, sagte er, stellte das Gerät ab und schob den Stuhl zurück. »Nichts dafür. Weg damit!« Er schloß den Bildschirm und zog seine Schuhe an. Am Abend zuvor hatte er ein altes Segelschiff gesehen und ein Meeresmuseum bei der Werft, nur eine kurze Strecke zu Fuß entfernt.

Pfeifend schloß er sein Hotelzimmer ab und ging auf kräftigen kurzen Beinen durchs Foyer.

»Was erwarten Sie, daß die Menschheit im Weltraum finden wird, Mr. Hicks?« fragte der Nachrichtenmanager — ein junger Mann mit buschigem Haar gegen Ende zwanzig. Das hingestreckte Mikrophon mit Halteschlaufe wurde ihm dicht unter die Nase gestoßen, so daß er das Kinn etwas anheben mußte, um reden zu können. Hicks traute sich nicht, es zurechtzurücken; es war live. Das Interview wurde mit einem alten, schwarzgrauen Spulengerät hinter dem Nachrichtenmann aufgezeichnet.

Hicks sagte: »Der Kampf um Rohstoffe wird härter.« Er fing an zu schwärmen. »Der Himmel ist voller Metalle — Eisen, Nickel und sogar Platin und Gold ... Fliegende Berge, genannt Asteroiden. Die können wir zur Erde schaffen und im Orbit bergmännisch ausbeuten. Manche bestehen aus fast purem Metall.«

»Aber was würde etwa einen Teenager — Junge oder Mädchen — dazu bringen, sich um eine Laufbahn im Weltraum zu bemühen?«

»Sie können wählen«, sagte Hicks. Er war immer noch kühl gegenüber dem Mikrophon und dem Interviewer. Sein Geist weilte anderswo. Man könnte es einen Reporterinstinkt nennen; aber sein Geist war schon seit Tagen beunruhigt. »Sie können es vorziehen auf der Erde zu bleiben und eine Existenz, ein Leben zu führen, das sich nur sehr wenig von dem unterscheidet, das ihre Eltern geführt haben; oder sie können ihre Schwingen an der weiten Grenze erproben. Ich brauche die jungen Leute nicht zu überreden, die in den nächsten zehn oder zwanzig Jahren tatsächlich in den Weltraum hinausgehen. Die wissen schon Bescheid.«

»Das wäre so, als ob man dem Kirchenchor Predigten hält?« fragte der Mann.

»Ja, ungefähr so«, sagte Hicks. Der Weltraum war nicht mehr umstritten. Kaum ein Thema, mit dem viel Sendezeit bei einem Hörfunksender zu bekommen war, der auf Rock-und-Surf spezialisiert war.

»Hat Sie die Furcht, nur einem Kirchenchor zu predigen, dazu veranlaßt, Ihren Roman zu schreiben, vielleicht in der Hoffnung, ein breiteres Publikum zu gewinnen?«

»Pardon?«

»Ein Publikum, das über wissenschaftliche Bücher hinausreicht. Das sich oberflächlich mit Science Fiction beschäftigt.«

»Nicht nur oberflächlich. Ich habe schon Science Fiction gelesen, als ich ein junger Bursche in Somerset war. Arthur C. Clarke ist dort geboren, müssen Sie wissen. Aber um auf Ihre Frage zu antworten: Nein. Mein Roman ist nicht für die Massen geschrieben — leider. Jeder, der an einem soliden Roman Freude hat, sollte an meinem Spaß haben; aber ich muß die Leute warnen« — o Gott, dachte Hicks, nicht bloß kühl, sondern schrecklich tiefgefroren — »er ist technisch anspruchsvoll. Nichts für Dummköpfe. Für die ist schon der Schutzumschlag abweisend.«

Der Manager lachte höflich und sagte: »Mir hat er gefallen. Ich darf wohl annehmen, daß ich nicht zu den Dummköpfen zähle.«

»Sicher nicht«, räumte Hicks ein.

»Sie haben natürlich davon gehört, was man aus Australien berichtet...«

»Nein. Tut mir leid.«

»Da gehen den ganzen Tag schon Meldungen ein.«

»Nun, es ist erst zehn Uhr vormittags, und ich habe lange geschlafen.« Sein Haar war gesträubt. Er schaute den Nachrichtenmanager mit großen Augen scharf an.

»Ich hatte gehofft, daß ich einen Kommentar von Ihnen bekommen könnte als einem Experten für extraterrestrische Phänomene.«

»Erzählen Sie mir, und ich werde einen Kommentar geben.«

»Die Details sind noch vage, aber offensichtlich ersucht die australische Regierung um Rat hinsichtlich der Anwesenheit eines fremden Raumschiffs auf ihrem Boden.«

»Haben Sie es nicht eine Nummer kleiner?«

»So wurde es berichtet.«

»Klingt verrückt.«

Der Manager bekam ein rotes Gesicht. »Ich übermittle nur die Nachrichten; ich mache sie nicht.«

»Ich habe mein ganzes Leben lang auf die Chance gewartet, über eine extraterrestrische Begegnung berichten zu können. Sie können mich einen Romantiker nennen; aber ich habe immer auf die Möglichkeit einer solchen Begegnung gehofft. Aber ich bin immer enttäuscht worden.«

»Halten Sie die Meldung für einen Ulk?«

»Ich weiß nichts darüber.«

»Aber falls es *tatsächlich* fremde Besucher sein sollten, würden Sie nicht unter den ersten sein, die mit ihnen sprechen?«

»Ich würde sie zu mir nach Hause einladen, damit sie meine Mama kennenlernen — meine Mutter.«

»Sie würden sie in Ihrem Haus willkommen heißen?«

»Sicher«, sagte Hicks und merkte, wie er warm wurde. Jetzt konnte er seinen Witz und seinen Stil zeigen.

»Vielen Dank, Mr. Hicks!« Der Manager sprach jetzt in sein Mikrophon und hatte sich von Hicks abgewandt. »Trevor Hicks ist Wissenschaftler und Wissenschaftsreporter, dessen neuestes Buch, der Roman *Starhome*, von den immer faszinierenden Themen der Kolonisation des Weltraums und des ersten Kontaktes mit extraterrestrischen Wesen handelt. Als nächstes in den neunziger Nachrichten ist vorgesehen: ein neuer Versuch, in Pacific Beach Flugsand abzufangen, und die Geburt eines grauen Wals in Sea World.«

»Darf ich diese australischen Meldungen sehen?« fragte Hicks, als der Sprecher fertig war. Er blätterte das dünne Bündel von ausgedruckten Meldungen durch. Sie waren bestenfalls skizzenhaft. Ein neuer Ayers Rock inmitten der Great Victoria Wüste. Geologen an der Arbeit. Anomale Formation.

»Beachtlich«, sagte er und gab die Akte dem Nachrichtenmanager zurück. »Vielen Dank!«

»Jederzeit zu Diensten«, sagte der und öffnete die Tür.

Auf dem Parkplatz des Senders erwartete ihn ein hellgelbes Taxi. Hicks kletterte hinein und ließ sich in den Rücksitz sinken. Sein Haar juckte immer noch. »Kommen wir an einem Zeitschriftenstand vorbei?« fragte er den Fahrer.

»Einen Zeitschriftenstand? Nicht in Clairemont Mesa.«

»Ich brauche eine gute Zeitung, Morgenausgabe.«

»Ich kenne eine Stelle an der Adams Avenue, wo es die *New York Times* gibt, aber die dürfte von gestern sein.«

Hicks blinzelte und schüttelte den Kopf. Seine Reflexe waren langsam. »Also dann zum Inter-Continental«, sagte er. Große Teile seines Gehirns lebten noch zwanzig Jahre in der Vergangenheit. Auf seinem Schreibtisch im Hotel war ein Gerät, das ihm alle Nachrichten liefern konnte, die er benötigte: sein Computer. Mit seinem eingebauten Modem konnte er binnen einer Stunde ein Dutzend große Nachrichtenblöcke empfangen. Er konnte auch einige esoterische Weltraumnachrichtendienste anzapfen, um Information zu bekommen, welche die Zeitungen als zu unzuverlässig einschätzten, um sie drucken zu können. Und dann gab es immer noch den rätselhaften *Regulus*. Hicks war an ihn während seiner periodischen Spaziergänge durch die Dienste und Netze nicht herangetreten, aber er hatte die Nummer und den Identitätscode von einem Freund, Chris Riley am Cal-Tech, bekommen. Der hatte ihm gesagt, daß *Regulus* skandalöse Dinge über den Weltraum und die Technik wüßte.

Zum Teufel mit dem Werbefeldzug für ein Buch! Hicks hatte sich seit 1969 nicht so auf Touren gefühlt, wo er für den *New Scientist* über die Mondlandung berichtet hatte.

4

Arthur lag im Bett, die Hände hinter dem Kopf gefaltet. Francine saß hinter einem Stapel von Kissen neben ihm. Sie war am Vortag mit Marty zurückgekommen und hatte ihn mit tiefen Geheimnissen beschäftigt gefunden. Ein Buch über Vorbereitung und zeitliche Planung einer vorläufigen Einsatzgruppe lag offen, aber ungelesen in seinem Schoß.

Er machte sich Gedanken über ein Leben ohne Harry. Das schien öde, auch wenn es voll von Geheimnissen und Ereignissen von mehr als historischer Bedeutung war.

Francine, der ihr schwarzes Haar offen um die Schultern lag, sah alle paar Minuten ihren Gatten an, unterbrach aber seine Träumerei nicht. Arthur fing diese Blicke auf, ohne zu reagieren. Er wünschte beinahe, sie möchte fragen.

Er hatte sein ganzes Leben als Erwachsener in dem Bewußtsein verbracht, daß Harry für eine Diskussion bereit war, telephonisch oder brieflich, oder auch binnen eines Tages auf Abruf zu einem Besuch, wenn sie nicht gerade beide zu tief in der Arbeit steckten. Sie waren zusammen gereift. Sie hatten ein erstaunliches gemeinsames Verhältnis zu einer Frau gehabt. Harry hatte an Francine von ganzem Herzen Gefallen gefunden, als ein viel jüngerer Arthur sie einander vorgestellt hatte. »Wenn du es nicht tust, werde *ich* sie heiraten«, hatte Harry nur halb im Scherz gesagt. Über zehn Jahre hin hatten Francine und Arthur eine Begegnung nach der anderen von verschiedenen akzeptablen und verständigen Frauen mit Harry arrangiert; aber der hatte sich stets höflich von diesen guten möglichen Partien zurückgezogen. So waren alle überrascht, als er 1983 in New York Ithaca Springer kennenlernte und heiratete. Die Ehe war entgegen allen Voraussagen glücklich geworden. Die junge Tochter eines Bankiers aus der höheren Gesellschaft und ein Wissenschaftler. Das sah nicht nach einer erfolgreichen Geschichte aus. Aber Ithaca hatte gezeigt, daß sie recht geschickt mit den Grundlagen der Arbeit ihres Gatten zurecht kommen konnte; und sie hatte Harry eine höchst nützliche Mitgift eingebracht, nämlich liebevolles unausgesetztes Training in gesellschaftlichem Anstand.

Beide hatten sich hartnäckig eine Unabhängigkeit bewahrt; aber Arthur hatte schon früh gespürt, daß Harry nicht mehr ohne Ithaca auskommen konnte. Wie würde Ithaca ohne Harry auskommen?

Arthur hatte es Francine noch nicht erzählt. Irgendwie schien die Nachricht ein persönliches Eigentum von Harry zu sein, über das man nur mit seiner Erlaubnis verfügen konnte. Aber diese Einschränkung war töricht, und Arthur hatte ihr nicht viel Widerstand entgegenzusetzen.

Am nächsten Morgen würde er nach Vandenberg fliegen und in das ›Beweismaterial‹ eingeweiht werden. Das müßte der größte Augenblick seines Lebens werden, ohne jede Ausnahme; und doch war er den Tränen nahe.

Sein bester Freund könnte binnen Jahresfrist tot sein.

»Mist!« sagte er leise.

»Na schön«, sagte Francine, legte ihr Buch hin und rollte sich hinüber, um ihm den Kopf auf die Schulter zu legen. Er klappte das Notizbuch zu und streichelte ihr die Stirn. Sie wühlte mit ihren Fingern in dem dichten, pfeffer- und salzfarbenen Haarbüschel auf seiner Brust. »Wirst du es mir sagen? Oder ist es weiterer Geheimkram?«

»Nicht geheim«, sagte er. Er spürte ein schmerzhaftes Verlangen, es ihr zu erzählen. Vielleicht würde er das in ein paar Wochen können. Die Neuigkeit sickerte rasch nach außen. Er fürchtete, daß bald sogar Death Valley an die Öffentlichkeit dringen könnte. Alle Leute waren so aufgeregt.

»Was ist es denn also?«

»Harry.«

»Was ist mit ihm?«

Die Tränen wollten kommen.

»Was ist los mit Harry?« fragte Francine.

»Er hat Krebs. Leukämie. Er arbeitet mit mir zusammen an diesem ... Projekt; könnte aber vielleicht nicht bis zum Ende mitmachen.«

»Jesus!« sagte Francine und legte ihm die flache Hand auf die Brust. »Wird er nicht behandelt?«

»Doch, natürlich. Er glaubt aber einfach nicht, daß sie ihn werden retten können.«

»Nur noch fünf Jahre. Wir hören immer, daß nach weiteren fünf Jahren der Krebs nicht mehr tödlich sein wird.«

»Er hat aber keine fünf Jahre. Vielleicht nicht einmal ein einziges.«

Francine kuschelte sich dichter an, und sie lagen einen Augenblick lang schweigend da. Schließlich fragte sie: »Wie fühlst du dich?«

»Wegen Harry? Ich fühle mich ...« Er dachte mit gerunzelter Stirn kurz nach. »Ich weiß nicht.«

»Verraten?« fragte sie leise.

»Nein. Wir sind immer sehr unabhängige Freunde gewesen. Harry schuldet mir nichts, und ich schulde ihm auch nichts. Außer der Freundschaft und ...«

»Daß es ihn gibt.«

»Ja. Jetzt wird es ihn nicht mehr geben.«

»Das kannst du nicht wissen.«

»Er weiß es aber. Du hättest ihn sehen sollen.«

»Sieht er schlecht aus?«

»Nein. Er sieht sogar recht gut aus.« Arthur versuchte sich vorzustellen, wenn der ganze Körper ein Schlachtfeld war, in dem sich der Krebs immer weiter ausbreitet von Punkt zu Punkt oder durch das Blut, ungehindert, eine Art biologischer Raserei, ein genetischer Selbstmord, gefördert durch gedankenlose, leblose Klumpen aus Protein und Nucleinsäure. Er haßte alle vagabundierenden mikroskopischen Dinge mit jäher Leidenschaft. Warum konnte Gott nicht menschliche Körper geplant haben mit nahtloser Leistungsfähigkeit, die sich der Herausforderung des alltäglichen Lebens stellen konnten und sich dabei zumindest innerlich sicher fühlten?

Francine fragte: »Wie war der Besuch?«

»Wir haben ein paar schöne Tage zusammen verbracht. Wir werden uns auch morgen treffen. Das ist alles, was ich dir sagen kann.«

»Eine Woche oder zwei Wochen?«

»Ich werde anrufen, falls es länger als eine Woche dauert.«

»Klingt nach einer großen Sache.«

»Ich werde dir nur noch eines erzählen«, sagte er. Es schmerzte ihn noch heftiger, daß er alles offenbaren wollte, um diese unglaubliche Neuigkeit mit der Person zu teilen, die er am meisten auf Erden liebte. (Oder liebte er Francine weniger als Harry? Das war eine andere Art von Liebe. Unterschiedliche Bereiche.)

»Laß nur nicht die Katze ganz aus dem Sack!« warnte sie ihn mit leichtem Lächeln.

»Keine Katze und kein Sack, nur dieses: Ginge es nicht um Harry, wäre ich jetzt der glücklichste Mensch auf Erden.«

»Jesus!« sagte sie noch einmal. »Muß schon was dran sein.«

Er wischte sich die Augen mit einem Bettzipfel. »Und ob!«

5

Edward Shaw rührte mit dem Löffel in der Kaffeetasse und starrte auf das Glasfenster, welches in Augenhöhe in der Tür der hermetisch verschlossenen Kammer angebracht war. Er hatte in der Nacht gut geschlafen. In dem Raum war es still wie in der Wüste. Die sauberen weißen Wände und die hotelmäßige Ausstattung machten ihn leidlich komfortabel. Er konnte Bücher anfordern und alles, was er wollte, in dem Fernseher in der einen Ecke anschauen. Es waren zweihundert Kanäle, wie ihm der Zimmeraufseher gesagt hatte.

Durch eine Wechselsprechanlage konnte er sich mit Reslaw oder Minelli oder Stella Morgan unterhalten, der schwarzhaarigen Frau, die es ihm erlaubt hatte, aus dem Laden in Shoshone zu telephonieren. Das war vor sieben Tagen gewesen. In anderen Räumen befanden sich, wie Minelli ihm erzählt hatte, die vier Luftwaffensoldaten, die seinem Anruf nachgekommen waren und die Kreatur gesehen hatten. Sie alle unterlagen einer langfristigen Beobachtung. Sie könnten ein Jahr oder länger ›im Kittchen‹ sein, das kam darauf an ... Worauf es ankam, darüber war sich Edward nicht sicher. Aber er hätte wissen müssen, daß die Kreatur ihnen allen enorme Schwierigkeiten machen würde.

Die Bedrohung durch extraterrestrische Krankheiten war hinreichend offensichtlich, daß sie sich den strengen zweitägigen medizinischen Tests unterzogen hatten, ohne sich sehr zu beklagen. Die Tage danach hatten sie in ziemlicher Langeweile verbracht. Offenbar war sich niemand über ihren Status so recht im klaren, wie sie zu behandeln waren oder was man ihnen sagen müßte. Niemand hatte auf Edwards dringendste Frage geantwortet: Was war mit der Kreatur geschehen?

Vor vier Tagen, als man sie in die versiegelten Kammern brachte, hatte Stella Morgan sich an Edward gewandt und verschwörerisch gefragt: »Kennen Sie das Morsealphabet? Wir könnten uns durch Klopfzeichen verständigen. Wir werden hier lange bleiben.«

»Ich kenne keinen Code«, hatte Edward geantwortet.

»Schon in Ordnung«, hatte ein Beobachter hinter seinem durchsichtigen Visier gesagt. »Sie werden eine Sprechanlage bekommen.«

»Kann ich meinen Rechtsanwalt anrufen?« hatte Stella gefragt.

Keine Antwort. Nur ein Zucken der schwer gepanzerten Schultern.

Das Frühstück wurde um neun Uhr serviert. Das Essen war ausgezeichnet und mild. Edward aß auf den Rat des Offiziers vom Dienst alles auf. Dieser war eine attraktive Frau in dunkelblauer Uniform mit kurzem Bubikopf. »Sind irgendwelche Drogen darin?« Das hatte er schon einmal gefragt. Er fiel sich allmählich selbst auf die Nerven.

»Bitte, werden Sie nicht närrisch!« sagte sie.

Edward fragte: »Weiß man *wirklich*, was Sie tun? Oder was mit uns geschehen wird?«

Sie lächelte unbestimmt, schaute weg und schüttelte dann verneinend den Kopf. »Aber niemand ist irgendwie in Gefahr.«

»Wie wäre es, wenn auf meinem Arm ein Pilz wachsen würde?«

»Den Film habe ich gesehen«, sagte die Offizierin. »Der Astronaut wird zu einem Klumpen. Wie hieß der Streifen doch gleich?«

»*Das kriechende Unbekannte*, glaube ich«, sagte Edward.

»Ja — ›kriechend‹ oder ›krabbelnd‹.«

»Verdammt, was werden Sie tun, wenn wir wirklich erkranken?«

»Uns um Sie kümmern. Darum seid ihr ja hier.« Ihre Stimme klang nicht sehr überzeugt. Da summte Edwards Sprechgerät, und er drückte über einem blinkenden Licht den kleinen roten Knopf. Auf dem Paneel waren acht Lichter und acht Knöpfe in zwei korrespondierenden Reihen, von denen drei aktiv waren.

»Ja — was ist?«

»Hier ist Minelli. Du mußt uns noch eine weitere Entschuldigung liefern. Das Essen hier ist schrecklich. Warum mußtest du bloß die Luftwaffe anrufen?«

»Ich meinte, die würden schon wissen, was zu tun wäre.«

»Tun sie das auch wirklich?«

»Offenbar.«

»Werden sie uns in einem Shuttle hochschießen?«

»Das bezweifle ich«, sagte Edward.

»Ich wünschte mir, ich hätte Biologie oder Medizin oder so etwas als Hauptfach gewählt. Dann könnte ich vielleicht eine Idee davon haben, was die planen.«

Edward äußerte laut Überlegungen, ob sie ganz Shoshone isoliert hatten und damit die Fernstraße und die Wüste rund um den Aschenkegel sperrten.

»Vielleicht haben sie einen Zaun um Kalifornien gezogen«, spekulierte Minelli. »Und vielleicht ist auch das noch nicht genug. Sie bauen eine Mauer quer durch die Prärie und lassen kein Obst und Gemüse durch.«

Die Sprechanlage war so geschaltet, daß sie alle zugleich oder auch privat reden konnten. Sie konnten die Wache oder die Offiziere vom Dienst an den Räumen nicht ausschließen. Reslaw mischte sich in das Gespräch ein. »Wir sind nur unser vier, dazu die vier Untersuchungsleute. Sie haben aber nicht diese Angestellte isoliert — wie hieß sie doch gleich?«

»Esther«, sagte Edward. »Auch nicht den jungen Burschen an der Servicestation.«

»Das muß wohl bedeuten, sie halten nur diejenigen Personen fest, die es berührt haben könnten oder dicht genug herangekommen sind, um Mikroben in der Luft einzuatmen.«

Stella Morgan beteiligte sich an dem Gespräch und fragte: »Was werden wir also unternehmen?«

Niemand antwortete.

»Ich wette, daß meine Mutter durchdreht.«

Es war niemandem gestattet worden, nach auswärts zu telephonieren.

»Gehört Ihnen der Laden?« fragte Edward. »Ich wollte Ihnen noch danken ...«

»Daß ich Sie anrufen ließ? Das war doch wirklich nett von mir, nicht wahr? Meiner Familie gehören der Laden, das Café und der Wohnwagenplatz. Sie liefert Propangas und Bier. Es wird nicht leicht sein, hierüber Schweigen zu bewahren. Ich hoffe, es geht ihr gut. Mein Gott, ich hoffe, daß man sie nicht verhaftet hat.

Wahrscheinlich hat sie schon unseren Anwalt angerufen. Ich klinge wohl wie ein verwöhntes reiches Kind, nicht wahr? ›Warte nur, wenn meine Mutti das erfährt!‹« Sie lachte.

Edward fragte: »Wer hier sonst verfügt noch über Beziehungen?«

Reslaw sagte: »Von uns erwartet man, daß wir nur zwei Wochen abwesend sein würden. Keiner von uns ist verheiratet. Sie etwa, Stella?«

»Nein«, sagte sie.

»Da haben wir es«, schloß Minelli. »Stella, Sie sind unsere einzige Hoffnung.«

»Seid nicht so sauer!« mischte sich der Zimmeraufseher ein. Er war ein Lieutenant um die vierzig. Das übrige Wachpersonal war ranghöher.

»Hat man bei uns Wanzen eingebaut?« fragte Edward. Er war ärgerlicher, als er eigentlich hätte sein sollen.

»Natürlich«, antwortete der Aufseher. »Ich höre mit. Alles wird auch mit Video und Audio aufgezeichnet.«

»Werden wir sicherheitspolitisch überprüft?« fragte Stella.

»Dessen bin ich sicher.«

»Verdammt!« sagte sie. »Mich könnt ihr gleich abschreiben. Ich gehörte zu den radikalen Studenten.«

Edward zwang sich trotz Ärger und Frustration zu einem Lachen. »Wie ist es mit uns beiden, Minelli?«

»Radikal? Zum Teufel — nein. Als ich zum ersten Mal gewählt habe, stimmte ich für Hampton.«

»Verräter«, sagte Reslaw.

Edward warnte: »Sprich nichts Schlechtes über Tote. Er war ja doch gut für die Wissenschaft. Er hat das Weltraumprogramm hochgetrieben.«

»Und den Haushalt der heimischen Wirtschaft ruiniert«, ergänzte Morgan. »Und Crockerman ist nicht besser.«

»Vielleicht werden wir den Präsidenten kennenlernen«, sagte Minelli. »Im Fernsehen.«

»Wir werden für den Rest unseres Lebens hier bleiben«, prophezeite Reslaw in dem Tonfall eines Vincent Price in seinen Gruselfilmen. Edward wußte nicht, ob das ernst oder melodramatisch gemeint war.

»Wer ist hier am ältesten?« fragte Edward. Er hatte die Führungsrolle übernommen und wollte zu einem weniger aktuellen Thema überleiten.

»Dreißig«, sagte Minelli.

»Neunundzwanzig«, erklärte Reslaw.

»Dann bin ich am ältesten«, sagte Stella.

»Wie alt sind Sie denn?« fragte Edward.

»Das geht Sie nichts an.«

»*Die* wissen es aber. Wir können sie fragen.«

»Untersteh dich!« warnte Morgan lachend.

Nun gut, dachte Edward, *unsere Stimmung ist gut, oder wenigstens so gut, wie man nur erwarten kann. Wir werden nicht gefoltert, außer ein paar Nadelstichen. Es ist nicht wichtig, daß wir gegenseitig alles über einander erfahren. Wir könnten hier noch lange bleiben.*

»He!« kreischte Minelli. »Wache! Wache! Mein Gesicht, mein Gesicht. Darauf wächst etwas.«

Edward fühlte, wie sein Puls sich beschleunigte. Niemand sagte etwas.

»Oh, Gott sei Dank!« sagte Minelli kurz darauf und beutete die Situation nach Kräften aus. »Es ist bloß ein Bart. He! Ich benötige meinen elektrischen Rasierapparat.«

Der Wachoffizier sagte: »Mr. Minelli, bitte nicht mehr von so etwas!«

»Wir hätten Sie vor ihm warnen sollen«, sagte Reslaw.

»Ich weiß, daß ich eine Art Arschloch bin«, erklärte Minelli. »Nur für den Fall, daß ihr Hintergedanken habt, wenn ihr mich hier festhaltet.«

PERSPEKTIVE

AAP/WorldNet, Woomera, South Australia. 7. Oktober 1966 (6. Oktober, USA):
Trotz Premierminister Stanley Millers Entscheidung, mit Nachrichten über extraterrestrische Besucher in South Australia »an die Öffentlichkeit zu gehen«, haben Wissenschaftler vor Ort bisher nur sehr wenig Information freigegeben. Was man weiß, ist folgendes: Das von Opalsuchern in der Great Victoria Wüste entdeckte Objekt befindet sich weniger als 130 Kilometer von Ayers Rock entfernt, eben jenseits der Grenze nach South Australia. Es liegt etwa 340 Kilometer genau südlich von Alice Springs. Sein Aussehen ist dem der drei großen Granitfelsen des Gebietes, Ayers Rock und beide Olgas, täuschend ähnlich, obwohl es deutlich kleiner ist als diese wohlbekannten Gebilde. Das Verteidigungsministerium hat die Stelle mit 150 Kilometern scharfen Drahtes in drei konzentrischen Kreisen umschlossen. Gegenwärtig laufen Untersuchungen durch Wissenschaftler vom Ministerium für Wissenschaft und der Australischen Akademie der Wissenschaften. Hilfsangebote liegen vor seitens offizieller Stellen im Australischen Raumfahrtzentrum Woomera und der Satellitenbeobachtungsstation der NASA in Island Lagoon, obwohl eine wissenschaftliche und militärische Zusammenarbeit mit anderen Nationen derzeit keineswegs sicher ist.

6

Der dunkelgraue Mercedes-Bus brachte Arthur Gordon und Harry Feinman von dem kleinen Passagierjet der Luftwaffe durch ein schwer bewachtes Tor in das Vandenberg Space Operations Center. Durch das Fenster konnte Arthur jenseits eines Betonhügels in ungefähr 1600 Metern Entfernung die obere Hälfte einer Weltraumfähre sehen, wie sie mit ihrem rostig orangeroten Außentank und weißen Startschubraketen neben einem massiven Gerüst ruhte.

»Ich weiß nicht, ob Sie auf so etwas vorbereitet waren, ich meine, Probeexemplare hierherzubringen«, sagte Arthur zu dem Offizier in blauer Uniform, der neben ihm saß. Colonel Morton Hall war ungefähr von Arthurs Alter, ein wenig kleiner — ein dunkler sportlicher Typ mit schmalem Schnurrbart, und er legte ein ruhiges, geduldiges Wesen an den Tag.

»Offengestanden waren wir es nicht«, sagte er.

Harry, der vor ihnen neben einem schwarzhaarigen Lieutenant namens Sanborn saß, wandte sich um und schaute an der Kopfstütze vorbei. Jedes Mitglied der zivilen Gruppe hatte einen Begleitoffizier. »Warum befindet sich dann alles hier?« fragte Harry.

»Weil wir am nächsten sind und improvisieren können«, sagte Hall. »Wir haben hier einige Isolierungseinrichtungen.«

»Wozu braucht man die unter normalen Bedingungen?« fragte Harry. Er sah Arthur mit einer Miene zwischen Verschmitztheit und Verärgerung an.

»Es ist mir nicht gestattet, dies zu erörtern«, sagte Hall mit leichtem Lächeln.

»Das habe ich mir auch gedacht«, sagte Harry zu Arthur. »Ja wirklich.« Er nickte und blickte wieder nach vorn.

»Was haben Sie gedacht, Mr. Feinman?« fragte Colonel Hall. Sein Lächeln war etwas strenger geworden.

Harry sagte kurz und bündig: »Wir gehen mit der Erforschung biologischer Waffen in den Weltraum. Automatische Module, die vom Boden aus gesteuert werden. Bring die Leute her, und sie sind in Isolation zu halten. Krummer Hund!«

Halls Lächeln schwankte; es sprach aber zu seinen Gunsten, daß es nicht völlig verschwand. Er war in seine eigene Falle geraten. »Ich verstehe«, sagte er.

Arthur erinnerte ihn: »Wir alle haben die höchste Sicherheitsfreigabe und die Autorisierung durch den Präsidenten. Ich bezweifle, daß es hier irgend etwas gibt, das man uns vorenthalten kann, wenn wir energisch genug darauf bestehen.«

»Ich hoffe, Sie verstehen unsere Lage hier, Mr. Gordon und Mr. Feinman«, sagte Hall. »Diese ganze Sache hat man uns vor gerade einer Woche angehängt. Wir haben noch nicht alle Sicherheitsmaßnahmen geklärt; und es wird einige Zeit dauern, bis wir entscheiden, wer was wissen muß.«

»Ich hatte gedacht, daß dies hier gegenüber praktisch allem vorrangig ist«, sagte Arthur.

»Wir sind noch nicht sicher, was wir hier haben«, räumte Colonel Hall ein. »Vielleicht können Sie, meine Herren, uns helfen, die Prioritäten zu klären.«

Arthur zog ein Gesicht. »Jetzt ist der schwarze Peter bei *uns*. *Touché*, Colonel.«

»Besser bei Ihnen als bei mir«, sagte Hall. »Dies ganze Ding ist ein administrativer Alptraum geworden. Wir haben vier Zivilisten und vier unserer eigenen Leute in Isolation. Wir haben keinen Haftbefehl oder andere formale Dokumente; und es gibt keine — na, Sie können es sich schon denken. Wir können nur die nationalen Sicherheitsinteressen so weit bemühen.«

»Und das kleine grüne Männchen?« fragte Harry wieder nach hinten.

»Er — oder es — ist unsere Star-Attraktion. Sie werden es zunächst sehen, und dann werden wir die Leute befragen, die es gefunden haben.«

»Es«, sagte Arthur. »Wir müssen bald eine weniger ominöse Bezeichnung dafür finden, jedenfalls ehe ›es‹ allgemein bekannt wird.«

»Wir haben es den GAST genannt, in Großbuchstaben«, sagte Hall. »Es versteht sich fast von selber, daß wir alle undichten Stellen vermeiden möchten.«

»Das wird nicht lange möglich sein, nachdem jetzt die Australier an die Öffentlichkeit gegangen sind«, sagte Harry.

Hall nickte und suchte die Lage sachlich zu beurteilen. »Wir wissen noch nicht, ob die wissen, was wir haben.«

»Die Russen wissen wahrscheinlich schon Bescheid über das, was wir haben«, sagte Harry.

»Sei nicht zynisch!« mahnte ihn Arthur.

»Tut mir leid.« Harry grinste jungenhaft Lieutenant Sanborn, den Offizier neben ihm, an und dann Hall. »Habe ich aber unrecht?«

»Ich hoffe es«, sagte Sanborn.

Auf einem zementierten Platz etwa zwei Kilometer von dem Shuttle entfernt stand ein abweisend wirkendes Betongebäude mit nach innen geneigten Wänden, das fast einen Hektar Fläche bedeckte. Die Wände ragten drei Stockwerke über den asphaltierten Boden empor. »Sieht wie ein Bunker aus«, sagte Harry, als der Bus an eine Rampe fuhr, die nach unten führte. »Gebaut, um einem Atomschlag standzuhalten?«

»Das ist es gar nicht, worauf es hier eigentlich ankommt, Sir«, sagte Lieutenant Sanborn. »Es wäre fast unmöglich, die Startplätze und Rollbahnen entsprechend zu befestigen.«

Oberst Hall erläuterte: »Dies ist das Experimentelle Eingangslabor — oder kurz ERL für ›Experiment Receiving Lab‹. Darin befinden sich unsere zivilen Gäste und das bewußte Exemplar.«

In einer weiten Tiefgarage parkte der Bus neben einem mit Gummi gepufferten Ladedock aus Beton. Die Vordertür ging zischend auf, und die Offiziere führten Harry und Arthur aus dem Bus hinaus über das Dock in einen langen pastellgrünen Gang mit himmelblauen glatten Türen an der Seite. Jede Tür war mit Nummern und unverständlichen Kurzbezeichnungen auf einer gravierten Kunststofftafel gekennzeichnet, die in einem kleinen Rahmen aus Stahl steckte. Von irgendwoher hörte man das friedliche Brummen einer Klimaanlage. Die Luft roch schwach nach Desinfektionsmitteln und neuer Elektronik.

Der Gang führte zu einem Empfangsraum mit zwei langen braunen, mit Vinyl gepolsterten Couchen und einigen Plastikstühlen, die um einen runden Tisch standen, auf dem Magazine lagen, wissenschaftliche Zeitschriften, *Time* und *Newsweek*, sowie ein einsames *National Geographic*. Ein junger, munterer Major saß hinter einem Schreibtisch, der mit einem Computerterminal und einer Box für Identifikationskarten ausgestattet war. Nacheinander überprüfte der Major alle vier und tippte dann einen Code in das elektronisch gesicherte Schloß einer breiten Doppeltür hinter seinem Schreibtisch. Die Tür ging mit einem saugenden Zischen auf.

»Das Allerheiligste«, sagte Hall.

»Wo ist es?« fragte Harry.

»Etwa dreißig Meter von da entfernt, wo wir uns gerade befinden«, sagte Hall.

»Und die Zivilisten?«

»Ungefähr ebenso weit, auf der anderen Seite.«

Sie betraten einen halbkreisförmigen Raum, der mit Plastikstühlen ausgestattet war, einer Sanitärzelle und einem Labortisch. Drei mit Jalousien versehene Fenster waren in die lange, gekrümmte Wand eingelassen. Harry stand an dem leeren Tisch, wischte mit der Hand über die blanke Kunststoffplatte und sah nach, ob er Staub an den Fingern hätte. So könnte es etwa ein Lehrer in einem Klassenzimmer machen. Arthur verzog den Mund zu einem kurzen Lächeln. Harry bemerkte dies und zog die Augenbrauen hoch: *Nun?*

»Unser Gast befindet sich hinter dem mittleren Fenster«, sagte Hall. Er sprach in einen Apparat, der links von diesem Fenster angebracht war. »Hier sind unsere Inspektoren. Ist Colonel Phan bereit?«

»Ich bin bereit«, antwortete eine sanfte, fast weibliche Stimme über einen Lautsprecher.

»Dann wollen wir anfangen.«

Die auf ihrer Seite des Fensters angebrachten Jalousien klapperten und begannen hochzugehen. Die erste Glasscheibe dahinter war von einem schwarzen Vorhang verhüllt. Hall sagte: »Dies ist nicht etwa ein nur halbdurchsichtiger Spiegel oder sonst etwas Besonderes. Wir verheimlichen dem Gast unser Aussehen nicht.«

»Interessant«, sagte Harry.

»Der Gast hat um ein besonderes Milieu gebeten, und wir haben unser Bestes getan, seinen Wünschen zu entsprechen«, sagte Lieutenant Sanborn. »Er fühlt sich im Halbdunkel wohl, bei einer Temperatur von ungefähr fünfzehn Grad Celsius. Er scheint trockene Luft zu lieben mit etwa dem gleichen Gasgemisch, wie wir es in unserer Atmosphäre haben. Wir glauben, daß er seine normale Umgebung um etwa sechs Uhr früh am neunundzwanzigsten September verlassen hat, um zu erkunden ... nun, offen gesagt, wir wissen nicht, warum er es verlassen hat; aber er ist vom Tageslicht überrascht worden und etwa um neun Uhr dreißig der Helligkeit und der Hitze erlegen.«

»Das ergibt keinen Sinn«, sagte Harry. »Warum sollte er sein ... Milieu ... verlassen, ohne Schutzmaßnahmen? Warum nicht alle erforderlichen Maßnahmen treffen und die erste Exkursion sorgfältig planen?«

»Wir wissen es nicht«, sagte Colonel Hall. »Wir haben den Gast nicht befragt oder irgendeiner ungehörigen Strapaze unterzogen. Wir versorgen ihn mit allem, wonach er verlangt.«

»Äußert er seine Wünsche auf englisch?« fragte Arthur.

»Ja, in recht passablem Englisch.«

Arthur schüttelte ungläubig den Kopf. »Hat jemand Duncan Lunan angerufen?«

»Wir haben niemand angerufen außer Leuten, die unbedingt Bescheid wissen mußten«, sagte Hall. »Wer ist Duncan Lunan?«

»Ein schottischer Astronom«, erklärte Arthur. »Er hat vor ungefähr dreiundzwanzig Jahren einen ziemlichen Wirbel verursacht, als er behauptete, Beweise für eine fremde Raumsonde zu haben, die in Erdnähe kreiste. Er meinte, sie käme von Epsilon Bootis. Als Beleg präsentierte er Schemata von Radiosignalen, die anomal von einem Objekt im Weltraum zurückgestrahlt sein sollten. Wie so viele große Pioniere mußte er einige Enttäuschung und Widerruf erleben.«

»Nein, Sir«, sagte Hall — wieder mit seinem geheimnisvollen Lächeln. »Wir haben nicht mit Mister Lunan gesprochen.«

»Schade. Ich kann an hundert Wissenschaftler denken, die hier sein sollten«, sagte Arthur.

»Vielleicht später einmal«, räumte Hall ein. »Aber nicht jetzt gleich.«

»Nein. Natürlich nicht. Und nun?« Arthur zeigte auf das dunkle Fenster.

»Colonel Phan wird uns in wenigen Minuten einen direkten Blick geben.«

»Wer ist Colonel Phan?« fragte Harry.

»Er ist ein Experte in Raummedizin von Colorado Springs«, sagte Hall. »Wir konnten in so kurzer Zeit niemanden finden, der besser qualifiziert wäre, obwohl ich bezweifle, daß wir für die Aufgabe auch nach einem ganzen Jahr der Suche einen besseren gefunden hätten.«

»Uns haben Sie nicht gefragt«, sagte Harry. Arthur kniff ihn leicht in den Arm.

Das Licht im Raum wurde gedämpft. »Ich hoffe, daß jemand Videoaufnahmen von unserem Gast macht«, flüsterte Harry anzüglich Arthur zu, als sie ihre Stühle dicht an das Fenster heranzogen.

»Wir haben einen Digitalrecorder und drei hochauflösende Kameras, die rund um die Uhr arbeiten«, erklärte Lieutenant Sanborn.

»In Ordnung«, sagte Harry.

Harry war deutlich nervös. Arthur seinerseits fühlte sich gleichzeitig munter und leicht betäubt. Er konnte es nicht recht zugeben, daß eine uralte Frage eine positive Antwort gefunden hatte, und daß sie alsbald diese Antwort sehen würden.

Der schwarze Vorhang glitt zur Seite. Hinter einer zweiten dicken Glasscheibe, gefaßt in rostfreiem Stahl, sahen sie einen kleinen, schwach erhellten, fast leeren quadratischen Raum von blaßgrüner Farbe. In der Mitte des Zimmers befand sich eine niedrige Plattform, die mit einer Art Decken drapiert war. In der einen Ecke stand ein Becher mit klarem Wasser. In der rechten vorderen Ecke war ein meterhoher durchsichtiger Zylinder, der oben offen war. Arthur nahm all dies in sich auf, bevor er seine Aufmerksamkeit auf das konzentrierte, was auf dem niedrigen Tisch unter den Decken lag.

Der Gast bewegte sich, erhob ein Vorderglied — es war deutlich ein Arm mit einer dreifingrigen Hand, wobei jeder Finger oberhalb des mittleren Gelenkes zweigeteilt war — und setzte sich dann auf. Die Decke fiel von seinem keilförmigen Kopf herunter. Die lange ›Nase‹ des Kopfes wies auf sie, und aus ihrem stumpfen Ende tauchten die goldbraunen Augen auf, zogen sich wieder zurück und traten wieder hervor. Arthur war der Mund trocken geworden. Er war bemüht, das Ding als ein Ganzes zu sehen, aber im Moment konnte er sich nur darauf konzentrieren, ob die Augen Lider hatten oder sich tatsächlich in Höhlen aus graugrünem Fleisch zurückzogen.

»Können wir mit ihm sprechen?« fragte Harry über die Schulter nach hinten.

»Es besteht eine zweiseitige Verbindung mit dem Raum.«

Harry saß dicht an dem Fenster. »Hallo! Kannst du uns hören?«

»Ja«, sagte der Gast. Seine Stimme war zischend und schwach, aber klar verständlich. Er begab sich auf den Fußboden herunter und stand unsicher neben dem niedrigen Tisch. Seine unteren Gliedmaßen — Beine — hatten rückwärts gerichtete Gelenke, aber nicht wie bei einem Hund oder Pferd, wo das ›Knie‹ dem menschlichen Handgelenk entspricht. Der Körperbau des Gastes war durchaus eigenartig. Jedes Gelenk war nach hinten gerichtet, wobei die untere Hälfte sanft und graziös abfiel, um sich in drei dicke Verlängerungen aufzuteilen, die in jeweils zwei breite ›Zehen‹ ausliefen. Die Beine machten einen erheblichen Teil seiner Größe aus. Der von einer Rhinozeroshaut bedeckte ›Rumpf‹ nahm nur etwa einen halben Meter von seinen vollen anderthalb Metern ein. Das Ende des langen Kopfes, der auf einem dicken kurzen Hals vorgeschoben war, reichte bis zu ein paar Zentimetern unter die Verbindung von Beinen und Rumpf hinab. Die Arme ragten zu beiden Seiten des Rumpfes nach oben wie die gefalteten Greifer einer Gottesanbeterin.

Harry runzelte die Stirn und schüttelte den Kopf. Er war jetzt nicht imstande zu sprechen. Er wedelte mit einer Hand vor dem Mund, schaute auf Arthur und hustete.

Schließlich schaffte Arthur es zu sagen: »Wir wissen nicht recht, was wir dir sagen sollen. Wir haben lange darauf gewartet, daß jemand aus dem Weltraum die Erde besuchen würde.«

»Ja.« Der Kopf des Gastes pendelte vor und zurück,

von Namen«, sagte Arthur zu Colonel Hall. »Es klingt nach einer von-Neumann-Maschine. Sich selbst reproduzierend, ohne Anweisungen von außen. Frank Drinkwater meinte, daß das Fehlen solcher Maschinen ein Beweis dafür ist, daß es in der Galaxis kein intelligentes Leben außer dem unsrigen gibt.«

»Er spielt offenbar den Advocatus Diaboli«, sagte Harry und rieb sich immer noch die Nasenwurzel. »Welcher Wissenschaftler würde zu *beweisen* wünschen, daß Intelligenz einzig wäre?«

Colonel Hall betrachtete den Gast mit einem Ausdruck milder Besorgnis. »Sagt er, daß wir Kriegsalarm geben sollten?«

»Er sagt ...«, fing Harry ärgerlich an, beherrschte aber dann seinen Ton, »er sagt, daß wir nicht die Chance eines Eiswürfels in der Höhle haben. Art, du liest doch mehr Science Fiction als ich. Wer war doch gleich der Bursche ...«

»Saberhagen. Fred Saberhagen. Er hat sie als ›Berserker‹ bezeichnet.«

»Mit mir hat man nicht gesprochen«, sagte der Gast. »Habt ihr die Konsequenzen dieser Nachricht erfaßt?«

»Ich denke schon«, antwortete Arthur. Sie hatten keine ganz offene Frage gestellt. Vielleicht wollten sie es gar nicht wissen. Er machte sich Gedanken über den Gast in der Stille, die sich über sie senkte. »Wieviel Zeit haben wir noch?«

»Ich weiß es nicht. Vielleicht weniger als eine Umlaufzeit.«

»Wie lange ist es her, daß dein — Schiff gelandet ist?« fuhr Arthur fort.

Der Gast stieß ein kleines zischendes Geräusch aus und wandte sich ab. »Ich weiß es nicht«, entgegnete er. »Wir sind uns nicht darüber klar geworden.«

Arthur zögerte nicht mit der nächsten Frage. »Hat das Schiff bei einem Planeten in unserem Sonnensystem angehalten? Hat es einen Mond vernichtet?«

seine feuchten, wie Edelsteine funkelnden, sherryfarbenen Augen waren voll sichtbar. »Ich wünsche, ich könnte euch bei einer so bedeutsamen Gelegenheit bessere Botschaft bringen.«

»Was ... ah ... was für eine Botschaft bringst du?« fragte Harry.

»Seid ihr verwandt?« fragte der Gast seinerseits.

»Ich verstehe nicht — wieso verwandt?«

»Gibt es da ein Problem hinsichtlich meiner Mitteilung?«

Arthur sagte: »Wir sind nicht von der gleichen Familie — keine Blutsverwandte, Brüder oder Vater und Sohn oder sonst.«

»Zwischen euch besteht eine soziale Beziehung.«

»Er ist mein Vorgesetzter«, sagte Harry und zeigte auf Arthur. »Mein Oberer in der Hierarchie. Wir sind aber auch Freunde.«

»Und ihr seid nicht dieselben Individuen in unterschiedlicher Gestalt wie die Individuen hinter euch?«

»Nein«, sagte Harry.

»Eure Formen sind beständig?«

»Ja.«

»Dann ...« Der Gast gab einen scharfen pfeifenden Ton in hoher Lage von sich, und der lange Kamm über den Schultern schien sich leicht zu blähen. Arthur konnte in Nähe der Augen einen Mund oder eine Nase erkennen und nahm an, daß derartige Öffnungen auf dem Kopf unter dem Hals gegenüber der Brust sein könnten, in der Gegend, die — wenn solche Vergleiche Sinn hatten — einem langen ›Kinn‹ entspräche. »Ich werde euch meine schlechte Nachricht auf jeden Fall mitteilen. Nehmt ihr in eurer Gruppe, euerer Gesellschaft einen hohen Rang ein?«

»Nicht den höchsten, aber wir haben immerhin eine hohe Stellung«, sagte Harry.

»Die Botschaft, die ich euch bringe, ist nicht erfreulich. Sie kann für euch alle unerfreulich sein. Ich habe hiervon noch nicht im einzelnen gesprochen.« Der Kopf erhob sich, und Arthur erkannte auf der Unterseite spaltartige Öffnungen. »Wenn ihr die Möglichkeit habt, wegzugehen, so werdet ihr bald den Wunsch haben, es zu tun. Eine Krankheit ist in euer Planetensystem eingedrungen. Eurer Welt bleibt nur noch wenig Zeit.«

Harry rückte seinen Stuhl ein Stück nach vorn, und der Gast kam mit einer ungeschickten schleichenden Bewegung näher an das dicke Glas heran. Dann setzte er sich auf den Fußboden, so daß nur noch die Oberarme und der lange Kopf sichtbar waren. Die drei Augen waren fest auf Harry gerichtet, als ob sie eine sichere, gute Verbindung herstellen wollten, oder Mitgefühl ausdrückten ...

»Unsere Welt ist zum Untergang verurteilt?« fragte Harry. Er mied nach Möglichkeit jedes Melodrama und gab dem letzten Wort eine vollkommen sachliche und leidenschaftslose Betonung.

»Falls ich nicht falsch über eure Möglichkeiten unterrichtet bin — ja. Das ist eine schlimme Nachricht.«

»Es scheint nicht so«, sagte Harry. »Was ist die Ursache dieser Krankheit? Gehörst du zu einer Eroberungsarmee?«

»Eroberung ... Unklar. Armee?«

»Eine organisierte Gruppe von Soldaten, Kämpfern, Zerstörern und Besetzern. Eindringlinge.«

Der Gast schwieg einige Zeit. Er hätte eine Statue sein können, wenn nicht der obere Teil seines Kamms fast unmerklich vibriert hätte. »Ich bin ein Parasit, ein zufälliger Reisender.«

»Erkläre das, bitte!«

»Ich bin ein Floh, kein Soldat oder Erbauer. Meine Welt ist tot und verzehrt. Ich reise hierher innerhalb des Kindes einer Maschine, die Welten frißt.«

»Du bist doch auf einem Raumschiff hergekommen?«

»Nicht meinem eigenen. Keinem von *uns*.« Die Betonung war unverkennbar.

»Wessen denn?« fragte Harry weiter nach.

»Seine Vorfahren wurden von sehr weit entfernten Wesen hergestellt. Es kontrolliert sich selbst. Es ißt und pflanzt sich fort.«

Arthur zitterte vor Verwirrung, Angst und einer heftigen Wut, die er nicht erklären konnte. Er sagte: »Ich verstehe nicht« und schnitt damit Harry die nächsten Worte ab.

»Es ist ein Reisender, der zerstört und die Sterne für seine Erbauer sicher macht. Es sammelt Information, lernt und frißt dann Welten und stellt neuere Formen von sich selbst her. Ist das klar?«

»Ja, aber warum bist *du* hier?« Arthur schrie beinahe.

»Pst!« sagte Harry und hob eine Hand. »Gerade das hat er eben gesagt. Er ist als heimlicher Passagier mitgeflogen. Er ist eine Art Floh.«

»Du hast nicht den Felsen gebaut, das Raumschiff oder was immer das Ding da draußen in der Wüste ist? Das ist nicht dein Transportmittel?« fragte Colonel Hall. Offenbar hatten sie vorher noch nichts davon gehört. Der junge Lieutenant Sanborn war sichtlich erschüttert.

»Es ist nicht *unser* Vehikel«, versicherte der Gast. »Es ist so mächtig, daß es unsere Anwesenheit nicht zu fürchten braucht. Wir können es nicht beschädigen. Wir opfern ...« Wieder der Pfeifton. »Wir sind nur noch am Leben, um vor dem Tod zu warnen, der unser Geschlecht getroffen hat.«

»Wo sind die Piloten und die Soldaten?« fragte Harry.

»Die Maschine lebt nicht in der Weise, wie wir es tun«, sagte der Gast.

»Ist sie ein Roboter, ein Automat?«

»Es ist eine Maschine.«

Harry schob seinen Stuhl zurück und rieb sich mit beiden Händen kräftig das Gesicht. Der Gast schien das genau zu verfolgen, änderte seine Position aber nicht weiter.

»Wir haben für diese Art von Maschine eine Anzahl

»Ich weiß es nicht.«

Ein kleiner asiatischer Mann von kräftigem Körperbau, mit kurzgeschnittenem schwarzen Haar, dunkler pockennarbiger Haut und vorstehenden Backenknochen betrat den Raum. Arthur schlug sich mit den Händen auf die Knie und starrte ihn an.

»Ich bitte die Herren um Entschuldigung«, sagte er.

Sanborn räusperte sich. »Dies ist Colonel Tuan Anh Phan.« Er stellte Arthur und Harry vor.

Phan grüßte jeden mit einem zurückhaltenden Kopfnicken. »Ich wurde soeben davon informiert, daß die Australier neue Photos und Filmaufnahmen freigeben. Ich glaube, das ist wichtig, Ihre Besucher sind dem unseren nicht ähnlich.«

PERSPEKTIVE

InfoNet Political News Forum, 6. Oktober 1996, Frank Topp als Kommentator:
Die Einschätzung von Präsident Crockerman in der öffentlichen Umfrage von World News liegt seit Juni fest bei 60 bis 65 Prozent und läßt mit dem heranrückenden Wahltermin keine Veränderung erkennen. Politische Kenner in Washington bezweifeln, daß irgend etwas einen leichten Sieg im November wird verhindern können, nicht einmal die negative Handelsbilanz von hundert Milliarden Dollar zwischen den pazifischen Randstaaten und Uncle Sam ... oder die rätselhafte Lage in Australien. Ich meinerseits trage nicht einmal Wahlkampfabzeichen. Es wird eine langweilige Wahl werden.

Southern California an. Der Computer fand eine ein Jahr alte Erinnerung. »1995L Auszug: Furnace Creek Inn. 67 Zimmer. Golf, Reiten. Alt etabliert, malerische Lage mit Blick über Death Valley. Drei Sterne.«

Hicks dachte kurz nach. Er war sich sehr wohl im klaren, daß die Fakten nicht perfekt zusammenpaßten. Ganz instinktiv vorgehend nahm er das Telephon, drückte einen Knopf für eine Fernverbindung und bat um die Vorwahl für Furnace Creek. Es war dieselbe wie für San Diego, obwohl Hunderte von Kilometern nordnordöstlich davon gelegen. Kopfschüttelnd verlangte er die Auskunft und bat um die Rufnummer der Furnace Creek Inn. Eine mechanische Stimme gab Information, und er schrieb pfeifend mit.

Das Telephon klingelte dreimal. Eine schläfrig klingende junge Mädchenstimme meldete sich. Hicks blickte wieder auf seine Uhr, zum vierten Mal in zehn Minuten. Zum ersten Mal achtete er jetzt wirklich auf die Zeit. Ein Uhr fünfzehn nachmittags. Er hatte die ganze Nacht nicht geschlafen. »Bitte die Zimmerbestellungen.«

»Das mache ich«, sagte das Mädchen.

»Ich möchte für morgen ein Zimmer bestellen.«

»Tut mir leid, Sir, das können wir nicht machen. Wir sind vollkommen besetzt.«

»Kann ich wenigstens eine Vorbestellung für Ihren Speiseraum machen?«

»Das Lokal ist für die nächsten Tage geschlossen, Sir.«

»Eine große Reisegesellschaft?« fragte Hicks mit breiterem Lächeln. »Gibt es spezielle Reservierungen?«

»Das kann ich Ihnen nicht sagen, Sir.«

»Warum nicht?«

»Ich bin nicht befugt, darüber Auskunft zu erteilen.«

Hicks konnte fast sehen, wie sich das Mädchen auf die Lippen biß. »Vielen Dank!« Er legte auf und ließ sich auf das Bett fallen. Er war plötzlich erschöpft.

Wer sonst hätte diese Spur verfolgt haben können?

»Ich kann nicht schlafen«, stellte er fest und richtete

sich wieder auf. Er rief den Zimmerservice und bestellte Kaffee und ein kräftiges Frühstück — Schinken, Eier, was immer sie hatten. Der Angestellte bot eine Kombination aus drei Eiern mit Schinken und grünem Pfeffer an, zu einem Denver-Omelett gemischt, als ob Schweine und Pfeffer eine Spezialität dieser Stadt wären. Hicks nahm an, drückte weiter auf den Knopf und rief das im Hoteladreßbuch verzeichnete Reisebüro an.

Der Agent, eine tüchtig wirkende Frau, informierte ihn, daß es in der Nähe von Furnace Creek eine private Landebahn gäbe, aber die nächste kommerzielle Flugverbindung wäre nach Las Vegas.

Er sagte: »Ich werde einen Platz für die nächste Verbindung dorthin nehmen.« Sie nannte ihm Flugnummer und Startzeit — in knapp einer Stunde von jetzt an — und die Flugsteignummer auf dem Lindbergh-Flugplatz. Sie fragte, ob er einen Leihwagen brauchen könnte.

»Ja, allerdings. Sofern ich nicht direkt hinfliegen kann.«

»Nein, Sir. Es gibt da draußen nur kleine Flugfelder und keine regelmäßigen Verbindungen dorthin. Die Fahrt von Las Vegas bis Furnace Creek wird etwa zwei oder drei Stunden dauern«, sagte sie und fügte hinzu: »Wenn Sie wie alle die anderen Leute sind, denen es Spaß macht, durch die Wüste zu fahren.«

»Alles verrückte Kerle, nicht wahr?« fragte er.

»Es gibt auch verrückte Weiber«, sagte die Agentin munter.

»Verrückt, alle verrückt«, sagte Hicks. »Ich möchte auch für die Nacht ein Hotel in Las Vegas. Kein Glücksspiel.« Er würde erst am späten Nachmittag dort ankommen und es nicht schaffen, vor Einbruch der Dunkelheit in Death Valley zu sein. Besser einen guten nächtlichen Schlaf bekommen, dachte er, und dann am Morgen losfahren.

»Lassen Sie mich Ihre Reservierungen bestätigen, Sir.

Ich brauche die Nummer Ihrer Kreditkarte. Sie sind Gast im Intercontinental?«

»Ja, das bin ich. Trevor Hicks.« Er buchstabierte den Namen und gab seine American-Express-Nummer an.

»Mister Trevor Hicks, der Schriftsteller?« fragte die Frau.

»Ja, allerdings, meine Liebe.«

»Ich habe Sie gestern im Radio gehört.«

Er stellte sich die Reiseagentin als ein wohlgebräuntes blondes Strandhäschen vor. Vielleicht war er gegenüber KGB-FM unfair gewesen. »Ach, wirklich?«

»Ja. Sehr interessant. Sie sagten, Sie wollten einen Alien nach Haus mitbringen, um ihn ihrer Mutti vorzustellen. Ihrer Mutter. Immer noch?«

»Ja, selbst jetzt noch«, sagte er. »Wir hegen doch alle recht freundliche Gefühle für Extraterrestrier, nicht warh?«

Die Agentin lachte nervös. »Mir macht es eigentlich Angst.«

»Mir auch, Schätzchen«, sagte Hicks. Eine entzückende, reizende Angst.

8

Harry stand vor dem Glas mit den Händen in den Taschen und starrte auf den Gast. Arthur beriet sich mit den beiden Offizieren hinten im Zimmer und diskutierte, wie die erste physische Untersuchung durchgeführt werden sollte. Er sagte: »Wir werden diesmal nicht den Raum betreten. Wir haben Ihre Photographien und... Gewebeproben vom ersten Tag. Die werden uns reichlich zu tun geben.«

Harry fühlte einen Anflug von Ärger. »Idioten!« sagte er leise vor sich hin. Der Gast hatte sich wie gewöhnlich unter die Decken auf der niedrigen Plattform gekuschelt. Nur ein ›Fuß‹ und eine ›Hand‹ ragten hervor.

Quaerens me, sedisti lassus

7

Hicks saß mit triefenden Augen und zerknautschten Kleidern auf dem Schreibtischstuhl des Hotels mit gerader Lehne und überprüfte den Inhalt der Akte, die er mit ›Hurrah‹ markiert hatte. Sie enthielt die erlesensten Teile von Information aus zweiundzwanzig Stunden und war vielleicht dreihundert Dollar wert, die er für den Zugang zu speziellen Nachrichtendiensten in aller Welt ausgegeben hatte. Die Kosten kümmerten ihn nicht. Er war immer noch hochgestimmt.

Australien hatte tatsächlich ein Artefakt in seiner Großen Victoria-Wüste — etwas, das anscheinend als ein riesiger Klumpen aus rotem Granit getarnt war. Die australische Regierung hatte den Fund ungefähr dreißig Tage lang geheim gehalten, bis undichte Stellen in mit der Untersuchung betrauten militärischen und wissenschaftlichen Dienststellen drohten, sie durch die größte Story aller Zeiten auszustechen. Dieses und noch viel mehr — Spekulationen und Gerüchte — war immer und immer wieder über alle Netzwerke wiederholt worden, an die er herangetreten war. Obwohl die Regierung noch keine vollen Einzelheiten bekannt gegeben hatte, erwartete man das jeden Tag.

Das Nachrichtenbulletin der *Regulus* wurde nur von Radioastronomen benutzt, die zu dem 21-cm-Club gehörten, von dem er ein Ehrenmitglied war. Nachdem er die Mitteilungen von allgemeinem und speziellem Interesse durchsucht hatte, fand Hicks auf einer kleinen Stelle mit der Überschrift ›Unverantwortliche Gerüchte‹ eine geheimnisvolle, nicht namentlich gekennzeichnete Bemerkung: *Kurzwellenfan, stimmt's? Nichts weiter über Identität. Habe in Klartext Sendung an AFI empfangen* — das mußte wohl *Air Force One*, das Flugzeug des Präsidenten, bedeuten — *betreffend ›unseren Typ im Furnace‹.*

Der Mann weist gen West auf Vandenberg. Könnte das bedeuten ...?

Hicks runzelte noch einmal die Stirn bei der Lektüre. Er kannte verschiedene Shuttlepiloten, die von Vandenberg aus starteten. Sollte er es riskieren, sie anzurufen und zu fragen, ob etwas Ungewöhnliches passiert wäre? Dürfte er ›unseren Typ im Furnace‹ erwähnen?

Ein Klopfen unterbrach seine Träumerei. Er war unterwegs zur Tür, als sie schon aufging und eine junge asiatische Frau in limonengrüner Bluse und langen Hosen rückwärts hereinkam. Als sie ihn erblickte, sagte sie: »Zimmerdienst, okay?«

Hicks schaute mit leerem Blick ins Zimmer. Er war froh, daß er einen Bademantel angelegt hatte. Er pflegte oft unbekleidet zu arbeiten, mit einem Wanst, grauen Haaren auf der Brust und so, nach Art eines alten Junggesellen. »Bitte, noch nicht.«

»Also bald. In einer Stunde.«

Sie schloß hinter sich die Tür. Hicks schritt zwischen dem mit Vorhängen versehenen Fenster und der Tür zum Bad hin und her mit dem Kinn in der Hand und einem Gesicht so klar und unschuldig wie das eines Kindes. »Ich kann nicht folgerichtig denken«, murmelte er. Er stellte den Fernseher an, wählte eine Station, die rund um die Uhr Nachrichten sendete, und setzte sich auf die Bettkante.

Für einen Moment glaubte er, irrtümlich einen Musikkanal eingeschaltet zu haben. Drei schimmernde silbrige Objekte, die wie lange Flaschenkürbisse aussahen, schwebten über dürrem Sandboden. In der Nähe war ein großer Lastwagen abgestellt mit elektronischen Suchantennen auf dem Dach. Der Wagen ließ die Größe der Objekte erkennen; jedes war mannshoch. Hicks langte hin, um die Lautstärke aufzudrehen. Dabei erwischte er einen Ansager mitten im Satz: »... vor vier Tagen, zeigt die drei mechanischen ferngesteuerten Apparate, von denen die australische Regierung behauptet, daß sie aus einem getarnten Raumschiff herausgekommen sind. Die Regierung sagt, diese Apparate hätten mit ihren Wissenschaftlern Nachrichtenverbindung gehabt.«

Dem Bild der silbrigen Kürbisse und des Wagens folgte die Szene einer typischen Pressekonferenz, mit einem hageren Mann um die dreißig in einem braunen Anzug, der hinter einem durchsichtigen Plastikpult eine vorbereitete Erklärung abgab. »Wir haben uns mit diesen Objekten unterhalten und können jetzt bestätigen, daß es nicht lebendige Kreaturen sind, sondern Roboter, welche die Erbauer des Raumschiffs — es ist jetzt erwiesen, daß es sich um ein Raumschiff handelt — sind, das in diesem Felsen eingebettet ist. Während die Gespräche selbst noch analysiert und nicht alsbald freigegeben werden, war die Substanz der gelieferten Information positiv, das heißt in keiner Weise alarmierend oder bedrohlich.«

»Allmächtiger Gott!« sagte Hicks.

Das Bild der schwebenden Kürbisse kam wieder. Hicks sagte: »Sie fliegen. Was hält sie hoch? Los, ihr Bastarde! Macht euren Job und sagt, was, zum Teufel, da vor sich geht!«

»Kommentar seitens der führenden Persönlichkeiten der Welt, einschließlich des Papstes, nach diesen Nachrichten ...«

Hicks schwenkte die Arme und fluchte. Er gab dem Tischchen mit dem Fernseher einen Tritt und stellte ab. Er könnte noch einmal dreihundert Dollar ausgeben, wenn er Gerüchten in allen Nachrichtendiensten und Bulletinagenturen nachjagte, oder ...

Oder er konnte aufhören, ein Schreiberling zu sein und wieder zum Journalisten werden, indem er die Nachricht hinter der Nachricht herausfand. Sicher nicht in Australien. In der Großen Victoria Wüste gab es jetzt eine Fülle von Medienleuten, die jedes Sandkorn zu interviewen bemüht waren.

Plötzlich flammte in sein Bewußtsein eine schwache Erinnerung an eine bestimmte Verpflichtung auf. Er hatte an diesem Morgen eine Verabredung gehabt. »Verdammt!« Dieses eine, fast fröhlich ausgesprochene Wort drückte seinen leichten Ärger darüber aus, daß er das Interview für die lokale Fernsehstation vergessen hatte. Er hätte schon vor fünf Stunden im Studio sein sollen. Das machte aber wohl kaum etwas aus. Er hatte etwas Besonderes vor.

Der ›Furnace‹... wo, zum Teufel, konnte dieser ›Herd‹ sein? Offenbar in der Nähe von Vandenberg. Er hatte im Laufe seiner beruflichen Tätigkeit sieben Mal Vandenberg besucht, wobei er zweimal über wichtige kombiniert militärisch-zivile Shuttle-Starts in Polarbahnen berichtet hatte. Hicks holte aus seinem Koffer ein Abspielgerät für Compact-Discs und schloß es an den Computer an. Er wählte auf der Suchdiskette den Weltatlas und suchte im Ortsregister unter *F*. »Furnace, furnace, furnace ...«

Er fand bald mehrere Furnace. Das erste in Argyll County, Schottland. Es gab auch ein Furnace in Kentukky und ein Furnace L (Was bedeutete L? — Lake = See?) in County Mayo in Irland. Furnace in Massachusetts ... und Furnace Creek in Kalifornien. Er gab die Nummer der Karte und die Koordinaten ein. Binnen weniger als zwei Sekunden hatte er eine detaillierte farbige Karte von hundert Kilometern im Quadrat vor sich. Ein blinkendes Symbol in der unteren linken Ecke besagte, daß auch ein entsprechendes Satellitenphoto verfügbar war. Sein Auge durchforschte die Karte, bis ein Pfeil erschien, der dicht bei einem kleinen Punkt aufleuchtete.

»Furnace Creek«, sagte er lächelnd. »Am Rande des eigentlichen Death Valley, nicht weit entfernt von Nevada ... Aber nicht sehr nahe bei Vandenberg. Tatsächlich quer über den ganzen Bundesstaat. Er betätigte Schalter und forderte eine Information beim Automobilclub von

»Verzeihung, Sir?« fragte der Offizier vom Dienst, ein großer, muskulöser Mann um die Dreißig von nordischem Aussehen.

»Ich sagte: ›Idioten‹«, wiederholte Harry. »Gewebeproben zu entnehmen!«

»Ich war nicht dabei, Sir, aber wir wußten nicht, ob der Gast lebendig oder tot war«, sagte der blonde Mann.

»Wie auch immer«, fuhr Arthur dazwischen und gab Harry einen Wink, sich zu mäßigen, »sie sind nützlich, ohne Rücksicht darauf, wie sie entnommen wurden. Heute werde ich den Gast bitten aufzustehen und uns zu erlauben, ihn — oder es — zu photographieren.«

»Es«, sagte Harry. »Wir wollen keine Vorurteile hegen.«

»Also schön, *es* — von allen Seiten, in allen Stellungen, während es aktiv ist. Ich werde es auch fragen, ob es sich später weiteren Prüfungen unterziehen will.«

»Sir«, sagte der Nordländer, »wir haben dies erörtert; und angesichts der Warnung, die der Gast verkündet hat, glauben wir, daß absolute Vorsicht geboten ist.«

»Wieso?«

»Wir geben damit eine Menge Information über uns selbst preis. Es könnte eine Nachrichtenverbindung zu dem Objekt im Death Valley bestehen; und die Art, wie wir unsere Untersuchungen ausführen, Röntgenstrahlen oder was sonst auch, würde denen sehr viel darüber verraten, wie weit fortgeschritten wir sind und über welche Möglichkeiten wir verfügen.«

»Um Gottes willen!« sagte Harry. Er ignorierte den scharfen Blick Arthurs. »Die haben unsere Radiosendungen seit wer weiß wie vielen Jahrzehnten abgehört. Die wissen schon alles, was es über uns zu wissen gibt.«

»Wir glauben nicht, daß es unbedingt so ist. Eine Menge Information wird ja nicht in zivilen Rundfunksendungen ausgestrahlt, und in militärischen erst recht nicht.«

»Sie können trotzdem alles bis ins Kleinste über uns

herausbringen allein durch die Tatsache, daß wir immer noch analoge Radiowellen benutzen«, sagte Harry und wich nicht von dem Fenster.

»Ja, Sir, aber...«

»Ihre Warnungen werden voll gewürdigt, Lieutenant Dreyer«, sagte Arthur. »Aber wir können nichts erreichen, ohne den Gast zu untersuchen. Falls das einen gewissen Informationsaustausch nach beiden Seiten bedeutet, möge dem so sein. Falls der Gast eine Verbindung mit dem Schiff hat, könnten wir herausbekommen wie, wenn wir ihn prüfen.«

»Das ist eine interessante Idee«, gab Harry leise zu.

»Jawohl, Sir«, sagte Dreyer. »Ich bin angewiesen, Ihnen dies auszuhändigen, Ihre Zeitpläne für den Besuch des Oberkommandierenden. Wir stehen zu Ihrer Verfügung.«

»In Ordnung, Lieutenant. Wir wollen die Gegensprechanlage einschalten.« Arthur ging über den leicht abschüssigen Fußboden zum Fenster und trat neben Harry. Er drückte den Knopf, der die Verbindung zum Zimmer des Gastes aktivierte.

»Ich bitte um Entschuldigung. Wir möchten mit unseren Fragen und Untersuchungen fortfahren.«

»Ja«, sagte der Gast, schob die Decken weg und stand langsam auf.

Arthur fragte: »Wie ist dein Gesundheitszustand? Fühlst du dich wohl?«

»Nicht besonders wohl«, sagte der Gast. »Die Ernährung ist angemessen, aber nicht kräftig.«

Man hatte dem Gast die Wahl gelassen zwischen verschiedenen sorgfältig zubereiteten ›Suppen‹. Die ersten Gewebeproben hatten ergeben, daß der Gast wahrscheinlich rechtsdrehende Zucker und Proteine würde verdauen können, wie sie allgemein in irdischen Lebensformen vorkommen. Gereinigtes Wasser wurde in Bechern geliefert und zusammen mit der ›Nahrung‹ durchgereicht. Bisher hatte der Gast noch nichts in die breite Probenschale aus rostfreiem Stahl ausgeschieden, die in einer Ecke offen dastand. Er hatte nur wenig gegessen und das ohne erkennbare Begeisterung.

»Kannst du Substanzen beschreiben, die dir zusagen würden?«

»Im Weltraum waren wir im Tiefschlaf ...« — Harry unterstrich das ›wir‹ in seinem Notizblock —, »und unsere Nahrung wurde während der ganzen Reise durch synthetisierende Maschinen geliefert.«

Arthur blinzelte. Harry schrieb emsig weiter.

»Ich weiß nicht, wie die Stoffe in dieser Sprache heißen, daß ich sie benennen könnte. Aber die Nahrung, die ihr liefert, erscheint adäquat.«

»Aber nicht erfreulich.«

Der Gast gab keine Antwort.

Arthur sagte: »Wir möchten noch eine physische Untersuchung durchführen, aber keine weiteren Gewebeproben entnehmen.«

Der Gast zog seine drei braunen Augen zurück und streckte sie dann wieder vor; aber er sagte nichts und stand in einer Haltung da, die man niedergeschlagen hätte nennen können, falls er sich niedergeschlagen fühlen konnte und die Körpersprache im ganzen ähnlich war.

»Du mußt nicht mitmachen«, sagte Arthur. »Wir wollen dich nicht zu irgend etwas zwingen.«

»Schwierigkeiten beim Reden, mit der Sprache«, sagte der Gast. Er begab sich mit einer fließenden Bewegung in die rechte Ecke des Raumes. »Es gibt Fragen, die ihr nicht stellt. Warum?«

»Tut mir leid, ich verstehe nicht.«

»Ihr fragt nicht nach inneren Gedanken.«

»Du meinst, nach deinen Gedanken?«

»Innere Zustände sind viel wichtiger als physische Konstitution, oder nicht? Gilt das nicht für eure Intelligenzen?«

Harry schaute Arthur an. »Schon recht«, sagte Harry

und legte seine Notizen hin. »Wie ist dein innerer Zustand?«

»Desorganisiert.«

»Du bist verwirrt?« fragte Harry.

»Mir ist unbehaglich. Mission ist vollbracht. Wir werden dies Ereignis nicht überleben.«

»Du wirst nicht ...« Arthur suchte nach klaren Ausdrücken. »Wenn das Schiff wegfliegt, wirst du nicht an Bord sein?«

»Du stellst nicht die richtigen Fragen.«

»Welche Fragen sollten wir stellen?« Harry klopfte mit seinem Schreibstift auf eine Sessellehne. Der Gast schien seine drei sherryfarbenen Augen auf diese Geste zu konzentrieren. Harry wiederholte: »Welche Fragen sollten wir stellen?«

»Fortschritt der Vernichtung. Früherer Tod von Welten. Wie ihr in das Schema paßt.«

»Ja, du hast recht«, sagte Arthur rasch. »Wir haben diese Fragen nicht gestellt. Wir empfinden Furcht, einen negativen emotionalen Zustand, und wir wollen nicht wirklich Bescheid wissen. Das mag irrational sein ...«

Der Gast hob sein ›Kinn‹, ließ die beiden Schlitze erkennen und eine im Schatten befindliche, fünf Zentimeter breite Einsenkung an der Unterseite der Mitra. »Negative Emotionen«, wiederholte er. »Wann werdet ihr diese Fragen stellen?«

»Einige unserer Anführer, darunter auch unser Präsident, werden morgen zu uns kommen. Das könnte eine gute Gelegenheit sein«, sagte Harry.

»Ich meine, wir sollten es besser jetzt, zuerst hören.« Arthur war nicht wohl bei dem Gedanken, daß Crockerman blindlings mit Information konfrontiert werden könnte. Wie würde der Mann reagieren?

»Ja«, sagte der Gast.

Arthur fing an. »Also die erste Frage. Was ist mit eurer Welt geschehen?«

Der Gast begann mit seiner Geschichte.

Offertorium

9

»Ihr seid privilegierte Leute«, sagte die neue Offizierin vom Dienst, eine junge, schlanke Frau in grauer Bluse und langen weiten Hosen, zu ihren vier isolierten Schützlingen.

Ed Shaw richtete sich auf seiner Pritsche auf und blinzelte.

»Der Präsident kommt heute abend hierher. Er möchte mit euch allen sprechen und euch belobigen.«

»Wie lange noch, bis wir hier herauskommen?« fragte Stella Morgan mit rauher Stimme. Sie räusperte sich und wiederholte die Frage.

»Ich habe keine Ahnung, Miss Morgan. Wir haben eine Nachricht von Ihrer Mutter. Die befindet sich in Ihrer Speiseschublade. Wir können ihr von hier jede Mitteilung zukommen lassen, die keine Information darüber enthält, unter welchen Umständen und warum Sie sich hier befinden.«

»Sie übt ziemlichen Druck aus, nicht wahr?« sagte Minelli. Sie hatten sich vor ein paar Stunden über Stellas Mutter Bernice Morgan unterhalten. Inzwischen war Stella überzeugt, daß Mrs. Morgan die Hälfte aller Rechtsanwälte im Staat kampfbereit gemacht haben würde.

»Das tut sie wirklich«, sagte die Offizierin vom Dienst. »Sie haben in der Tat eine bemerkenswerte Mutter, Miss Morgan. Wir hoffen, dies alles schnell ausgebügelt zu haben. Labortests laufen rund um die Uhr. Bis jetzt haben wir keinerlei fremde biologische Dinge bei euch oder dem Gast gefunden.«

Edward legte sich wieder auf seiner Pritsche lang hin und fragte: »Was wird der Präsident hier machen?«

»Er will zu euch vieren sprechen. Das ist alles, was man uns gesagt hat.«

»Und den Alien sehen«, sagte Minelli. »Stimmt's?«
Die weibliche Offizierin vom Dienst lächelte.
»Wann werden Sie die Presse informieren?« fragte Reslaw.
»Mein Gott, ich wünschte, wir könnten es jetzt gleich tun. Die Australier haben über fast alles berichtet, und ihr Fall ist noch seltsamer als der unsrige. Bei denen kommen *Roboter* aus den Felsen.«
»Was?« Edward setzte sich auf die Bettkante. »Kommt das in den Nachrichten?«
»Ihr solltet euer Fernsehen verfolgen. Es gibt jetzt auch Zeitungen in den Verpflegungsfächern. Ab morgen werdet ihr CD-Geräte bekommen, mit denen ihr das Info-Netz abspielen könnt. Wir wollen nicht, daß ihr keine Ahnung habt, wenn der Präsident herkommt.«
Edward machte seine Essensschublade auf, eine Schale aus rostfreiem Stahl, die durch die Wand der Isolationseinheit hin- und hergeschoben werden konnte, und entnahm ihr eine zusammengefaltete Zeitung. Es gab keine persönlichen Nachrichten für ihn. Seine gelegentliche Freundin in Austin erwartete ihn erst in ein oder zwei Monaten zurück, und mit seiner Mutter hatte er seit Monaten nicht mehr gesprochen. Edward begann, seinen ungebundenen Lebensstil zu bedauern. Er entfaltete die Zeitung und überflog die Schlagzeilen.
»Jesus, liest du dasselbe wie ich?« fragte Reslaw.
»Die Dinger sehen wie Flaschenkürbisse aus.«
Edward blätterte die Seiten durch. Die australischen Streitkräfte waren in Alarmzustand versetzt worden. Dasselbe galt für die Luftwaffe und Kriegsmarine der Vereinigten Staaten. (Wieso nicht auch die Armee?) Shuttlestarts waren abgesagt worden, aus Gründen, die nicht deutlich formuliert waren.
»Warum Roboter?« fragte Minelli nach ein paar Minuten des Schweigens. »Warum nicht noch mehr Kreaturen?«
Minelli vermutete: »Vielleicht haben sie herausgefun-

den, daß die die Atmosphäre und die Hitze nicht aushalten können.«

Das schien den meisten Sinn zu ergeben. Aber wenn es zwei getarnte Raumschiffe waren (und warum getarnt?), dann konnten es leicht noch mehr sein.

»Vielleicht ist es eine Invasion«, sagte Stella. »Wir wissen es bis jetzt bloß noch nicht.«

Edward suchte sich an die diversen Science Fiction-Szenarios zu erinnern, die er in Büchern gelesen oder im Film und Fernsehen kennengelernt hatte.

Motivationen. Keine intelligenten Wesen taten etwas ohne Motive. Edward hatte stets auf seiten der Forscher gestanden, die die Erde für zu unbedeutend und abgelegen hielten, als daß sie für mögliche Raumfahrer interessant sein könnte. Natürlich war das ein umgedrehter Geozentrismus. Er wünschte sich, er hätte mehr über SETI gelesen, die Suche nach Extraterrestrischer Intelligenz. Seine ganze wissenschaftliche Lektüre betraf jetzt die Geologie. Er las nur selten Magazine wie den *Scientific American* oder sogar *Science*, wenn er sich nicht gerade durch für ihn wichtige Aufsätze auf dem laufenden halten mußte.

Wie die meisten Experten hatte er sich isoliert. Geologie war sein Leben gewesen. Jetzt bezweifelte er, ob er je wieder ein Privatleben haben würde. Selbst wenn sie alle vier freigelassen würden — und diese Frage beunruhigte ihn mehr, als er zugeben wollte —, dann würden sie Personen der Öffentlichkeit sein, Berühmtheiten. Ihr Leben würde sich enorm verändern.

Er machte mit der Zeitung Schluß und wandte sich den Comics in der *Los Angeles Times* zu. Dann lag er auf der Pritsche auf dem Rücken und versuchte zu schlafen. Er hatte genug geschlafen. Sein Ärger erreichte einen Punkt, wo er ihn kaum mehr beherrschen konnte. Was würde er Crockerman sagen? Würde er an den Stäben seines Käfigs rütteln und jämmerlich heulen? Das schien die einzig passende Reaktion zu sein.

»Aber bedenk doch das große Bild!« murmelte er vor sich hin, unbekümmert darum, ob jemand zuhörte. »Dies ist Geschichte.«

»Dies ist *Geschichte!*« schrie Minelli aus seiner Zelle. »Wir sind historische Personen! Ist das nicht für uns alle aufregend?«

Edward hörte, wie Reslaw langsam und entschlossen applaudierte.

Minelli sagte: »Ich will meinen Agenten sehen.«

10

Harry sah den Tagesplan des Präsidenten durch — und ihren eigenen, der sauber mit einer Plastikklammer darangeheftet war — und seufzte. »Der große Moment«, sagte er. »Ihr seid daran gewöhnt. Ich bin es nicht. Erstickende Sicherheitsmaßnahmen und minutengenau festgelegte Terine.«

»Ich habe mich daran gewöhnt, mir nichts daraus zu machen«, sagte Arthur. Sie hatten gemeinsam ein Zimmer im Vandenberg Hilton, da das klotzige, langgestreckte und dreistöckige Wohnhaus für Offiziere von den Shuttlepiloten in Anspruch genommen war, die in diesen schlichten Räumen zu wohnen pflegten. Harry reichte ihm das Papier und zuckte die Achseln.

»Meistens bin ich bloß müde«, sagte er, legte sich lang und faltete die Hände im Nacken. Arthur warf ihm einen besorgten Blick zu. »Nein, nicht weil ich krank bin«, sagte Harry mürrisch. »Das macht das viele Grübeln. Man möchte begreifen ...«

»Morgen wird es sehr unruhig zugehen. Bist du sicher, daß du das aushältst?« fragte Arthur.

»Ich bin sicher.«

»In Ordnung. Heute abend setzen wir den Präsidenten in Kenntnis und alle Mitglieder seines Stabes, die er dabei haben mag. Dann sitzen wir dabei, wenn der Präsident mit dem Gast und den Bürgern spricht.«

Harry grinste und schüttelte, immer noch unsicher, den Kopf.

Arthur legte die Papiere auf den Tisch zwischen ihren Betten. »Was wird er tun, wenn er die Story hört?«

»Ach, Arthur, du kennst den Mann besser als ich.«

»Ich habe ihn niemals auch nur getroffen, ehe ich eingemottet wurde. Als Vizepräsident hielt er sich im Hintergrund. Für mich ist er ein Buch mit sieben Siegeln. Du liest doch die Zeitungen; was meinst du?«

»Ich denke, er ist ein recht intelligenter Mann, der aber nicht in das Weiße Haus gehört. Außerdem bin ich radikal von alters her. Ich war schon mit drei Jahren Kommunist. Du erinnerst dich doch. Mein Vater hat mich in rote Pullover gesteckt ...«

»Ich meine es ernst. Wir müssen seine Erschütterung mildern. Und es *wird* ein Schlag für ihn sein, auch wenn er von seinem Stab gut vorbereitet ist. Unseren Gast zu sehen. Von seinen Lippen — oder was immer — zu hören ...«

»Daß die Erde zum Untergang verurteilt ist. Wie ein Lamm, das zur Schlachtbank geführt wird.«

Jetzt mußte Arthur seinerseits grinsen. Dieses Grinsen war fast schmerzlich. Er sagte: »Nein.«

»Du glaubst es nicht?«

Arthur starrte zur Decke. »Hast du nicht das Gefühl, daß hier etwas nicht stimmt?«

»Unheil stimmt nie«, sagte Harry.

»Fragen. Unmengen von Fragen. Warum läßt dieses Raumschiff zu, daß ›Flöhe‹ auf seinem Rücken mitreisen und die Bevölkerung warnen, ehe es ihre Heimat vernichten kann?«

»Überheblichkeit. Absolute Gewißheit der Macht. Gewißheit bezüglich unserer Schwäche.«

»Wo wir doch Kernwaffen haben, zum Donnerwetter?« fragte Arthur scharf. »Der Pilot eines Kampfflugzeugs, das in irgendeinem Dschungel herunterkommt, sollte doch Respekt vor den Pfeilen der Eingeborenen haben.«

»Wahrscheinlich *könnte* es Waffen und Verteidigungsmittel haben, von denen wir nichts wissen.«

»Warum hat es sie dann nicht benutzt?«

»Offenbar hat es *etwas* benutzt, um riesige Felsen zu landen, ohne von Radar oder Satelliten entdeckt zu werden.«

Arthur nickte zustimmend. »Wenn das, was da gelandet ist, nicht sehr klein gewesen ist ... Aber das würde im Widerspruch zu der Geschichte unseres Gastes stehen.«

»Ganz recht«, sagte Harry und lehnte sich mit Hilfe eines Kissens gegen die Wand. »Für mich ergibt das auch keinen Sinn. Diese australische Erklärung, daß *ihre* Aliens in Frieden für die gesamte Menschheit gekommen wären. Die gleiche Gruppe von Invasoren? Offenbar. Gleiche Taktik. Sich in einer Art Bunker zu verstecken. Das eine Schiff hat ›Flöhe‹, das andere nicht. Das eine hat Roboter als Reklameagenten, das andere schweigt.«

»Wir haben nicht den ganzen Text der Australier gesehen.«

»Nein«, gab Harry zu. »Aber sie scheinen bis jetzt aufrichtig gewesen zu sein. Welche Antwort liegt da auf der Hand?«

Arthur zuckte die Achseln.

»Vielleicht sind die Mächte hinter diesen Schiffen unglaublich schlecht organisiert oder zersplittert oder einfach stur. Oder es gibt innerhalb ihrer Organisation irgendeine Meinungsverschiedenheit.«

»Darüber, ob sie die Erde auffressen oder nicht.«

»Richtig!« sagte Harry.

»Glaubst du, daß Crockerman dies bekanntgeben wird?«

»Nein«, meinte Harry, der die Finger um seinen dikken Bauch gelegt hatte. »Er wäre verrückt, wenn er das täte. Denk an die unvermeidlichen Kontroversen! Wenn er schlau ist, wird er sich zurücklehnen und bis zum allerletzten Augenblick warten und dann zusehen, wie das Volk auf das Raumschiff mit der frohen Botschaft reagieren wird.«

»Vielleicht sollten wir gleich jetzt Death Valley bombardieren.« Arthur betrachtete ein Gemälde über dem Nachttisch zwischen den beiden Betten. Es zeigte vier F-104-Jagdflugzeuge, die über China Lake steil aufstiegen. »Das ganze Gebiet ausglühen. Handeln ohne Überlegung.«

»Sie noch viel wütender machen, nicht wahr?« sagte Harry. »Wenn sie so unglaublich arrogant sind, dann bedeutet dies, daß sie irgendwie sicher sind, von uns nicht verletzt werden zu können. Nicht einmal mit Kernwaffen.«

Arthur saß in einem Sessel mit gerader Lehne, abgewandt vom Fenster und dem Bild. High-tech-Jäger und Bomber. Marschflugkörper. Mobile Laserabwehr. Thermonukleare Waffen. Nicht besser als Steinbeile.

»Captain Cook«, sagte er und biß sich dann leicht in die Unterlippe.

»Ja, und?« redete ihm Harry zu.

»Die Hawaiianer haben es geschafft, Captain Cook zu ermorden. Dabei war der Stand seiner Technik mindestens einige hundert Jahre dem ihren voraus. Sie haben ihn trotzdem getötet.«

»Und was hat das ihnen genützt?« fragte Harry.

Arthur schüttelte den Kopf. »Wohl nichts. Vielleicht eine gewisse persönliche Genugtuung.«

Präsident William D. Crockerman, dreiundsechzig, war sicher einer der am distinguiertest aussehenden Männer in Amerika. Mit seinem grauen Haar, durchdringenden grünen Augen, einer Adlernase und Zügen des Wohlwollens um Augen und Mund hätte er ebenso gut der angesehene Chef eines Unternehmens oder der Lieblingsopa eines Teenagers sein können. Im Fernsehen und in Person strahlte er Selbstvertrauen und scharfen Witz aus. Man konnte nicht bezweifeln, daß er sein Amt ernstnahm, aber nicht sich selbst. Dieses war sein Image, und es hatte ihn eine Wahl nach der anderen im Zuge seiner sechsundzwanzigjährigen Laufbahn im öffentlichen Dienst gewinnen lassen. Crockerman hatte nur eine Wahl verloren: als Bürgermeisterkandidat in Kansas City, Missouri.

Er betrat das Isolationslaboratorium Vandenberg in Begleitung von zwei Agenten des Secret Service, seinem nationalen Sicherheitsberater — einem mageren Gentleman aus Boston in mittleren Jahren namens Carl McClennan — und seinem wissenschaftlichen Berater, David Rotterjack, welcher einschläfernd ruhig und achtunddreißig Jahre alt war. Arthur kannte den großen, plumpen, blonden Rotterjack gut genug, um seine Qualifikation anzuerkennen, ohne ihn unbedingt zu mögen. Rotterjack hatte sich der Wissenschaftsadministration anstelle aktiver Forschung zugewandt, als er Direktor einiger privater biologischer Laboratorien gewesen war.

Diese ganze Begleitung wurde in den kombinierten Labor- und Beobachtungsraum geführt durch General Paul Fulton, Oberbefehlshaber des Shuttle Launch Centre 6, West Coast Shuttle Launch Operations. Fulton, dreiundfünfzig, war in seiner Studentenzeit Fußballspieler gewesen und hatte auf seiner gut 180 Zentimeter großen Figur immer noch kräftige Muskeln aufzuweisen.

Arthur und Harry erwarteten sie im Zentrallaboratorium neben den verhüllten Fenstern zum Gast hin. Rotterjack stellte Harry und Arthur dem Präsidenten vor, und dann erfolgten weitere Vorstellungen rings um die Stühle. Crockerman und Rotterjack nahmen in der ersten Reihe Platz, Harry und Arthur standen an einer Seite.

»Ich hoffe, Sie verstehen, warum ich nervös bin«, sagte Crockerman, besonders zu Arthur gewandt. »Ich habe über diesen Ort nichts Gutes gehört.«

»Jawohl, Sir«, sagte Arthur.

»Diese Geschichten ... diese Mitteilungen über das, was der Gast gesagt hat ... Glauben Sie daran?«

»Wir haben keinen Grund, nicht daran zu glauben«, sagte Arthur. Harry nickte.

»Sie, Mr. Feinman, was halten Sie von dem australischen Scheusal?«

»Nach dem, was ich gesehen habe, Mister President, scheint es eine fast vollkommene Analogie unseres eigenen zu sein. Vielleicht größer, weil es sich in einem größeren Felsen befindet.«

»Aber wir haben nicht die nebelhafteste Vorstellung davon, was sich in den beiden Felsen befindet. Oder doch?«

»Nein, Sir«, sagte Harry.

»Kann man sie nicht mit Röntgenstrahlen durchleuchten, oder in der Nähe Sprengungen machen und auf der anderen Seite lauschen?«

Rotterjack grinste. »Wir haben eine Anzahl raffinierter Methoden erörtert, um herauszubekommen, was sich darin befindet. Keine davon scheint angebracht.«

Arthur fühlte ein Zucken, nickte aber. »Ich glaube, Diskretion ist jetzt am besten.«

»Was ist mit den Robotern, den widersprüchlichen Stories? Einige Leute meiner Generation nennen sie Wichtelmänner. Wußten Sie das, Mr. Gordon, Mr. Feinman?«

»Der Name ist uns schon begegnet, Sir.«

»Sie sind Bringer alles Guten. Das hat mir Premierminister Miller erzählt. Ich habe selbst mit ihm gesprochen. Er ist nicht unbedingt überzeugt, oder erweckt zumindest bei uns nicht diesen Eindruck, aber ... er sah keinen Grund, jedermann im dunkeln zu lassen. Hier ist die Situation wohl anders, nicht wahr?«

»Ja, Sir«, sagte Arthur.

McClennan räusperte sich. »Wir können nicht vorhersagen, was für eine Art Unheil kommen könnte, wenn wir der Welt mitteilen, daß wir ein Monster haben, und daß dies uns das letzte Stündchen verkündet.«

»Carl ist allen Plänen, die Geschichte bekannt zu geben, abgeneigt. Wir haben also vier eingeschlossene Zivilisten und wir haben Agenten in Shoshone und Furnace Creek, und der Felsen ist Sperrgebiet.«

»Die Zivilpersonen sind aus anderen Gründen in Sicherheitsgewahrsam«, sagte Arthur. »Wir haben keine Anzeichen für biologische Kontamination gefunden, dürfen aber keine Risiken eingehen.«

»Der Gast scheint von biologischen Gefahren frei zu sein, nicht wahr?« fragte Rotterjack.

»Bisher«, sagte General Fulton. »Wir stellen noch Versuche an.«

»Kurzum, es läuft nicht so, wie es sollte«, sagte Crockerman. »Keine Nachrichten aus der Ferne in Puerto Rico, keine fliegenden Untertassen über uns, keine Granaten, die ins Hinterland fallen und keine Kraken, die hervorgekrochen kommen.«

Arthur schüttelte den Kopf und lächelte. Crockerman hatte eine Art, seine Umgebung zu Respekt und Zuneigung zu nötigen. Der Präsident richtete eine starke, dunkle Augenbraue auf Harry, dann Arthur, dann kurz auf McClennan. »Aber es geschieht doch.«

»Jawohl, Sir«, sagte Fulton.

»Mrs. Crockerman hat mir gesagt, dies würde die bedeutendste Begegnung meines Lebens sein. Ich weiß, sie hat recht. Aber ich bin besorgt, meine Herren. Ich brauche Ihre Hilfe, um mich hier durchzubringen. Wir werden doch durchkommen, nicht wahr?«

»Ja, Sir«, sagte Rotterjack finster.

Sonst antwortete niemand.

»Ich bin soweit, General.« Der Präsident saß aufrecht im Sessel vor dem dunklen Fenster. Fulton nickte dem Offizier vom Dienst zu.

Der Vorhang ging auf.

Der Gast stand neben dem Tisch, scheinbar in der gleichen Haltung, in der Arthur und Harry ihn am Tage zuvor verlassen hatten.

»Hallo!« sagte Crockerman. In dem gedämpften Licht sah sein Gesicht aschfahl aus. Der Gast konnte mit seinem lichtempfindlicheren Sehvermögen sie vielleicht deutlicher erkennen als sie ihn.

»Hallo!« antwortete er.

»Mein Name ist William Crockerman. Ich bin Präsident der Vereinigten Staaten von Amerika, der Nation, auf deren Gebiet Sie gelandet sind. Gibt es dort, wo Sie leben, Nationen?«

Der Gast antwortete nicht. Crockerman sah zu Arthur hinüber. »Kann er mich hören?«

»Ja, Mister President«, sagte Arthur.

»Gibt es dort, wo Sie leben, Nationen?« wiederholte Crockerman.

»Ihr müßt wichtige Fragen stellen. Ich sterbe.«

Der Präsident fuhr zurück. Fulton bewegte sich nach vorn, als ob er die Leitung übernehmen wollte, um den Raum zu räumen und den Gast vor weiterer Anstrengung zu bewahren; aber Rotterjack legte eine Hand auf die Brust und schüttelte den Kopf.

»Haben Sie einen Namen?« fragte der Präsident.

»Nicht in eurer Sprache. Mein Name ist chemisch und gilt für mich unter meinen Artgenossen.«

»Haben Sie Verwandte in dem Schiff?«

»Wir sind eine Familie. Alle anderen unserer Art sind tot.«

Crockerman kam ins Schwitzen. Seine Augen hingen an dem Gesicht des Gastes, an den drei goldgelben Augen, die ihn ohne Blinzeln anstarrten.

»Sie haben meinen Kollegen, unseren Gelehrten, gesagt, daß dieses Schiff eine Waffe ist und die Erde zerstören wird.«

»Es ist keine Waffe. Es ist die Mutter neuer Schiffe. Es

wird eure Welt auffressen und neue Schiffe herstellen, um anderswohin zu fahren.«

»Das verstehe ich nicht. Können Sie es mir erklären?«

»Ihr müßt gute Fragen stellen«, bat der Gast.

»Was ist mit Ihrer Welt geschehen?« fragte Crockerman unverzüglich. Er hatte schon einen Bericht über das Gespräch von Gordon und Feinman zu diesem Thema mit dem Gast gelesen, wollte es aber offenbar noch einmal selbst hören.

»Ich kann nicht den Namen meiner Welt angeben, und auch nicht, wo sie sich am Himmel befindet. Wir haben jedes Zeitgefühl verloren, seit wir sie verlassen haben. Die Erinnerung an die Welt wird durch langen Schlaf getrübt. Die ersten Schiffe sind eingetroffen und haben sich in Eismassen versteckt, die die Täler eines Kontinents ausfüllten. Aus diesem Eis nahmen sie sich, was sie brauchten; und Teile von ihnen haben sich einen Weg in die Welt gebahnt. Wir wußten nicht, was da geschah. In der letzten Zeit erschien dieses neu hergestellte Schiff inmitten einer Stadt und bewegte sich nicht. Als der Planet erbebte, wurden Pläne gemacht. Wir waren im Weltraum gewesen, sogar zwischen Planeten; aber es gab keine Planeten, die uns zusagten, daher sind wir auf unserer Welt geblieben. Wir wissen, wie man im Weltraum überleben kann, auch über lange Zeitspannen; und wir bauten uns ein Heim im Innern des Schiffs in der Annahme, daß es vor dem Ende starten würde. Das Schiff hat uns nicht gewarnt. Es fuhr los, ehe die Waffen unsere Welt zu geschmolzenem Gestein und Dampf machten, und nahm uns in seinem Innern mit. Unseres Wissens lebt sonst niemand mehr.«

Crockerman nickte einmal und faltete die Hände im Schoß. »Wie war Ihre Welt beschaffen?«

»Ähnlich. Mehr Eis, ein kleinerer Zentralstern. Viele wie ich — nicht der Gestalt, aber dem Denken nach. Unsere Art hatte vielerlei Formen, manche schwammen in kalten Eismeeren, andere wie ich gingen auf dem Boden, manche flogen und manche lebten im Eis. Alle dachten gleichförmig. Tausende längst vergangener Zeiten hatten wir das Leben nach unseren Wünschen gestaltet und glücklich gelebt. Die Luft war reich und voller vertrauter Düfte. Überall auf der Welt, sogar in fernen Ländern mit dickem Eis, konnte man Vettern und Kinder riechen.«

Arthur wurde im Halse beklommen. Crockerman hatte eine einzelne Träne auf der Wange. Er wischte sie nicht weg.

»Haben sie euch gesagt, warum eure Welt zerstört wurde?«

»Sie haben nicht mit uns gesprochen«, sagte der Gast. »Wir vermuteten, daß die Maschinen Weltenfresser wären und daß sie nicht lebendig wären — nur Maschinen ohne Aroma, aber mit Gedanken.«

»Sind keine Roboter herausgekommen, um mit euch zu reden?«

»Ich habe Schwierigkeiten mit der Sprache.«

»Kleinere Maschinen«, fiel Rotterjack ein. »Mit euch reden, euch täuschen.«

»Keine kleineren Maschinen«, sagte der Gast.

Crockerman holte tief Luft und schloß einen Moment die Augen. Dann fragte er: »Habt ihr Kinder?«

»Meiner Art waren keine Kinder gestattet. Ich hatte aber Vettern.«

»Haben Sie irgendeine Art von Familie zurückgelassen?«

»Ja. Vettern und Lehrer. Eisbrüder nach bindendem Brauch.«

Crockerman schüttelte den Kopf. Das sagte ihm nichts, und auch kaum jemand anderem im Raum. Vieles von dieser Welt würde später geklärt werden müssen, mit viel mehr Fragen — falls der Gast lange genug leben sollte, um alle ihre Fragen zu beantworten.

»Und Sie haben unsere Sprache durch Abhören von Radiosendungen gelernt?«

»Ja. Ihre Verschwendung hat die Maschinen angelockt. Wir hörten mit, was die Maschinen zusammenbrachten.«

Harry schrieb wie wild mit. Sein Stift kratzte laut über den Notizblock.

»Warum haben Sie nicht versucht, die Maschine zu sabotieren, zu zerstören?« fragte Rotterjack.

»Wären wir dazu imstande gewesen, so hätte uns die Maschine nie gestattet, an Bord zu gehen.«

»Arroganz«, sagte Arthur und schob das Kinn vor. »Unglaubliche Arroganz.«

Rotterjack sagte: »Sie haben uns gesagt, Sie hätten geschlafen, in einer Art Winterschlaf. Wie konnten Sie gleichzeitig unsere Sprache studieren und schlafen?«

Der Gast stand regungslos da und antwortete nicht. Schließlich antwortete er: »Es ist geschehen.«

»Wieviele Sprachen kennst du?« fragte Harry mit gezücktem Bleistift.

»Ich spreche Englisch. Andere, die noch drinnen sind, sprachen Russisch, Chinesisch, Französisch.«

»Diese Fragen sind wohl nicht so schrecklich wichtig«, sagte Crockerman ruhig. »Ich habe das Gefühl, als ob uns alle ein Alptraum befallen hat. Wem kann ich deswegen einen Vorwurf machen?« Er schaute sich mit scharfem, falkenartigem Blick um. »Niemandem. Ich kann doch nicht einfach bekanntgeben, daß wir Besucher von anderen Welten haben, weil das Volk die Besucher wird sehen wollen. Nach der australischen Verlautbarung kann das, was wir hier haben, nur Demoralisierung und Verwirrung stiften.«

»Ich bin mir nicht sicher, wie lange wir dies geheimhalten können«, sagte McClennan.

»Wie können wir es vor unserem Volk verheimlichen?« Crockerman schien nur den Gast gehört zu haben. Er stand auf und ging an das Glas heran, grimmig auf den Alien konzentriert. »Sie haben uns die schlechtest mögliche Nachricht überbracht. Sie sagen, es gibt nichts, was wir tun können. Eure ... Zivilisation muß fortgeschrittener gewesen sein als die unsrige. Sie ist gestorben. Das ist eine *schreckliche* Botschaft. Warum habt ihr uns überhaupt belästigt?«

»Auf manchen Welten hätte der Wettkampf etwas ausgeglichener gewesen sein können«, sagte der Gast. »Ich bin müde. Ich habe nicht mehr viel Zeit.«

General Fulton sprach leise mit McClennan und Rotterjack. Rotterjack trat an den Präsidenten heran und legte ihm eine Hand auf die Schulter. »Mister President, wir sind hier nicht die Experten. Wir können nicht die richtigen Fragen stellen; und offensichtlich ist nicht mehr viel Zeit übrig. Wir sollten den Weg frei machen und die Wissenschaftler ihre Arbeit tun lassen.«

Crockerman nickte, holte tief Luft und schloß die Augen. Als er sie wieder aufmachte, wirkte er gefaßter. »Meine Herren, David hat recht. Bitte, machen Sie weiter! Ich möchte gern zu Ihnen allen sprechen, ehe wir fortgehen. Nur noch eine einzige Frage.« Er wandte sich wieder an den Gast: »Glauben Sie an Gott?«

Ohne einen Moment zu zögern, antwortete der Gast: »Wir glauben an Strafe.«

Crockerman war sichtlich erschüttert. Mit leicht offenem Munde warf er Harry und Arthur einen Blick zu und verließ den Raum mit zitternden Beinen. McClennan, Rotterjack und General Fulton folgten ihm.

»Was meinst du damit?« fragte Harry, nachdem sich die Tür geschlossen hatte. »Bitte, erkläre uns, was du eben gesagt hast.«

»Das Detail ist unwichtig«, sagte der Gast. »Der Tod einer Welt ist das Urteil über ihre Unangemessenheit. Der Tod entfernt das Unnötige und Falsche. Keine weiteren Gespräche jetzt. Ruhe.«

11

Schlimme Nachrichten. Schlimme Nachrichten.

Edward erwachte aus seinem Halbschlaf und blinzelte zu der mattweißen Decke empor. Er hatte das Gefühl, als ob jemand gestorben wäre, der ihm sehr wichtig gewesen war. Er brauchte einen Moment, um sich wieder in der Realität zurecht zu finden.

Der Offizier vom Dienst hatte ihnen vor einer Stunde gemeldet, daß niemand krank war und daß keine *biologischen* Dinge in ihrem Blut oder sonstwo entdeckt worden seien. Nicht einmal bei dem Gast, der so sauber schien wie frisch gefallener Schnee. Seltsam — so etwas.

In jeder Ökologie, von der Edward Shaw gehört hatte (damit war jede *irdische* Ökologie gemeint), waren Lebewesen immer von parasitischen oder symbiotischen Organismen begleitet. Auf der Haut, in den Eingeweiden, im Blutstrom. Vielleicht waren die Ökologien auf anderen Welten anders. Vielleicht war das Volk des Gastes, woher immer es auch kommen mochte, bis zum Punkte der *Reinheit* vorgedrungen: Nur die Primaten, diese raffinierten Kerle, waren am Leben gelassen worden; keine kleinen mutierenden Biester mehr, die Krankheit verursachten.

Edward richtete sich auf und zapfte sich ein Glas Wasser aus der Laboratoriumsspüle. Während er daran nippte, wanderten seine Augen zum Fenster und dem Vorhang dahinter. Langsam aber sicher verlor er den alten Edward Shaw und fand einen neuen: einen doppeldeutigen Burschen, ärgerlich, aber dies nicht nach außen hin, ängstlich, ohne seine Angst zu zeigen, tief pessimistisch.

Und dann fiel ihm sein Traum wieder ein.

Er war bei seinem eigenen Begräbnis gewesen. Der Sarg war offen gewesen, und jemand hatte einen Fehler begangen; denn darin befand sich der Gast. Der Geistliche, in einer purpurnen Robe mit einem großen Medaillon auf der Brust, hatte Edward an der Schulter berührt und ihm ins Ohr geflüstert: »Das ist doch eine schlechte Nachricht, nicht wahr?«

Er hatte früher nie solche Träume gehabt.

Die Sprechanlage meldete sich, und er schrie: »Nein! Hau ab! Ich bin nicht *krank*. Ich liege nicht im Sterben.«

»Schon recht, Mr. Shaw.« Es war Eunice, die schlanke Offizierin vom Dienst, die Edward so sehr sympathisch gefunden hatte. »Nur zu, lassen Sie es raus, wenn Sie wollen. Ich kann die Tonbänder nicht ausschalten, aber ich werde meinen Lautsprecher für einige Zeit herunterdrehen, wenn Sie es wünschen.«

Edward wurde sofort wieder nüchtern. »Ich bin schon in Ordnung, Eunice. Wirklich. Ich möchte wissen, wann wir hier herauskommen.«

»Das weiß ich selbst nicht, Mr. Shaw.«

»Stimmt. Ich mache Ihnen auch keinen Vorwurf.«

Und das tat er wirklich nicht. Nicht Eunice, nicht den anderen diensttuenden Offizieren und auch nicht den Ärzten oder Wissenschaftlern, die mit ihm gesprochen hatten. Nicht einmal Harry Feinman oder Arthur Gordon. Seine Tränen wurden zu einem Gelächter, das er kaum unterdrücken konnte.

»Sind Sie immer noch in Ordnung, Mr. Shaw?« fragte Eunice.

»*›Ich bin ein Opfer der Verhältnisse‹*«, zitierte Edward Curly, den plumpen und glatzköpfigen Partner der Drei Witzbolde. Er drückte auf den Sprechknopf zu Minellis Zimmer. Als der sich meldete, machte Edward wieder Curly nach, und Minelli ließ ein perfektes »*Wup hup up*« hören. Reslaw fiel ein, und Stella lachte, bis sie sich anhörten wie ein Labor voller Schimpansen. Und das waren sie auch geworden — schnatternd und quietschend und den Boden stampfend. »He, ich kratze mich unter den Achselhöhlen«, sagte Minelli. »Das mache ich wirklich. Eunice wird es bezeugen. Vielleicht können wir die Sympathie der ›Freunde der Tiere‹ oder so etwas erringen.«

»Freunde der Geologen«, sagte Reslaw.
»Freunde Liberaler Geschäftsfrauen«, ergänzte Stella.

Um acht Uhr abends betrachtete Edward sein Gesicht im Rasierspiegel über der Spüle. »Hier kommt der Präsident«, murmelte er. »Ich würde nicht für den Mann stimmen, aber ich ziere mich wie ein Schulmädchen.« Sie würden keinen Händedruck austauschen. Aber der Präsident würde bei Shaw und Minelli und Reslaw und Morgan hereinschauen, würde sie sehen — und das reichte. Edward lächelte grimmig und sah dann nach, ob er Speisereste zwischen den Zähnen hatte.

12

Otto Lehrman, der Verteidigungsminister, erschien um sieben Uhr fünfzehn. Nachdem Crockerman eine halbe Stunde mit ihm und Rotterjack allein verbracht hatte — genug Zeit, um sich ein Urteil zu bilden, dachte Arthur — betraten sie das Labor, um das ringsum die hermetisch abgeschlossenen Zellen angeordnet waren, und zu dem alle Fenster führten — eine größere Variante des Zentralkomplexes, der den Gast beherbergte. Colonel Tuan Anh Phan stand vor dem Schaltbrett der Isolierkammern.

Crockerman schüttelte dem Doktor die Hand und sah sich langsam prüfend im Labor um. »Noch ein ziviler Zeuge mehr, und sie hätten mit den militärischen zusammengelegt werden müssen, nicht wahr, Colonel?« fragte er Phan.

»Ja, Sir«, sagte Phan. »Wir hatten nicht vorgesehen, ganze Städte einzusperren.« Das war offenbar ein mühsamer Versuch, witzig zu sein, aber der Präsident war nicht in entsprechender Stimmung.

Er sagte: »Dies ist wirklich nicht im geringsten spaßig.«

»Nein, Sir«, sagte Phan niedergeschlagen.

Arthur kam ihm zu Hilfe. »Wir konnten keine besseren Einrichtungen verlangen, Mr. President«, sagte er. Crockerman hatte sich seit der Begegnung mit dem Gast seltsam aufgeführt. Arthur war besorgt. Dieses Gespräch hatte sie alle seelisch tief erregt, aber Crockerman schien es sich besonders zu Herzen genommen zu haben.

»Können sie uns hören?« fragte Crockerman mit einem Nicken in Richtung auf die vier Stahlblenden.

»Noch nicht, Sir«, erklärte Phan.

»Gut, ich möchte meine Gedanken ordnen, besonders ehe ich mit Mrs. Morgans Tochter spreche. Otto, Mr. Lehrman hier, war durch seine dienstlichen Verpflichtungen in Europa aufgehalten worden, aber Mr. Rotterjack hat ihn über das unterrichtet, was wir schon gehört haben.«

Lehrman tat einen leichten, aber deutlichen Atemzug und nickte. Arthur hatte viel über ihn gehört — seinen Aufstieg vom Mikrochip-Magnaten zum Leiter des Forschungsrates des Präsidenten für industrielle Beziehungen, und erst vor zwei Monaten seine Ernennung zum Verteidigungsminister, wo er den mehr als ›Falke‹ geltenden Mann Hamptons ersetzt hatte. Er wirkte wie ein philosophischer Zwilling von Crockerman.

»Ich habe eine Frage an Mr. Gordon«, sagte Lehrman. Er sah Arthur und Harry an, die beide in Nähe der abgedeckten mikrobiologischen Arbeitsbank des Labors standen.

»Fragen Sie nur!« sagte Arthur.

»Wann werden Sie eine militärische Untersuchung des Furnace autorisieren?«

»Ich weiß es nicht«, sagte Arthur.

»Das ist Ihr Fachgebiet, Arthur«, sagte der Präsident leise. »Sie treffen die Entscheidung.«

Arthur sagte: »Bisher hat mir niemand diese Frage gestellt. An was für eine Art von Untersuchung denken Sie?«

»Ich möchte den schwachen Punkt bei dem Ding herausfinden.«

»Wir wissen noch nicht einmal, was es ist«, sagte Harry.

Lehrman schüttelte den Kopf. »Jeder vermutet ein getarntes Raumschiff. Sind Sie anderer Ansicht?«

»Ich sage weder ja noch nein. Ich weiß es einfach nicht«, entgegnete Harry.

»Meine Herren«, sagte Arthur. »Ich glaube, das ist jetzt nicht der richtige Zeitpunkt. Wir sollten dies erörtern, nachdem der Präsident mit den vier Zeugen gesprochen hat und wir alle gemeinsam uns an Ort und Stelle umgesehen haben.«

Lehrman stimmte mit einem Kopfnicken zu und machte ein Zeichen fortzufahren. General Fulton kam in das Labor mit einem dicken Aktenordner und setzte sich seitlich hin, ohne etwas zu sagen.

»All right«, sagte Crockerman. »Wollen wir sie einmal anschauen!«

Eunices Stimme ertönte über Edwards Lautsprecher: »Leute, ihr werdet jetzt den Präsidenten kennenlernen.« Mit hohl summendem Geräusch glitt die Fensterblende in die Wand und gab ein durchsichtiges Paneel frei, etwa zwei Meter breit und ein Meter hoch. Edward erblickte Präsident Crockerman, zwei Personen, die er nicht kannte, und verschiedene andere Gesichter, die ihm vom Fernsehen her oberflächlich vertraut waren.

»Entschuldigen Sie, meine Herren und Miss Morgan, daß ich störe«, sagte Crockerman mit einer leichten Verbeugung. »Ich glaube, wir kennen uns, auch wenn wir einander nicht formell vorgestellt wurden. Dies ist

Mr. Lehrman, mein Verteidigungsminister, und dies ist Mr. Rotterjack, mein wissenschaftlicher Berater. Haben Sie schon Arthur Gordon und Harry Feinman kennengelernt? Nein? Sie leiten die Einsatzgruppe des Präsidenten, welche das untersucht, was Sie entdeckt haben. Ich fürchte, Sie werden mir einige Beschwerden vorzubringen haben.«

»Erfreut, Sie kennenzulernen, Sir«, sagte Minelli.

Crockerman änderte seine Blickrichtung. Edward erkannte, daß sie alle das Zentrallabor vor sich hatten. In dem entferntesten Fenster, am entgegengesetzten Ende der gekrümmten Wand, sah er Stella Morgan. Ihr Gesicht war in der fluoreszierenden Beleuchtung blaß.

»Ich würde Ihnen die Hände schütteln, wenn ich könnte. Dies ist für alle Betroffenen hart gewesen, besonders für Sie.«

Edward murmelte etwas Zustimmendes. »Wir wissen nicht, was unsere Situation ist, Mr. President.«

»Nun, man hat mir gesagt, daß für Sie keine Gefahr besteht. Sie haben keine ... hm ... Weltraumkeime. Mir geht es nicht anders als Ihnen — Sie sind hier wahrscheinlich mehr aus Sicherheitsgründen als wegen Ihrer Gesundheit.«

Edward konnte verstehen, warum Crockerman als der liebenswürdigste Präsident seit Ronald Reagan galt. Seine Kombination von würdigem, gutem Aussehen und offenen Umgangsformen — wie illusorisch diese auch immer sein mochten — hätte sogar Edward ein besseres Gefühl vermitteln können.

»Wir haben uns um unsere Familien Sorgen gemacht«, sagte Stella.

»Ich glaube, man hat sie darüber informiert, daß Sie sicher sind«, sagte Crockerman. »Das stimmt doch, General Fulton?«

»Jawohl, Sir.«

»Miss Morgans Mutter hat uns allerdings hart zugesetzt«, sagte Crockerman.

»Gut!« war Stellas einzige Bemerkung dazu.

»Mr. Shaw, wir haben auch die University of Texas über Sie und Ihre Studenten verständigt.«

»Wir sind Assistenzprofessoren, keine Studenten, Mr. President«, sagte Reslaw. »Ich habe von meiner Familie keine Post bekommen. Können Sie mir sagen, warum?«

Crockerman schaute zu Fulton wegen einer Antwort. Der sagte: »Man hat ihm keine geschickt. Darauf haben wir keinen Einfluß.«

Crockerman fuhr fort: »Ich wollte nur vorbeikommen und Ihnen sagen, daß man Sie nicht vergessen hat und daß Sie nicht für immer eingesperrt sein werden. Colonel Phan sagt mir, wenn im Verlauf einiger weiterer Wochen keine Keime entdeckt werden, es keinen Grund mehr geben wird, Sie hier festzuhalten. Und bis dahin ... nun, es ist schwer zu sagen, was dann noch geheim sein wird und was nicht.«

Harry schaute auf Arthur mit einer gehobenen Augenbraue.

»Ich habe eine Frage, Sir«, sagte Edward.

»Ja?«

»Die Kreatur, die wir gefunden haben ...«

»Wir nennen sie einen ›Gast‹, wie Sie wissen«, unterbrach ihn Crockerman mit mattem Lächeln.

»Ja, Sir. Sie sagte, sie brächte eine schlechte Nachricht. Was meinte sie damit? Haben Sie sich mit ihr unterhalten?«

Crockermans Gesicht wurde aschfarben. »Ich fürchte, daß es mir nicht gestattet ist, Ihnen zu sagen, was mit dem Gast geschieht. Das ist irritierend, wie ich wohl weiß. Aber auch ich muß nach der Pfeife tanzen, wenn sie gespielt wird. Jetzt habe ich eine Frage an Sie. Sie haben den Felsen als erster gefunden, den Aschenkegel. Was ist Ihnen daran so sehr als merkwürdig aufgefallen? Ich möchte Eindrücke hören.«

»Edward hielt es noch vor uns für seltsam«, sagte Minelli.

»Ich habe es nie gesehen«, bemerkte Stella dazu.

»Mr. Shaw, was hat Sie am stärksten beeindruckt?«

Edward antwortete: »Wohl der Umstand, daß es sich nicht auf unseren Karten befand. Und außerdem war es ... steril. Es sah neu aus. Keine Pflanzen, keine Insekten, keine frischen oder alten Graffiti. Keine Bierdosen.«

»Keine Bierdosen«, sagte Crockerman und nickte. »Vielen Dank! Miss Morgan, ich möchte irgendwann bald mit Ihrer Mutter zusammenkommen. Darf ich ihr eine persönliche Nachricht überbringen? Natürlich nichts Problematisches.«

»Nein, danke«, sagte Stella.

Ein tolles Weib, dachte Edward.

Nach kurzem Schweigen sagte Crockerman: »Sie haben mir etwas zum Nachdenken beschert. Wie stark Amerikaner sind. Ich hoffe, das klingt nicht abgedroschen oder politisch. Ich meine es ehrlich. Ich muß daran denken, daß wir gerade jetzt stark sind. Das bedeutet mir sehr viel. Ich danke Ihnen.« Er winkte ihnen zu und machte kehrt, um das Labor zu verlassen. Die Vorhänge brummten wieder an ihre Stellen zurück.

13

7. Oktober

Der Himmel über Death Valley war bleigrau, und die Luft enthielt noch die morgendliche Frische. Der Hubschrauber des Präsidenten landete auf dem zeitweiligen Stützpunkt, der von der Army knapp fünf Kilometer von dem falschen Aschenkegel entfernt eingerichtet war. Zwei schwere Geländewagen mit Allradantrieb kamen herbei und fuhren die Gesellschaft langsam über die befestigten Straßen und unbefestigten Pisten für Jeeps, danach wühlten sie sich brummend um Kreosotbüsche herum, durch Büffel- und Salzgras, über Sandboden und an Brocken von Lava und verwitterten Felsen vorbei. Der falsche Aschenkegel ragte einige hundert Meter jenseits ihres Halteplatzes empor, welcher am Rande eines mattweißen Flußbettes lag, das gerade vor zehn Tagen mit Wasser gefüllt worden war. Der Umkreis des Hügels war durch Soldaten des Heeres unter dem Kommando von Lieutenant Colonel Albert Rogers aus dem Sicherheitscorps der Army abgesperrt. Dieser, ein ziemlich kleiner, drahtiger Mann mit dunkler Haut und freundlichen Augen, empfing die achtköpfige Gruppe des Präsidenten, einschließlich Gordon und Feinman, an der Sperrlinie.

Er meldete: »Wir hatten keine Aktivität. Unser Überwachungswagen befindet sich jetzt auf der anderen Seite, und ein Kontrollkommando auf der Spitze. Es hat keinerlei Strahlung gegeben außer solcher, wie wir sie von Gestein erwarten, das durch die Sonne erhitzt wird. Wir haben Sensoren auf Stangen in das Loch eingeführt, das die drei Geologen gefunden haben; aber wir haben niemand bis hinter die Krümmung geschickt. Wenn Sie es befehlen, werden wir das tun.«

»Ich würdige Ihren Eifer, Lieutenant Colonel«, sagte Lehrman. »Noch höher schätze ich Ihre Vorsicht und Disziplin.«

Der Präsident näherte sich in Begleitung zweier Agenten des Secret Service der hohen schwarzen Nordseite des Aschenkegels. Der Marineoffizier, der den ›Fußball‹ trug — die Tasche mit den Codes des Präsidenten für den Kriegsfall und ein Notfallkommunikationssystem — blieb beim Wagen.

Rotterjack blieb ein paar Schritte zurück, um mit einer Hasselblad eine Reihe von Bildern zu schießen. Crockerman ignorierte ihn. Der Präsident schien jedermann und alles zu ignorieren außer dem Felsen. Arthur empfand Unbehagen über seinen Gesichtsausdruck: angespannt, aber ein bißchen verträumt. *Ein Mann, dem man die Nachricht vom Tode eines nahen Verwandten überbracht hat*, dachte Arthur.

»Hier ist es, wo der Alien gefunden wurde«, erklärte Oberst Rogers und wies auf eine sandige Vertiefung im Schatten eines Lavaüberhanges. Crockerman ging um einen großen Lavablock herum und kniete sich neben der Vertiefung hin. Er langte hin, um den Sand zu berühren, der noch Spuren von den Bewegungen des Gastes aufwies, aber Arthur hielt ihn zurück und erklärte: »Wir sind immer noch nervös hinsichtlich biologischer Dinge.«

»Die vier Zivilisten ...«, sagte Crockerman, ohne den Gedanken abzuschließen. »Ich habe Stella Morgans Opa vor dreißig Jahren in Washington kennengelernt«, grübelte er. »Ein wahrer Landedelmann. Hart wie Nägel, schneidig wie eine Peitsche. Ich würde gern Bernice Morgan sprechen. Vielleicht könnte ich sie beruhigen... Läßt sich für morgen etwas arrangieren?«

»Wir gehen von hier zum Furnace Creek Ferienhotel, und morgen werden Sie General Young und Admiral Xavier treffen.« Rotterjack sah den Terminplan des Präsidenten durch. »Das wird dann den größten Teil des Vormittags ausfüllen. Sie müssen um zwei Uhr nachmittags in Vandenberg zurück und an Bord des Vogels sein.«

»Schieben Sie einen Termin für Bernice Morgan ein!« befahl Crockerman. »Keine Widerrede!«

»Jawohl, Sir«, sagte Rotterjack und nahm seinen mechanischen Schreibstift.

»Sie sollten hier bei mir sein, diese drei Geologen«, sagte der Präsident. Er stand wieder auf, wischte sich die Hände an der Hose ab und entfernte sich von dem Überhang. Die Geheimagenten beobachteten ihn scharf mit unbewegter Miene. Crockerman wandte sich an Harry, der immer noch sein schwarzes Notizbuch festhielt, und nickte dann in Richtung auf den Aschenkegel. »Sie wissen, um was es in meiner Besprechung mit Young und Xavier geht?«

»Ja, Mr. President«, sagte Harry mit demselben festen Blick wie Crockerman.

»Sie werden mich fragen, ob wir dieses ganze Gelände mit einer Atombombe belegen sollen.«

»Ich bin sicher, daß das zur Sprache kommen wird, Mr. President.«

»Was ist Ihre Meinung?«

Harry überlegte einen Augenblick lang mit zusammengezogenen Augenbrauen. »Die ganze Situation ist für mich ein Rätsel, Sir. Die Dinge passen nicht zusammen.«

»Mr. Gordon, können wir einen wirksamen Vergeltungsschlag gegen dieses Ding führen?« Er zeigte auf den Aschenkegel.

»Der Gast sagt, daß wir es nicht können. Ich neige dazu, diese Feststellung zum gegenwärtigen Zeitpunkt zu akzeptieren, Sir.«

»Wir bezeichnen ihn immer als GAST, großgeschrieben«, sagte Crockerman und blieb etwa zwanzig Meter von der Formation entfernt stehen. Dann blickte er nach Süden und studierte die westliche Kurve. »Wie ist man darauf gekommen?«

»Hollywood hat so ziemlich jeden anderen Namen mit Beschlag belegt«, bemerkte McClennan.

»Carl war immer ein eifriger Fernsehzuschauer«, erklärte Crockerman Arthur ganz sachlich, »ehe seine Amtspflichten das unmöglich machten. Er sagt, daß er dadurch am Puls des Volkes bleibt.«

»Der Name hat sich als eine Möglichkeit erwiesen, andere, kräftigere Ausdrücke zu vermeiden«, sagte McClennan.

»Der Gast hat mir gesagt, daß er an Gott glaubt.«

Arthur zog es vor, den Präsidenten nicht zu korrigieren.

»Soweit ich es verstehe«, fuhr Crockerman mit gequältem Gesichtsausdruck fort, die Augen zur Ruhe zwingend, »wurde die Welt des Gastes für mangelhaft befunden und eliminiert.« Er schien in den Gesichtern von Arthur und denen, die ganz in der Nähe waren, nach Sympathie oder Unterstützung zu suchen. »Wenn das der Fall ist, dann erwartet uns im Innern dieses Berges die für unsere Vernichtung zuständige Instanz.«

»Wir *müssen* mehr Kooperation von Australien haben«, sagte McClennan und schüttelte eine geballte Faust.

»Von da hört man eine ganz andere Story, nicht wahr?« Der Präsident ging zu den Wagen zurück. »Ich glaube, ich habe genug gesehen. Meine Augen können aus Steinen und Sand die Wahrheit nicht herauspressen.«

Rotterjack bemerkte: »Wenn wir engere Kontakte mit Australien herstellen wollen, dann bedeutet dies, daß wir ihnen mitteilen, was wir hier haben; und wir sind uns nicht sicher, ob wir das schon riskieren können.«

»Es besteht eine Möglichkeit, daß wir nicht die einzigen sind, die ›Monster‹ haben«, sagte Harry und verlieh diesem Wort einen fast komischen Nachdruck.

Crockerman blieb stehen und wandte sich direkt Harry zu. »Haben Sie dafür irgendwelche Beweise?«

»Keine, Sir. Aber wir haben die Nationale Weltraumbehörde und einige unserer Leute ersucht, das zu prüfen.«

»Wie?«

»Durch Vergleich neuerer Satellitenaufnahmen mit früheren.«

»Mehr als zwei Monster«, sagte Crockerman. »Das wäre schon ein Ding, nicht wahr?«

14

Trevor Hick bremste den gemieteten weißen Chevrolet ab, als er an das kleine Shoshone herankam — laut Karte kaum mehr als eine Straßenkreuzung. Er sah ein U.S.-Postamt aus Hohlziegeln, flankiert von hohen Tamariasken und dahinter ein nüchternes Gebäude, in dem sich eine Tankstelle und ein Gemischtwarenladen befanden. Auf der anderen Seite der Überlandstraße gab es ein Café und daneben ein kümmerliches Haus mit Neonreklamen für Bier in zwei kleinen quadratischen Fenstern. Ein kleines Schild verkündete ›Crow Bar‹ in flakkernden Glühbirnen — offenbar eine Kneipe. Hicks hatte schon immer eine Vorliebe für Dorfkneipen gehabt. Diese hier schien aber nicht geöffnet zu sein.

Er fuhr auf den mit Kies bestreuten Parkplatz des Postamtes in der Hoffnung, jemanden fragen zu können, ob das Café einen Besuch lohnte. Er traute amerikanischen ländlichen Eßwaren ebenso wenig, wie er das meiste amerikanische Bier mochte; und das Aussehen des Kaffeeladens — oder Cafés, wie dieser sich mit einem unansehnlichen Schild bezeichnete — war sehr entmutigend.

Es war fast fünf Uhr, und die Wüste war schon ziemlich kühl. Bis zur Dämmerung war es noch etwa eine Stunde hin, und ein klagender Wind wehte durch die Tamarisken neben dem Postamt. Vor- und Nachmittag waren für Hicks enttäuschend gewesen — eine Mietwagenpanne siebzig Kilometer außerhalb von Las Vegas, eine Fahrt im Abschleppwagen, das Besorgen eines anderen Wagens und obendrein noch ein hitziges Gespräch mit seiner Verlagsagentur, als er daran dachte anzurufen und sein versäumtes Interview zu erklären ... Eine Verzögerung nach der anderen.

Er blieb kurz neben dem Wagen stehen und fragte sich, was für ein Idiot er doch war. Dann entschloß er sich für die Glastür zur Rechten. Wie der Zufall es so wollte, führte diese in eine Art lokaler Bibliotheksfiliale — zwei hohe Bücherregale in einer Ecke und ein Tisch von Kindergröße davor. Gegenüber den Regalen stand ein Ladentisch und dahinter das Mobiliar und Gerät der Charles Morgan Company, wie ein kleines Schild verriet. Die Tür zur Linken führte in eine abgetrennte Nische, welche das eigentliche Postamt darstellte. Die Atmosphäre des Büros war sachlich, aber freundlich.

Hinter dem Tresen saß vor einem alten Tischcomputer eine stattliche Frau von etwa fünfundsiebzig oder achtzig Jahren. Sie trug Jeans und eine karierte Bluse; ihr Haar war nachlässig nach hinten gekämmt. Sie sprach in einen schwarzen Telephonhörer, den sie zwischen Hals und Schulter geklemmt hatte. Sie drehte sich langsam auf ihrem Sessel herum, und schaute Hicks an. Dann hob sie eine Hand und bat damit um Geduld.

Hicks wandte sich um und inspizierte die Bücher in der Bibliothek.

»Nein, Bonnie, kein Wort«, sagte die Frau, deren warme Stimme etwas krächzte. »Kein Wort seit dem Brief. Ich bin am Ende meiner Weisheit, mußt du wissen. Esther und Mike sind fort. Nein, mir geht es gut, aber die Dinge sind hier irgendwie ins Rutschen gekommen...«

Die Bibliothek enthielt eine ordentliche Auswahl wissenschaftlicher Bücher, einschließlich eines von ihm selbst. Das war ein frühes populäres Werk über Nachrichtensatelliten, längst überholt.

»Es ist alles verrückt«, sagte die Frau. »Sonst haben wir uns um den Gaswagen Sorgen gemacht und wegen der Strahlung vom Testgelände — aber jetzt dies! Sie haben unsere Fleischtruhe abgesperrt. Es reicht, um einen wild zu machen. Gestern ist Frank mit Tilly hergekommen, und sie waren so nett. Sie machten sich solche Sorgen um Stella. Ja, vielen Dank für den Anruf! Ich muß jetzt Schluß machen, ja. Jack ist im Lagerschuppen und wird mich zum Wohnwagenparkplatz bringen. Danke. Auf Wiedersehen.«

Sie legte auf und wandte sich an Hicks. »Kann ich Ihnen behilflich sein?«

»Ich wollte nicht stören. Ich möchte mich wegen des Kaffeeladens gegenüber erkundigen. Ist er zu empfehlen?«

»Da dürfen Sie nicht mich fragen«, sagte sie und stand auf.

»Tut mir leid«, sagte Hicks höflich. »Warum?«

»Weil der mir gehört«, sagte sie mit einem Lächeln. Sie ging näher an den Tresen und lehnte sich dagegen. »Ich bin befangen. Wir servieren da gutes Essen. Es soll etwas Solides sein. Sie sind Engländer, nicht wahr?«

»Ja.«

»Unterwegs nach Las Vegas?«

»Nein, ich komme von dort. Will nach Furnace Creek.«

»Da könnten sie ebenso gut gleich wieder umkehren. In der Richtung ist alles zu. Die Landstraßen sind gesperrt. Die würden Sie bloß zurückschicken.«

»Ich verstehe. Haben Sie eine Ahnung, was da los ist?«

»Wie heißen Sie?« fragte die Frau.

»Hicks. Trevor Hicks.«

»Ich bin Bernice Morgan. Ich habe gerade von meiner Tochter gesprochen. Sie wird von der Bundesregierung festgehalten. Niemand kann mir sagen, weshalb. Sie schreibt mir, um zu sagen, daß es ihr gut geht, aber sie darf nichts darüber verraten, wo sie ist, und ich kann nicht mit ihr sprechen. Ist das nicht verrückt?«

»Allerdings«, sagte Hicks. Sein Haar begann wieder zu jucken.

»Ich habe im ganzen Staat Rechtsanwälte eingeschaltet, um herauszubekommen, was geschieht. Die könnten vielleicht denken, daß sie es mit irgendwelchen kleinstädtischen Hampelmännern zu tun hätten, aber das stimmt nicht. Mein Gatte war Bezirksvorsteher. Mein Vater war Senator dieses Staates. Und ich stehe hier und halte Ihnen lange Vorträge.« Sie machte eine Pause und betrachtete ihn genauer. »Sind Sie der Wissenschaftsautor?«

»Ja, tatsächlich«, sagte Hicks, erfreut, in zwei Tagen ebensooft erkannt zu werden.

»Was führt Sie hierher?«

»Eine Vermutung.«

»Darf ich fragen, was für eine Vermutung das ist?« Bernice Morgan war trotz ihrer warmen Stimme und ihrem gastfreundlichen Wesen ganz offenbar eine hartnäckige Frau.

»Ich dachte, ich könnte mit Ihrer Tochter Verbindung aufnehmen«, sagte er, entschlossen, mit offenen Karten zu spielen. »Ich verfolge einen sehr dünnen Faden von Hinweisen, die ins Death Valley führen. Hier hat sich etwas Wichtiges ereignet — wichtig genug, um Ihren Präsidenten ins Furnace Creek Resort zu locken.«

»Vielleicht ist Esther gar nicht hysterisch«, überlegte Mrs. Morgan.

»Wie bitte?«

»Meine Ladenangestellte. Sie sagte, einige Leute hätten vom Absturz einer MiG in der Wüste gesprochen.«

Hicks' Stimmung sank. Was sollte dann all dies? Eine Art ungewöhnlicher Panne? Kein Zusammenhang mit der Großen Victoria-Wüste?

»Und Mike, ein junger Bursche, der in unserer Tankstelle gearbeitet hat, der sagt, es wären einige Leute in einem Land Cruiser gekommen und hätten mit meiner Tochter gesprochen. Sie hatten hinten im Auto etwas versteckt. Mike riskierte einen Blick, als sie nach hinten herumfuhren. Er dachte, es war etwas Grünes. Es sah wie tot aus, sagte er. Dann kommt die Regierung hier herein und sprüht dies Zeug über die ganze Innenseite meiner Fleischtruhe, schließt sie ab und sagt, wir könnten sie nicht benutzen ... Wir haben Fleisch im Werte von fünfhundert Dollar eingebüßt. Sie haben es weggeschafft und gesagt, es wäre verdorben. Sie sagten, die Truhe wäre mit Salmonellen infiziert.«

Hicks' Phantasie verursachte ihm einen Schauder. »Wo waren Sie, als dies geschah?«

»In Baker auf Besuch bei meinem Bruder.«

Bernice Morgan wirkte ihren Jahren zum Trotz nicht

im geringsten gebrechlich. Sie sah auch nicht ledern oder vergreist aus. Sie war eine Person, wie Hicks sie zu allerletzt in einer kleinen amerikanischen Wüstenstadt anzutreffen erwartet hatte. Von ihrer Sprechweise abgesehen, hätte sie die Frau eines englischen Lords in vorgerückten Jahren sein können.

»Seit wann ist Ihre Tochter verschwunden?«

»Seit anderthalb Wochen.«

»Und Sie sind sicher, daß sie von Beamten des Bundes mitgenommen wurde?«

»Typen von der Air Force, wie man mir gesagt hat.«

Hicks runzelte die Stirn. »Haben Sie gehört, daß sich da draußen im Gelände irgend etwas Merkwürdiges befindet — vielleicht in der Nähe von Furnace Creek?«

»Nur, daß das vorläufig abgesperrt ist. Ich habe mich danach erkundigt, und niemand weiß was. Die Telephonverbindung ist seit heute nachmittag unterbrochen.«

»Glauben Sie, daß sich Ihre Tochter dort befindet?«

»Das wäre doch eine Möglichkeit, nicht wahr?«

Er zog die Lippen zusammen.

»Ich glaube nicht, daß man sie festhält, damit sie mit dem Präsidenten über Geschäfte sprechen kann. Sie etwa?« Sie hob skeptisch eine Augenbraue.

Da bog ein alter grauer Ford-Lastwagen von der Straße ab und fuhr auf den Parkplatz, wobei er Staub und Kies aufwirbelte. Zwei junge Männer in Cowboyhüten aus Stroh sprangen hinten herunter, während ein dritter Junge und ein wanstiger Mann mit Bart und übergroßer MacArthur-Sonnenbrille aus dem Fahrerhaus stiegen. Sie kamen alle durch die Glastür herein. Der bärtige Mann nickte Hicks zu und wandte sich dann an Mrs. Morgan. »Wir sind draußen gewesen und wieder zurück. Die Straßen sind noch gesperrt. George ist draußen, wie Richard sagte, aber er weiß nicht, was vor sich geht.«

»George ist einer von unserer Straßenstreife«, erklärte Mrs. Morgan Hicks.

»Ron hier denkt, daß seine Lisa sich noch in Furnace Creek befindet«, fuhr der bärtige Mann fort. Ein sanftäugiger, magerer junger Mann nickte müde. »Wir werden das Flugzeug nehmen und darüberfliegen. Wollen herausfinden, was, zum Teufel, los ist.«

»Wahrscheinlich haben sie den Flugplatz da draußen geschlossen«, sagte Mrs. Morgan. »Ich halte das nicht für besonders geschickt, Mitch.«

»Geschickt, zum Teufel! Ich habe mich noch nie von Leuten der Regierung herumschubsen lassen. Kidnapping und öffentliche Straßen sperren ohne guten Grund — da ist es an der Zeit, etwas zu tun.« Mitch starrte Trevor Hicks an und musterte seine Wildlederjacke, Hose und Turnschuhe. »Mister, wir sind noch nicht einander vorgestellt worden.«

Mrs. Morgan tat ihnen den Gefallen. »Mitch, dies ist Mr. Trevor Hicks. Mr. Hicks, Mitch Morris. Er ist unser Mann für die Instandhaltung und fährt den Propanlastwagen.«

»Erfreut, Ihre Bekanntschaft zu machen, Mr. Hicks«, sagte Morris in formellem Ton. »Sie interessieren sich hierfür?«

»Er ist Schriftsteller«, sagte Bernice. »Übrigens ein recht bekannter.«

»Ich habe eine Idee, daß nahe Furnace Creek etwas geschieht — etwas, das wichtig genug ist, um den Präsidenten herzubringen.«

»Den Präsidenten aus dem Weißen Haus?«

»Eben diesen.«

»Er denkt, Stella könnte sich in Furnace Creek befinden«, sagte Mrs. Morgan.

»Um so mehr Grund für uns, da hinüber zu fliegen und es herauszufinden«, sagte Morris. »Wir haben Platz für fünf. Mr. Hicks, sind Sie daran interessiert, mit uns zu fliegen?«

Hicks merkte, daß er zu sehr hineingezogen wurde. Mrs. Morgan protestierte weiter gegen das Risiko, aber

Morris widmete ihr nur höfliche Aufmerksamkeit. Sein Entschluß stand fest.

Es gab keine andere Möglichkeit, um zu sehen, was in Furnace Creek vor sich ging. Auf der Straße würde er ebenso angehalten werden wie bisher jeder andere.

»Wir sind hier schon zu viele, mit dem Piloten zusammen«, sagte Hicks.

»Benny fliegt nicht«, sagte Morris. »Er wird immer furchtbar luftkrank.«

Hicks tat einen leichten, krampfartigen Atemzug und sagte: »In Ordnung.«

»Es ist gar nicht weit. Ein paar Minuten hin und zurück.«

»Mir gefällt das nicht. Tut das nicht nur Stellas wegen«, sagte Mrs. Morgan. »Ich versuche es noch auf andere Weisen. Seid nicht närrisch und ...«

»Keine Heldentaten, keine kühnen Rettungsunternehmen«, beruhigte sie Morris. »Wollen wir uns aufmachen, Mr. Hicks?«

»Ja«, sagte Hicks und folgte ihnen hinaus durch die Glastür. Mrs. Morgan legte die Hände auf den Tisch und sah mit grimmiger Miene zu, wie sie in das Auto stiegen. Benny überließ Hicks seinen Beobachterplatz und setzte sich mit nach hinten.

Noch nie in seinem Leben hatte er etwas so Törichtes gemacht. Die Räder der Piper Comanche kamen von der schmutzigen Rollbahn frei, und das zweimotorige Flugzeug sprang in die Luft. Der verwitterte Asphalt und der Wellblechhangar blieben weit hinten unter ihnen zurück.

Mitch Morris wandte sich um und schaute zu Hicks und Ron Flagg nach hinten. Frank Forrest, Mitte sechzig und ebenso beleibt wie Morris, neigte die Maschine scharf zur Seite und kurvte nach Osten. Dann kippte er das Flugzeug noch einmal um die Längsachse, ehe sie Zeit gehabt hatten, Luft zu holen. Morris hielt sich mit einer riesigen, schwieligen Hand an Forrests Sitz fest und fragte Hicks: »Fühlt ihr euch alle wohl?«, fast ohne Ron einen Blick zu schenken.

»Fein«, sagte Hicks und schluckte ein unbestimmtes Etwas in seinem Hals hinunter.

»Du Ron?«

»Noch nicht viel geflogen«, sagte Flagg. Er war blaß und in Schweiß gebadet.

»Frank ist ein Experte. Hat im Krieg Super Sabres geflogen. Im Koreakrieg. Sein Papa hat Buffalos bei Midway geflogen. Dort ist er doch auch gefallen, nicht wahr, Frank?«

»Die verdammten Kisten waren fliegende Särge«, sagte Forrest.

Hicks fühlte, wie die Comanche in einem Aufwind von den niedrigen Hügeln unter ihnen bebte. Sie flogen tiefer als fünfhundert Fuß. Ein mit Schlacke bedeckter kleiner Berg nahe Shoshone zog atemberaubend nahe unten vorbei.

»Ich hoffe, Sie halten uns nicht für allzu stürmisch«, sagte Morris.

»Keine Spur«, erwiderte Hicks und konzentrierte sich auf seinen Magen.

»Wir haben Mrs. Morgan viel zu verdanken. Stella mögen wir sehr, und Rons Lisa ist ein prächtiges Mädchen. Wir wollen uns vergewissern, daß mit ihnen alles in Ordnung ist, wo sie auch sein mögen. Es ist doch wohl unwahrscheinlich, daß man sie zum Testgelände in Nevada weggezaubert hat, um sie als Versuchskaninchen oder Meerschweinchen zu gebrauchen, nicht wahr?«

Ob Morris diesen Gedanken wirklich erwog oder als eine Möglichkeit fallen ließ, konnte Hicks nicht entscheiden.

»Was meinen Sie also, was sie in Furnace Creek gefunden haben?« fragte Forrest. »Mike, der Garagenjunge, sagte, sie hätten einen toten russischen Piloten erwischt. Sind Sie deshalb hier — um alles nach einem toten russischen Piloten zu durchwühlen?«

Hicks sagte: »Ich glaube nicht, daß sie so etwas haben.«

»Was ist es dann? Was würde Crockerman hierher bringen?«

Hicks dachte einen Moment lang an die möglichen unerfreulichen Effekte, wenn er mit diesen Männern über Besucher aus dem Weltraum diskutierte. Er konnte beinahe Sympathie mit den Bemühungen einer jeden Regierung empfinden, solche Dinge geheim zu halten.

Australien war ja voll von solchen Männern: zäh, wendig, mutig, aber nicht besonders einfallsreich oder intelligent. Warum sollte Australien zu der öffentlichen Reaktion Vertrauen haben, und die Vereinigten Staaten nicht?

»Ich bin mir nicht sicher«, sagte er. »Ich bin hier nur aufgrund einer bloßen Vermutung hergekommen.«

»Vermutungen sind nie so einfach«, gab Forrest zurück. »Sie sind ein geschickter Mann. Sie haben einen Grund dafür, daß Sie hergekommen sind.«

»Mrs. Morgan hält Sie für einen bedeutenden Mann«, sagte Morris.

»Nun ...«

»Sind Sie Arzt?« fragte Flagg. Er sah aus, als könnte er medizinische Hilfe brauchen.

»Ich bin Schriftsteller. Ich habe einen Doktorgrad in Biologie, bin aber kein Doktor der Medizin.«

»In Shoshone haben wir alle Arten von naturwissenschaftlichen Doktoren«, sagte Morris. »Geologen, Archäologen, Ethnologen — die studieren Indianer, wissen Sie. Manchmal kommen sie in die Crow Bar, und wir kommen in wirklich interessante Gespräche. Wir sind nicht bloß ein Rudel von Wüstenratten.«

»Dafür habe ich Sie auch nicht gehalten«, antwortete Hicks. *Oh?*

»All right. Frank?«

»Sind gleich bei Furnace Creek.«

Hicks blickte aus dem Seitenfenster. Er sah braunen und weißen Sand, Gesträuch, unbefestigte Straßen und Pisten wie auf einem Manövergelände. Dann kam die Fernstraße in Sicht. Forrest ließ die Comanche wieder kippen. Hicks' Magen hielt Disziplin, aber Flagg stöhnte. »Habt ihr einen Beutel?« fragte er. »Bitte!«

»Du kannst es unten behalten«, beruhigte ihn Morris. »Hör auf mit der Kunstfliegerei, Frank!«

»Da ist es«, sagte Forrest. Er neigte das Flugzeug so, daß Hicks direkt auf eine Ansammlung von Gebäuden sehen konnte, die zwischen rostbraunen Felsen, Dikkicht aus grünen Bäumen und niedrigen Hügeln verteilt waren. Er konnte einen Golfplatz erkennen, der sich mit üppigem Grün von dem Müll, einer winzigen Rollbahn und einem asphaltierten Parkplatz abhob, welcher voller dunkler Wagen und Lastwagen war. Von ihm stieg ein zweisitziger Army-Hubschrauber auf.

»Mist!« sagte Forrest und machte eine scharfe Kurve rückwärts. Die Motoren heulten auf, und die Comanche schwenkte herum wie ein Blatt bei starkem Wind.

Der Helikopter fing sie ab und hielt mit der Comanche Schritt, ganz gleich, was für Drehungen und Kurven Forrest ausführte. Flagg übergab sich, und sein Erbrochenes traf die Seitenfenster und Hicks. Es schien ein selbständiges Leben zu haben, wie es da herumblubberte. Hicks wischte es hastig mit den Händen weg. Morris schrie und fluchte.

Die Cobra hatte sie schnell ausmanövriert. Ein Copilot auf dem Rücksitz in Uniform und Helm machte ihnen Zeichen zu landen.

»Wo ist Ihr Radio?« fragte Hicks. »Stellen Sie es an! Lassen Sie sie mit uns sprechen!«

»Zum Teufel, nein«, sagte Forrest. »Ich muß zugeben ...«

»Verdammt, Frank, die werden uns abschießen, wenn du nicht dahin gehst, wo er sagt«, rief Morris, dessen

Bart durch die Bewegungen des Flugzeugs auf und ab gewirbelt wurde.

Der Hubschrauberpilot zeigte unverkennbar nach unten auf die Straße. Grüne Autos und Lastwagen in Tarnfarben rasten über die Fernstraße.

»Wir sollten wirklich lieber landen«, gab Forrest zu. Er kurvte von dem Hubschrauber weg, ging mit erstaunlichem Tempo herunter, richtete die Nase seiner Comanche auf und brachte die Maschine nach mindestens vier harten Hüpfern auf der grauen Asphaltbahn zum Stehen.

Hicks bemühte sich, ruhig zu atmen und rang um Selbstbeherrschung. Nachdem sie mittlerweile von Leuten umringt waren, die er für Männer des Secret Service hielt — in Grau und Braun — und von Militärpolizei in dunkelblauen Uniformen, hatte er sich ziemlich unter Kontrolle. Flagg hatte sich den Kopf angestoßen und lag bewußtlos in seinem Sitz.

»Verdammt!« sagte Morris, keineswegs erschüttert.

15

Arthur ging, noch gebeugter als sonst, durch die mit Flaggen geschmückte Halle des Lokals und warf kaum einen Blick auf die Lehmziegelwände und die schwarzen, weißen und grauen Navajoteppiche, die über altmodischen Schanktischen hingen. Er klopfte an Harrys Tür und trat zurück, die Hände in den Taschen. Harry machte auf und winkte ihn ungeduldig herein. Dann ging er wieder ins Badezimmer, um sich fertig zu rasieren. In einer Stunde sollten sie alle zum Dinner in dem geräumigen Speisesaal des Kurhotels mit dem Präsidenten zusammenkommen.

»Er nimmt es nicht gut auf«, sagte Arthur.

»Crockerman? Was hattest du denn erwartet?«

»Besseres als dies.«

»Wir alle blicken in ein Kanonenrohr.«

Arthur schaute zu der offenen Tür des Badezimmers. »Wie fühlst *du* dich denn?«

Harry kam heraus und hob dabei ein Ohr an, um mit dem Rasierapparat darunter zu gelangen. Im Gesicht hatte er noch Reste von Schaum. Er sagte: »Recht ordentlich. Übermorgen muß ich auf zwei Tage zur Behandlung weg. Ich habe es dir vorher gesagt.«

Arthur schüttelte den Kopf. »Kein Problem. Das wurde im Terminplan berücksichtigt. Der Präsident fliegt auch in zwei Tagen ab. Morgen berät er sich mit Xavier und Young.«

»Was kommt dann?«

»Verhandlungen mit den Australiern. Die zeigen uns, was sie haben, und wir zeigen ihnen, was wir haben.«

»Und was geschieht danach?«

Arthur zuckte die Achseln. »Vielleicht lügt unser Kobold.«

»Wenn du mich fragst«, sagte Harry, »dann ...«

»Ich weiß. Die ganze Sache stinkt.«

»Aber Crockerman hat die Botschaft geschluckt. Sie arbeitet in ihm. Young und Xavier werden die Stelle besichtigt haben ... O Gott!« Harry trocknete sich das Gesicht mit einem Handtuch. »Dies macht wirklich kaum so Spaß, wie ich erwartet hatte. Ist es nicht eine Sauerei? Das Leben ist immer eine Sauerei. Wir waren so begeistert. Jetzt ist es ein Alptraum.«

Arthur hob eine Hand. »Rate mal, wen sie erwischt haben, als er mit drei Typen aus der Wüste in einem Flugzeug saß?«

Harry zwinkerte. »Wie, zum Teufel, soll ich das wissen?«

»Trevor Hicks.«

Harry staunte. »Das meinst du doch nicht im Ernst.«

»Der Präsident liest gerade seinen Roman, der gut genug im Trend liegt und kein reiner Zufall ist. Er hat sicher gespürt, daß er eine wissenschaftliche Grundlage hat. Die drei Wüstentypen sind nach Shoshone zurückgekehrt nach einer scharfen Verwarnung und unter Verlust von Flugzeug und Lizenz. Hicks ist zum Essen heute abend eingeladen worden.«

»Das ist Wahnsinn«, sagte Harry, machte das Licht im Bad aus und nahm sein Oberhemd von der Bettecke. »Er ist Journalist.«

»Crockerman möchte mit ihm den Fall durchsprechen und eine zweite Meinung hören.«

»Er hat doch hundert Meinungen um sich.«

Arthur überlegte. »Ich habe Hicks zuletzt vor drei Jahren in Cornell getroffen.«

»Ich bin ihm nie begegnet«, sagte Harry. »Es würde mir aber wohl zusagen.«

Bald danach verließ Arthur das Zimmer seines Freundes. Er fühlte sich schlimmer als je. Er konnte nicht die Empfindsamkeit eines enttäuschten Kindes abschütteln. Das war ein wundervolles Weihnachtsgeschenk gewesen, strahlend und voller Hoffnung auf eine unvorstellbare Zukunft, eine Zukunft des Zusammenwirkens von Menschen mit anderen Intelligenzen. Jetzt könnte es sein, daß zum nächsten Weihnachten die Erde überhaupt nicht mehr existieren würde.

Er tat einen tiefen Atemzug und straffte die Schultern. Nicht zum ersten Mal hoffte er, durch körperliche Anspannung die Trübsal loszuwerden.

Die Kellnerinnen und Köche hinter den weißen Wänden und mit Kupfer verkleideten Säulen des Speisesaals hatten mit einem feierlichen Menü aus Steaks, wildem Reis und Caesar-Salat aufgewartet. Das Grün des Salates war leicht angewelkt wegen der Unterbrechung bei den Lieferungen, aber alles sonst war recht annehmbar. Um einen rechteckigen Tisch, der durch Zusammenschieben von vier kleineren gebildet war, saßen die

Hauptakteure des Unternehmens ›Furnace‹ beisammen, dazu Trevor Hicks, der alles mit Schwung hinnahm.

Ich bin in einen Glückstreffer gestolpert, dachte er, als der Präsident und der Verteidigungsminister eintraten und ihre Plätze einnahmen. Zwei Geheimagenten speisten an einem kleinen Tisch nahe der Tür.

Crockerman nickte Hicks jovial zu, der neben dem Präsidenten und Lehrman gegenüber saß.

»Diese Leute haben doch wirklich gute Arbeit geleistet, nicht wahr?« sagte der Präsident, nachdem der Hauptgang serviert und die Teller abgeräumt waren. Nach einer Art stiller wechselseitiger Übereinkunft war während des Essens nur von trivialen Dingen die Rede gewesen. Jetzt wurde Kaffee in einem alten, verbeulten Silbergeschirr hereingebracht, in die Tassen aus Wedgewood-Porzellan eingeschenkt, die persönliches Eigentum des Besitzers waren, und herumgereicht. Harry lehnte ab. Arthur tat sich zwei Würfel Zucker in seinen Kaffee.

»Sie sind also mit Mr. Feinman und Mr. Gordon bekannt?« sagte Crockerman, als sie sich mit den Tassen in der Hand zurücklehnten.

Hicks sagte: »Ich kenne sie dem Namen nach und habe Mr. Gordon einmal getroffen, als er BETC leitete.« Er lächelte und nickte Arthur zu, als ob es das erste Mal an diesem Abend wäre.

»Ich bin sicher, daß unsere Leute Sie gefragt haben, was Sie dazu bewogen hat, zur Furnace Creek Inn zu kommen.«

»Es ist ein schlecht behütetes Geheimnis, daß hier etwas Außerordentliches vor sich geht«, sagte Hicks. »Ich bin auf Verdacht vorgegangen.«

Der Präsident zeigte wieder sein schwaches, fast mutloses Lächeln und schüttelte den Kopf.

Hicks fuhr fort: »Ich bin erstaunt, daß ich hierher gebracht wurde — nach der Art, wie man uns zunächst behandelt hat. Und ich bin ehrlich überrascht, Sie,

Mr. President, hier zu finden, obwohl ich es vermutet hatte aufgrund einer Kette von Überlegungen, die ich Ihren Agenten von der Army und dem Geheimdienst schon dargelegt habe. Sagen wir, ich bin überrascht, daß sich meine Mutmaßung bewahrheitet. Was geschieht hier nun *wirklich*?«

»Ich bin mir nicht sicher, ob wir Ihnen das sagen können. Ich bin mir auch nicht sicher, warum ich Sie zum Dinner eingeladen habe, Mr. Hicks; und ohne Zweifel sind die anderen Herren sich noch weniger darüber im klaren als ich. Mr. Gordon? Haben Sie etwas gegen die Anwesenheit eines Schriftstellers, eines Reporters, einzuwenden?«

»Ich bin neugierig und habe nichts dagegen.«

Crockerman sagte: »Weil ich meine, daß wir *alle* ratlos sind. Ich möchte gern die Meinungen von Außenseitern hören.«

Harry blinzelte Arthur griesgrämig an.

Hicks sagte: »Ich tappe im dunkeln, Sir.«

»Was meinen Sie, warum wir hier sind?«

»Ich habe gehört — ganz gleich wie, das werde ich nicht sagen —, daß es hier ein Monstrum gibt. Ich vermute, daß es etwas mit der australischen Entdeckung in der Großen Victoria-Wüste zu tun hat.«

McClennan beschattete die Augen mit einer Hand und schüttelte den Kopf. »Die unverschlüsselte Sendung von Airforce One. So etwas ist schon früher passiert. Die sollten alle erschossen werden.«

Crockerman wischte das mit einer Handbewegung weg. Er holte sich eine Zigarre aus der Tasche und fragte dann durch Blicke, ob jemand anders dieses sein Laster teilte. Alle rund um den Tisch verneinten dies höflich. Er schnitt die Spitze der Zigarre ab und entzündete sie dann mit einem altmodischen silbernen Zippo. »Ich darf annehmen, daß Sie die Erlaubnis haben, Militärbasen und Forschungslaboratorien zu betreten.«

»Ja«, sagte Hicks.

»Sie sind aber kein Bürger der Vereinigten Staaten?«
»Nein, Mr. President.«
»Ist er ein Sicherheitsrisiko, Carl?« fragte Crockerman McClennan.

Der nationale Sicherheitsberater schüttelte mit verkniffenen Lippen den Kopf. »Abgesehen davon, daß er eine fremde Staatsbürgerschaft besitzt, sind seine Akten in Ordnung.«

Lehrman beugte sich vor und sagte: »Mr. President, ich glaube, mit dieser Konversation sollte jetzt Schluß sein. Mr. Hicks hat keine formelle Freigabe, und ...«

»Verdammt Otto, er ist ein intelligenter Mensch. Ich bin an seiner Meinung interessiert.«

McClennan sagte: »Sir, wir können alle Arten von Experten finden und freigeben, mit denen Sie sprechen können. Bei so etwas kommt nichts heraus.«

Crockerman blickte mit zusammengepreßten Lippen langsam zu McClennan auf. »Wieviel Zeit haben wir noch, bis diese Maschine die Erde zu zerstören beginnt?«

McClennan bekam einen roten Kopf und sagte: »Das weiß niemand, Mr. President.«

Hicks richtete sich auf und blickte in die Runde. »Entschuldigen Sie mich«, sagte er, »aber ...«

Crockerman fuhr fort: »Carl, bei einem zeitraubenden formalen Vorgehen kommt doch ohnehin kaum etwas heraus?«

McClennan warf einen flehenden Blick auf Lehrman. Der Verteidigungsminister hob beide Hände und sagte: »Sie sind der Boss, Sir.«

»Das stimmt innerhalb gewisser Grenzen«, bestätigte Crockerman mürrisch. »Ich habe mich dafür entschieden, Mr. Hicks an dieser Konferenz teilnehmen zu lassen.«

Rotterjack sagte: »Mr. Hicks ist, wenn ich das so sagen darf, eine Berühmtheit in den Medien. Er hat keine Forschungsarbeiten geleistet, und seine Qualifikationen hat er nur als Journalist und Autor. Ich bin betroffen, Sir, daß Sie ein solches Privileg einem *Journalisten* zuerkennen wollen.«

Hicks kniff die Augen zu und sagte nichts. Der Präsident gewann sein leichtes, verträumtes Lächeln wieder.

»Sind Sie fertig, David?«

»So ungefähr, Sir. Ich stimme mit Carl und Otto überein. Dies ist höchst irregulär und gefährlich.«

»Ich habe gefragt, ob Sie *fertig* sind.«

»Ja.«

»Dann gestatten Sie, daß ich mich wiederhole. Ich habe beschlossen, Mr. Hicks bei unserer Konferenz hinzuzuziehen. Ich erwarte, daß seine sicherheitsmäßige Überprüfung sofort geklärt werden wird?«

McClennan wich dem Blick des Präsidenten aus. »Ich werde das veranlassen.«

»Fein, Mr. Gordon, Mr. Feinman, an ihren Fähigkeiten habe ich keinen Zweifel. Haben Sie Einwände gegen Mr. Hicks?«

»Nein, Sir«, sagte Arthur.

Harry sagte: »Ich habe nichts gegen Journalisten oder Autoren. So übel der Roman von Mr. Hicks auch geendet haben mag.«

»Fein.« Crockerman grübelte einen Moment lang. Dann nickte er und sagte: »Ich dachte, wir hätten Arthurs Ersuchen um einen Mr. Dupres abgelehnt, nur weil der ein fremder Staatsbürger ist. Ich hoffe, niemand wird jetzt etwas gegen eine kleine Inkonsequenz einzuwenden haben...«

»Wir haben tatsächlich ein Monstrum, Mr. Hicks. Das hat einen außerirdischen Besucher freigesetzt, den wir als ›Gast‹ bezeichnen. Der Gast ist ein lebendiges Wesen, kein Roboter und keine Maschine; und er sagt uns, daß er in einem Raumschiff von seiner Welt zu dieser gereist ist. Aber...« Der Präsident erzählte Hicks den größten Teil der Geschichte, einschließlich seiner Version von der schrecklichen Warnung des Gastes. Wiederum korrigierte ihn niemand.

Hicks lauschte angespannt mit blassem Gesicht. Als Crockerman fertig war, an seiner Zigarre paffte und eine dicke Rauchwolke ausstieß, lehnte Hicks sich vor und stemmte die Ellbogen auf den Tisch. »Ich will verdammt sein«, sagte er leise und beiläufig.

»Das werden wir alle sein, wenn wir nicht entscheiden, was zu tun ist — und das bald«, sagte Crockerman. Alle anderen hielten sich zurück. Dies war die Show des Präsidenten. Nur wenigen, sofern überhaupt welchen, war dabei wohl.

Hicks sagte: »Sie sprechen mit den Australiern. Die wissen natürlich schon davon.«

»Es ist ihnen noch nicht mitgeteilt worden«, sagte Crockerman. »Wir haben uns Sorgen gemacht wegen der Wirkung, die die Nachricht auf unser Volk haben könnte, wenn etwas durchsickert.«

»Natürlich«, sagte Hicks. »Ich ... weiß nicht recht, was für einen Vers ich mir darauf machen soll; aber ich habe wohl in ein echtes Wespennest gestochen, oder nicht?«

Crockerman drückte seine nur halb gerauchte Zigarre aus. »Ich werde morgen früh nach Washington zurückkehren. Mr. Hicks, ich hätte es gern, wenn Sie mit mir kämen. Mr. Gordon, Sie auch. Mr. Feinman, ich verstehe, weshalb Sie uns nicht werden begleiten können. Sie haben einen wichtigen ärztlichen Termin in Los Angeles.«

»Ja, Mr. President.«

»Dann möchte ich, daß Sie nach Ihrer Behandlung — wozu ich Ihnen aufrichtig alles Gute wünsche — eine Gruppe von Wissenschaftlern benennen, die den Gast aufsuchen, weitere Befragungen durchführen — das klingt nicht gut, nicht wahr? Sie sollen weitere Fragen stellen. Dieses Team wird unsere Kontaktgruppe zu den australischen Forschern sein. Carl, ich wünsche, daß Sie mit den Australiern eine Vereinbarung treffen, wonach einer ihrer Forscher nach Vandenberg geflogen wird und an diesen Sitzungen teilnimmt.«

»Werden wir mit den Australiern gemeinsame Sache machen?« fragte Rotterjack.

»Ich halte dies für das einzig vernünftige Vorgehen.«

»Wenn die sich aber weigern, bei unseren Sicherheitsmaßnahmen mitzuspielen?«

»Dieses Hindernis werden wir überwinden, sobald wir darauf stoßen.«

Ein müde aussehender junger Mann in einem grauen Anzug kam in den Speisesaal und ging zu Rotterjack. Er übergab dem wissenschaftlichen Berater ein Blatt Papier und trat zurück. Seine Augen schweiften nervös über den Tisch. Rotterjack las das Papier. Die Falten um seinen Mund und seine Stirn vertieften sich.

Er sagte: »Colonel Phan schickt uns eine Nachricht. Der Gast ist heute abend um achtzehn Uhr gestorben. Phan wird um Mitternacht eine Obduktion vornehmen. Mr. Feinman und Mr. Gordon werden ersucht, daran teilzunehmen.«

Schweigen rings um den Tisch.

»Mr. Gordon, es steht Ihnen frei, so zu handeln. Dann kommen Sie bitte nach Washington, so schnell Sie können«, sagte Crockerman. Er legte seine Serviette neben den Teller, rückte seinen Stuhl vom oberen Ende des Tisches weg und stand auf. In dem gedämpften Licht des Speisesaals wirkte er sehr alt. »Ich ziehe mich heute abend früh zurück. Dies ist ein anstrengender Tag gewesen, und es gibt viel Stoff zum Nachdenken. David, Carl, sorgen Sie bitte dafür, daß Mr. Hicks es bequem hat!«

»Jawohl, Sir«, sagte McClennan.

»Und Carl, vergewissern Sie sich, daß der hier versammelte Stab begreift, wie sehr wir ihrer aller Bemühen und die damit verbundenen Beschwernisse zu schätzen wissen.«

»Ja, Sir.«

PERSPEKTIVE

AAP/UK Net, 8. Oktober 1996; Woomera, Local Church of New Australia:
Reverend Brian Caldecott hat die Extraterrestrier für »offenen Betrug« erklärt. Caldecott, schon lange bekannt für seine feurigen Aufrufe gegen alle Regierungsformen, der seine Jünger wieder in einen »Garten Eden« zurückführen will, von dem er behauptet, daß er sich einstmals nahe Alice Springs befunden habe, ist nach Woomera gekommen in einer Karawane von dreißig weißen Mercedes-Benz, um heute abend eine Zeltversammlung abzuhalten. »Diese ›Aliens‹ sind ein Versuch der Country Party, die Bürger der Welt in die Irre zu führen und die australische Regierung unter Premierminister Stanley Miller zum Zentrum einer Weltregierung zu machen, was ich natürlich beklage.« Caldecotts Kreuzzug hat in der Öffentlichkeit einen Rückschlag erlitten, als man herausfand, daß er mit drei Frauen verheiratet war. Die Church of New Australia hat Bigamie zu einem religiösen Prinzip erklärt und damit prompt einen Wirrwarr in der Gesetzgebung aufgerührt, der noch nicht beigelegt worden ist.

Agnus Dei

16

8. Oktober, 12.15 Uhr

Colonel Tuan Anh Phan stand in einem weißen Anzug mit einem Helm, der ein autarkes Atemgerät enthielt, neben zwei ähnlich ausgerüsteten Assistenten in der Isolierkammer, die einst den Gast beherbergt hatte, und jetzt seinen Leichnam. Harry Feinman kam in seiner Zivilkleidung in den Raum und ging etwas unbeholfen um die anderen herum. Mit vier Personen in der Kammer und der für die Autopsie hergeholten Geräteausstattung gab es nur wenig Spielraum für Bewegungen. Arthur saß im Labor hinter dem Glasfenster und schaute zu.

Der Gast lag rücklings auf dem Zentraltisch, der jetzt ein Meter über den Fußboden angehoben war. Sein langer Kopf war in voller Länge ausgestreckt, wobei sich das ›Kinn‹ parallel zur Tischoberfläche befand. Die vier Gliedmaßen waren nach außen gespreizt und wurden durch elastische Bänder gehalten, um nicht von selbst zurückzurutschen.

Phan wies mit einer gleitenden Bewegung seiner in Plastikhandschuhen steckenden Hand auf die drei Videokameras hinter ihren Schutzscheiben aus Kunststoff. »Anfang um zwölf Uhr siebzehn vormittags am achten Oktober 1966. Ich bin Colonel Tuan Anh Phan und beginne mit der Autopsie eines extraterrestrischen biologischen Wesens, das nahe Death Valley in Kalifornien gefunden wurde. Das Wesen, auch als ›Gast‹ bezeichnet, ist um acht Uhr achtundfünfzig nachmittags am siebten Oktober im Isolationsraum drei des Notbergungslabors Vandenberg gestorben, Shuttle Launch Centre Six, Vandenberg Air Force Base, California.« Er machte eine kurze Pause, dann fuhr er fort:

»Es gibt keine Hinweise auf physische Schäden noch

irgendein deutliches Anzeichen eines internen Traumas.« Phan nahm von einer Platte, die ihm ein Assistent reichte, ein Skalpell. »Ich habe schon äußere Kulturproben von dem Gast gesammelt, als er noch lebte. Ich werde jetzt Proben entnehmen von Stellen entlang den Gliedmaßen und aus seinem Rumpf und Kopf, um zu sehen, ob terrestrische Organsimen sich auf seinen äußeren Geweben vermehrt haben.« Hierfür schabte er mit Hilfe des Skalpells Haut ab und nahm mit Tupfern die Proben auf. Jeder Tupfer kam in ein Reagenzglas, das dann verschlossen wurde. »Wie Sie sehen können, weist der Körper keine Anzeichen von Blässe oder überhaupt irgendeiner Veränderung oder von Verfall auf, weder äußerlich noch innerlich.« Phan hob ein Vorderglied hoch. »Es gibt etwas Widerstand, aber keine Starre. Das einzige sichtbare Zeichen für den Tod ist das Fehlen von Bewegung und keine Reaktion auf Reize.

Es gibt kein Zeichen elektrischer Aktivität im Schädel des Gastes noch sonstwo in seinem Körper. Da eine solche Aktivität vorher existierte, können wir nur annehmen, daß auch dies ein Anzeichen für den Tod ist. Der Gast hat sich zehn Stunden und einunddreißig Minuten lang nicht bewegt. Dr. Feinman, stimmen Sie mit mir überein, daß der Gast tot ist — nach allen Messungen, die wir ausführen können?«

Harry sagte: »Ich bin der gleichen Meinung. Es gibt keine Reflexe. Der Körper des Gastes hat früher eine lebendige Spannung aufgewiesen, wenn er berührt wurde. In seinem gegenwärtigen Zustand ist keine lebendige Spannung zu erkennen.«

»Offensichtlich ist dies mehr eine der Erforschung dienende Sektion als eine eigentliche Autopsie«, fuhr Phan mit müder Stimme fort. »Wir haben schon eine gründliche Untersuchung des Gastes mit äußerlichen Mitteln durchgeführt, einschließlich Röntgenstrahlen, Ultraschall und Kernspintomograph. Wir haben in dem Gast einige Formen lokalisiert, die Organe sein könnten, ein paar kleine Höhlungen, teils mit Flüssigkeit gefüllt und teils offenbar leer. Unter Verwendung dieser Ausdrucke als Karten ...« — er wies mit dem Skalpell auf einige Blätter Papier, die an der Außenseite der Beobachtungsfenster hingen — »werde ich das Innere des Gastes direkter untersuchen.«

»Die Skelettstruktur des Brustkorbs unterscheidet sich wesentlich von der unseren. Der Thorax scheint aus einer Reihe von Stacheln zu bestehen — in dem Sinne, wie wir das Wort beim Stachelschwein gebrauchen –, die durch knorplige flexible Gelenke verbunden sind, die alle den hohlen Innenraum umgeben. Es gibt keine hohlen Lungen und überhaupt nur wenige irgendwie geartete Hohlräume.« Phan führte das Skalpell längs einer ausgeprägten Leiste, die über die ganze Länge der ›Brust‹ verlief, und legte eine saubere graugrüne Fläche frei, die wie Kacheln im Badezimmer schimmerten. Die Hautlappen hatten eine kupfrig blaugrüne Farbe.

»Hier ist das zentrale Brust-›Bein‹ oder der ›Auswuchs‹, den wir schon bei unseren Röntgenaufnahmen entdeckt haben.« Er zog die Haut ab und schnitt leicht in das daranhängende Gewebe ein, bis eine Seite des Brustkorbs frei lag. »Diese Auswüchse bilden zusammen einen flexiblen, aber wirksamen Käfig um die Brustorgane. Wie Sie sehen können, ist der Thorax in der einen Richtung recht steif« — er drückte mit dem Finger gegen den Kopf des Gastes, ohne eine Bewegung zu bewirken —, »aber in einer anderen flexibel.« Er drückte nach unten, und der Brustkorb sank etwas ein. »In dieser Hinsicht besteht zwischen uns und dem Gast eine deutliche Ähnlichkeit bezüglich eines schützenden Käfigs um den Thorax; aber damit endet die Ähnlichkeit.«

Phan nahm eine kleine elektrische Kreissäge und durchtrennte die Auswüchse an der linken Seite des Gastes. Dabei wandte er sich dem Fenster zu. Er fuhr mit der Säge zwanzig Zentimeter oben in Querrichtung, dann weitere fünfzig Zentimeter auf zwei Seiten nach unten und dann unten quer hindurch, so daß er einen leicht klebrigen Teil vom Thorax freilegte. Darunter lag eine perlmuttfarbene Membran.

Arthur saß wie angewurzelt in seinem Stuhl und war ganz auf die Öffnung des Thorax konzentriert. Phan hantierte an Feinman und den Assistenten vorbei rings um den Tisch herum und machte für einen Moment Pause, um einen Blick auf die Ausdrucke zu werfen. Dann nahm er eine Spritze und stieß sie in die perlige Membran, um eine Flüssigkeitsprobe zu gewinnen. Harry schob einen kleinen Behälter für die Sammlung von Biopsieproben ein wenig tiefer durch die Membran und entnahm eine lange, dünne Geweberöhre.

Diese übergab er einem Assistenten, der sie in einen Glaskolben versiegelte und zusammen mit den anderen Proben durch ein Fach aus rostfreiem Stahl nach außen weitergab.

»Die Temperatur beträgt jetzt zwölf Grad Celsius. Wir senken sie jetzt bis auf wenige Grade über Null, um das Wachstum irdischer Bakterien zu verhindern. Die festen und flüssigen Proben werden analysiert werden, und die Autopsie wird zu einem späteren Zeitpunkt fortgeführt. Meine Herren, es ist Zeit für mich zu ruhen. Meine Assistenten werden weitere Messungen machen und Geweproben von den Gliedmaßen entnehmen. Im Laufe des späteren Vormittags werden wir mit dem Kopf anfangen.«

Hicks saß dem Präsidenten am Tisch gegenüber und lächelte der Kellnerin zu, als sie ihm eine Tasse Kaffee eingoß. Sie waren allein in dem Speisesaal. Es war noch früh, knapp nach sieben Uhr morgens. Der Präsident hatte ihn um Mitternacht angerufen und gebeten, zum Frühstück für eine kurze Diskussion anwesend zu sein.

»Was mögen Sie gern, Mr. Hicks?« fragte ihn jetzt der Präsident.

»Toast und Rührei, denke ich«, sagte er. »Können Sie ein Denver-Omelett machen?«

Die Kellnerin nickte.

»Dasselbe für mich«, sagte der Präsident. Als sie ging, schob Crockerman seinen Stuhl ein paar Zentimeter zurück und bückte sich, um aus einem offenen Koffer neben sich Akten hervorzuholen. »Ich werde um neun eine aufgeregte Mutter empfangen und um elf einen Admiral und einen General. Dann fliege ich nach Washington zurück. Ich habe mir die ganze Nacht Notizen gemacht und versucht, meine Gedanken zu ordnen. Ich hoffe, Sie haben nichts dagegen, wenn ich einige davon an Sie loswerden möchte.«

»Keineswegs«, sagte Hicks. »Aber vorher muß ich meine Situation klarstellen. Ich bin hierhergekommen wegen einer Story. All dies — Ihr Ersuchen an mich hier zu bleiben, anstatt mit den anderen rausgeschmissen zu werden — ist ... na ja, höchst ungewöhnlich. Ich muß ehrlich sagen, unter diesen Umständen, ich ...« Er rang nach Worten und schaute Crockerman in seine tiefen braunen Augen. Mit erhobener Hand zeigte er unbestimmt auf die Tür des Speisesaals. »Man traut mir hier nicht, was auch verständlich ist. Ich bin ein Außenseiter.«

Crockerman sagte: »Sie sind ein Mann mit Phantasie und Einsicht. Die anderen haben Erfahrung. Mr. Gordon und Mr. Feinman haben Phantasie und Erfahrung, und Mr. Gordon ist als Leiter von BETC dieser Art von Problemen sehr nahe gekommen. Vielleicht ist er sogar zu dicht dran gewesen, ich weiß nicht. Ich habe mich gefragt, ob wir es mit Extraterrestriern zu tun hätten, wie er uns einreden wollte. Sie haben Distanz und eine frische Perspektive, die ich sehr nützlich finden könnte.«

Hicks fragte: »Was ist meine offizielle Funktion?«

Crockerman sagte: »Natürlich können Sie diese Story jetzt nicht veröffentlichen. Bleiben Sie hier, arbeiten Sie mit uns, bis die Geschichte freigegeben werden kann. Ich habe den Verdacht, daß das bald geschehen wird, obwohl Carl und David entschieden anderer Meinung sind. Falls wir uns an die Öffentlichkeit wenden, haben Sie die Exklusivrechte. Sie bekommen die erste Chance.«

Hicks runzelte die Stirn. »Und unsere Gespräche?«

»Vorerst darf das, was wir einander zu sagen haben, nicht anderswo zur Sprache kommen. Im Lichte der späteren Geschichte, in unseren Memoiren oder was immer...« Crockerman blickte auf die Wände. »Fein!«

Hicks sagte: »Ich hätte gern mehr Details, besonders wenn Mr. Rotterjack und Mr. McClennan oder Mr. Lehrman bei meiner Story mitzureden haben. Aber zur gegenwärtigen Zeit, da stimme ich zu, werde ich nicht darüber berichten, was wir privat miteinander sprechen.«

Crockerman legte die Papiere vor sich auf den Tisch. »Nun, hier sind also meine Erwägungen. Entweder haben wir im vergangenen Jahr zweimal eine Invasion erlebt, oder irgend jemand belügt uns.«

»Die Wahl besteht wohl zwischen Katastrophe und einer quer durch den Weltraum greifende Politik«, sagte Hicks.

Der Präsident nickte zustimmend. »Ich habe einige logische Diagramme entworfen. Venn-Diagramme. Schwache Reste meiner Mathematikstunden am College.« Er lächelte. »Nichts Kompliziertes, nur Skizzen, die mir helfen sollen, die Möglichkeiten auszusortieren. Ich möchte gern Ihre Kritik hören.«

»In Ordnung.« Hicks blickte auf das Blatt Papier vor dem Präsidenten. Kurze Anmerkungen über mögliche Szenarien lagen zwischen Kreisen, die gebündelt, sich überschneidend oder voneinander getrennt waren.

»Falls diese beiden Raumschiffe von ähnlicher Herkunft sind, sehe ich mehrere Möglichkeiten. Erstens — die Australier haben es mit einer Splittergruppe von Extraterrestriern zu tun, als eine Art Dissidentenpartei. Aber unsere Information ist korrekt, und der Hauptzweck des gesamten Unternehmens ist die Vernichtung der Erde. Dann repräsentiert der Gast in der Tat Überlebende von deren letzter Eroberung. Können Sie mir so weit folgen?«

»Ja.«

»Zweitens«, fuhr der Präsident fort, »haben wir es mit zwei getrennten Ereignissen zu un, die durch einen wahrhaft astronomisch geringen Zufall gleichzeitig eintreten. Zwei Gruppen Fremder, die miteinander nicht oder nur oberflächlich bekannt sind. Oder drittens — wir haben es überhaupt nicht mit Aliens zu tun, sondern mit Sendboten.«

Hicks hob eine Augenbraue: »Sendboten?«

»Ich fühle mich nicht sehr wohl angesichts der ungeheuren Weite des Universums!« Crockerman sagte zehn oder fünfzehn Sekunden lang nichts und starrte auf den Tisch. Sein Gesicht war passiv, aber die Augen sprangen zwischen der Kerze und seiner Tasse Kaffee hin und her. »Ich nehme an, Ihnen geht es auch so.«

Hicks sagte: »Ich bin nur ein Mensch. Auch ich habe meine Grenzen. Ich akzeptiere die Weite, ohne sie recht zu verstehen oder zu empfinden.«

»Dann fühle ich mich schon besser. Ich benehme mich also doch nicht allzu schlecht, nicht wahr?« fragte Crockerman.

»Nein, Sir.«

»Ich frage mich, ob wir bei der Kartierung unseres Weltalls aus wissenschaftlicher Sicht nicht etwas verloren haben ... ein Gefühl für ...« — er machte wieder eine Pause und suchte nach Worten — »Überschreitungen. Wenn wir uns Gott als eine überlegene Intelligenz vorstellen — nicht menschlich — die einen gewissen Gehorsam fordert ... Können Sie mir folgen?«

Hicks nickte knapp.

»Vielleicht genügen wir dieser überlegenen Intelligenz nicht mehr. Sie, oder richtiger Es, schickt Seine Boten aus. Seine Engel, wenn Sie so wollen, um die Art von Schwert zu schwingen, die wir verstehen. Das Ende der Erde.« Crockerman blickte zu Hicks auf.

Die Kellnerin brachte ihnen ihr Frühstück und fragte, ob sie mehr Kaffee möchten. Crockerman dankte, aber Hicks ließ sich nachschenken. Als sie weg war, stocherte Hicks mit einer Gabel in seinem Omelett herum. Er hatte keinen großen Hunger. Sein Magen streikte. Er sah eine Panik kommen.

»Bei religiösen Deutungen ist mir nie so recht wohl gewesen«, sagte er.

»Müssen wir dies als eine religiöse Interpretation verstehen? Könnte es nicht ebenso leicht eine Alternative sein gegenüber Theorien von einander bekämpfenden Aliens oder zerstrittenen Invasoren?«

»Ich bin mir nicht sicher, was Ihre Theorie ist.«

»Der schreibende Finger an der Wand.«

»Ah! ›Mene, mene, tekel upharsin‹ oder was immer.«

»Genau. Wir sitzen in der Klemme. Besudelt, übermäßig bewaffnet. Das zwanzigste Jahrhundert ist ein schlimmes Durcheinander gewesen. Das blutigste Jahrhundert in der Geschichte der Menschheit. Mehr nutzlose Tote als irgendwann sonst.«

»Dagegen kann ich nichts einwenden«, sagte Hicks.

»Und jetzt bewegen wir uns nach draußen. Vielleicht haben wir nur so lange gelitten, wie wir auf der Erde geblieben sind. Jetzt ...«

»Das ist eine alte Idee«, unterbrach Hicks. Sein Unbehagen wandelte sich allmählich in Gereiztheit.

»Soll das heißen, es stimmt nicht?«

»Ich glaube, es gibt bessere Ideen«, sagte Hicks.

»Ach«, sagte Crockerman. Sein Frühstück war noch unberührt. »Aber keine davon überzeugt *mich*. Ich bin der einzige Richter, auf den ich mich in dieser Situation wirklich verlassen kann, oder nicht?«

»Nein, Sir. Es gibt Experten ...«

»In meiner politischen Laufbahn habe ich oft den Rat von Experten ausgeschlagen, und ich habe mich durchgesetzt. Das hat mich anders gemacht als andere, durchschnittlichere Anwärter auf ein hohes Amt. Freilich hat ein solches Spiel seine Risiken, das kann ich Ihnen versichern.«

»Ich komme wieder nicht mit. Was für ein Spiel?«

»Das Ignorieren von Experten.« Der Präsident beugte sich vor und streckte seine Hände mit geballten Fäusten über den Tisch. Seine Augen waren feucht. Seine Miene zuckte gequält. »Ich habe den Gast eines gefragt und eine bedeutsame Antwort erhalten, wichtiger als auf alle anderen Fragen von uns ... Ich habe ihn gefragt: ›Glauben Sie an Gott?‹ und er antwortete: ›Ich glaube an Strafe.‹«

Crockerman lehnte sich zurück, blickte auf seine Fäuste und entspannte sie dann. Er rieb sich die Handflächen, in die sich die Fingernägel tief eingegraben hatten. »Das muß bedeutungsvoll sein. Vielleicht stammt der Gast von einer anderen Welt, in der Vergehen oft streng geahndet worden sind. Das Ding da draußen in dem ›Furnace‹, ausgerechnet im Death Valley ... Wir haben gehört, daß es die Erde in Schlacke verwandeln wird. Totale Zerstörung. Man hat uns gesagt, daß wir das Ding nicht vernichten können. Ich glaube, daß wir das tatsächlich nicht können.«

Hicks wollte gerade etwas sagen, aber Crockerman fuhr mit leiser Stimme fort.

»Gott, eine höhere Intelligenz, formt uns alle, befindet uns für mangelhaft und schickt unser Material zurück in die Schmiede zwecks Neugestaltung. Jenes Ding da draußen. Der Schmelzofen. Das ist die Schmiede Gottes. Damit haben wir es zu tun — wahrscheinlich.«

»Und das australische Artefakt, die Roboter, die Botschaften?«

»Ich weiß es nicht«, sagte Crockerman. »Es würde sicher verrückt klingen zu behaupten, daß die Australier mit einem Gegner zusammenarbeiten ... Aber vielleicht doch.«

»Einem Gegner, einer Art Teufel?«

»Etwas, das dem Schöpfer entgegengesetzt ist. Eine Macht, die hofft, daß man uns gestatten wird, unsere Übertretungen fortzusetzen, um die ganze Schöpfung aus dem Gleichgewicht zu bringen.«

»Ich glaube, es gibt da bessere Erklärungen, Mr. President«, sagte Hicks ruhig.

Crockerman bat ihn: »Dann sagen Sie mir, was für welche.«

»Ich bin nicht qualifiziert«, sagte Hicks. »Ich weiß fast nichts von dem, was geschehen ist. Nur das, was Sie mir erzählt haben.«

»Wie können Sie dann meine Theorie kritisieren?«

Die Art, wie Crockerman sprach, wie ein Kind, das sich der Worte Erwachsener bedient, ließ Hicks bis ins Gebein frösteln. 1959 hatte in London einmal eine Freundin in ähnlichem Ton zu ihm gesprochen. Sie war einen Monat danach von eigener Hand gestorben.

»Es ist nicht realistisch«, sagte er.

»Ist denn überhaupt etwas in dieser Situation realistisch?« fragte Crockerman. Bisher hatte jeder eigentlich nur sein Essen auf dem Teller herumgeschoben.

Hicks nahm einen Happen. Das Omelett war kalt. Er aß es trotzdem, und Crockerman begann, seines zu essen. Keiner von ihnen sprach wieder, bis die Teller leer waren, wie in einem Wettstreit des Schweigens. Die Kellnerin räumte die Teller ab und goß Hicks mehr Kaffee ein.

»Ich entschuldige mich«, sagte der Präsident, wischte sich den Mund mit der Serviette und legte sie zusammengefaltet auf den Tisch. »Ich bin grob zu Ihnen gewesen. Das ist unverzeihlich.«

Hicks murmelte etwas über den Stress, dem sie alle ausgesetzt waren, und daß das durchaus verständlich wäre.

Crockerman sagte: »Sie haben mir jedenfalls eine gewisse Aussicht eröffnet. Wenn ich Ihre Reaktion beobachte, kann ich sehen, wie andere reagieren würden. Das ist eine sehr schwierige Zeit, in mehr als einer Hinsicht. Ich mußte meinen Plan für den Wahlfeldzug unterbrechen. In weniger als einem Monat finden die Wahlen statt. Es kommt sehr auf den richtigen Augenblick an. Ich halte es nicht für nötig, meine Phrasen zu glätten...«

»Sir, es geht nicht um die Phrasen, sondern um die Perspektive«, sagte Hicks mit erhobener Stimme. »Wenn Sie diese Theorien einer kosmischen Vergeltung weiter verfolgen, kann ich mir den Schaden, den Sie anrichten könnten, kaum ausmalen.«

»Ja. Das sehe ich.«

Wirklich? fragte sich Hicks. Und dann, als er die mißtrauische Miene Crockermans, der die Augen halb geschlossen hatte, bewertete: *Ja, vielleicht siehst du es wirklich... Aber das wird dir nicht Einhalt gebieten.*

17

9. Oktober

Arthur entfaltete seine Zeitung, als der Lear-Jet über die Startbahn rollte. Auf einem entfernten Vorfeld ordneten sich B-1-Bomber in eine Reihe. Ihre schlanken graugrünen Gestalten wurden durch frühen Morgendunst verschleiert. Arthur brauchte ein paar Sekunden, um sich auf die Schlagzeilen zu konzentrieren. Seine Gedanken weilten noch bei Harry Feinman und der Autopsie.

Der Gast hatte keine differenzierte innere Organstruktur. Der Brustkorb war bis auf einige gelegentliche Hohlräume voll gepackt mit einem zusammenhängenden muschelroten Gewebe, das am ehesten wie ein Gehirn aussah. Der Kopf bestand aus der lexanartigen Knochensubstanz, die in großen festen Massen angeordnet war, ohne ein erkennbares Zentralnervensystem. Kleine Knoten in der Größe von Kleinkaliberkugeln unterbrachen die Kontinuität des Knochens. Sie schienen aus einer Art Metall zu bestehen, vielleicht Silber.

Harry würde in Kürze seinerseits in Los Angeles untersucht und durchgeprüft werden.

Das Flugzeug war mit dem Rollen fertig und begann längs der Startbahn Tempo aufzunehmen. Das Kreischen seiner Gasstrahlen drang durch die isolierten Wände.

Arthur widmete der Zeitung seine Aufmerksamkeit. Die Schlagzeile auf der Titelseite lautete:

Präsident besucht heimlich Death Valley

Details unbekannt:
Könnte mit australischen Aliens zusammenhängen

Die gleiche unverschlüsselte Sendung, die Trevor Hicks nach Furnace Creek geführt hatte, hatte nur einige Stunden später andere Reporter zu ähnlichen Schlußfolgerungen veranlaßt. Hicks hatte einen Haupttreffer erzielt. Die anderen mußten sich mit Aussagen der Einwohner von Shoshone begnügen und einem Telephonruf nach Furnace Creek, der bis in das Zimmer einer Hotelbediensteten durchgekommen war, die nur Spanisch sprach. Bernice Morgan war nicht interviewt worden. *Vielleicht hat Crockerman sie herumgekriegt*, dachte Arthur und las die Story mehrere Male genau durch, um zu sehen, ob er irgendwelche aufschlußreichen Details übersehen hätte.

General Paul Fulton, Oberbefehlshaber der West Coast Shuttle Operations, flog mit Arthur zusammen. Sobald sie in der Luft waren und eine Höhe von 28000 Fuß erreicht hatten, kam er nach vorn.

»Ach, die gute alte freie Presse«, bemerkte er und

setzte sich in den Nebensitz. »Entschuldigen Sie, Mr. Gordon, wir hatten noch keine Zeit zu einem ruhigen Gespräch miteinander gehabt.«

»Sie fliegen zurück, um auszusagen?«

»Vor einigen besonders wichtigen Kongreßleuten, vor den Senatoren des Komitees für Weltraumaktivitäten — Gott allein weiß, was Proxmire daraus machen wird. Wie er an erster Stelle in dieses Komitee kommen konnte, vermag ich nicht zu fassen. Der Mann ist politisch unsterblich.«

Arthur nickte. Er hatte ein matschiges Gefühl im Kopf. Er hatte gehofft, während des ganzen Fluges durchschlafen zu können, aber Fulton schien etwas vorzuhaben.

»Viele von uns sind beunruhigt darüber, daß Crockerman auf Trevor Hicks verfallen ist. Er ist ein Science Fiction-Autor ...«

»Erst neuerdings«, sagte Arthur. »Er ist wirklich ein anständiger wissenschaftlicher Schriftsteller.«

»Ja, und wir verurteilen auch nicht wirklich die Wahl von Hicks, aber wir wundern uns darüber, daß der Präsident über die ... ursprüngliche Gruppe hinausgehen mußte. Sein Stab und seine Berater und das Kabinett. Die offiziellen Experten.«

»Er wollte eine zweite Meinung hören. Das hat er mehrfach erwähnt.«

Fulton zuckte die Achseln. »Der Gast hat ihm einen Schock verursacht.«

»Mich hat er auch erschüttert«, sagte Arthur.

Fulton ließ das Thema abrupt fallen. »Wenn wir in Washington ankommen, werden da zwei unserer australischen Gegenspieler anwesend sein. Frisch aus Melbourne eingeflogen. Ich habe den Verdacht, daß sie dort nur als Ersatzteile fungiert haben. Der wirklich wichtige Mann — Quentin Bent — bleibt da. Kennen Sie ihn?«

»Nein«, sagte Arthur. »Es besteht eine Art Lücke zwischen der nördlichen und der südlichen Hemisphäre hinsichtlich der Wissenschaft und besonders auf astronomischem Gebiet. Bent ist kein Astronom. Ich glaube, er ist Soziologe.«

Fulton machte ein zweifelndes Gesicht. »Ihr Kollege Dr. Feinman ... wird der durchhalten?«

»Ich denke schon.« Arthur merkte, daß er einen Widerwillen gegen General Fulton zu entwickeln begann, und fragte sich, wie vernünftig das war. Der Mann wollte doch nur Information gewinnen.

»Woran leidet er?«

»Chronische Leukämie.«

»Im Endstadium?«

»Seine Ärzte halten sie für heilbar.«

Fulton nickte. »Ich frage mich, ob das nicht auch eine gute Diagnose für die Erde wäre.«

Arthur konnte ihm nicht ganz folgen.

»Krebs«, erläuterte Fulton. »Kosmischer Krebs.«

Arthur nickte nachdenklich und schaute aus dem Fenster. Er dachte daran, wann er Zeit finden würde, Francine anzurufen, mit Marty zu sprechen, wieder Kontakt mit der realen Welt zu bekommen.

18

Lieutenant Colonel Albert Rogers nahm die Funkmeldung in die Hand und kletterte aus der hinteren Tür des Nachrichtenanhängers die Wellblechstufen hinunter auf den knirschenden weißen Sand. Er wollte sich keine ernsthaften Gedanken über die Realität seines Befehls machen; auf einem so esoterischen Niveau zu grübeln, würde ihm in keiner Weise gut bekommen. Der Gast war tot, und Arthur Gordon hatte sein Team angewiesen, das Innere des ›Furnace‹ zu untersuchen. Rogers wollte diesen Auftrag unbedingt persönlich ausführen. Er hatte schon Pläne für ein solches Unternehmen gemacht. Er hatte unvollständige Diagramme vom Innern des Monsters in ein kleines Notizbuch gezeichnet — kaum mehr als Vermutungen, die auf Länge, Höhe und Breite, sowie dem Winkel und der Länge der Röhre beruhten, die durch den massiven Fels lief. Darin hochzuklettern, würde kein Problem bedeuten. Selbst wenn der Gang senkrecht nach oben abbiegen würde, könnte er ihn wie ein Alpinist beim Kaminklettern nehmen, indem er den Rücken gegen die eine Seite preßte, die Beine anzog und die Füße gegen die andere Seite drückte und sich so allmählich hocharbeitete. Er würde einen miniaturisierten digitalen Videorekorder, kleiner als eine Handfläche, und eine fingergroße Videokamera am Helm tragen. Eine Hasselblad für detailreiche Bilder und eine leichtere automatische Leica mit 35-mm-Film vervollständigten seine Ausrüstung. Er glaubte, die Untersuchung würde kaum mehr als einen Tag beanspruchen. Natürlich bestand die Möglichkeit, daß das Monster wie eine Honigwabe voller Innenräume war. Aber das bezweifelte er irgendwie.

Während ein Sergeant und ein Corporal alles herbeibrachten, was er vom Nachschub-Lastwagen brauchte, entwarf er einen Aktionsplan und erörterte mit seinem Stellvertreter, Major Peter Keller, Maßnahmen für den Notfall. Dann rüstete Rogers sich mit dem Brustpaket und schweren Kletterstiefeln, hängte sich drei Seillängen, sauber zusammengerollt, an den Gürtel, und ging um die Südseite des ›Monsters‹ herum.

Er sah auf seine Uhr und stellte die Stoppuhr. Es war sechs Uhr vormittags. Die Wüste war noch von grauem Frühnebel verhangen. Hohe Cirruswolken zogen sich in dünner Schicht von Horizont zu Horizont. Die Wüste roch nach klarer, kühler Luft mit einer Spur von trockenen Kreosotbüschen.

»Helfen Sie mir hoch!« ersuchte Rogers seinen Stellvertreter. Der Major bildete mit den gefalteten Händen einen Steigbügel, und Rogers trat mit dem linken Fuß hinein. Mit einem »Hauruck!« hob Keller ihn in den Tunnel. Rogers lag einen Moment lang in dem gewinkelten Schacht auf dem Rücken und starrte auf die erste Biegung, die ungefähr zwölf Meter tief im Felsen begann. »Okay«, sagte er und drückte den Startknopf seiner Uhr. »Auf geht's!«

Sie hatten sich dagegen entschieden, eine Telephonleitung abzuspulen und direkt mit ihm zu sprechen, während er emporstieg. Der Videorekorder war mit einem kleinen ansteckbaren Mikrophon ausgerüstet, in das er mündliche Beobachtungen sprechen würde. Die Videokamera würde eine adäquate Aufzeichnung von allem machen, was er von Moment zu Moment sah. Falls sich Zeit und Gelegenheit bieten sollten, würde er mit den anderen Kameras Bilder aufnehmen.

»Viel Glück, Sir!« rief Keller, als er unter flachem Winkel in den Tunnel zu klettern anfing.

»Zur Hölle damit!« grunzte Rogers leise vor sich hin. Die ersten zehn Meter waren leicht; er konnte mit Rumpfwindungen vorwärts kriechen. An der Biegung machte er eine Pause, um in die Dunkelheit hinauf zu leuchten. Der Tunnel führte nach den schrägen ersten zehn Metern direkt nach oben. Er vermerkte das laut für das Protokoll und blickte dann über seinen Bauch und die Beine nach unten zurück auf das wie eine Kamee wirkende Gesicht Kellers. Keller machte mit zusammengebogenem Daumen und Zeigefinger ein Okay-Zeichen. Rogers blinkte zweimal mit seiner Handlampe.

»Ich begebe mich in den Bauch eines fremden Raumschiffs«, sagte er sich im stillen und schnitt eine wilde Grimasse, um seine Kiefer- und Gesichtsmuskeln zu entspannen. »Ich krieche in etwas Unbekanntes empor. Das ist es. Nur keine Angst!« Die hatte er auch nicht. Eine Art energiegeladener Ruhe, fast eine Hochstimmung, überkam ihn.

Er dachte an seine Frau und seine vier Jahre alte Tochter, die in Barstow lebten. Mannigfache Szenen bauten sich dahinter auf. Ein toter Heldenvater und Vergünstigungen auf Lebenszeit. An sich war er sich über diese Vergünstigungen nicht im klaren. Er sollte es aber wohl sein. Er gelobte sich, das alsbald nachzuprüfen, wenn er wieder draußen wäre. Noch besser war der Gedanke an einen lebendigen Heldenvater, Pensionierung mit zwanzig Dienstjahren und Eintritt ins Geschäftsleben, vielleicht als Berater für Verteidigungsabkommen, obwohl er bisher nie an so etwas gedacht hatte. Der erste Mensch in einem fremden Raumschiff. Immobilien lag noch näher. Allerdings nicht in Barslow. Vielleicht San Diego, obwohl es dort noch hilfreicher wäre, der Marine oder der Luftwaffe angehört zu haben.

Er fing an hochzuklettern. Die Gummisohlen seiner Stiefel packten den Fels, und seine Hände stemmten sich gegen die gegenüberliegende Wand. Immer nur ein Fuß auf einmal. Das Raumschiff nicht beschädigen, nicht einmal durch eine Schramme. Er hievte sich grunzend hoch und stemmte dann wieder Stiefel und Hände gegen den Fels. Glatte Oberfläche, nicht wie Lava. Ohne Merkmale, grau und amorph. Astronauten hatte man in Geologie ausgebildet, als sie auf dem Mond landeten. Einen Colonel des Heeres brauchte man nicht so zu schulen. Außerdem war dies kein natürlicher Ort. Wozu hätte da Geologie genützt?

Immerhin war es nicht rutschig.

Nachdem er fünf Meter geklettert war, machte er eine Pause und leuchtete nach vorn. Über ihm befand sich eine zweite Biegung, über die hinaus sie mit den an einer Stange montierten Kameras nicht sondiert hatten. Wirklich unbekannt. Rogers rief sich die paar Science Fiction-Filme in Erinnerung, die er gesehen hatte. Er hatte nie besonders dafür geschwärmt. Die meisten seiner Kumpels hatten an *Alien* Spaß gehabt, als sie es gleich nach der Grundausbildung auf Video gesehen hatten. Er versuchte, diesen Film zu vergessen.

Der Gast war tot. Wie, wenn das die anderen wütend gemacht hätte? Wie, wenn sie irgendwie Bescheid wußten und drinnen auf ihn warteten?

Er war noch ruhig und ziemlich guten Mutes. Die Augen weit offen, die Pupillen in der Dunkelheit geweitet, das Gesicht feucht von Schweiß. Hinauf, hinauf, und dann über die Kante der Biegung. Er ruhte sich in dem fast horizontalen Tunnel hinter der Biegung aus und ließ sein Licht in undurchdringliche Finsternis fallen. Er zückte sein Notizbuch und vermerkte rasch Winkel und Distanzen. Er befand sich ungefähr fünf bis acht Meter von der Außenfläche entfernt. Er leuchtete auf einen Zettel mit der Karte des Inneren und trug den gekrümmten Tunnel ein. Sein Weg glich einem gebogenen Montiereisen für Autoreifen. Er verlief geneigt zehn Meter nach innen, dann etwa sechs Meter direkt nach oben und jetzt horizontal ins Innere.

Stille. Keine Geräusche von Maschinen, keine Stimmen, kein Luftzug. Nur sein eigener Atem. Nachdem er sich ein paar Minuten ausgeruht hatte, kroch Rogers weiter. Die Lampe hatte er sich an ein Handgelenk geschnallt, so daß sie bei jeder Bewegung den Tunnel überstrich.

Dreißig Meter weiter vorn öffnete sich der Tunnel zu einem größeren Raum. Er zögerte nicht. Eifrig darauf bedacht, aus der Enge herauszukommen, kroch Rogers vorwärts, ergriff den Rand des Tunnels mit beiden Händen, steckte den Kopf hinaus und leuchtete die Umgebung ab.

»Ich befinde mich in einer zylindrischen Kammer«, sagte er laut. »Ungefähr zehn Meter lang und sechs Meter im Durchmesser. Ich befinde mich wahrscheinlich in der Mitte des Hügels« — er zog seine Skizze zu Rate — »vielleicht achtzehn oder vierundzwanzig Meter unter dem Gipfel des Hügels. Die Wände sind blank, wie

Email oder Kunststoff oder Glas. Dunkelgrau mit einem Stich ins Blaue. Die Tunnelöffnung befindet sich nahe der Rückseite des Zylinders; und an der Vorderseite ...« — er befragte die Karte — »nach Nordwest gerichtet, gibt es einen zweiten, noch größeren Raum. Kein Anzeichen von Wohnräumen oder Bewohnern. Keine Aktivität.«

Er stand in dem Zylinder auf und prüfte den Boden mit den Stiefeln. Die Reibung genügte, um leicht voranzukommen. »Ich gehe weiter.«

Rogers ging bis zum Rande des Zylinders und leuchtete dabei stets nach vorn. Dann öffnete er sein Brustpaket und entnahm ihm zwei extrahelle Handscheinwerfer. Er hielt sie in Abstand von den Augen und schaltete sie beide ein.

Mit weit offenem Munde blickte Rogers in eine Höhle, die mindestens dreißig Meter lang und vierundzwanzig Meter hoch war. Die zylindrische Kammer lag gerade in der Mitte des einen Endes, so daß er sich ungefähr sechs Meter über dem Boden befand. Er sagte: »Sie ist voll von blanken Facetten, wie ein Edelstein. Eher wie Glas. Nicht Spiegel, sondern blank. Eigentlich auch keine Facetten, aber Strukturen — Balken, Stützen, Streben. Es ist hier drin wie in einer Kathedrale, aber alles besteht aus blaugrauem Glas.« Er machte einige Dutzend Aufnahmen mit der Hasselblad. Dann ließ er die Kamera sinken und schaute bloß noch, bestrebt, es sich im Gedächtnis einzuprägen und in dem, was er sah, einen Sinn zu entdecken.

Vom Ende des Zylinders bis zu der üppig schimmernden Fläche darunter ging es mindestens zehn Meter weit nach unten. Kein Gedanke herunterzukommen; es gab nichts, um das Seil festzumachen, und er würde nicht einmal versuchen, einen Haken einzuschlagen.

Er sagte: »Ich kann nicht weitergehen. Es bewegt sich nichts. Keine Stelle, die ich als Wohnraum bezeichnen könnte. Auch keine Maschinerie zu sehen. Und keine

Lichter. Ich werde die Scheinwerfer ausschalten und sehen, ob irgend etwas nachleuchtet.« Er tauchte in völlige Finsternis. Für einen Moment zog sich seine Kehle zusammen, und er hustete. Das Geräusch brach sich in einem Geschnatter von Echos.

»Ich sehe überhaupt nichts«, sagte er nach einigen Minuten in der Dunkelheit. »Ich werde die Lampen wieder anstellen, um noch mehr Aufnahmen zu machen.« Er griff nach den Schaltern, hielt inne und blinzelte. Direkt voraus brannte matt und gleichmäßig ein winziges rotes Licht, nicht mehr als ein Stern in der weiten Dunkelheit.

»Abwarten! Ich weiß nicht, ob das Video das aufnehmen kann. Es ist sehr schwach. Nur ein einzelnes rotes Licht, wie ein Nadelstich.«

Er beobachtete den Schimmer einige weitere Minuten lang. Alle Bewegungen, die er zu machen schien, waren leicht als optische Täuschung zu erklären. Das Licht änderte weder seine Lage noch seine Helligkeit. »Ich glaube nicht, daß das Schiff tot ist. Es wartet nur.« Dann schüttelte er den Kopf. »Aber vielleicht urteile ich vorschnell, nur wegen eines einzigen kleinen roten Lichts.« Er schaltete die Lampe auf seinem Handgelenk ein, brachte auf der Hasselblad ein Teleobjektiv an und stellte die Kamera auf lange Belichtungszeit ein. Dann stellte er sie auf die Kante des Zylinders, mit Richtung auf das rote Licht. Durch Fernbetätigung öffnete er den Verschluß. Nach vollendeter Aufnahme stellte er eine noch längere Belichtungszeit ein und machte noch eine. Dann schaltete er die Scheinwerfer wieder ein und setzte sich hin, um sein Gedächtnis mit so vielen Erinnerungen zu füllen, wie er nur konnte. »Alles ist ruhig«, sagte er.

Nach fünfzehn Minuten stand er wieder auf und wischte sich instinktiv die Hosen ab. »All right. Ich mache mich auf den Rückweg.«

Zu seiner enormen Erleichterung kam ihm dabei nichts in die Quere.

10. Oktober

Edward Shaw erfuhr zwei Tage später von dem Tod des Gastes, als sie alle einen Besuch von Colonel Phan erhielten. Nach einer Wartezeit von zehn Minuten, in der Edward sich rasch anzog, wurden die Vorhänge weggezogen, und alle vier befanden sich vor dem kleinen, muskulösen braunen Mann, der in seiner pieksauberen blauen Uniform im Zentrallabor stand.

»Wie lange haben wir bekommen, Doc?« fragte Minelli. Er war immer frecher geworden, weniger im voraus einzuschätzen, je mehr Tage verstrichen. Er hatte oft vom Präsidenten gesprochen und darüber, daß sie bald aus dieser ›Klemme‹ herauskommen würden. Seine Sprechweise ähnelte immer mehr einer komischen Imitation von James Cagney. Minelli hatte auf autoritäre Gewalt nie gut reagiert. Edward hatte von einer Zeit gehört, Jahre bevor Minelli nach Austin kam, wo der wegen eines geringfügigen Drogendeliktes eingesperrt worden war und sich sein Gesicht an einer Gefängnistür blutig geschlagen hatte. Edward machte sich um ihn Sorge.

»Sie sind alle gesund, ohne Anzeichen von Kontamination oder Krankheit«, sagte Phan. »Ich habe keine weiteren Tests mit Ihnen vor. Sie haben wohl von meinem Dienstoffizier gehört, daß der Gast tot ist. Ich habe den ersten Teil der Autopsie abgeschlossen und keinerlei mikrobiologischen Symptome irgendwo in seinem Organismus gefunden. Er scheint eine völlig sterile Kreatur gewesen zu sein. Das ist für Sie eine gute Nachricht.«

»Keine Wanzen, gnä' Frau«, sagte Minelli. Edward blinzelte.

»Ich habe empfohlen, daß Sie entlassen werden«, sagte Phan und schaute jeden der Reihe nach an. »Obwohl ich nicht weiß, wann wir das tun werden. Wie der Präsident sagte, gibt es da noch Sicherheitsprobleme.«

Edward erblickte Stella Morgan in ihrem Fenster und lächelte ihr zu. Sie erwiderte das Lächeln nicht. Vielleicht irrte er sich, und sie sah ihn nicht; vielleicht war sie so niedergeschlagen wie Reslaw, der jetzt nur noch selten etwas sagte.

Die Kombination freien Kontaktes durch die Gegensprechanlage und getrennter Unterbringung schien die Kameradschaft zu untergraben, die Edward für die Insassen eines Gefängnisses als typisch ansah. Sie wurden nicht mißhandelt. Es gab nichts wirklich Konkretes, gegen das sie ankämpfen müßten. Ihr Gewahrsam war, zumindest bis jetzt, nicht sinnlos gewesen. Folglich ›rückten sie nicht zusammen‹, wie Edward es eigentlich erwartet hatte. Außerdem hatten sie alle nie zuvor eine längere Freiheitsberaubung erlebt. Vielleicht waren seine Erwartungen bloß naiv.

»Wir bereiten Dokumente vor, die Sie unterschreiben werden, worin Sie versprechen, nicht über diese letzten Tage zu sprechen ...«

»Ich werde nichts dieser Art unterschreiben«, sagte Minelli. »Wenn ich das unterschreibe, gibt es keine Bestseller, keine Agenten, kein Hollywood.«

»Bitte!« sagte Phan geduldig.

»Was ist mit Australien?« fragte Edward. »Sprechen Sie mit denen?«

Phan sagte: »Heute beginnen Konferenzen in Washington.«

»Warum die Verzögerung? Warum haben nicht alle schon vor Wochen mit den Gesprächen begonnen?«

Phan gab keine Antwort. Dann sagte er: »Ich persönlich hoffe, daß alles bald veröffentlicht werden wird.«

Edward bemühte sich, einen aufkommenden Ärger zu unterdrücken. »Warum können wir nicht zusammenkommen? Lassen Sie uns hier heraus und bringen Sie uns in ein BOQ oder dergleichen!«

»Barbecue?« knurrte Minelli.

»Bachelor Officers' Quarters*«, erklärte Edward mit zitternder Unterlippe. Er begann zu weinen. Diese Reaktion brachte er sofort unter Kontrolle und setzte eine Miene unwilliger Sachlichkeit auf. »Wirklich. Dies ist eine Hölle. Wir kommen uns vor wie im Kittchen.«

»Noch schlimmer. Wir können uns keine Schleudern oder Messer anfertigen«, sagte Minelli. »Arsch der Welt!«

Phan sah Minelli mit einer Mischung aus Gereiztheit und Bedauern an. »Das ist alles, was ich Ihnen jetzt zu sagen habe. Bitte, machen Sie sich keine Sorgen! Ich bin sicher, daß Sie entschädigt werden. Inzwischen haben wir neue Infodiscs.«

»Großartig«, sagte Minelli. Als Phan sich umdrehte, brüllte er: »Warten Sie! Ich fühle mich nicht wohl. Wirklich. Irgend etwas stimmt nicht.«

»Was ist es denn?« fragte Phan und machte einem Aufseher hinter ihm ein Zeichen.

»In meinem Kopf. Sag es ihnen, Reslaw!«

»Minelli ist neuerdings gestört«, sagte Reslaw langsam. »Auch ich fühle mich nicht besonders wohl. Er hört sich nicht gut an. Mit ihm ist es anders.«

»Ich bin anders«, bestätigte Minelli. Dann fing er an zu weinen. »Verdammt, bringen Sie uns wieder dahin zurück, wo die Steine sind! Lassen Sie uns in unseren Wagen steigen! Ich werde alles unterschreiben. Wirklich. Bitte!«

Phan schaute sie alle an, wandte sich dann um und ging abrupt hinaus. Die Vorhänge summten wieder an Ort und Stelle. Edwards Schublade ging auf, und er entnahm ihr eine Zeitung und das neue Päckchen Infodiscs. Gierig las er die Schlagzeile von gestern früh.

»O Gott«, murmelte er. »Sie wissen Bescheid über den Präsidenten, Stella!« Er tippte ihre Nummer auf der

---

* Wohnheim für unverheiratete Offiziere — *Anm. d. Übers.*

Sprechanlage. »Stella, sie wissen, daß der Präsident nach hier herausgekommen ist.«

»Das lese ich gerade«, sagte sie.

»Glaubst du, daß deine Mutter durchgekommen ist?«

»Ich weiß es wirklich nicht.«

»Wir können hoffen«, sagte Edward.

Minelli weinte immer noch.

20

Hicks lag gegen ein Kissen gestützt im Lincoln-Schlafzimmer. Ein fußhoher Stapel von Berichten lag auf dem runden Nachttisch neben ihm, und eine kleine Lampe in einer Glaskugel verbreitete ein sanftes Licht über die Meldungen. Die Pendule aus der späten Empirezeit auf dem marmornen Kaminsims tickte leise und gleichmäßig. Der große Raum mit hoher Decke wirkte auf anheimelnde Art verzaubert — verzaubert durch Geschichte und Beziehungen. Dies war ursprünglich das Arbeitszimmer von Abraham Lincoln gewesen. Hier hatte er die Proklamation der Sklavenbefreiung unterzeichnet.

Hicks schüttelte den Kopf und sagte: »Ich bin verrückt. Ich bin gar nicht hier. Ich bilde mir all dies bloß ein.« Für einen Moment hoffte er verzweifelt, daß das wahr sein könnte, daß er in seinem Hotelzimmer im Intercontinental träumte, und daß er bald sechs Minuten lang oder kürzer für seinen Roman in einer weiteren Radio-Show Reklame machen würde, ehe ein anderer jüngerer Ansager...

Andererseits — was war denn so unangenehm, wenn man ins Weiße Haus in Washington, D.C., gebracht wurde, vom Präsidenten der Vereinigten Staaten persönlich ausgewählt, um ihn bei dem größten Ereignis in der Geschichte der Menschheit zu beraten? »Der Mann hört nicht zu«, murmelte er.

Hicks ergriff die oberste Meldung auf dem Stapel, ein dickes Bündel von Photokopien über die Stelle im Death Valley, den Gast und alles, was über das Gebiet in der Großen Victoria-Wüste bekannt war.

Der vorläufige Autopsiebericht über den Gast lag an dritter Stelle im Haufen. Mit einer durch jahrelanges Recherchieren gewonnenen Fertigkeit überflog Hicks die ersten beiden Papiere und hielt nur bei wesentlichen Details inne. Die Berichte waren, nicht unerwarteterweise, ›sicher‹ — durch zweideutige Sprache, geschickt zurückgewiesene Theorien und prompte Hintergedanken durch und durch abgeschirmt. Nur der Autopsiebericht versprach konkret zu werden.

Colonel Tuan Anh Phan, ein Mann, den Hicks gern kennenlernen würde, war klar und exakt. Die Physiologie des Gastes war keiner irgendeines Lebewesens auf der Erde ähnlich. Phan konnte sich kein Milieu vorstellen, das eine solche Physiologie hätte entwickeln können. Es gab Strukturen, die ihn immer wieder an ›technische Kurzschlüsse‹ erinnerten, völlig ungleich den komplizierteren, nach Zufallsgesetzen entwickelten Strukturen, die die irdische Biologie aufwies. Seine Schlußfolgerung war in den folgenden Ausführungen keineswegs versteckt:

»Der Körper des Gastes scheint nicht in dieselbe biologische Kategorie zu gehören wie die irdischen Formen. Einige seiner Merkmale stehen im Widerspruch zu vernünftigen Erwartungen. Als einzige Erklärung dafür kann ich nur anbieten, daß der Gast ein künstliches Wesen ist, vielleicht das Produkt jahrhundertelanger genetischer Manipulation in Verbindung mit komplexer Bioelektronik. Da diese Fähigkeiten weit jenseits unserer Möglichkeiten liegen, müssen alle Annahmen, die ich über die aktuelle Funktion der Organe des Gastes machen könnte, als unzuverlässig und vielleicht sogar irreführend angesehen werden.«

Es folgte eine chemische Analyse der Gewebe des Gastes. Nirgends fand sich in ihnen eine Zellstruktur als solche. Vielmehr schien jedes Gebiet in dem Körper des Gastes über einen unabhängigen Stoffwechsel zu verfügen, der kooperierte, aber nicht Teil war, mit anderen Gebieten oder Organen. Es gab kein zentrales Entsorgungssystem. Abfälle schienen sich anzusammeln, ohne in Geweben entlastet zu werden. Phan meinte, daß dies die Todesursache gewesen sein könnte. »Vielleicht haben auf der Erde nicht verfügbare Nährstoffe Prozesse ausgelöst, die unterhalb des Niveaus liegen, das unsere Untersuchung aufdecken kann. Vielleicht war der Gast in seinem heimischen Milieu an ein komplexes Lebenserhaltungssystem angeschlossen, das seinen Körper von Abfallprodukten reinigte. Vielleicht war der Gast krank, und manche Körperfunktionen waren inaktiv.«

In einer Fußnote war versteckt: »Der Gast scheint nicht für eine lange Lebensdauer geplant gewesen zu sein.« Dies war unterzeichnet von Harold Feinman, der bei den letzten Teilen der Autopsie nicht anwesend gewesen war. Sonst gab es keine Zusätze.

Trotz der Klarheit des Berichtes blieb noch etwas ungesagt. Feinman zumindest schien darauf anzuspielen, daß der Gast nicht das war, als was er erschien ...

Zuunterst in dem Stapel lag ein kleines australisches Buch, das mit deutlicher Hast und erheblichen Streichungen zurechtgemacht war. Es begann mit einer Synopse von Aussagen, welche die mechanischen Besucher gemacht hatten, die aus dem Felsen in der Großen Victoria-Wüste heraus aufgetaucht waren.

Hicks rieb sich die Augen. Das Licht war zum Lesen zu schwach. Er hatte dieses kleine Buch schon einmal durchgeblättert. Aber er wollte für den nächsten Morgen bestens vorbereitet sein, wenn er den Präsidenten ins Oval Office begleiten sollte, um mit den australischen Repräsentanten zusammenzukommen.

»Die Verständlichkeit der Aussagen der mechanischen Besucher nimmt unsere Forscher wunder. Ihre Beherrschung des Englischen scheint fast perfekt. Sie antworten auf Fragen prompt und ohne Umschweife.«

Hicks studierte die Hochglanzfarbphotographien, die in das Buch eingefügt waren. Die australische Regierung hatte gerade zwei Tage zuvor einen Satz dieser Photos zusammen mit Videodiscs an alle Nachrichtendienste der Welt ausgegeben. Die Bilder der drei silbrigen, wie Flaschenkürbisse aussehenden Roboter, die an einem Zaun aus scharfem Draht mit hölzernen Pfosten schwebten, von dem großen, glatten, von Wasser abgewetzten roten Felsen und von der Ausstiegsöffnung befanden sich inzwischen in jedem zivilisierten Haushalt der Welt.

»Die Roboter übermitteln mit jedem ihrer Worte ein Gefühl von Wohlwollen und Besorgnis. Sie möchten den Bewohnern der Erde helfen, ›euer Potential auszuschöpfen, in Harmonie zusammenzukommen und von euren Rechten als mögliche Bürger eines galaxisweiten Austausches Gebrauch zu machen‹.«

Hicks runzelte die Stirn. Wie viele Jahre literarischphantastischen Wahnsinns hatten ihn darauf abgestimmt, mißtrauisch zu sein gegenüber Extraterrestriern, die Geschenke brachten? Von all den Filmen, die über einen ersten Kontakt gedreht worden waren, behandelte nur eine Handvoll das epochale Ereignis als segensreich.

Wie oft hatten sich Hicks' Augen getrübt, wenn er diese Reihen von Filmen anschaute, selbst wenn er bemüht war, eine wissenschaftliche Perspektive zu wahren? Jener große Moment, der wechselseitige Kontakt zwischen menschlichen und wohlgesonnenen nichtmenschlichen Intelligenzen ...

In Australien war es passiert. Der Traum war lebendig.

Und in Kalifornien — Alpträume.

›Der Gast scheint nicht für eine lange Lebensdauer geplant gewesen zu sein.‹

Er legte das kleine australische Buch auf dem Stapel obenauf und langte ungeschickt über diesen hinüber, um das Licht auszuschalten. In der Dunkelheit zwang er sich, regelmäßige, leichte Atemzüge zu tun, seinen Geist zu entleeren und einzuschlafen. Aber selbst auf diese Weise kam der Schlaf spät und war nicht erholsam.

21

11. Oktober

Crockerman trug bequeme lange Hosen und ein weißes Hemd, aber keinen Schlips, und hatte noch eine Spur von einem blutstillenden Stift am Kinn, weil er sich beim Rasieren geschnitten hatte, als er das Büro seines Stabschefs betrat. Er nickte den dort versammelten Personen kurz zu: Gordon, Hicks, Rotterjack, Fulton, Lehrman und der Stabschef selbst: der plumpe Irwin Schwartz mit beginnender Glatze. Es war halb acht Uhr morgens, obwohl in dem fensterlosen Raum die Tageszeit kaum etwas ausmachte. Arthur glaubte, daß er nie aus kleinen Räumen und der Gesellschaft von Bürokraten und Politikern entkommen würde.

»Ich habe Sie hierher gerufen, damit wir unser eigenes Material über das Monster in der Großen Victoria-Wüste durchgehen«, sagte Crockerman. Er fragte: »Ich nehme an, Sie haben ihr kleines Buch gelesen?« Alle nickten. »Auf meine Veranlassung hin ist Mr. Hicks vereidigt worden, und seine Sicherheitsüberprüfung wurde bearbeitet ...«

Rotterjack sah aus, als ob er Verdauungsstörungen hätte.

»Er ist jetzt einer von uns. Wo ist übrigens Carl?«

»Er steckt wohl noch im Verkehr«, sagte Schwartz. »Er hat vor einer halben Stunde angerufen und gesagt, daß er sich ein paar Minuten verspäten würde.«

»Nun wohl. Wir haben nicht viel Zeit.« Crockerman stand auf und ging vor ihnen hin und her. »Ich werde seine Rolle übernehmen. Wir haben an dem australischen Felsen ›einen oder mehrere‹ Agenten. Ich brauche Ihnen nicht zu sagen, wie heikel dieser Umstand ist, und wollte Sie nur noch einmal daran erinnern...«

Rotterjack richtete einen sehr scharfen Blick auf Hicks. Der nahm ihn ganz ruhig auf.

»Ironischerweise bestätigt die uns zugeleitete Information nur das, was die Australier öffentlich gesagt haben. Bei ihnen herrscht reiner Optimismus. Wir stehen an der Schwelle eines neuen Zeitalters von Entdeckungen. Die Roboter haben schon begonnen, ihre Technologie zu erklären. David?«

»Die Australier haben etwas von der physikalischen Information weitergegeben, die sie von den Robotern erhalten haben«, sagte Rotterjack. »Das ist recht esoterisch und hat mit Kosmologie zu tun. Einige australische Physiker haben gesagt, daß die Gleichungen für die Superstringtheorie bedeutsam wären.«

»Was auch immer das sein mag«, sagte Fulton.

Rotterjack grinste fast maliziös. »Es ist sehr wichtig, General. Auf Ihre Bitte hin, Arthur, habe ich die Gleichungen weitergegeben an Mohammed Abante von der Pepperdine University. Der stellt eine Gruppe von Kollegen zusammen, um die Gleichungen zu prüfen und, wie wir hoffen, in ein paar Tagen einen Bericht abzuliefern. Die Roboter hat man nicht mit der Tatsache unseres Monsters konfrontiert. Vielleicht möchten die Australier es uns überlassen, ihnen das bekannt zu geben.«

Carl McClennan kam ins Büro, den Umhang über dem Arm und die Aktenmappe halb in dessen Falten versteckt. Er sah sich um, stellte fest, daß keine Sitze mehr frei waren außer den beiden, die für die Australier reserviert waren, und stellte sich an die Rückwand des Raumes. Hicks überlegte, ob er aufstehen und dem nationalen Sicherheitsberater seinen Stuhl anbieten sollte, kam aber zu dem Schluß, daß ihm das keine Zuneigung eintragen würde.

Crockerman gab McClennan eine kurze Zusammenfassung dessen, was bisher besprochen worden war.

McClennan sagte: »Ich habe gestern abend die erste Runde von Verhandlungen mit ihren Teamchefs und Sicherheitsexperten abgeschlossen. Die heutige Diskussion zwischen den Aussies und uns kann ganz offen geführt werden. Kein verbotenes Gebiet.«

»Fein«, sagte Crockerman. »Worauf ich hinaus möchte, meine Herren, ist ein Weg, um alle Fakten der Öffentlichkeit binnen eines Monats bekannt zu geben.«

McClennan sagte: »Mr. President, das haben wir nicht erörtert...« Sowohl Rotterjack wie McClennan schauten diesmal unbehaglich auf Hicks. Hicks verzog keine Miene: *Das ist nicht meine Show, Gentleman.*

»Ja, wir haben das nicht besprochen«, stimmte Crockerman fast nonchalant zu. »Aber ich bin jedenfalls davon überzeugt, daß die Nachricht bald nach außen dringen wird; und unsere Bürger sollten die lebenswichtigen Tatsachen doch lieber von qualifizierten Personen erfahren als durch Gossengeschwätz. Stimmen Sie mir da nicht zu?«

Widerstrebend sagte McClennan ja, aber seine Miene blieb verkrampft.

»Fein. Die Australier werden in ungefähr fünfzehn Minuten im Oval Office sein. Haben wir noch irgendwelche Fragen oder Unstimmigkeiten, ehe wir zusammenkommen?«

Schwartz hob die Hand und schnippste mit den Fingern.

»Irwin?«

»Mr. President, stehen Tom Jacks oder Rob Tishman schon auf unserer Liste?« fragte Schwartz. Jacks war für Öffentlichkeitsarbeit verantwortlich. Tishman war der Pressesekretär des Weißen Hauses. »Wenn wir wirklich in einem Monat an die Öffentlichkeit gehen werden, oder selbst auch nur daran denken, sollten Rob und Tom vorher etwas Zeit haben.«

»Sie stehen noch nicht auf der Liste, aber morgen wird das der Fall sein. Was meinen verehrten Vize angeht ...« Crockerman zog ein mürrisches Gesicht. Der Vizepräsident Fredrick Hale hatte sich vor drei Monaten mit dem Präsidenten überworfen. Sie redeten kaum noch miteinander. Hale war in üble Geschäfte in Kansas verwickelt gewesen; der entsprechende Skandal hatte zwei Wochen lang die Zeitungen beherrscht und fast bewirkt, daß man Hale ›den Wölfen vorgeworfen‹ hätte. Hale, so glatt und geschickt wie jedermann in der Hauptstadt, hatte in dem Sturm schwer gewackelt, ihn aber doch überlebt. »Ich sehe keinen Grund, ihn jetzt auf die Liste zu setzen. Sie etwa?«

Niemand ließ erkennen, daß er dafür wäre.

»Dann wollen wir uns jetzt ins Oval Office begeben.«

22

In Stühlen rund um den Schreibtisch des Präsidenten versammelt, hörten die Männer aufmerksam zu, als Arthur die wissenschaftlichen Ergebnisse zusammenfaßte. Die Australier, beide jung und tatkräftig aussehend, sonnengebräunt im Gegensatz zu den blassen Gesichtern der sie umgebenden Amerikaner, schienen fröhlich unberührt zu sein von dem, was Arthur ihnen gerade gesagt hatte.

»Das ist eine echte Untertreibung«, sagte Colin Forbes, der ranghöhere und ältere von den beiden. Forbes war Anfang vierzig, von Wetter gezeichnet und kräftig, mit weißblondem Haar. Er trug eine blaßblaue Sportjakke und weiße, lockere Hosen und roch stark nach Rasierwasser. »Ich kann verstehen, worum es in dem ganzen Rummel geht. Wir sind hier, überbringen eine Botschaft voller Hoffnung und Ruhm, und euer kleiner grüner Mann will uns weismachen, daß das alles Quatsch wäre. Ich weiß nicht, wie wir diese Diskrepanz beseitigen können.«

»Liegt das nicht auf der Hand?« fragte Rotterjack. »Wir konfrontieren eure Roboter mit dem, was man uns gesagt hat.«

Forbes nickte und lächelte. »Und wenn die alles abstreiten? Wenn sie sagen, daß sie nicht wüßten, was da eigentlich vor sich geht?«

Darauf hatte Rotterjack keine Antwort.

Gregory French, der jüngere Australier, mit sauber gekämmtem und geschnittenem dunklen Haar, in einem normalen grauen Anzug, stand auf und räusperte sich. Er fühlte sich in so hoher Gesellschaft offenkundig nicht besonders wohl. Für Arthur sah er wie ein schüchterner Student aus.

»Weiß jemand, ob noch weitere Monster aufgetaucht sind? Die Russen, die Chinesen?«

Lehrman sagte: »Bisher liegt keine Information vor. Das bedeutet aber kein Nein. Nur eine zeitweilige Unkenntnis.«

French sagte: »Ich glaube, wir sind die einzigen, die gesegnet oder verflucht sind. Wir sollten den Fall lösen vor einer jeden öffentlichen Verlautbarung. Denn diese würde die Leute nur spalten. Sie stünden zwischen Teufeln und Engeln.«

»Ich stimme zu«, sagte Arthur.

Crockerman sagte: »Das Warten birgt einige Probleme.«

»Verzeihen Sie, Sir«, unterbrach ihn McClennan,

»aber die Möglichkeit einer inoffiziellen Freigabe ist viel weniger beunruhigend als die Wirkung von...« Er schwenkte die Hände energisch in der Luft. »Der Konfusion, der Angst. Wir sitzen auf einer echten Zeitbombe. *Ist Ihnen dies wirklich klar, Mr. President?*« brüllte er beinahe. McClennans Enttäuschung über den Präsidenten hatte einen peinlichen Höhepunkt erreicht. Im Raum herrschte Schweigen. Der Ton des nationalen Sicherheitsberaters war viel kräftiger gewesen, als man von dem zurückhaltenden Carl McClennan hätte erwarten können.

»Ja, Carl«, antwortete Crockerman mit halb geschlossenen Augen. »Ich glaube das wohl.«

»Entschuldigung«, sagte McClennan und sank in seinem Sitz etwas zusammen. French, der noch immer stand, schien ernstlich verlegen zu sein.

»All right«, sagte Forbes und bedeutete French mit einem eleganten Fingerzeig, daß er sich hinsetzen sollte. »Wir werden unsere Monster konfrontieren. Das sollte recht bald geschehen. Ich lade so viele von Ihnen ein, wie Sie entbehren können, mit uns zurückzureisen. Und ich sollte Quentin wohl raten, daß wir die Türen wieder schließen müßten. Weniger Presseberichte. Sieht das vernünftig aus?«

»Außerordentlich«, sagte Rotterjack.

»Ich möchte wissen, warum Mr. Hicks hier ist«, sagte Forbes. »Ich schätze seine Arbeit enorm, aber...«. Er führte diesen Gedanken nicht zu Ende. Arthur sah Hicks an und merkte, daß er den Mann wirklich gern hatte und ihm vertraute. Er konnte die Wahl des Präsidenten verstehen. Aber damit wäre das Eis bei McClennan und Rotterjack nicht gebrochen, die Hicks deutlich aus dem Zentrum entfernt haben wollten.

»Er ist hier, weil er über diese Subjekte ebenso kundig ist wie sonst jemand in der Welt«, sagte Crockerman. »Auch wenn wir nicht in allem übereinstimmen.«

Rotterjack konnte nur schlecht seine Überraschung

verhehlen. Er richtete sich in seinem Stuhl auf und stützte ungeschickt einen Arm auf den anderen. Arthur beobachtete ihn scharf. *Sie dachten, Hicks könnte hinter der Haltung des Präsidenten stecken.*

»Ich freue mich, daß Trevor hier ist«, sagte Arthur plötzlich. »Ich begrüße seine Einsicht.«

»Mir ist es recht«, sagte Forbes mit breitem Lächeln.

PERSPEKTIVE

The New York Daily News, 12. Oktober 1966:
Quellen im Außenministerium haben unter der Bedingung nicht genannt zu werden, bestätigt, daß ein Zusammenhang besteht zwischen dem Verschwinden und der mutmaßlichen Staatsgefangenschaft von vier Personen und dem geheimen Besuch von Präsident Crockerman im Death Valley zu Beginn dieser Woche. Andere informierte Quellen haben bestätigt, daß diese Vorfälle beide mit den australischen Extraterrestriern zusammenhängen. Man hört, daß der Reverend Kyle McCabey aus Edinburgh, Scotland, Gründer der Liga Satanischer Invasoren, behauptet, diese neue religiöse Sekte zähle jetzt im Vereinigten Königreich und der Republik Irland hunderttausend Anhänger. Die Liga Satanischer Invasoren glaubt, daß die australischen Extraterrestrier Vertreter Satans seien, die auf die Erde entsandt wurden, um — in den Worten des Reverends — »uns für Satans Eroberung weich zu machen«.

23

13. Oktober

Auf dem Hollywood Freeway, Hals und Rücken steif von dem Flug am frühen Morgen nach Los Angeles, lenkte Arthur Gordon grimmig den gemieteten Lincoln und lauschte einem Gebrabbel über Lotterieergebnisse im Radio.

Sein Geist war weit weg, und Visionen von dem Fluß vor seinem Heim in Oregon mischten sich immer wieder zwischen seine Überlegungen. Glattes, klares grünes Wasser, das gleichmäßig und gleichmütig seinen natürlichen Weg zog und die Ufer unterspülte. Wie mochte sich wohl jedes von seinem Platz gerissene Staubkorn dabei fühlen? Was empfand die Gazelle, gefangen von der Kralle des Löwen, darüber, daß sie zu einer einfachen Mahlzeit degradiert war, ihre ganze Existenz darauf reduziert, für eine Woche oder so der Erhaltung einer anderen Kreatur zu dienen? »Abfall«, sagte er. »Verdammter Abfall.« Aber er war nicht sicher, was er meinte, oder worauf alle seine Gedanken hindeuteten.

Katzenkrallen, die mit der Beute spielen.

Plötzlich vermißte Arthur Francine und Marty schrecklich. Er hatte kürzlich aus Washington mit ihnen gesprochen, ehe er abreiste. Er hatte ihnen sehr wenig erzählt — nicht einmal, wo er war oder wohin er ging.

Machte sich eine Gazelle, gefangen in den Krallen eines Löwen, Sorgen um Geiß und Kitz?

Harry wohnte in einem geräumigen, mehrstöckigen ländlichen Blockhaus aus den frühen Sechzigern, das einen guten Teil des tausend Quadratmeter großen Areals in Tarzana bedeckte. Er hatte dieses Haus 1975, vor seiner Verheiratung mit Ithaca, gekauft. Es war ihm damals, mit nur einem Bewohner, leer vorgekommen; und es war immer noch ein Ort mit langen, weißen Wänden und von einzelnen Teppichen bedeckten Linoleumböden, etwas kühl und streng für Arthurs Geschmack.

Ithaca hatte ohne Zweifel die Hosen an. Groß, mit dunkelrotem Haar und Gesichtszügen, die besser zu einer Shakespeare-Darstellerin paßten als zu einer Haushaltsvorsteherin in Tarzana, brachte ihre ruhige Präsenz die weiten Räume ins Gleichgewicht. Harry hatte Arthur einmal gesagt: »Wo sie auch sein mag, es ist genug, aber nie zu viel.« Arthur hatte genau begriffen, was er damit meinte.

Sie öffnete auf Arthurs Klopfen die Tür, lächelte warm und reichte ihm die Hand. Arthur nahm die Finger und küßte sie feierlich. »Mylady«, sagte er zeremoniell, »ist der gute Doktor da?«

»Hallo, Arthur! Gut, dich zu sehen. Er ist da und zur Zeit unausstehlich.«

»Seine Behandlung?«

»Nein. Irgend etwas anderes, das mit dir zu tun hat, wie ich vermute.« Ithaca würde nie Fragen stellen. »Darf ich dir Kaffee bringen? Es ist kalt geworden in diesem Winter. Heute ist es besonders traurig.«

»Ja, bitte. Das Arbeitszimmer?«

»Das Allerheiligste. Wie geht es Francine und Marty?«

»Danke, gut.« Er steckte die Hände in die Taschen, offenbar ungeduldig, Harry zu treffen, Ithaca nickte.

»Ich bringe den Kaffee ins Arbeitszimmer. Geh schon!«

»Danke!« Er hatte immer das Gefühl, Ithaca für ihr Aussehen danken zu müssen, das wie gewöhnlich wundervoll war. Aber sie mochte keine Komplimente. Wie sie aussah und sich anzog, war für sie ebenso natürlich wie atmen. Er lächelte unbeholfen und begab sich durch die Diele ins Büro.

Harry saß in einem tief gepolsterten Sessel. Im Kamin knisterte lustig ein Feuer. Sein Arbeitszimmer war ursprünglich das Elternschlafzimmer gewesen, und nach seiner Heirat hatte er sich hier so eingerichtet. Es gab in dem Haus drei große Schlafzimmer mit Kaminen — genug, um zurechtzukommen. Neben seinem Sessel stapelten sich Bücher, einige davon sehr groß, alt und zerlesen. Eine Olympia-Schreibmaschine hing wie eine Jagdtrophäe mit der Tastatur nach unten über dem Kamin. Von ihrer Rücktaste baumelten drei rauchgeschwärzte Reagenzgläser, die von einem roten Band zusammengehalten wurden. Dahinter steckte eine Geschichte, die mit Harrys Doktordissertation zu tun hatte und nur selten erzählt wurde, wenn Harry nüchtern war.

In Harrys Schoß lag ein Exemplar des Buchs von Brin und Kuiper über die Suche nach extraterrestrischer Intelligenz. McClennan und Rotterjack hatten dasselbe Buch auf den Tischen in ihren Diensträumen. Arthur bemerkte auch Hicks' Roman auf der Ecke eines Rolltischchens, das mit Stapeln von Infodiscs überladen war.

»Endlich, Gott sei Dank!« sagte Harry. »Ich sitze hier miserabel da und warte auf die Entscheidung. Was ist nun?«

»Ich werde nach Australien gehen mit dem größten Teil der Einsatzgruppe. Ich reise in drei Tagen, mit ein paar Stunden Unterbrechung in Tahiti. Wir sollten gerade noch zur Ausgabe eines kurzen Berichtes in der Lage sein.«

»Die Nachrichtenfüchse sind uns auf der Spur«, sagte Harry und hob seine starken Augenbrauen.

»Der Präsident meint, wir sollten die Story in einem Monat freigeben. Rotterjack und die anderen sind nicht begeistert.«

»Und du?«

»Nachrichtenfüchse«, pflichtete Arthur achselzuckend bei. »Uns wird bald kaum noch eine Wahl bleiben.«

»Sie werden diese Leute in Vandenberg freilassen müssen. Sie können sie nicht für immer festhalten. Die sind physisch sauber und gesund.«

Arthur schloß die Tür des Büros. »Der Gast?«

Harrys Gesichtsmuskeln arbeiteten. »Schwindel«, sagte er. »Ich halte ihn ebenso für einen Roboter wie die australischen Wichtelmänner.«

»Was meint Phan?«

»Ihm geht es gut, aber dies hat ihm zugesetzt. Er hält es für das Produkt einer biologisch fortgeschrittenen Zivilisation, eine Art Bürger der Zukunft, steril und großenteils künstlich, aber doch *bona fide* ein Individuum.«

»Warum bist du anderer Meinung?«

»Es war nie daran gedacht, daß es Ausscheidungen verarbeiten sollte. Geplantes Verkümmern. Der Gast hat sich selbst vergiftet und ist zusammengebrochen. Es gab keinerlei Anzeichen dafür, daß er die Ausscheidungen durch irgendeine äußere Dialyse loswerden könnte. Kein After, kein Harntrakt. Keine Ventile, keine Auslässe. Keine Lungen. Er atmete durch die Haut. Nicht sehr wirksam für eine Kreatur dieser Größe. Und keine Schweißdrüsen. Höllisch unverständlich. Aber — ich bin mir nicht so sicher, daß ich aufstehen und vor allen Leuten des Präsidenten den Mund aufreißen möchte. Schließlich macht das die Dinge doch noch komplizierter, nicht wahr?«

Arthur nickte. »Hast du den Bericht von Colonel Rogers gelesen und seine Bilder gesehen?«

Harry hielt eine neue Infodisc hoch, auf deren Etikett sich leuchtfarben-orange der Sicherheitsaufkleber prangte. »Ein Wagen der Luftwaffe hat das gestern gebracht. Eindrucksvoll.«

»Erschreckend.«

»Ich dachte mir schon, daß du verbiestert sein würdest«, sagte Harry. »Wir haben wohl die gleichen Gedanken, nicht wahr?«

»Eigentlich immer, in gewissen Grenzen«, meinte Arthur.

»Okay, ich sage, die Biologie ist ein Trick. Was ist mit dem Felsen?«

»Warren hat seinen Bericht über den äußeren Befund vorgelegt. Er sagt, daß er echt wirkt, bis hin zu Gesteinsproben. Indessen stimmt er mit Edward Shaw nicht überein hinsichtlich des verdächtigen Fehlens von Verwitterung. Abante kann sich aus dem Inneren überhaupt kein rechtes Bild machen. Er sagt, es sähe aus wie das Bühnenbild eines Science Fiction-Films — hübsch, aber nichtssagend. Und kein Zeichen von irgendwelchen anderen Gästen.«

»Was schließen wir also daraus?«

Arthur holte hinter der Tür einen Klappstuhl vor, öffnete ihn und setzte sich. »Ich glaube, wir können die Konturen unseres Vorberichts erkennen, nicht wahr?«

Harry nickte und sagte: »Man spielt mit uns.«

»Um uns auszuforschen und unsere Möglichkeiten herauszufinden?« mutmaßte Arthur.

»Haben sie etwa Angst, daß wir sie schlagen könnten, wenn sie nicht vorsichtig sind?«

»Das könnte eine Erklärung sein«, sagte Arthur.

»Mein Gott — die müssen uns um Jahrtausende voraus sein!«

»Nicht unbedingt.«

»Wie könnte es anders sein?« fragte Harry mit einer um eine Oktave höheren Stimme.

»Captain Cook«, gab Arthur zu bedenken. »Die Hawaiianer hielten ihn für eine Art Gott. Zweihundert Jahre später fahren sie genau so Autos wie wir anderen alle auch ... und benutzen Fernseher.«

»Sie wurden unterworfen«, sagte Harry. »Sie hatten keine Chance, nicht gegen Kanonen.«

»Aber sie haben doch Cook ermordet, nicht wahr?«

Harry fragte: »Schlägst du irgendeine Art von Widerstandsbewegung vor?«

»Wir eilen den Dingen voraus.«

»Verdammt richtig. Halten wir uns an das Grundlegende.«

Harry faltete die Hände auf dem Schoß. »Du machst dir Sorgen um meine Gesundheit.«

Arthur nickte. »Kannst du reisen?«

»Nicht weit und nicht gleich. Gestern haben sie mich mit Zauberkugeln vollgepumpt. Pillen zur Wiederherstellung meines Immunsystems und Stärkung des Knochenmarks... Tausende kleiner Retroviren sind an der Arbeit. Ich fühle mich die meiste Zeit hundeelend. Wir wenden vorläufig noch keine Bestrahlungen oder schwere Chemikalien an.«

»Kannst du arbeiten? Durch Kalifornien reisen?«

»Überall hin, wo du willst, sofern es im Notfall nicht mehr als zwei Stunden bis zum Klinikum der Universität von Kalifornien in Los Angeles ist. Ich bin ein Wrack, Arthur. Du hättest mich nicht aussuchen sollen. Ich hätte nicht zusagen sollen.«

»Du kannst immer noch klar denken, oder nicht?« fragte Arthur.

»Doch.«

»Dann bist du auch von Nutzen. Notwendig.«

Harry blickte auf seine im Schoß gefalteten Hände hinunter. »Ithaca erträgt dies nicht leicht.«

»Sie macht einen fröhlichen Eindruck.«

»Sie ist eine gute Schauspielerin. Nachts im Schlaf... da weint sie.« Harry bekam bei diesem Gedanken fast selbst feuchte Augen und wirkte viel jünger, fast jungenhaft, als er zu Arthur aufblickte. »Mein Gott — bin ich froh, daß ich derjenige bin, der sterben könnte. Wenn es andersherum ginge und sie dies durchmachen müßte, würde ich mich viel schlechter fühlen als so.«

»Du wirst nicht sterben«, sagte Arthur ernst. »Wir leben doch schon fast im einundzwanzigsten Jahrhundert. Leukämie ist nicht mehr so unbedingt tödlich wie einst.«

»Nicht für Kinder, Arthur. Aber für mich ...« Er hob die Hände.

»Du verläßt uns, und ich werde verdammt untröstlich sein.« Ganz wider Willen fühlte Arthur seine eigenen Augen trüb werden. »Denk daran!«

Harry sagte einen Moment lang nichts. Schließlich bemerkte er kopfschüttelnd: »Die Schmiede Gottes. Wenn das je in die Zeitungen kommt ...«

»Immer nur ein Alptraum auf einmal«, sagte Arthur. Harry rief Ithaca, damit sie für Arthur ein Schlafzimmer herrichtete. Während sie das tat, meldete er ein R-Gespräch nach Oregon an — das erste, für das er seit zwei Tagen Gelegenheit hatte.

Aber der Anruf war nicht genug. Danach vermißte Arthur seine Familie mehr denn je.

24

Australien, 20. Oktober (19. Oktober in den USA)

Eine Nachrichtensendung wurde vor dem Spielfilm auf einen kleinen Bildschirm über die Köpfe der Passagiere beim Quantas-Flug nach Melbourne projiziert. Arthur blickte von seinem Disclesegerät und dem offenen Ringbuch auf. Neben ihm döste ein älterer Mann in einem Anzug aus grauer Wolle mit Fischgrätenmuster behaglich vor sich hin.

Eine bewegte Computergraphik vom Australia Associated Network erschien im Bild, im Hintergrund eine zackige Jazzband. Das recht simple, faltige Gesicht der nicht mehr jungen Rachel Vance von AAPN lächelte über die verdunkelten Sessel und ein unaufmerksames Publikum hinweg. »Guten Tag! Unsere Hauptstory sind heute natürlich immer noch die Extraterrestrier im Zentrum des Landes. Gestern wurde nun wieder eine Konferenz abgehalten zwischen australischen Wissenschaftlern und den Robotern, die allgemein ›Wichtelmänner‹ genannt werden — oder ›*Shmoos*‹, nach den recht edlen Charakteren des Comiczeichners Al Capp, denen sie äußerlich ähnlich sind. Die in der Konferenz ausgetauschte Information ist zwar noch nicht freigegeben; aber ein Regierungssprecher hat erklärt, daß die Forscher immer noch über theoretische Physik und Astronomie diskutieren, und daß biologische Fragen noch nicht angeschnitten wurden.«

Es erschien der Sprecher, ein schon vertrautes Gesicht. Arthur hörte halb hin. Inzwischen hatte er alles erfahren. »Wir haben keine Information erhalten über die Dichte von Lebewesen in der Galaxis; das heißt, wir wissen noch nicht, wieviele Planeten bewohnt sind, oder was für Arten von Kreaturen darauf wohnen ...«

Das Bild wurde überblendet mit einer Szene der drei *Shmoos*, wie sie einen schmutzigen Weg heruntergingen zu den Konferenzanhängern, die in der Nähe des riesigen falschen Felsens in einem Feld von Stachelkopfgras standen. Die schwebende Haltung der Roboter wirkte immer noch gespenstisch und sehr beunruhigend. In dieser Bewegung konnten Anzeichen einer immens fortgeschrittenen Technik stecken ... oder irgendein visueller Trick eine Show für primitive Eingeborene.

Vance erschien wieder. Ihr Lächeln war warm, aber starr. »Die *Washington Post* und die *New York Times* haben heute gemeldet, daß der Rest eines alten Vulkans nahe dem Death Valley in Kalifornien für die Öffentlichkeit gesperrt wurde. Die *Post* sieht einen Zusammenhang zwischen dieser Maßnahme und dem Verschwinden von drei Männern und einer Frau, die alle vermutlich vom Militär in California festgehalten werden.«

Nichts Neues, aber dichter dran ... gefährlich dichter. Arthur lehnte sich in seinem Sessel zurück und starrte aus dem Fenster auf den Ozean und die Wolken, die

Zehntausende von Fuß unten dahinzogen. *Immens, dachte er. Dies schien alles zu sein, was es gibt. Ozeane und Wolken. Ich könnte mein ganzes Leben mit Reisen verbringen und würde doch nicht alles davon sehen.* Dies demonstrierte nicht unbedingt die Größe der Erde, aber es rückte sein Leben und seinen Verstand in die richtige Perspektive.

Er versuchte etwas zu schlafen. Nach wenigen Stunden würden sie in Melbourne sein, und er war jetzt schon erschöpft.

Der Fels, immer noch ohne Namen, erstreckte sich achthundert Meter weit über den Horizont. Im frühen Morgenlicht leuchtete er von der Basis aufwärts strahlend in Schichten von Purpur, Rot und Orange. Der Himmel darüber war ein unruhiges staubiges Blaugrau, was auf die zu erwartende Hitze hindeutete. Hier war Frühling; es hatte aber wenig geregnet. Es wehte kaum ein Windhauch. Arthur sprang von dem dicken grauen und schwer bereiften Wagen der Royal Australian Army herunter in roten Staub und schaute über die goldene Ebene zum Felsen hinüber. David Rotterjack, der wissenschaftliche Berater, kam hinterher. In weniger als einem Dutzend Metern Entfernung begann der erste Ring des oben mit scharfem Draht versehenen Hurricanzaunes, der sich in weitem Bogen durch silbergraues Mulga-Buschwerk und Stachelkopfgras hinzog.

Quentin Bent ging mit einem kurzbeinigen, aber fast emsigen Watscheln auf dem dreckigen Pfad zum Anfang der Straße. Er war Mitte vierzig, mittelgroß, gewichtig mit blühender Gesichtsfarbe, lockerem Lächeln und scharfen, pessimistischen blauen Augen. Er reichte zuerst Rotterjack die Hand. In einem anderen Militärfahrzeug begleiteten Bents Assistenten, Forbes und French, Charles Warren, den Geologen von Kent State.

»Mr. Arthur Gordon«, sagte Bent und schüttelte ihm die Hand. »Ich habe gerade den Auszug des Berichts der amerikanischen Einsatzgruppe durchgelesen. Der ist großenteils Ihr und Dr. Feinmans Werk, wie ich wohl annehmen darf?«

»Ja«, sagte Arthur. »Ich hoffe, er war klar.«

»Allzu klar«, sagte Bent, hob das Kinn, als ob er in der Luft witterte, hielt aber die Augen auf Arthur gerichtet. »Sehr verwirrend, meine Herren. Ich habe eine Botschaft von unseren Shmoos bekommen — wir alle nennen sie jetzt so, wodurch sie wohl nicht wirklich beleidigt sein können. Wir wurden veranlaßt, mit ihnen heute mittag in Wagen drei zusammenzukommen.« Fast atemlos sagte er: »Jeden Tag ... kommen sie aus dem Fels zu unserem Besprechungswagen. Sie verlassen nie die Nähe des Felsens. Davor werden wir im Messewagen frühstücken und eine Tour durch das Gelände machen, wenn Sie es wünschen. Haben Sie genug Schlaf bekommen, Dr. Gordon, Mr. Rotterjack, Dr. Warren?«

»Es reicht«, sagte Rotterjack mit noch müder Miene.

Bent ließ ein Lächeln aufblitzen und watschelte an die Spitze der kleinen Gruppe. »Folgen Sie mir, bitte!« sagte er.

Arthur faßte neben Warren Tritt, einem mittelgroßen Mann, dessen dünner werdende braune Haarsträhne sorgfältig über eine kahle Stelle gebürstet waren. Über einer langen Nase hatte er große Augen. Arthur fragte ihn: »Wie sieht er aus?«

Warren antwortete kopfschüttelnd: »Ayers Rock recht ähnlich, nur kleiner. Er wirkt weniger überzeugend als der Aschenkegel von Death Valley. Ehrlich — ich würde nicht überrascht sein, das Ding in Disney World zu finden.«

Das Frühstück verlief glatt. Sie wurden etlichen Wissenschaftlern vorgestellt, die den Felsen vermaßen und analysierten, darunter der Leiterin der Materialgruppe, Dr. Christine Carmichael. Sie erklärte, daß die Mineralien, aus denen der Fels bestand, alle deutlich irdischen

Charakter hätten — nichts von dem »Tarn«-Material ringsum war aus dem Weltraum gekommen. Arthur versuchte, sich die Konstruktion des Felsens auszumalen, ganz ohne irdische Zeugen; er konnte es nicht.

Die übrige Diskussion war kurz. Bent stellte nur drei Fragen: Wie sie die Nachricht freizugeben planten (Rotterjack erwiderte, daß derzeit keine solchen Pläne bestünden), wie sie die Erzählung des Gastes über planetenfressende Raumfahrzeuge interpretierten (die schien deutlich zu sein), und ob sie glaubten, daß es einen Zusammenhang gäbe zwischen dem Kegel von Death Valley und dem Felsen. Rotterjack wollte sich nicht festlegen. Warren meinte, er hätte noch nicht genug Zeit auf das Projekt verwendet, um eine nützliche Meinung zu äußern. Arthur nickte kurz: es gab eine klare Verbindung.

»Man kann wohl kaum zu viele interstellare Besucher in einem Jahr haben, nicht wahr?« fragte Bent.

»Das dürfte sehr unwahrscheinlich sein«, sagte Arthur.

»Aber nicht unmöglich?« Bent ließ nicht locker.

»Nicht jenseits aller Möglichkeiten, aber schwer vorstellbar.«

»Schließlich wissen wir alle doch noch nicht, was es hier draußen gibt, oder doch?« fragte Forbes und schob sein weißblondes Haar mit einer Hand zurück.

French fügte hinzu: »Es hätte ja eine Welle von Maschinenwanderungen gegeben haben, die schließlich in unsere Nähe geführt hätten. Vielleicht sind ganze Zivilisationen nach einem evolutionären Zeitplan gewachsen; und wie Regen, der aus einer Wolke fällt, ist die Zeit gekommen ...«

Bent beugte sich über seine jetzt leeren Teller mit Steak, Eiern und Obst. »Wir sind ein optimistischer Haufen, Mr. Gordon. Unsere Nation ist jünger als die Ihre. Lassen Sie mich rundheraus sagen, daß uns daran gelegen ist, daß dies eine gute Sache ist. Der Premierminister und das Kabinett — ganz zu schweigen von Reverend Mr. Caldecott ...« Er blickte mit breitem Grinsen in die Runde. Forbes und French machten sein Grinsen nach. »Wir *alle* glauben, daß dies uns in die vorderste Front aller Nationen rücken könnte. Wir könnten ein Zentrum immenser Aktivität, Konstruktion, Bildung und Forschung sein. Wenn der ›Furnace‹ auch etwas Schreckliches ist, wie es der Fall zu sein scheint, so könnten wir uns immer noch an die Auffassung klammern, daß der Felsen anders ist. Ob er uns schadet oder nicht. Habe ich mich deutlich ausgedrückt?«

»Vollkommen klar«, sagte Rotterjack. »Wir möchten gern mit Ihnen übereinstimmen.« Er sah Arthur an.

»Wir können es aber nicht«, sagte Arthur.

»Für einen Moment also — freundschaftliche Meinungsverschiedenheit und alles offen. Meine Herren, ein Hubschrauber wartet.«

Im Licht des vorgerückten Morgens waren die Farben des Felsens zu einem hellen Rostbraun gedämpft mit Streifen von Ocker. Arthur blickte durch das konzentrische Netzwerk feiner Sprünge in den Plexiglasfenstern des Hubschraubers und schüttelte den Kopf. »Das Detail ist erstaunlich«, brüllte er durch das Jaulen der Düsen und das stampfende Dröhnen der Rotorblätter. Warren nickte und blinzelte gegen eine plötzliche Blendung durch die Sonne. »Es ist alles Granit, sehr wohl; aber es findet sich keine Abblätterung. Die Schichten verlaufen vertikal, was für dieses Gebiet völlig falsch ist — mehr zu Ayers Rock passend als hierher. Und wo sind die Windspuren, die Aushöhlungen und Löcher? Das ist eine recht überzeugende Imitation, wenn man nicht gerade Geologe ist. Aber ich frage mich: warum sie gewußt haben, daß sie sich nach draußen begeben würden?«

»Verschiedene unserer Fragen haben sie nicht explizit beantwortet«, mußte Bent zugeben. »Direkt unter uns befindet sich die Öffnung, durch welche unsere Shmoos zum Vorschein kommen, um mit uns zu konferieren. Wir wissen von zwei weiteren Öffnungen, beide recht klein — nicht weiter als ein Meter. Aus denen ist nichts herausgekommen. Wir haben auch niemanden hineingeschickt, um sie zu untersuchen. Wir halten es für das beste, ihnen zu vertrauen. Man soll einem geschenkten Gaul nicht ins Maul sehen. So ist es doch?«

Arthur nickte zweifelnd.

»Was würden Sie denn getan haben?« fragte Bent gereizt und verwundert.

»Wahrscheinlich dasselbe«, sagte Arthur.

Der Hubschrauber umkreiste den Felsen zweimal und landete dann nahe beim Konferenzwagen. Der Motorenlärm verebbte zu einem rhythmischen Stöhnen, und die Rotorblätter drehten sich langsamer. Arthur, die Australier und Rotterjack gingen über den roten Staub und Kies zu dem grau und weiß gestrichenen Lastanhänger. Der erhob sich ein Meter über Grund auf schweren eisernen Böcken und Betonklötzen; seine acht Reifen mit rauhem Profil baumelten traurig in der Luft.

Bent holte einen Schlüsselring aus der Tasche und öffnete die weiß gestrichene Aluminiumtür. Er ließ Gordon, Rotterjack und Warren vorangehen, trat aber selber vor Forbes und French ein. Drinnen summte eine Klimaanlage friedlich vor sich hin. Arthur wischte sich mit dem Taschentuch die Stirn ab und genoß die kühle Luft. Forbes und French rückten Stühle an den dürftigen Konferenztisch heran. French schaltete einen Monitor ein, und so saßen sie da und beobachteten die Öffnung in dem Felsen. Sie warteten angespannt darauf, daß die Shmoos herauskommen würden.

Arthur fragte: »Haben sie je den Wunsch geäußert, irgendwohin zu reisen?«

»Nein«, sagte Bent. »Wie ich schon sagte, verlassen sie die unmittelbare Umgebung nicht.«

»Und sie haben auch nicht verraten, ob sie sich bald in andere Länder begeben werden?«

»Nein.«

Arthur zog die Augenbrauen hoch. Drei schimmernde flaschenkürbisähnliche Objekte kamen aus dem zwei Meter weiten Loch heraus und senkten sich, bis sie dreißig oder vierzig Zentimeter hoch über dem rauhen Boden schwebten. Mit graziös schwankenden und wippenden Bewegungen legten sie die fünfhundert Meter vom Fels zum Wagen zurück, alle drei nebeneinander. Arthur wurde an Revolverhelden vor dem Showdown erinnert.

Seine Hände zitterten. Rotterjack beugte sich zu ihm und äußerte ganz sachlich: »Ich habe Angst. Sie auch?«

Bent sah sie beide mit angespannter, zweifelnder Miene an.

Wir haben ihn in unseren Alptraum hereingezogen. Bis wir ankamen, war er nichtsahnend. Er befand sich in einem Himmel für Forscher.

Auf der entgegengesetzten Seite des Wagens tat sich eine weite Luke auf. Sie ließ einen Schwall warmer Luft und den heißen, staubig-süßen Geruch der Mulgas herein. In dem gleißenden Sonnenlicht draußen stiegen die Shmoos eine breite Rampe empor und schwebten in den Anhänger. Sie verteilten sich auf der gegenüberliegenden Seite des Konferenztisches. Die Luke klappte wieder zu. Der Kompressor der Klimaanlage rasselte leise auf dem Dach.

Arthur sah sich die schimmernden Roboter näher an. Bis auf ihre Gestalt und die wie Blaustahl glänzenden Gesichter zeigten sie keine Merkmale. Kein sichtbarer Sinnenapparat, keine Schall erzeugenden Gitter oder vortretende Arme. Leer.

Bent beugte sich vor. »Willkommen! Dies ist unsere fünfzehnte Zusammenkunft, und ich habe diesmal drei Gäste eingeladen dabei zu sein. Später werden es noch mehr sein. Geht es euch gut? Ist alles zufriedenstellend?«

»Alles ist zufriedenstellend«, antwortete der mittlere

Roboter. Seine Stimme war eindeutig Tenor, aber weder männlich noch weiblich. Die Modulation und der angenommene australische Akzent waren perfekt. Arthur konnte sich bei der Stimme leicht einen gebildeten und erfolgreichen jungen Mann vorstellen.

»Diese Herren, David Rotterjack, Charles Warren und Arthur Gordon, sind von einer uns verbündeten Nation, aus den Vereinigten Staaten von Amerika, hergekommen, um mit euch zu sprechen und wichtige Fragen zu stellen.«

»Grüße an Mr. Rotterjack und Mr. Warren und Mr. Gordon. Uns sind alle Fragen willkommen.«

Rotterjack wirkte verblüfft. Da er offenbar nicht als erster sprechen wollte, faßte Arthur den mittleren Shmoo ins Auge und sagte: »Wir haben ein Problem.«

»Ja?«

»In unserem Land gibt es ein Ding, das dem euren ähnlich ist, getarnt als vulkanischer Aschenkegel. Aus diesem Ding ist ein biologisches Wesen herausgekommen.« Er berichtete genau über die nachfolgenden Ereignisse und staunte über seinen offenkundigen Gleichmut. »Die Geschichte dieses Wesens steht in Widerspruch zu eurer. Würdet ihr uns bitte diese Widersprüche deuten?«

»Sie ergeben überhaupt keinen Sinn«, erklärte der mittlere Roboter. Arthur unterdrückte einen plötzlichen Drang zurückzuweichen und davonzulaufen. Der Ton der Maschine war ruhig, vollkommen beherrscht, irgendwie überlegen. »Sind Sie sich Ihrer Fakten sicher?«

»So sicher, wie wir nur sein können«, sagte Arthur. Sein Wunsch zu fliehen wurde durch Verwirrung und dann Ärger verdrängt. Die legen sich wirklich quer. Verdammt!

»Das ist sehr rätselhaft. Haben Sie Bilder von diesen Ereignissen oder irgendeine aufgezeichnete Information, die wir durchprüfen können?«

»Ja.« Arthur legte seine Aktentasche auf den Tisch

und holte eine Mappe mit Farbaufnahmen heraus. Er breitete die Bilder vor den Shmoos aus, die aber keine Bewegung erkennen ließen, sie anzusehen.

»Wir haben Ihr Material aufgezeichnet«, sagte der zentrale Roboter. »Wir sind immer noch überrascht. Wäre das vielleicht irgendeiner Spannung zwischen Ihren Nationen zuzuschreiben?«

»Wie Mr. Bent gesagt hat, sind unsere Nationen verbündet. Es gibt nur sehr wenig Reibungen zwischen uns.«

Der Raum war einige Sekunden lang ruhig. Dann sagte Rotterjack: »Wir glauben, daß diese beiden Objekte — eures und der Aschenkegel in Kalifornien — von demselben ... ah ... Volk oder derselben Gruppe kontrolliert werden. Könnt ihr uns beweisen, daß wir unrecht haben?«

»Gruppe? Wollen Sie andeuten, daß das andere Ding, falls es existiert, von uns kontrolliert wird?«

»Ja«, sagte Arthur. Rotterjack nickte.

»Das ergibt keinen Sinn. Unser Auftrag hier ist klar. Wir haben allen Ihren Forschern gesagt, daß wir die Menschen sanft und wirksam in die Zivilisationen und Technologien anderer Intelligenzen einführen wollen. Wir haben keine bedrohlichen Gesten gemacht.«

»Das habt ihr allerdings nicht«, sagte Bent besänftigend. »Ist es möglich, daß es in eurer Art Parteien gibt, die sich euren Aktionen widersetzen? Vielleicht jemanden, der eure Arbeit zu sabotieren sucht?«

»Das ist nicht wahrscheinlich.«

»Könnt ihr eine andere Erklärung anbieten?« fragte Bent, deutlich frustriert.

»Für uns bieten sich keine Erklärungen an. Unser Raumschiff ist nicht dafür eingerichtet, um Welten zu vernichten.«

Arthur holte ein zweites Bündel von Bildern hervor und breitete sie vor den Robotern aus. »Vor einem halben Jahr ist ein Mond des Planeten, den wir Jupiter nennen ... — kennt ihr ihn?«

»Ja.«

»Der sechste Mond, Europa, ist verschwunden. Wir haben sein Vorhandensein seither nicht mehr feststellen können. Könnt ihr uns das erklären?«

»Nein, das können wir nicht. Wir sind nicht verantwortlich für irgendein großmaßstäbliches Phänomen.«

»Könnt ihr uns helfen, dieses Geheimnis zu lösen?« fragte Bent mit einer leichten Verzweiflung, die in seiner Stimme aufkam. Er empfand ohne Zweifel die gleiche Angst, die schon lange alle überkommen hatte, die mit dem Furnace-Monster zu tun gehabt hatten. Die Dinge fügten sich nicht zusammen. Ein Mangel an Erklärungen konnte in diesem Stadium einer Provokation gleichkommen ...

»Wir haben keine Erklärungen für irgendwelche solche Vorkommnisse.« Dann, in versöhnlichem Ton, »Sie sind rätselhaft.«

Bent blickte Arthur an. *Wir erreichen nichts.* »Vielleicht sollten wir mit unserer normalen Tagesordnung für Diskussionen heute beginnen.«

Der Roboter sagte einige Sekunden lang nichts. Sichtlich entnervt preßte Bent seine zusammengelegten Hände auf den Tisch.

»Möglicherweise gibt es da ein Kommunikationsproblem«, sagte der Roboter. »Vielleicht können alle diese Schwierigkeiten überwunden werden. Die heutige Sitzung ist nicht wichtig. Wir werden dieses Treffen abbrechen und uns später wieder treffen.«

Ohne ein weiteres Wort und unter Ignorierung der höflichen Einwände von Quentin Bent, erhoben sich die Shmoos, rückten vom Tisch ab und schwebten durch die Luke hinaus. Wiederum traf die Hitze der Wüste schlagartig die Männer, ehe sich die Klappe schloß.

Durch das jähe Ende des Interviews verblüfft, starrten sie einander an. Bent war den Tränen nahe.

»Na schön«, sagte er und stand auf. Er blickte auf den Fernsehmonitor, der hoch in einer Ecke angebracht war.

Die Kameras zeigten die Rückkehr der Shmoos zum Felsen. »Wir werden sehen ...«

Da gab es einen lauten Krach, und der Wagen wurde heftig erschüttert. Arthur fiel wie in Zeitlupe von seinem Stuhl, stieß gegen Rotterjacks Stuhl, und dachte beim Hinfallen: *Es hat angefangen.* Er landete auf Händen und Hinterteil und kam schnell wieder auf die Füße. Bent zeigte auf den Monitor, der noch funktionierte, wenn er auch auf seiner Konsole vibrierte. Die Shmoos waren verschwunden.

»Sie sind explodiert«, sagte er. »Ich habe es gesehen. Hat sonst noch jemand das gesehen — auf dem Bildschirm? Sie sind einfach *explodiert!*«

»Jesus!« rief Rotterjack.

»Schießt etwa jemand auf sie?« fragte Forbes und sah Rotterjack und Arthur scharf an.

»Das weiß der Himmel«, sagte Bent. Sie stiegen aus dem Anhänger und folgten einem hastig zusammengestellten Team von Wissenschaftlern und Soldaten auf dem Weg, wo die Shmoos zuletzt gesehen worden waren. Fünfzig Meter in Richtung zum Felsen waren drei Krater in dem lockeren Boden, jeder von ungefähr zwei Metern Durchmesser. Die Roboter hatten keine Spur hinterlassen — weder Bruchstücke noch Brandmale.

Quentin Bent stand mit den Händen auf den Knien gebückt da. Er schluchzte und fluchte, während er über die im Mittagslicht blendende Ebene zum Felsen blickte. »Was ist passiert? Was, zum Teufel, ist da bloß passiert?«

Forbes sagte: »Es ist nichts übrig geblieben.« French nickte heftig. Sein Gesicht war puterrot. Beide schauten die Amerikaner an: sie hatten schuld.

»Wissen Sie?« sagte Bent laut zu Arthur. »Ist das irgendein verdammtes Stück der Amerikaner?«

»Nein«, sagte Arthur.

»Flugzeuge, Raketen ...« Bent sprach fast unzusammenhängend.

»Wir haben kein Flugzeug gehört«, sagte French.

»Sie haben sich selbst zerstört«, sagte Arthur ruhig und ging um die Krater herum, darauf bedacht, nichts anzurühren.

»Das ist verdammt unmöglich!« schrie Bent.

»Keineswegs.« Arthur fühlte ein Frösteln, als ob er ein Stück Trockeneis verschluckt hätte. »Haben Sie Lidell Hart gelesen?«

»*Strategy* von Sir Basil Lidell Hart?«

Rotterjack sagte: »Ich habe es gelesen.«

»Sie sind verrückt«, sagte French. »Sie sind alle total plemplem!«

»Wir haben den Vorfall auf Band«, sagte Forbes und hob die Hände, um seine Kollegen zu beruhigen. »Wir müssen uns das noch einmal ansehen. Wir werden erkennen, ob irgendein Geschoß oder eine Waffe sie getroffen hat.«

Arthur wußte recht gut, daß er nicht verrückt war. Es ergab jetzt für ihn Sinn. »Es tut mir leid«, sagte er. »Ich werde es erklären, wenn alle in besserer Stimmung sind.«

»Scheiß drauf!« sagte Bent, der langsam wieder etwas Haltung gewann. »Ich will die Gruppe der Physiker sofort hier haben. Ich wünsche, daß gleich eine Botschaft zum Felsen gesandt wird. Falls hier ein Krieg im Entstehen ist, wollen wir nicht den Eindruck erwecken, daß wir ihn begonnen hätten.«

»Wir haben dem Felsen nie Mitteilungen geschickt oder welche von ihm empfangen«, sagte Forbes und schüttelte den Kopf.

»Das ist mir gleich. Geht auf Sendung mit so vielen Frequenzen, wie wir nur einsetzen können! Die Mitteilung ist *so:* ›Nicht verantwortlich für Vernichtung von Gesandten.‹ Habt ihr das mitgekriegt?«

Forbes nickte und ging zum Anhänger zurück, um die Befehle weiterzuleiten.

»Mr. Gordon, ich werde mir größte Mühe geben, um mich wieder zu beruhigen. Was, zur Hölle, hat Strategie hiermit zu tun?«

»Das indirekte Vorgehen«, sagte Arthur.

»Was soll das heißen?«

»Greif deinen Gegner niemals aus der von ihm erwarteten Richtung an, oder mit deutlichen Zielen.«

Bent, in welchem Geisteszustand er sich auch befinden mochte, kapierte sofort: »Sie meinen, das ist alles ein Trick gewesen?«

»So ist es.«

»Aber dann ist Ihr Gast auch ein Trick. Warum sollten sie uns erzählen, daß sie die Erde vernichten werden, und dann das alles wie einen Schwindel aussehen lassen?«

»Ich weiß es nicht«, sagte Arthur. »Um uns zu verwirren.«

»Verdammt, Mann, die besitzen doch eine Macht, welche unsere kühnsten Träume übersteigt! Sie errichten über Nacht Berge, reisen in riesigen Schiffen durch den Weltraum; und wenn das, was Sie sagen, zutrifft, dann zerbrechen sie ganze Welten — warum sollte ihnen daran gelegen sein, uns zu täuschen? Schicken wir etwa Grüße an Ameisen, ehe wir ihren Bau zerstampfen?«

Darauf konnte Arthur keine Antwort geben. Er schüttelte den Kopf und hielt die Hände hoch. Die Hitze machte ihn benommen. Drolligerweise — oder auch nicht — beunruhigte ihn jetzt am meisten, wie der Präsident reagieren würde, wenn er erfuhr, was hier passiert war.

»Wir müssen zuerst mit Hicks sprechen«, sagte er zu Rotterjack, als sie einen Lastwagen bestiegen, der sie an die Grenze des Sperrbezirks zurückbringen sollte.

»Warum? Haben wir nicht so schon genug Schwierigkeiten?«

»Hicks... könnte imstande sein, dem Präsidenten manches zu erklären. Auf ihn wird er irgendwie hören.«

Rotterjack senkte hinten im Auto seine Stimme zu einem Flüstern. »Die Hölle wird losbrechen. McClennan und Schwartz und ich werden richtig kämpfen müssen ... Auf wessen Seite stehen Sie?«

»Verzeihung?«

»Glauben Sie an Armageddon, oder haben wir eine Chance?«

Arthur setzte zu einer Antwort an, schloß dann aber den Mund und schüttelte den Kopf.

»Crockerman wird in die Luft gehen, wenn er davon erfährt«, sagte Rotterjack.

Arthur rief in Oregon an, während er im Flughafen von Adelaide auf den Heeresbus wartete, der die Gruppe aus den USA aufnehmen sollte. Er war von dem Tag und dem langen Rückflug erschöpft. In Oregon war es früh am Morgen, und Francine meldete sich mit schlaftrunkener Stimme.

Arthur sagte: »Es tut mir leid, daß ich dich aufgeweckt habe. Ich werde einige Tage lang nicht anrufen können.«

»Es ist schön, daß du von dir hören läßt. Ich liebe dich.«

»Ich vermisse euch beide schrecklich. Mir ist, als ob ich alle Verbindungen abgebrochen hätte. Nichts mehr ist real.«

»Was kannst du mir sagen?«

»Nichts«, sagte Arthur und kniff sich leicht in die Wange.

»Na gut also. Aber ich habe dir etwas zu sagen. Rate mal, wer angerufen hat?«

»Keine Ahnung. Wer? Doch nicht etwa ...?«

»Du hast es erraten. Chris Riley. Er bat mich, es aufzuschreiben. ›Zwei neue ungewöhnliche Objekte von Asteroidengröße wurden entdeckt, jedes mit ungefähr zweihundert Kilometern Durchmesser. Sie haben die Albedo von frischem Eis — fast rein weiß. Sie bewegen sich in höchst ungewöhnlichen Bahnen — beide hyperbolisch. Vielleicht handelt es sich um riesige, noch sehr junge Kometen, vielleicht auch nicht.‹ Ergibt das für dich einen Sinn? Er sagte, das würde es.«

»Bruchstücke von Europa?«

»Ist das nicht romantisch?« fragte Francine, immer noch schläfrig. »Er sagte, du könntest das denken.«

»Fahr fort!« sagte Arthur, dessen Empfindung von Nichtwirklichkeit noch zunahm.

Sie verlas weiter die Mitteilung. »›Falls es sich um Bruchstücke von Europa handelt, dann bewegen sie sich auf praktisch vollkommen unmöglichen Bahnen, weit getrennt. Der eine von ihnen wird im nächsten Jahr der Venus begegnen, wenn die sich in ...‹ Nur eine Sekunde. Hier ist das zweite Blatt ... ›oberer Konjunktion befindet. Der andere wird gegen Ende 1997 den Mars erreichen.‹ Hast du das?«

»Ich denke, schon«, sagte Arthur.

»Marty schläft; aber er bat mich, dir zu sagen, daß Gauge jetzt auf seinen Befehl Platz nimmt und bei Fuß geht. Er ist darauf sehr stolz. Er hat auch alle Tarzanbücher ausgelesen.«

»Ein Prachtkerl!« Seine Augen schlossen sich für einen Moment, und er spürte ein leichtes Aussetzen des Bewußtseins. »Liebling, ich bin todmüde. Ich werde umfallen, wenn ich nicht bald Schlaf bekomme.«

»Wir hoffen beide, daß du bald heimkommen kannst. Ich habe mich so daran gewöhnt, dich im Haus zu haben. Es wirkt jetzt leer.«

»Ich liebe dich«, sagte Arthur, noch mit geschlossenen Augen, und versuchte sich ihr Gesicht vorzustellen.

»Ich liebe dich auch.«

Er stieg in das Auto neben Warren und Rotterjack und fragte sie: »Was haben Sie über zwei Asteroiden aus Eis gehört?«

Sie schüttelten beide den Kopf.

»Der eine wird wahrscheinlich auf die Venus fallen, und der andere mit dem Mars zusammenstoßen, beides im nächsten Jahr.«

Warren schnappte trotz seiner Erschöpfung nach Luft. Rotterjack schien verwundert und fragte: »Was hat das mit uns zu tun?«

»Ich weiß es nicht«, antwortete Arthur.

»Ein verdammt drolliges Zusammentreffen«, sagte Warren und schüttelte den Kopf.

»Werden sie auf Venus und Mars auftreffen?« fragte Rotterjack, dem allmählich klar wurde, was das bedeuten konnte.

»Im nächsten Jahr«, sagte Arthur.

Der wissenschaftliche Berater des Präsidenten preßte die Lippen zusammen, nickte und blickte aus dem Fenster auf den vorbeikommenden Verkehr. »Das kann kein Zufall sein«, sagte er. »Was in Gottes Namen geht da vor?«

25

---

1. November, Ostpazifikzeit (2. November, USA)

Walt Samshow bewegte sich mit langgewohnter Eleganz auf den Leitern der *Glomar Discoverer*, indem er die Hände an den Geländern entlangrutschen ließ, während die Füße rasend die Stufen hinunterstampften. Dabei hatte er das Kinn an das Schlüsselbein gepreßt, um seinen lederbraunen, sommersprossigen Schädel unterwegs vor herausragenden Teilen von Schotts zu schützen. Was für Auswirkungen des Alters ihn auch an Land behindern mochten, sie waren verschwunden. Samshow, eine langbeinige, schmalgesichtige Bohnenstange von Mann, hatte mehr als zwei Drittel seiner einundsiebzig Jahre auf See verbracht. Auf zehn Dienstjahre 1942 bis 1952 in der Kriegsmarine waren vierzig Jahre der Forschung auf dem Gebiete der physikalischen Ozeanographie gefolgt.

Tief im Bauch des Schiffes, in einem sonst leeren Frachtraum untergebracht, befanden sich seine gegenwärtigen Schützlinge: drei mannshoch aufragende stahlgraue zylindrische Gravimeter, die die Schweregradienten des zehntausend Meter unter ihnen liegenden Grabens maßen. Die *Discoverer* war auf ihrer sechsten Überquerung der Ramapo-Tiefe. Die See draußen war fast glasig, und das Schiff bewegte sich mit zehn Knoten gleichmäßig voran, so stabil wie gewachsener Fels, ideal für diese Art Arbeit. Sie würden wahrscheinlich eine Genauigkeit zwischen plus oder minus zwei Milligal im Mittel aller sechs Läufe erzielen.

Samshow stieg ins Lager hinunter. Seine Füße berührten das mit Kork belegte Stahldeck nur leicht. Sein viel jüngerer Partner, David Sand, lächelte ihm zu. Sein Gesicht war im Schein des Farbmonitors leichenhaft grün und purpurn. Samshow brachte das verdeckte Aluminiumtablett zum Vorschein, das er aus der Messe heruntergetragen hatte.

»Was kostet die Reise?« fragte Sand. Er war halb so alt wie Samshow und auch fast nur halb so schwer, kräftig, mit breitem Gesicht, blaßblauen Augen, einer kleinen Knopfnase wie auf einer Schottenmütze und vollem, drahtigem kastanienbraunem Haar. Samshow deckte das Tablett ab. Tief im Gemüt des alten Ozeanographen war Sand einer seiner vielen Söhne geworden. Er behandelte jüngere Assistenten mit der starken Zuneigung, die er seinem eigenen Kind entgegengebracht haben würde. Sand wußte und schätzte das. In seiner ganzen Laufbahn würde er wahrscheinlich keinen besseren Lehrer, Partner und Freund haben als Walt Samshow.

»Gebratene Seezunge, Spinatpastete und rote Bete«, sagte Samshow. Der philippinische Koch war stolz auf seine Speisen nach Westernart, die er zweimal wöchentlich servierte.

Sand zog eine Grimasse und schüttelte den Kopf.

»Das wird mich sehr gewichtig machen — könnte die Resultate beeinflussen.« Samshow stellte das Tablett neben ihm hin und blickte auf die Gravimeter, die in dreieckiger Anordnung in zwei Ecken und der Mitte des gegenüberliegenden Schotts angebracht waren.

»Ich möchte nicht einen unglaublichen Abend ruinieren«, murmelte Sand. Er drückte heftig auf mehrere Tasten, nickte zum Display und steckte dann eine Gabel in die Rüben.

»Ist das gut?«

»Verteufelt nahezu vollkommen«, sagte Sand. »Ich werde essen, und du kannst mich in einer Stunde ablösen.«

»Deine Augäpfel werden schon bald auf den Boden fallen«, warnte ihn Samshow.

Sand sagte: »Ich bin jung. Ich werde ein Paar neue kriegen.«

Samshow grinste, ging zur Leiter zurück und stieg durch das Labyrinth von Korridoren und Türluken wieder aufs Deck. Der Pazifik lag rings um das Schiff so dick und träge wie Sirup, mit kleinen Wellen aus leuchtendem Silber und samtigem Schwarz. Die Luft war ungewöhnlich trocken und klar. Von Horizont zu Horizont war der Himmel voller Sterne, bis hin zu ein paar Grad vom frischen Silber eines jungen Mondes, der sich fast im Abgrund der Nacht verlor.

Samshow legte die Füße auf die Ankerkette am Bug und seufzte behaglich. Die Arbeit dieser Woche war lang gewesen, und er war auf eine Weise müde, die ihm gefiel, befriedigt in der Milde, die nur von guten Ergebnissen bewirkt wird.

Er blickte auf seinen Taschennavigator, der auf ein Signal des Navigationssatelliten eingestellt war. Die erste Näherung auf dem erleuchteten Display lautete: E142°32'10"N30°45'20", wonach sich die *Discoverer* ungefähr 130 Kilometer östlich Toru Island befand. Nach vier Stunden würden sie wieder wenden für eine siebente Überquerung.

Sam rülpste behaglich und begann zu pfeifen: »String of Pearls«.

Er hatte nach dreißig Jahren einer stürmischen, aber glücklichen Ehe eine Frau überlebt, die die große Liebe seines Lebens gewesen war. Jetzt hatte er zwei feine Frauen, die ihn umschwärmten, wenn er an Land war, etwa sieben Monate im Jahr. Die eine lebte in LaJolla — eine stämmige, reiche Witwe, und die andere in Manila — eine schwarzhaarige Philippinin, dreißig Jahre jünger als er und entfernt verwandt mit dem längst verschiedenen und betrauerten Präsident Magsaysay.

Es war eine warme, seltsam trockene Nacht, ruhig und still, eine Nacht für tiefes Nachdenken und alte Erinnerungen. Er spürte einen plötzlichen Anflug von Faulheit. Zur Hölle mit der Wissenschaft, zur Hölle mit perfekten Resultaten und plus oder minus zwei Milligal! Er wäre lieber an einem Strand spazieren gegangen und hätte zugesehen, wie die Brecher phosphoreszierend explodierten. Das Gefühl ging vorbei, hinterließ aber seine Spur. Es war einer der wenigen Tage, wo sein Körper ihm mitteilte, daß er alt wurde. Er wandte sich um, stieg über die Kette — und dann erstarrte er, als er in der oberen Hälfte seines Gesichtsfeldes etwas Seltsames bemerkte.

Er warf den Kopf zurück. Ein winziger Lichtpunkt kam schnell auf gekrümmter Bahn aus dem Norden heran. Er dachte an einen Satelliten oder einen Meteor. Er konnte ihn jetzt kaum noch sehen. Der Punkt hatte sich fast unter den Sternen verloren, als er plötzlich strahlend aufflammte und zwei deutliche Lichtbündel unter mindestens drei Grad nach Süden richtete. Die Strahlen ließen die ganze See wie geschmolzenes Zinn gespenstisch aufleuchten und erloschen dann. Sam merkte sich im Kopf die Position — etwa vier Uhr hoch — und überlegte noch, in welchem Sternbild das Phänomen aufgetreten war; da wurde das Objekt wieder hell, etwa zwanzig Grad weiter südlich, viel kleiner, kaum ein Nadelstich. Er hatte nie einen derartigen Meteor gesehen — etwas Großartiges, eine Feuerkugel, die wiederholt aufleuchtete und zwischendurch ausging.

»Auf die Brücke! Köpfe nach oben!« brüllte er. »He, jedermann, seht euch dies an!«

Der Lichtspeer senkte sich so langsam, daß man ihn leicht verfolgen konnte. Nach ein paar Minuten traf er den Horizont — und war verschwunden. Er hinterließ nur kleine grüne und rote Flecken, wo er zuletzt erschienen war.

»Jesus!« sagte Samshow. Er ging zur Brücke, um zu fragen, ob sonst noch jemand das gesehen hätte. Niemand hatte auf sein Gebrüll geantwortet. Er war die Stufen halb hoch, als ein schreckliches gongartiges Erschauern durch das Schiff ging.

Er hielt erschrocken inne und stieg dann weiter auf die Brücke.

Der Erste Offizier, ein kräftiger junger Chinese namens Chao, blickte von den Instrumenten zu Samshow auf. Die Brücke und die meisten Geräte waren dunkelrot beleuchtet, um die Sicht bei Nacht nicht zu behindern. »Großer Sturm im Anzug«, sagte Chao und zeigte auf den Bildschirm, der die Position des Schiffs angab. »Schnell. Taifun, Wasserhose. Weiß nicht.«

Aus drei verschiedenen Luken kamen vier Männer auf die Brücke geeilt, und rundum quakten Stimmen in der Sprechanlage des Schiffs.

»Ein Meteor«, erklärte Samshow. »Ist gerade so heruntergegangen und hat eine mächtige Wasserhose genau im Süden bewirkt.«

Captain Reed, zwanzig Jahre jünger als Samshow, aber noch mehr ergraut, kam aus seiner Kabine auf die Brücke, nickte kurz und blickte den Ersten Offizier mißtrauisch an. »Mr. Chao, was kommt da?«

»Wind, Captain«, sagte Chao. »Verdammt großer Sturm. Kommt schnell.« Er zeigte auf die verstärkten Radarbilder. Darauf rasten Wolken als blaue und rote

Sicheln auf sie zu. Man konnte den Sturm schon durch das vordere Fenster erkennen.

David Sand kam wütend von unten herauf. Er hatte einen roten Kopf und fluchte. »Walt, was das auch gewesen ist — es hat alles verdorben. Wir haben — Jesus Christus!« Er erholte sich vom Anblick der heranziehenden Front und fing wieder an zu fluchen. »Es lief alles prima, und jetzt haben wir eine Zacke in der Kurve.«

»Eine Zacke?« fragte Captain Reed.

»Eine extrem kurze Wellenanomalie. Tiefes Absinken, für einen Moment Null, dann langsamer Anstieg. Es ist verdorben! Wir müssen neu kalibrieren, vielleicht sogar alle drei Rohre nach Maryland zurückschicken.«

Der Kapitän wies an, das Schiff mit dem Bug in die Richtung des Sturms zu drehen. Warnungen, Pfiffe, laute Rufe und elektrische Glocken ertönten im ganzen Schiff.

»Was ist los?« fragte Sand, bei dem die Besorgnis endlich die Wut verdrängt hatte.

»Meteor«, sagte Samshow. »Mordsbrocken.«

Die Front traf auf das Schiff sieben Minuten nachdem Samshow die Feuerkugel hatte auf den Horizont treffen sehen.

Das Schiff stürzte vornüber in schluchtartige Wellentäler. Sein Bug stieß zehn bis fünfzehn Meter tief in das schwarze Wasser. Dann hob es sich über die Wellenkämme empor, wobei der Bug nun in den von Regen gepeitschten Himmel wies. Samshow und Sand hielten sich an den Griffleisten fest, die an der Wand der Brücke angebracht waren, und grinsten wie Verrückte, während die Mannschaft arbeitete, das Schiff unter Kontrolle zu halten und der Kapitän steinern nach vorn blickte.

»Ich habe schon Schlimmeres überstanden!« schrie Samshow seinem Partner durch das Tosen zu.

»Ich wohl nicht«, rief Sand zurück.

»Es ist erheiternd. Etwas wirklich Exotisches — ein wirkliches Ersterlebnis. Ein beobachteter großer Meteorit stürzt mitten ins Meer, und die Folgen davon. Wir sollten besser alle Küsten warnen.«

»Wer wird den Text aufsetzen?«

»Das machen wir gemeinsam.«

»Ich habe nach der Anomalie die Geräte blockiert. Wir werden einen neuen Lauf machen müssen, wenn dies hier erledigt ist.«

Samshow dachte, die *Discoverer* würde das Unwetter recht leicht überstehen. Es würde kein langdauernder Sturm werden. Als er sich dessen sicher war und der starke Regen und der Seegang nachließen, zog er sich in seine Kabine zurück, um die Fakten und Figuren und Gleichungen zusammenzustellen, die er brauchen würde, um das zu verstehen, was gerade passiert war. Sand stakte die Treppen und Gänge entlang und hielt bei Samshows Tür lange genug an, um zu sagen, daß er sich wieder um seine verfluchten Gravimeter kümmern würde.

Am nächsten Tage, als sie die Geschichte den Leitern der Expedition nach La Jolla über Funk melden sollten, waren sie immer noch nicht mit ihren Daten ins reine gekommen.

Eines gab ihnen enorme Rätsel auf. Alle drei Gravimeter hatten die ›Zacke‹ gleichzeitig registriert. Die Anomalie konnte nicht durch einen Stoß bewirkt worden sein. Die Apparate waren dafür konstruiert, sowohl von Flugzeugen wie auf Schiffen befördert zu werden, und konnten ziemlich rohe Behandlung unbeschadet ertragen. Außerdem zeigte sich, daß der Stoß erst nach dem Auftreten der Zacken aufgetreten war.

Sand stellte eine Liste von Hypothesen zusammen und verriet eine davon arglos Samshow, als sie allein waren. »Es ist wirklich ganz einfach«, sagte er in der Kombüse bei einem späten Frühstück aus Ragout von Corned Beef und mit Butter getränktem Weizentoast. »Ich habe einige Berechnungen angestellt und die Zakken der drei Kurven verglichen. Die drei Rohre sind nicht ganz weit genug voneinander entfernt, um die Ergebnisse zwingend zu machen; aber ich habe die Digitalaufzeichnung jeder Zacke kontrolliert und ein sehr geringes Zeitintervall in der einen Richtung zwischen ihnen gefunden. Dieses Zeitintervall kann ich nur auf eine einzige Weise erklären. Wenn man eine Wellenanalyse macht und die Reaktion des Schiffs als eines gravitierenden Objekts abzieht, lassen die Kurven eine enorme Masse erkennen, ungefähr hundert Millionen Tonnen, die sich in einem Bogen über unseren Köpfen bewegt.«

»Aus welcher Richtung kommend?« fragte Samshow beiläufig.

»Genau nördlich, denke ich.«

»Wie weit entfernt?«

»Irgendwo zwischen ein- und zweihundert Kilometern.«

Samshow dachte einen Moment darüber nach. Was immer die Feuerkugel auch gewesen sein mochte, ihre Masse war für hundert, geschweige denn eine Million Tonnen viel zu klein gewesen. Sie hätte den Pazifik wie Kaffee aus einer Tasse herausspritzen lassen, wenn es sich um einen Meteoriten von der Größe eines Berges gehandelt hätte. »All right«, sagte er. »Das ignorieren wir. Es ist eine offizielle Anomalie.«

»Auf allen drei Gravimetern?« fragte Sand und grinste abscheulich.

PERSPEKTIVE

NBC National News Commentator Agnes Linder, 2. November 1996:

Die neueste Wendung in einem sehr verzwickten Wahljahr, die Ankunft von Besuchern aus dem Weltraum, spottet fast jeder Vorstellung. Die Bürger der Vereinigten Staaten halten nach Ausweis jüngster Umfragen an starrem Unglauben fest.

Die australischen Extraterrestrier sind zu früh auf der Erde eingetroffen, wie manche Pandits sagen; wir sind nicht für sie bereit und können nicht verstehen, was sie für uns bedeuten könnten.

Die Präsidentschaftskandidatin Beryl Cooper und ihr Gegenkandidat Edgar Farb haben die Offensive ergriffen und werfen Präsident Crockerman vor, daß er Informationen zurückhält, die die Australier geliefert haben. Sie fragen, ob die Vereinigten Staaten nicht hinter der Vernichtung — manche sagen Selbstzerstörung — von Robotgesandten in der Großen Victoria-Wüste stecken.

Das amerikanische Volk zeigt sich durch diese Vorwürfe nicht beeindruckt. Ich frage mich, wie viele von uns sich überhaupt für irgendeine emotionale oder rationale Reaktion entschieden haben. Der Skandal der Vernichtung der Extraterrestrier will sich nicht ausbreiten. Die Anklagen der australischen Regierung wegen amerikanischer Komplizenschaft sind in der ganzen Welt praktisch ignoriert worden.

Wir haben unser Leben gelebt auf einem Globus, der nicht durch auswärtige Mächte gestört wurde; und jetzt sind wir gezwungen, den Maßstab unseres Denkens enorm auszuweiten. Die westliche liberale Tradition hat eine nach innen gerichtete, selbstkritische Art von Politik gefördert, selbstkritisch im wahren Sinn des Wortes; und Präsident Crockerman ist der Erbe dieser Tradition. Die mehr nach vorn blickende, expansive Politik von Cooper und Farb haben bei den Amerikanern noch keine Saite anklingen lassen, sofern wir der letzten NBC-Umfrage glauben können, die Crockerman einen unerschütterlichen Vorsprung von 30 Prozent gibt, genau drei Tage, ehe die Wähler an die Urnen gehen. Und dies, ohne daß der Präsident irgendwelche Verlautbarungen ausgibt oder Maßnahmen hinsichtlich der Vorfälle in der Großen Victoria-Wüste trifft.

26

3. November

Mrs. Sarah Crockerman trug ein seriöses, modisches Schneiderkostüm. Ihr üppiges Haar war sorgfältig frisiert, und als sie Hicks einen Kaffee einschenkte, sah er, daß ihre Hände tadellos manikürt waren; die bronzemetallisch getönten Fingernägel schimmerten matt in dem grauen winterlichen Licht, das durch Verandatüren hinter dem Eßtisch hereinkam. Das Speisezimmer war in kaffeefarbenem dänischen Teakholz möbliert — sparsam, aber gemütlich. Hinter den Fenstern im zweiten Stock dehnte sich weit und grün das U.S. National Arboretum.

Bis auf einen Hicks zugeteilten Geheimdienstagenten, einen Burschen mit teilnahmslosem Gesicht namens Butler, waren sie in dem Apartement in der Summit Street allein.

»Der Präsident hat diese Wohnung hauptsächlich deshalb beibehalten, weil ich darauf bestanden habe«, sagte sie und stellte die gläserne Kanne wieder auf ihr gesticktes Deckchen. Sie reichte ihm die Tasse und setzte sich in den Sessel schräg gegenüber. Ihre in Nylons steckenden Knie stießen an das Tischbein, während sie ihn ansah. »Nur wenige Leute wissen, daß es hier ist. Er glaubt, daß wir das Geheimnis noch einen oder zwei Monate lang bewahren können. Danach ist es weniger mein privates Versteck, aber es gibt es immer noch. Ich hoffe, Sie wissen zu schätzen, wieviel dies Geheimnis mir bedeutet.«

Butler hatte sich vom Telephon entfernt und stand jetzt am Fenster, der Tür gegenüber. Hicks kam er vor wie eine Bulldogge, und Mrs. Crockerman glich einem mäßig plumpen Pudel.

»Mein Mann hat mir natürlich von seinen Sorgen erzählt«, sagte sie. »Ich weiß nicht, ob ich alles verstehe, was da passiert, oder ... ah ... daß ich mit allen seinen Folgerungen übereinstimme. Ich habe den größten Teil der Berichte gelesen, und ich habe auch das Schriftstück gelesen, das Sie für ihn verfaßt haben. Sie müssen aber wissen, daß er nicht auf Sie hört.«

Hicks sagte nichts und beobachtete sie über den Rand seiner Tasse hinweg. Der Kaffee war sehr gut.

»Mein Gatte ist in dieser Beziehung merkwürdig. Er behält Berater noch lange, nachdem sie ihren Zweck erfüllt haben oder er ihnen sein Ohr geliehen hat. Er ist bemüht, einen Anschein von Fairness zu bewahren und sich den Geist frei zu behalten, indem er Leute um sich behält, die anderer Meinung sind. Aber er hört nicht sehr oft zu. Er hört auch Ihnen nicht zu.«

»Das ist mir klar«, sagte Hicks. »Ich mußte aus dem Weißen Haus ausziehen, in ein Hotel.«

»Das hat mir meine Sekretärin gesagt. Sie sind aber immer auf Abruf bereit, falls der Präsident Sie brauchen sollte?«

Hicks nickte.

»Die Wahl ist für ihn eine wahre Hölle gewesen, obwohl er nicht hart gekämpft hat. Ihre ›Strategie‹. Soll Beryl Cooper sich doch selber einen Strick drehen! Er ist empfindsam und noch nicht daran gewöhnt, der Anführer des Rudels zu sein.«

»Meine Sympathien«, sagte Hicks und fragte sich, worauf sie wohl hinaus wollte.

»Ich wollte Sie warnen. Er verbringt viel Zeit mit einem Mann, dessen Anwesenheit im Weißen Haus, besonders während des Wahlkampfes, viele von uns beunruhigt. Haben Sie schon einmal von Oliver Ormandy gehört?«

Hicks schüttelte den Kopf.

»Er ist in religiösen Kreisen Amerikas gut bekannt. Er ist recht intelligent, wie es scheint. Er hat in den letzten

Jahren sein Gesicht aus der Politik und den Nachrichten herausgehalten. Alle die andern *Narren*« — sie spie das Wort geradezu aus — »haben sich vor dem Zyklopenauge der Medien zum Hanswurst gemacht, aber nicht Oliver Ormandy. Er ist meinem Mann zum ersten Mal während des Wahlkampfes begegnet, bei einem Dinner in der Robert James University. Kennen Sie die?«

»Ist es da, wo man um Erlaubnis gebeten hat, die Sicherheitskräfte mit Maschinenpistolen zu bewaffnen?«

»Ja.«

»Ormandy hat die Leitung dabei?«

»Nein. Das überläßt er einem seiner bellenden Clowns. Er geht im Hintergrund geschickt mit Politikern um. Ormandy ist sehr aufrichtig, müssen Sie wissen. Noch etwas Kaffee?«

Hicks hielt seine Tasse hin, und sie schenkte nach.

»Bill hat Ormandy in der letzten Woche mehrere Male getroffen. Ich habe Nancy, die Chefsekretärin des Präsidenten, gefragt, über was sie gesprochen hätten. Erst wollte sie es mir nicht sagen, aber ... sie war besorgt. Sie war nur bei der zweiten Begegnung ein paar Minuten im Zimmer. Sie sagte, sie redeten über das Ende der Welt.« Das Gesicht von Mrs. Crockerman war wie eine Gipsmaske, so starr machte es ihr Ärger. »Sie haben über Gottes Plan für diese Nation diskutiert. Nancy sagte, Mr. Ormandy wirkte überschwenglich.«

Hicks starrte auf den Tisch. Was gab es da zu sagen? Crockerman war Präsident. Er konnte empfangen, wen er wollte.

»Mir gefällt das nicht, Mr. Hicks. Ihnen etwa?«

»Keineswegs, Mrs. Crockerman.«

»Was schlagen Sie vor?«

»Wie Sie schon sagten, hört er nicht mehr auf mich.«

»Er hört auch nicht auf Carl oder David oder Irwin ... oder auf mich. Er ist besessen. Er hat in der Bibel gelesen. Die *verrückten* Stellen des Buchs, Mr. Hicks. Das Buch der Offenbarung. Mein Mann war vor ein paar Wochen noch anders. Er ist verändert.«

»Das tut mir sehr leid.«

»Er hat Kabinettssitzungen einberufen. Sie diskutieren die Auswirkung auf die Wirtschaft. Reden davon, nach der Wahl eine Verlautbarung herauszugeben. Gibt es nichts, das Sie ihm sagen könnten...?« fragte sie. »Er schien zuerst großes Vertrauen zu Ihnen zu haben. Vielleicht auch jetzt noch. Wie ist er dazu gekommen, Ihnen zu vertrauen? Er hat oft von Ihnen geredet.«

Hicks sagte: »Das war für ihn eine schwierige Zeit. Er lernte mich kennen, nachdem er dem Gast begegnet war. Er hatte mein Buch gelesen. Ich habe seiner Beurteilung nie zugestimmt...«

»›Bestrafung‹. — In unserem Schlafzimmer ist das jetzt das Stichwort. Er lächelt beinahe, wenn er darüber spricht, wie Ormandy dies Wort gebraucht. Wie abgedroschen das klingt! Mein Mann war nie ein gutgläubiger Trottel und auch nie ein Anhänger religiöser Fanatiker, politisch oder sonstwie.«

»Dies hat uns alle verändert«, sagte Hicks leise.

»Ich möchte nicht, daß mein Gatte ruiniert wird. Der Gast hat seine Schwäche erkannt, wo niemand in drei Jahrzehnten der Politik — und ich bin die ganze Zeit mit ihm gewesen — je an ihn herangekommen ist. Der Gast hat ihn weit geöffnet, und Ormandy ist in die Wunde gekrochen. Ormandy könnte den Präsidenten zugrunde richten.«

»Ich verstehe.« *Er könnte noch Schlimmeres anrichten als das*, dachte Hicks.

»Wollen Sie *bitte* etwas unternehmen? Versuchen Sie, wieder mit meinem Mann zu sprechen? Ich werde Ihnen einen Termin besorgen. Soviel wird er für mich tun, da bin ich sicher.« Mrs. Crockerman starrte sehnsüchtig auf die Balkonfenster, als ob diese eine Fluchtmöglichkeit bieten könnten. »Es ist sogar unsere Ehe in Mitleidenschaft gezogen. Ich werde am Wahlabend bei ihm sein, lächeln und winken. Aber ich überlege mir, ob ich nicht hier bleibe. Ich kann nicht alles aushalten. Ich kann nicht zusehen, wie mein Mann sich kaputt macht.«

Die Luft im Büro des Stabschefs war von Sorge überschattet.

Irwin Schwartz, dessen langes Gesicht und blasse Stirn mit seinen rosigen Wangen kontrastierten, saß auf der Schreibtischkante, ein Bein so weit hochgezogen, wie sein Bauch es erlaubte. Seine Hose ließ einen langen schwarzen Socken und einige Quadratzentimeter behaarten weißen Knöchels frei. Ein kleiner, flacher Fernsehbildschirm stand auf seinem Schreibtisch wie ein Familienporträt. Der Ton war heruntergedreht. Immer und immer wieder zeigte der Schirm die Videoaufzeichnung von der Explosion der australischen Robotgesandten. Schließlich langte Schwartz hin und stellte mit einem dicken Finger das Bild ab.

Bei ihm standen David Rotterjack und Arthur Gordon. Arthur hatte die Hände in den Taschen, Rotterjack rieb sich das Kinn.

Schwartz sagte: »Minister Lehrman und Mr. McClennan sind jetzt beim Präsidenten. Mehr kann ich nicht sagen. Ich glaube nicht, daß ich sein Vertrauen genieße.«

»Ich auch nicht«, sagte Rotterjack.

»Was ist mit Hicks?« fragte Arthur.

Schwartz zuckte die Achseln. »Der Präsident hat ihn vor einer Woche in ein Hotel einquartiert und will ihn nicht empfangen. Vor ein paar Minuten hat Sarah angerufen. Sie hat heute morgen mit Hicks gesprochen und bemüht sich um einen Termin für ihn. Alles ist jetzt dicht. Kermit und ich, wir haben das mehrfach dargelegt.« Kermit Ferman war der für die Termine des Präsidenten zuständige Sekretär.

»Und Ormandy?«

»Trifft den Präsidenten jeden Tag mindestens eine Stunde lang. Außer Termin.«

Arthur konnte Marty nicht aus seinen umherschweifenden Gedanken verbannen. Das grinsende Gesicht des Jungen war in seiner Erinnerung detailliert und scharf, wenn auch statisch. Offenkundiger Erbe. Er konnte kein umfassendes Bild von Martys Gesicht heraufbeschwören, sondern nur einzelne Züge, und das machte ihm Sorgen.

»Carl hat eine letzte Chance bekommen«, sagte Rotterjack.

»Meinst du, daß er ihm die gute alte ›Präsidentenrede‹ liefern wird?« fragte Schwartz.

Rotterjack nickte.

Arthur schaute verwirrt die beiden an.

»Er wird mit dem Präsidenten über das sprechen, was es bedeutet, seines Amtes zu sein«, erklärte Schwartz. »Eulen nach Athen tragen, wenn ihr mich fragt. Der Mann weiß doch alles, was man darüber wissen muß.«

Rotterjack fragte: »Übermorgen ist Wahltag. Zeit, ihn daran zu erinnern.«

»Wir wissen beide, daß ihm diese Wahl sicher ist, soweit eine Wahl das nur sein *kann*. Ihr versteht nicht, was in seinem Kopf vor sich geht«, sagte Schwartz.

»Du bist doch dazu da, als sein Kissen, sein Puffer zu diesen — verdammt!« brüllte Rotterjack und stieß mit einem Arm so zu, daß er beinahe Arthur getroffen hätte. Arthur wich ein paar Zentimeter zurück, reagierte aber sonst nicht. »Von dir erwartet man, daß du diese verrückten Idioten von ihm fernhältst.«

Schwartz sagte: »Wir haben alles getan, was wir können, um ihn vor sich selbst zu schützen. McClennan hat das versucht ohne Rücksicht auf seine Vorschläge hinsichtlich nationaler Vorbereitung. Ich habe das Treffen mit den Gouverneuren wieder in den Terminplan hineingeschoben, den vom Präsidenten entworfenen Terminplan verloren und bei Kabinettssitzungen das Thema abgeändert. Der Präsident hat uns bloß nachsichtig angelächelt und auf seinem Thema eisern beharrt. Zumindest haben alle zugestimmt, bis nach der Wahl und Amtseinführung zu warten. Aber zwischen jetzt und irgendwann müssen wir mit Ormandy reinen Tisch machen.«

»Ich möchte mich gern mit ihm unterhalten«, sagte Arthur.

»Das möchten wir alle. Crockerman verbietet das nicht ausdrücklich ... aber Ormandy hält sich nie lange genug auf, daß einer von uns ihn stellen könnte. Der Mann ist im Weißen Haus wie ein verdammter Schatten.«

Rotterjack schüttelte den Kopf und grinste. »Glaubst du, das Ormandy einer von *denen* gewesen ist?«

»Von wem?« fragte Schwartz.

»Von den Invasoren.«

Schwartz runzelte die Stirn. »Bedenke doch, was passieren wird, wenn der Präsident an die Öffentlichkeit geht. Selbst *wir* beginnen schon, wie leicht zu übertölpelnde Idioten zu denken.«

»Hast du bedacht, was passieren könnte?« fragte Rotterjack hartnäckig. »Wenn sie den Gast ›angefertigt‹ haben, könnten sie dann nicht auch Roboter herstellen, die wie Menschen aussehen, jedenfalls menschlich genug, um als solche durchzugehen?«

Arthur sagte: »Ich habe mehr Angst vor dem, was diese Idee uns antun kann, als ich dazu neige, sie für wahr zu halten.«

»Nun ja, so steht es«, sagte Rotterjack. »Nehmt sie für das, was sie wert ist. Irgend jemand wird da draußen darüber nachdenken.«

»Es wird uns in Stücke reißen«, sagte Schwartz. »Nur, was *sie* verlangen könnten ... Mein Gott, jetzt rede ich auch schon so.«

»Vielleicht könnten wir es ebenso gut in die Öffentlichkeit bringen«, sagte Arthur. »Mit der Genehmigung haben wir nichts erreicht.«

»Aber nicht so, wie *er* es herausbringen würde«, sagte Rotterjack. »Was willst du tun, wenn es McClennan wieder nicht gelingt, sich durchzusetzen?« fragte er Schwartz.

»Nach der Wahl könnte ich schließlich zurücktreten«, sagte Schwartz mit matter, neutraler Stimme. »Vielleicht würde er auf jeden Fall ein Kriegskabinett bilden wollen.«

»Würdest du wirklich?«

Schwartz blickte auf den himmelblauen Teppich. Arthur folge seinem Blick und dachte an die unzähligen Privilegien und den damit verbundenen Hauch von Luxus, dem man sich so schwer entziehen konnte. Eine Unmenge von Anreizen, um Menschen wie Schwartz und Rotterjack weitermachen zu lassen.

»Nein«, sagte Schwartz. »Ich bin einfach zu verdammt loyal. Wenn er mir dies antut — uns, uns allen —, dann werde ich ihm das höllisch übelnehmen. Aber er wird immer noch der Präsident sein.«

»Es gibt eine ganze Anzahl von Kongreßabgeordneten und Senatoren, die daran arbeiten werden, das zu ändern, wenn er an die Öffentlichkeit geht«, sagte Rotterjack.

»Als ob ich das nicht wüßte.«

»Sie würden die wahren Patrioten sein, nicht du und ich.«

Das Gesicht von Schwartz zeigte schmerzlichen Groll und offene Zustimmung. Halb nickte er, halb schüttelte er den Kopf. Er stand auf. »All right, David. Aber wir müssen das Weiße Haus irgendwie zusammenhalten. Was gibt es sonst? Wer wird diesen Platz einnehmen? Der Vize?«

Rotterjack kicherte ironisch.

»Stimmt«, sagte Schwartz. »Arthur, wenn ich einen Termin zustandebringe, auch wenn ich ihn dem Präsidenten in den Hals rammen müßte — kannst du und Hicks und er unser Bestes tun, damit ... Du weißt schon? Das Unmögliche zustandebringen?«

»Wenn es schon etwa morgen sein kann, und wenn es keine Verzögerungen gibt.«

»Ist Feinman wirklich so krank?« fragte Rotterjack.

»Er wird behandelt. Es ist schwierig.«

»Warum hättest du nicht jemanden finden können ...? — Schon gut«, sagte Rotterjack.

»Feinman ist der beste«, antwortete Arthur auf die halb geäußerte Frage.

Rotterjack nickte düster.

»Wir werden es versuchen«, sagte Arthur.

Arthur ging in Dulles durch das Gedränge des Nachmittags mit schlotterndem Anzug, die Hände in den Taschen. Er wußte nur zu gut, daß er wie eine Vogelscheuche aussah. Er hatte in den letzten zwei Wochen zehn Pfund abgenommen und konnte sich das schlecht leisten; aber er hatte jetzt nur selten Hunger.

Ein Blick auf das Tableau der American Airlines über die Ankunftszeiten verriet ihm, daß Harrys Flugzeug in einer halben Stunde landen würde. Er konnte sich noch entscheiden, ob er ein Sandwich hineinwürgen oder Francine und Marty anrufen sollte.

Arthur versuchte noch, sich das Gesicht seiner Frau vorzustellen. Er konnte sich Nase, Augen, Lippen, Stirn, die Form ihrer Hände, Brüste und Genitalien ausmalen, den glatten, weißen, warmen Bauch und die Brüste von der Farbe späten Frühnebels, die Struktur ihres dichten schwarzen Haares. Er konnte sich an ihren warmen, reichen Geruch wie Brot erinnern und den Klang ihrer Stimme. Aber nicht an ihr Gesicht.

Das ließ sie so entfernt erscheinen und machte ihn so einsam. Es schien ihm, als habe er Jahrhunderte in Büros und bei Besprechungen zugebracht. In keinem Büro gab es Realität, auch nicht bei einer Gruppe von Menschen, die über das Schicksal der Erde schwatzten. Und bestimmt keine Realität in der Umgebung des Präsidenten.

Die Realität kehrte zurück am Fluß, im Schlafzimmer und der Küche ihres Hauses, aber am deutlichsten unter den Bäumen mit dem sanften Raunen des Windes und bei der rauschenden Musik des Wassers. Dort würde er immer mit ihnen in Berührung sein, wäre einsam und doch nicht allein, außer Sicht für Frau und Sohn und doch imstande, zu ihnen zurückzukehren. Falls der Tod kommen würde, wäre Arthur dann fern von ihnen, noch in Ausübung seiner besonderen Pflichten ...?

Der Flughafen war wie immer überfüllt. Ein großer, dichter Haufen von Japanern kam vorbei. Er empfand eine besondere Verwandtschaft zu Japanern, mehr als mit Fremden seiner eigenen Rasse. Japaner waren so stark interessiert und bemüht um unkomplizierte Beziehungen von Mensch zu Mensch. Er ging um den Haufen herum und vorbei an einer deutschen Familie — Mann, Frau und zwei Töchter —, die ihre Bordkarten zu entziffern suchten.

Er konnte sich nicht an Harrys Gesicht erinnern.

Die offene Telephonzelle mit ihrer nutzlosen halben Plastikblase nahm seine Kreditkarte an und dankte ihm mit einer warmen Frauenstimme mittleren Alters, wie eine Lehrerin und doch nicht so ernst, unpersönlich interessiert. Synthetisch.

Das Telephon läutete sechsmal, ehe es ihm auffiel: Francine hatte ihm am Abend zuvor gesagt, daß Marty am nächsten Morgen einen Termin beim Zahnarzt haben würde.

Er legte auf und ging über einen in der Mitte gelegenen Platz zu einem Imbißladen. Er bestellte ein Sandwich mit geräuchertem Truthahn und Coca Cola. Fünfundzwanzig Minuten. Auf einem hohen Stuhl an einem winzigen Tisch sitzend zwang er sich, das ganze Sandwich zu essen.

Brot. Mayonnaise. Ein Geflügelgeschmack nach Truthahn unter einer Schicht Pastrami. Solide, aber nicht überzeugend. Er zog ein Gesicht und schob sich das letzte Stück Brot in den Mund.

Für einen Augenblick, aber nicht länger, hatte er das Gefühl, in einen spirituellen Graben zu rutschen, eine kleine Gosse der Verzweiflung. Einfach nachzugeben, aufzugeben, die Arme der Dunkelheit zu öffnen, alle Verantwortung auf das Land, auf Weib und Kind abzuwälzen, auf sich selbst. Das Spiel beenden: War das alles — nein? Diesen Stein vom Brett nehmen, warten, bis es wieder reingefegt wurde und ein neues Spiel aufgestellt war. Ruhe. Seltsamerweise gewann er, als er aus der Gosse herauskam, Mut und Stärke aus dem Gedanken, daß sie in der Tat hinweggefegt werden würden und er dann ruhen könnte; und es wäre ein Ende. *Drollig, wie der Verstand arbeitet.*

Um zwei Uhr fünfzehn stand er am Flugsteig, zusammen mit einer Schar wartender Freunde und Familien. Die offene Doppeltür brachte Geschäftsleute und Frauen in knappen grauen und blauen Kostümen und jenem Anflug von schimmerndem Blau, das gerade so sehr in Mode war; Francine bezeichnete es als Pfauenaugen. Drei kleine Kinder, die sich an den Händen hielten, und danach eine Frau in einem knielangen schwarzen Rock und einer strengen weißen Bluse. Dann kam Harry mit einem Lederkoffer. Er sah hagerer, älter und müde aus.

»All right«, sagte Harry, nachdem sie sich umarmt und die Hände geschüttelt hatten. »Du hast mich für maximal achtundvierzig Stunden. Danach wollen die Ärzte mich wiederhaben, um noch mehr Nadeln stumpf zu machen. Jesus, du siehst ebenso schlimm aus wie ich!«

In dem kleinen Dienstwagen, der sich durch das Labyrinth eines Parkhauses aus Beton quälte, erläuterte Arthur die Umstände ihrer Zusammenkunft mit dem Präsidenten. »Schwartz bekam eine halbe Stunde Platz in Crockermans Terminplan. Es wird sehr knapp. Er soll heute abend zu einer Schlußveranstaltung für die Wahl in New Hampshire sein. Hicks, du und ich werden im Oval Office bei ihm sein — ungestört für diese halbe Stunde. Wir werden tun, was wir können, um ihn zu überzeugen, daß er unrecht hat.«

»Und falls nicht?« fragte Harry. Waren seine Augen heller geworden? Sie schienen jetzt weniger braun als vielmehr gelblich zu sein, fast ausgeblichen.

Arthur konnte nur die Achseln zucken. »Wie fühlst du dich?«

»Nicht so schlecht, wie ich aussehe.«

»Das ist gut«, sagte Arthur und bemühte sich, das anonyme Etwas in seiner Kehle zu beruhigen. Er lächelte Harry matt zu.

»Danke!« sagte Harry. »Ich habe wenigstens eine Entschuldigung. Wird sonst noch jemand dabei aussehen wie ein Komparse in einem Vampirfilm?«

»Was wiegst du jetzt?« fragte Arthur. Der Wagen kam in wässeriges Sonnenlicht hinaus. Es drohte zu schneien.

»Ich habe wieder mein Kampfgewicht. Ich wiege soviel wie damals auf der Hochschule, am Tage der Graduierung.«

»Wie lautet die Prognose?«

Harry verschränkte die Arme. »Der Kampf dauert noch an.«

Arthur sah ihn an und fragte mit Spätzündung: »Ist das ein Vorwurf?«

»Du hast es erraten«, sagte Harry. »Genug von diesem Scheiß! Erzähl mir über Ormandy!«

Die breite Doppeltür zum Oval Office öffnete sich, und drei Männer kamen heraus. Schwartz nickte ihnen zu. Arthur erkannte den Vorsitzenden der Staatlichen Kommission zur Überwachung des Wertpapier- und Wechselhandels und den Finanzminister.

»Eine Dringlichkeitssitzung«, murmelte Schwartz, nachdem sie vorbeigegangen waren. Hicks hob fragend eine Augenbraue. »Sie überlegen, ob sie Abschnitt 4 des Bankgesetzes für Notfälle und Abschnitt 19a des Gesetzes über Wertpapier- und Wechselhandel in Kraft setzen sollen.«

»Worum geht es dabei?« fragte er.

»Zeitweilig die Banken und die Börsen schließen«, sagte Schwartz. »Wenn der Präsident seine Rede hält.«

Nancy Congdon, die Sekretärin des Präsidenten, kam an die Tür und lächelte den vier Männern zu. »Nur ein paar Minuten«, sagte sie und schloß ohne ein weiteres Wort die Tür vor ihnen.

»Brauchen Sie einen Stuhl?« fragte Schwartz Harry. Der schüttelte ruhig den Kopf. Er hatte sich schon daran gewöhnt, daß die Leute um ihn bemüht waren. *Er nimmt es in einer Weise auf, die noch über Würde hinausgeht — mit Selbstsicherheit.*

Die Sekretärin öffnete die Türen und bat sie hinein.

Mrs. Hampton hatte das Büro des Präsidenten neu dekoriert, indem sie die drei Fenster hinter dem breiten, üppig verzierten Schreibtisch des Präsidenten mit Vorhängen versehen und einen neuen grünen Teppich mit dem Siegel des Präsidenten angeschafft hatte. Der Raum erschien von Licht erfüllt, grün und frühlingshaft trotz des grauen Winterhimmels draußen. Durch die Fenster erhaschte Arthur einen Schimmer von dem teilweise mit Schnee bedeckten Rosengarten. Er war vor anderthalb Jahren zum letzten Mal im Oval Office gewesen.

Crockerman saß hinter dem victorianischen Schreibtisch und schaute über einen Stapel von Mitteilungen, die in braune Aktendeckel gestopft waren. Arthur stellte fest, daß sie mit DIRNSA — Director, National Security Agency — bezeichnet waren. Andere kamen aus den Büros des Finanzministers und der Kommission für Wertpapiere und Wechsel. *Er handelt keineswegs über-*

stürzt. Er trifft seine Vorbereitungen, und er glaubt fest an das, was er tut. Er handelt immer noch wie ein Präsident.

»Hallo, Irwin, Arthur... Crockerman stand auf und reichte ihnen über den Tisch hinweg die Hand. »Trevor, Harry.« Er deutete auf die vier Sessel mit Ledersitzen und geflochtenen Lehnen, die vor dem Tisch standen. Besonders an Hicks gewandt, sagte er: »Sarah hat davon gesprochen, daß ich Sie sehen würde.«

»Ich denke, wir haben alle Kräfte zusammengefaßt, Mr. President«, sagte Schwartz.

»Fühlen Sie sich der Sache gewachsen, Harry?« fragte Crockerman mit höflichem Interesse.

»Ja, Mr. President«, antwortete Harry ganz ruhig. »Ich werde erst übermorgen wieder bei den Mäusen und Affen gebraucht.«

»Wir brauchen Sie hier, Harry«, sagte der Präsident ernst. »Wir können es uns nicht leisten, Sie jetzt zu verlieren.«

»Das ist nicht das, was ich gehört habe, Mr. President«, sagte Harry. Crockerman zeigte sich etwas verwirrt. »Sie haben auf niemanden gehört, den ich hier sehe, und erst recht nicht auf mich.«

»Meine Herren«, sagte Crockerman und zog die Augenbrauen hoch. »Es ist Zeit, offen zu sprechen. Und ich entschuldige mich dafür, daß ich in der letzten Zeit nicht zu erreichen war. Die Zeit ist einfach zu kostbar gewesen.«

Schwartz beugte sich auf seinem Sessel vor und faltete die Hände. Als er sprach, hob er die Augen langsam von seinen Füßen zu Crockermans Gesicht. »Mr. President, wir sind hier nicht, um ein Blatt vor den Mund zu nehmen. Ich habe Harry und Trevor und Arthur gesagt, daß es erheblicher Überzeugungskraft bedürfen wird, Sie wieder auf einen rationalen Kurs zu bringen. Sie sind mit einem festen Entschluß hergekommen.«

Crockerman nickte und legte seine Hände leicht auf

die Tischkante, als ob er ihn gleich wegstoßen wollte. Seine Miene blieb freundlich und wachsam.

»Mr. President, die First Lady hat wirklich mit mir gesprochen«, sagte Hicks.

»Mit mir spricht sie nicht, müssen Sie wissen«, sagte Crockerman leichthin. »Oder jedenfalls nicht oft. Sie teilt unsere Überzeugungen nicht.«

»Jawohl«, sagte Hicks. »Oder vielmehr, nein ... Mr. President, meine Kollegen ...« Er warf Arthur einen bittenden Blick zu.

Crockerman sagte: »Die Geschichte wird so oder so bald bekannt werden. Sie muß geheim gehalten werden, bis die Wahl und die Amtseinführung vorbei sind; aber danach ...« Er hob drei Finger von der umklammerten Tischkante und zuckte leicht die Achseln.

»Wir teilen Ihre nachdrückliche Betonung nicht so sicher, Sir ...« Arthur machte eine Pause. »Kapitulation wird dem Lande schlecht anstehen.«

Crockerman zuckte kaum mit der Wimper. »Kapitulation. Anpassung. Das sind so häßliche Worte. Aber welche Wahl haben wir gegen übermenschliche Mächte?«

»Wir wissen nicht, ob sie übermenschlich sind, Sir«, sagte Harry.

»Es würde uns Tausende, vielleicht Millionen Jahre kosten, mit ihrer Technologie gleichzuziehen — falls wir es überhaupt Technologie nennen können. Denken Sie an die Macht, einen ganzen Mond zu zerstören und seine Fragmente mit anderen Welten zusammenprallen zu lassen ...«

»Wir wissen nicht, ob diese Ereignisse zusammenhängen«, sagte Arthur. »Aber ich denke, daß wir sie in einigen hundert Jahren des Fortschritts einholen könnten.«

»Was bedeuten da zwei Jahrhunderte oder zwei Jahrtausende? Sie können immer noch unsere Welt vernichten.«

»Das wissen wir nicht«, sagte Schwartz.

»Wir wissen nicht einmal, wovon wir sprechen, wenn wir ›sie‹ sagen«, erklärte Hicks.

»Engel, Mächte, Aliens. Was immer sie auch sein mögen.«

»Mr. President«, sagte Hicks, »wir stehen nicht dem Haß Gottes gegenüber.«

»Mir scheint, daß wir mit etwas ebenso Mächtigem konfrontiert sind, was immer die letzte Quelle sein mag«, sagte Crockerman. »Kann mit der Erde etwas so Katastrophales geschehen ohne die Billigung Gottes? Wir sind Seine Kinder. Seine Strafen können nicht willkürlich sein — nicht wenn sie in einem so ungeheuren Maßstab erfolgen.«

Hicks stellte fest, daß der Präsident für Gott jetzt die traditionelle Formulierung benutzte. War das Ormandys Werk?

»Wir haben keinen Beweis dafür, daß die Erde vernichtet werden kann«, sagte Harry. »Was wir brauchen ... ist eine rauchende Kanone — etwas, das beweist, daß sie die Macht, die sie beanspruchen, wirklich besitzen. Wir haben so etwas nicht.«

Crockerman sagte: »Sie lassen ihre Absichten deutlich genug erkennen. Die Selbstvernichtung der australischen Roboter zeigt, daß sie falsches Zeugnis bringen. Wenn ihre Lügen entlarvt und ihnen vorgehalten werden, verschwinden sie. Ihre Botschaft der Hoffnung ist eine Täuschung. Ich glaube, ich habe das gewußt oder gespürt, ehe die Nachricht von Australien eintraf. Bei Ormandy war das bestimmt der Fall.«

»Niemand von uns setzt irgendein Vertrauen in Ormandy«, sagte Schwartz.

Crockerman war dadurch sichtlich irritiert, behielt aber die Ruhe. »Ormandy erwartet nicht, daß ihm Wissenschaftler um den Hals fallen. Er — und ich — wir glauben, daß die Dinge zu weit außer Kontrolle geraten sind, als daß Gelehrte da etwas ausrichten könnten. Ich will Ihre harte Arbeit und Sachkenntnis nicht gering schätzen. Aber er und ich haben erkannt, daß hier etwas geschehen muß, und daß wir die einzigen sind, die dazu fähig sind, das zu vollbringen.«

»Was genau wird Ihre Funktion dabei sein, Mr. President?« fragte Arthur.

»Sie wird nicht leicht sein, das versichere ich Ihnen. Unser Land will nicht kampflos aufgeben. Das schätze ich hoch ein. Aber wir können den Kampf damit nicht aufnehmen. Aber wir können auch nicht unserem Schicksal entgegensehen, ohne zu wissen, was geschieht. Wir müssen uns dem Krach mutig stellen.«

Crockermans Gesicht war blaß; und seine Hände, die immer noch gegen die Tischkante drückten, zitterten etwas. Vielleicht war er den Tränen nahe.

Mehrere lange Sekunden fiel kein Wort. Arthur fühlte, wie sich eine Hülle der Erschütterung um ihn schloß. Mikrokosmos von dem, was das Land empfinden wird. Die Welt. Keine Botschaft, die wir hören möchten.

»Es gibt Alternativen, Mr. President. Wir können gegen die Monster etwas unternehmen, sowohl in Australien wie im Death Valley«, sagte Harry.

»Sie sind isoliert«, sagte Schwartz. »Die politischen Echos ... fast nichts. Selbst wenn wir keinen Erfolg haben.«

»Wir können nicht einfach untätig sein«, sagte Arthur.

»Wir können bestimmt nichts Wirksames unternehmen«, sagte Crockerman. »Ich meine, es wäre grausam, falsche Hoffnungen zu wecken.«

»Noch grausamer wäre es, alle Hoffnungen zu vernichten, Mr. President«, sagte Schwartz. »Wollen Sie wirklich die Banken und Börsen schließen?«

»Das wird ernsthaft in Betracht gezogen.«

»Warum? Um die Wirtschaft zu retten? Angesichts des Weltuntergangs?«

»Um Ruhe und Würde zu bewahren. Um das Volk bei seiner Arbeit und in seinen Heimstätten zu halten.«

Hicks bekam jetzt einen roten Kopf. »Das ist Wahnsinn, Mr. President«, sagte er. »Ich bin kein Bürger der Vereinigten Staaten, aber ich kann mir nicht vorstellen, daß ein Mann in Ihrem Amt ... mit Ihrer Macht und Verantwortung ...« Er machte eine hilflose Handbewegung und stand auf. »Ich kann Ihnen versichern, daß die Briten nicht so sanft reagieren werden.«

Man muß sich gegen ihn zusammenrotten, dachte Arthur.

Crockerman öffnete die Akte mit der Bezeichnung DIRNSA und holte eine Anzahl Photographien in Mylarhüllen heraus, die er auf dem Tisch ausbreitete. Dazu sagte er: »Ich denke, Sie haben schwerlich schon das Neueste vom Rätselpalast gesehen. Unsere NSA-Leute sind sehr fleißig gewesen. Das National Reconnaissance Office hat Photographien aus Erdsatelliten von den letzten achtzehn Monaten für fast alle Gebiete des Globus verglichen. Ich glaube, Sie haben diese Untersuchung veranlaßt, Arthur.«

»Ja, Sir.«

»Sie haben eine Anomalie in der Mongolischen Volksrepublik gefunden. Etwas, das vor einem Jahr nicht da war. Es sieht wie ein riesiger Felsblock aus.« Er schob die Photos ruhig Schwartz hin, der sie genau ansah und dann an Arthur weiterreichte. Arthur verglich die drei entscheidenden Aufnahmen miteinander — wunderschöne, durch Computer verstärkte Abstraktionen von blaugrau, braun, rot und elfenbein. Ein etwa zwei Zentimeter großer Kreis umgab auf der einen Photographie einen bohnenförmigen schwarzen Fleck. Auf zwei früheren praktisch identischen Bildern fehlte dieser Fleck.

»Damit sind es drei«, sagte Crockerman. »Alle in entlegenen Gebieten.«

»Haben die Aliens mit den Mongolen oder Russen gesprochen?« fragte Arthur. Die Mongolische Volksrepublik wurde trotz einer fiktiven Autonomie immer noch von den Russen kontrolliert.

»Das weiß bis jetzt noch niemand«, sagte der Präsident. »Und wenn es drei sind, können es leicht noch mehr sein.«

»Welche Art von ... Mechanismus denken Sie, daß sie benutzen?« fragte Harry. »Sie und Mr. Ormandy.«

»Wir haben keine Idee. Wir wollen die höchstqualifizierten Agenten nicht kritisieren. Sie etwa?«

»Ich würde es darauf ankommen lassen«, sagte Harry.

»Wollen Sie die Einsatzgruppe auflösen?« fragte Arthur.

»Nein. Ich hätte es lieber, wenn Sie weiter untersuchen und Fragen stellen. Ich wäre immer noch imstande zuzugeben, daß wir uns irren. Weder Mr. Ormandy noch ich sind Fanatiker. Wir müssen mit den Russen und den Australiern reden und auf Zusammenarbeit drängen.«

»Dürfen wir Sie bitten, Ihre Rede zu verschieben, Mr. President?« fragte Schwartz. »Bis wir uns über unsere Lage besser im klaren sind?«

»Sie haben schon zwei Monate gehabt. Ich weiß noch nicht, an welchem Tag die Rede gehalten werden wird, Irwin. Aber wenn es mir einmal klar geworden ist, daß ich sprechen muß, dann wird es keine Verschiebung geben. Ich muß zu meinen Überzeugungen stehen. Schließlich kommt es in diesem Amt ja gerade darauf an.«

Die vier Männer standen draußen in der Vorhalle. Ihre halbe Stunde war abgelaufen. Sie hielten Kopien des NSA-Berichts in der Hand.

»Meine Anwesenheit hier hat sich mächtig gelohnt«, sagte Harry.

»Es tut mir leid, Gentlemen«, sagte Schwartz.

»Er wird im Fernsehen sehr eindrucksvoll sein«, meinte Hicks. »Er überzeugt beinahe sogar mich.«

»Wißt ihr, was das Schlimmste dabei ist?« fragte Arthur, als sie durch eine Hintertür hinausgingen.

Schwartz begleitete sie zu ihren Wagen. »Er ist gar nicht verrückt.«

»Wir sind es auch nicht«, sagte Schwartz.

Eine Stunde später verließen sie das Weiße Haus. Hicks, Arthur und Feinman aßen Lunch bei Yugo — einem Steak- und Rippenlokal, das von Kennern bevorzugt wurde, trotz seiner Lage in einem weniger dekorativen Teil Washingtons. Sie aßen schweigend. Hicks schaffte seinen Teller, während Arthur und Harry kaum von den ihren etwas zu sich genommen hatten. Harry hatte einen Salat bestellt, ein verwelktes Mißgeschick, überladen mit blauem Käse.

»Wir haben alles getan, was wir können«, sagte Arthur. Harry zuckte die Achseln.

Hicks fragte: »Was nun? Die Wissenschaftler weitermachen lassen?«

»Wir sind noch nicht ausgeschaltet«, sagte Harry.

»Ihr seid bloß von eurem höchsten Chef ignoriert worden«, kommentierte Hicks trocken.

»Sie haben es dem alten Mann da immer gesagt, nicht wahr?« sagte Harry. »Jetzt wissen Sie, wie wir uns fühlen. Aber zumindest hatten wir eine bestimmte Lükke auszufüllen.«

»Eine Rolle in der großen Komödie zu spielen«, sagte Hicks.

Harry wollte sich dagegen verwahren, aber Arthur packte ihn am Arm. »Er hat recht.«

Harry nickte widerstrebend.

»Also beginnt nun Phase zwei«, sagte Arthur. »Ich möchte, daß ihr beide uns bei einem größeren Unternehmen zur Seite steht.« Er schaute Hicks fest an.

»Ohne das Weiße Haus?«

»Ja.«

»Du hast schon Pläne gemacht.«

»Meine Pläne führen mich zurück nach Los Angeles und sonst nirgendwo hin«, sagte Harry.

»Harry wird als Berater fungieren«, sagte Arthur. »Die Meinung des Präsidenten kann auf mannigfache Art geändert werden. Wenn die direkte Methode nicht wirkt ...« Er reckte seine Finger auf dem Resopaltisch mit Granitmuster, daß es knackte. »Wir arbeiten auf unterstem Niveau.«

»Der Präsident ist eine Vogelscheuche, wie du sagst ...«, erinnerte ihn Hicks.

»Es gibt verschiedene Wege, Präsidenten loszuwerden. Ich meine, wenn er erst einmal seine Rede hält ...«

Harry seufzte. »Ist dir klar, wie lange ein Verfahren zur Amtsenthebung dauern würde?«

»Wenn er erst einmal seine Rede hält«, fuhr Arthur fort, »dann werden wir alle, die wir hier am Tisch sitzen, bei den Medien kolossal gefragt sein. Trevor, dein Buch wird die heißeste Nummer im Verlagswesen werden ... Und wir alle werden zu Talkshows gehen und Interviews geben, rund um die Welt. Wir können unser Bestes tun ...«

»Gegen den Präsidenten? Er ist eine sehr populäre Figur«, sagte Hicks.

»Schwartz hat doch den Nagel auf den Kopf getroffen«, sagte Arthur und nahm die Rechnung von dem Plastiktablett. »Die Amerikaner hassen es, sich zu ergeben.«

Hicks blickte mit einiger Genugtuung auf die sauber zusammengefalteten Kleidungsstücke in seinem Koffer. Solange er noch alle seine Habseligkeiten mit Würde und Stil einpacken konnte, während ringsum alle ihre Wäsche zum Trocknen aufhängten ...

Die Geschichten über die Selbstzerstörung der australischen Aliens und das Geheimnis von Death Valley waren in der Presse und im Fernsehen an Zahl zurückgegangen. Der Vorabend der Wahl nahm die ganze Aufmerksamkeit in Anspruch. Die Welt schien tief Atem zu holen. Sie war sich noch nicht eigentlich dessen bewußt, was geschah, aber sie war mißtrauisch und erwartungsvoll.

Hicks sprang auf, als das Schreibtischtelephon piepste. Nervös ergriff er den Handapparat. »Hallo.«

»Ich habe einen Anruf für Trevor Hicks von Mr. Ormandy«, sagte eine Frauenstimme mit dem angenehmen, wohlmodulierten Tonfall des Mittleren Westens.

»Hier ist Hicks.«

»Bitte einen Moment.«

»Ich freue mich, mit Ihnen zu sprechen«, sagte Ormandy. »Ich habe Ihre Arbeiten bewundert.«

»Danke.« Hicks war zu überrascht, um mehr sagen zu können.

»Ich glaube, Sie wissen, wer ich bin und welche Leute ich repräsentiere. Ich habe mit dem Präsidenten einige Dinge diskutiert, als Freund und Berater ... und bisweilen als religiöser Beistand. Ich glaube, wir sollten uns recht bald treffen und miteinander reden. Können Sie in Ihrem Zeitplan einen Termin finden? Ich kann Sie mit einem Wagen abholen und zurückbringen lassen. Ich hoffe, daß es da keine Probleme gibt.«

»Gewiß«, sagte Hicks. »Heute noch?«

Punkt ein Uhr fuhr eine weiße Chrysler-Limousine mit einem weißen Landaudach beim Hotel vor, und Hicks stieg durch die automatisch geöffnete Tür ein. Die Tür schloß sich wieder mit leichtem Zischen, und der Fahrer, ein blasser junger Mann mit dunklem Haar in einem seriösen dunkelblauen Geschäftsanzug, lächelte freundlich durch die trennende Glasscheibe.

Schnee lag in weißen und braunen Streifen, an den Ecken durch Pflüge aufgehäuft. Dies war einer der kältesten und feuchtesten Herbste, an die man sich erinnern konnte. Die Luft roch ungewöhnlich scharf und rein, wie berauschend. Sie wehte Hicks ins Gesicht durch das Fenster, das der Fahrer auf seine Bitte hin einen schmalen Spalt geöffnet hatte.

Der Wagen brachte ihn aus den konzentrischen Kreisen und verwirrenden Verkehrsschleifen in die Vorstädte, über Schnellstraßen, die von jungen, kahlen Ahornbäumen gesäumt waren, hinaus aufs Land. Eine Stunde war vergangen, als der Chrysler auf den Parkplatz eines bescheidenen Motels einbog. Der Fahrer geleitete ihn durch die Halle in den zweiten Stock und klopfte bei einem Zimmer in der hinteren Ecke des Gebäudes an. Die Tür öffnete sich.

Ormandy, Mitte vierzig und mit beginnender Glatze, trug schwarze Hosen und ein graues Oberhemd. Sein Gesicht war blaß, fast wie bei einem Kind. Sein Gruß war nachlässig.

Der Fahrer schloß die Tür, und sie waren in dem kleinen, nüchternen Zimmer allein.

Ormandy bat Hicks, in seinem Sessel an einem runden Tisch in Nähe des Fensters Platz zu nehmen. Hicks setzte sich und schaute den Mann genau an. Ormandy schien eigentlich nicht gleich zur Sache kommen zu wollen; aber da er offenbar kein belangloses Gespräch zustande brachte, wandte er sich abrupt um und sagte: »Mr. Hicks, ich bin in den letzten Wochen sehr durcheinander geraten. Wissen Sie, was geschieht? Können Sie es mir erklären!«

»Sicher hat doch der Präsident ...«

»Ich möchte, daß *Sie* es mir sagen. In klarer Rede. Der Präsident ist umgeben von Experten, wenn Sie wissen, was ich meine.«

Hicks preßte die Lippen zusammen und wandte den Kopf zur Seite, um seine Worte zu ordnen. »Ich nehme an, Sie meinan das Raumschiff.«

»Ja, ja, die Invasion«, sagte Ormandy.

»Wenn es eine Invasion ist.« Er war jetzt äußerst vorsichtig und wollte sich nicht zu Schlußfolgerungen verleiten lassen.

»Was ist es denn?« Ormandys Augen waren offen wie die eines Kindes, das bereit ist, sich belehren zu lassen.

»Um es rundheraus zu sagen — es scheint, daß wir

Automaten, Robotern in die Quere gekommen sind, die unseren Planeten zerstören wollen.«

»Könnten Maschinen so etwas tun?« fragte Ormandy.

»Ich weiß es nicht. Jedenfalls keine von Menschen gemachten Maschinen.«

»Damit reden Sie über gottgleiche Mächte.«

»Ja.« Hicks wollte aufstehen. »Ich habe das alles mit dem Präsidenten erörtert. Ich sehe nicht, warum Sie mich hierher gebracht haben, wenn Sie dem Präsidenten geraten haben, im Gegensatz zu ...«

»Bitte, bleiben Sie sitzen! Ich bin wohl kaum der Unhold, für den Sie mich halten. Ich bin völlig überfordert, und das ist mir gerade vor zwei Tagen klar geworden. Ich habe mit dem Präsidenten gesprochen und ihm meine Folgerungen mitgeteilt ... Aber ich bin mir meiner selbst nicht ganz sicher gewesen.«

Hicks lehnte sich langsam zurück. »Dann nehme ich an, daß Sie spezifische Fragen haben.«

»Allerdings. Was würde dazu gehören, die Erde zu zerstören? Wäre das wesentlich schwerer, als etwa dieses Ding zu vernichten, das man Europa nennt?«

»Ja«, sagte Hicks. »Es wäre viel mehr Energie erforderlich, die Erde zu vernichten.«

»Würde das alles auf einmal geschehen, in einem Kataklysmus? Oder könnte es an einer Stelle anfangen und sich dann wie ein Krieg ausbreiten?«

»Das weiß ich wirklich nicht.«

»Könnte es im Heiligen Land anfangen?«

»Im Heiligen Land scheint es keine Monster zu geben«, bemerkte Hicks trocken.

Ormandy stimmte mit einem Kopfnicken zu, und seine Miene wurde noch düsterer. »Würde es eine Möglichkeit geben, wissenschaftlich zu sagen, ob Aliens als Engel angesehen werden können?«

»Nein«, sagte Hicks und schmunzelte über diese Absurdität. Aber Ormandy schien das nicht so zu sehen.

»Wenn es wirklich Roboter sind, wie es der Fall zu

sein scheint, dann nehme ich an, daß sie auf Weisung biologischer Wesen handeln, die es irgendwo gibt. Aber nicht einmal dessen können wir sicher sein. Zivilisationen, die gegründet sind auf mechanische ...«

»Wie wäre es mit Kreaturen, die über die Biologie hinaus fortgeschritten sind — Kreaturen des Lichts, ewige Wesen?«

Hicks zuckte die Achseln und sagte: »Spekulationen.«

Ormandys Kindergesicht zeigte starke Erregung. »Ich verliere hier den Boden unter den Füßen, Mr. Hicks. Das ist so undeutlich. Wir haben es bestimmt nicht mit Engeln zu tun, die Flammenschwerter schwingen. Wir haben es mit nichts zu tun, das in der apokalyptischen Literatur vorhergesagt ist.«

»Nicht in *religiöser* Literatur«, berichtigte Hicks.

»Science Fiction lese ich nicht viel«, sagte Ormandy mit Nachdruck.

»Um so bedauerlicher.«

Ormandy schmunzelte. »Und ich bin nicht in der Stimmung, mit Ihnen oder sonst jemandem die Klingen zu kreuzen. Was ich meine, ist, daß ich nicht sicher bin, ob ich dies meinen Leuten auf eine Weise darbieten kann, die sie begreifen werden. Wenn ich ihnen sage, daß es Gottes Wille ist ... Wie kann ich dessen sicher sein?«

»Wie Sie sagten, scheinen gottgleiche Mächte am Werk zu sein«, bot Hicks an. *Pervers, pervers!*

»Mein Volk denkt noch in Begriffen von Engeln und Dämonen, Mr. Hicks. Sie schwärmen sehr für Heiligenscheine von Licht und von Glanz, Thronen und Mächten und Herrschaften. Das verschlingen sie geradezu. Sie sind wie Kinder. Und niemand kann bestreiten, daß in dieser Art von Theologie Schönheit und Kraft steckt. Aber dies ... Dies ist kalt und politisch, trügerisch; und mir ist nicht wohl, wenn ich einen solchen Betrug Gott zuschreibe. Wenn es ein Werk des Teufels ist oder satanischer Mächte, dann ... Ich gebe zu, daß der Präsident mit meiner Hilfe dabei ist, einen schrecklichen Fehler zu begehen.«

»Können Sie ihn zu einem Sinneswandel veranlassen?« fragte Hicks — weniger eifrig, als er hätte sein können.

»Das bezweifle ich. Bedenken Sie, daß er mich gerufen hat, nicht ich ihn. Darum erkläre ich, daß ich ratlos bin. Ich bin zu stolz, um das abzustreiten.«

»Haben Sie ihm von Ihren Zweifeln erzählt?«

»Nein. Wir haben uns nicht mehr getroffen, seit ich ... ah ... unsicher geworden bin.«

»Haben Sie sich auf eine theologische Interpretation festgelegt?«

»Emotional ja. Durch alles, was meine Eltern und Lehrer an mich weitergegeben haben, muß ich glauben, daß Gott bei allen unseren Angelegenheiten mitspielt.«

»Was Sie sagen, Mr. Ormandy, bedeutet dies, daß, wenn es einen Stoß gibt und das Ende der Welt rasch eintritt, Sie kein Verlangen mehr nach einer Apokalypse haben werden?«

Ormandy sagte nichts, aber seine Miene wurde noch finsterer. Er streckte flehend die Hände aus, unentschieden, mit keiner so oder so festgelegten Meinung.

Hicks fragte: »Können Sie noch einmal mit dem Präsidenten sprechen, um wenigstens zu *versuchen*, seine Meinung zu ändern?«

»Ich wünschte, er hätte mich nie da hineingezogen«, sagte Ormandy. Er bog den Kopf zurück und massierte mit beiden Händen seine Nackenmuskeln. »Aber ich will es versuchen.«

5. November

Arthur befand sich in einer späten abendlichen Konferenz mit Astronomen in Washington, wo sie das Erscheinungsbild der Eisobjekte und deren möglichen Zusammenhang mit Europa erörterten, als die Nachricht kam, William D. Crockerman dürfte wohl die Wahl zum Präsidenten der Vereinigten Staaten gewinnen. Niemand war überrascht. Beryl Cooper verzichtete am nächsten Morgen um ein Uhr früh, als die Konferenz noch im Gange war.

Die Astronomen kamen bei der Besprechung zu keinem Ergebnis. Wenn die Eisbrocken von Europa stammten, was angesichts ihrer Bahnen und Zusammensetzung unwahrscheinlich war, dann mußten ihre gegenwärtigen fast geradlinigen Bahnen künstlich sein, und es könnte irgendein Zusammenhang mit den Extraterrestriern angenommen werden. Die Fakten waren deutlich genug: beide Körper bestanden aus frischem, fast reinem Wasser-Eis. Der kleinere von den beiden, mit kaum 180 Kilometern Durchmesser, bewegte sich mit einer Geschwindigkeit von etwa zwanzig Kilometern in der Sekunde und würde am 21. Dezember 1996 mit dem Mars kollidieren. Der größere, mit etwa 250 Kilometern Durchmesser, bewegte sich mit rund 37 Kilometern in der Sekunde und würde am 4. Februar 1997 auf die Venus treffen.

Was auch immer die Vernichtung Europas bewirkt haben mochte, hatte die Objekte nicht wesentlich aufgeheizt, vielleicht weil Abschmelzen die Wärme abgeführt hatte. Beide Körper waren recht kalt und würden durch die Sonnenenergie nur wenig von ihrer Masse durch Verdunstung verlieren. Folglich würde auch keiner eine größere Kometencoma entwickeln, und beide würden nur mit Teleskopen oder starken Feldstechern zu sehen sein.

Arthur verließ Washington am nächsten Tag, überzeugt, daß sein Team jetzt genügend Material hatte, um einen Zusammenhang zu sehen. Er glaubte genügend Zeit zu haben, um triftige Gründe zusammenzustellen und sie Crockerman vorzulegen, wonach alle diese Ereignisse zusammenhingen und eine große Strategie jetzt ausgearbeitet werden könnte.

Er konnte sich aber nicht dessen sicher sein, daß der neugewählte Präsident ihn anhören würde.

10. November

Majorin Mary Rigby, die letzte in der Reihe ihrer Offiziere vom Dienst, gab ihnen allen früh um sechs Uhr dreißig ein Signal, Radio zu hören. Shaw schob seine Kissen hoch und setzte sich in seinem Feldbett auf, als »Hail to the Chief« intoniert wurde — ein typischer Crockerman-Effekt — und der Sprecher des Hauses würdevoll auf die Ankündigung der Erscheinung des designierten Präsidenten der Vereinigten Staaten lauschte.

»Vielleicht wird der alte Furz unseren Entlassungsschein von hier ausstellen«, sagte Minelli. Seine Stimme war nach einer Nacht des Protestgebrülls heiser. Er hatte sich überhaupt nicht gut aufgeführt. Das machte Edward wütend. Aber sein Gemütszustand war schon in den letzten zwei Wochen trüb und mißmutig gewesen. Diese Erfahrung hatte ihnen allen auf die eine oder andere Weise zugesetzt. Reslaw und Morgan sagten kaum noch etwas.

»Mr. Speaker, ehrenwerte Mitglieder des Repräsentantenhauses, Mitbürger«, begann der Präsident. »Ich habe diese Dringlichkeitssitzung nach Wochen tiefen Nachdenkens einberufen und nach vielen Stunden der

Besprechung mit erprobten Beratern und Experten. Ich habe eine außergewöhnliche Bekanntmachung zu machen und dazu eine vielleicht noch ungewöhnlichere Bitte vorzubringen.«

»Ohne Zweifel haben Sie mit ebenso großem Interesse wie ich die Ereignisse verfolgt, die sich in Australien abspielen. Diese Vorgänge schienen zunächst unserem Planeten Hoffnung zu bringen — die Hoffnung auf ein göttliches Eingreifen von außen durch solche, die uns vor uns selbst retten wollten. Wir begannen zu fühlen, daß unsere Schwierigkeiten wirklich nur solche einer jungen Spezies wären, die bei ihren ersten Schritten strauchelt. Jetzt sind diese Hoffnungen zuschanden geworden, und wir befinden uns in noch tieferer Verwirrung.«

»Meine Sympathien gelten dem Premierminister von Australien, Stanley Miller. Der Verlust der drei Botschafter aus dem fernen Weltraum und das Mysterium ihrer Vernichtung — vielleicht Selbstzerstörung — ist für uns alle ein tiefer Schock. Aber es ist die Zeit gekommen einzugestehen, daß es für mich und einige meiner Berater weniger ein Schock gewesen ist. Denn wir haben eine ähnliche Reihe von Ereignissen in unserem eigenen Lande verfolgt, sie aber bis jetzt geheim gehalten aus Gründen, die bald deutlich werden.«

Arthur stieg aus einem Pendelbus vom Internationalen Flughafen Los Angeles auf seinem Weg zum Death Valley und dann nach Oregon, um drei Tage auszuruhen. Er betrat eine Lounge, um auf sein Taxi zu warten und die Stimme des Präsidenten zu hören. Er setzte sich vor einen Farbfernsehschirm zusammen mit elf anderen Reisenden. Sein Gesicht war aschfahl. *Er ist zu früh gestartet.*

»Im letzten September haben drei junge Geologen einen Hügel entdeckt in der Wüste, nicht weit vom Death

Valley in Kalifornien. Dieser befand sich nicht auf ihren Karten. In seiner Nähe fanden sie ein extraterrestrisches Wesen, ein Individuum in schlechtem Gesundheitszustand. Sie brachten dieses Individuum in eine nahegelegene Stadt und benachrichtigten die Behörden. Das extraterrestrische Wesen ...«

Trevor Hicks hörte in seinem Hotelzimmer in Washington zu. Die Reste des Frühstücks befanden sich auf einem Servierbrett am Fußende des Bettes. Erst gestern hatte er erfahren, daß Mrs. Crockerman endgültig in ihre Wohnung umgezogen war. Später an jenem Nachmittag hatte er die ersten Gerüchte von David Rotterjacks Rücktritt vernommen.

Die Version des designierten Präsidenten über das, was im Vandenberg-Laboratorium geschehen war, war recht deutlich. bis dahin konnte er keinen Fehler finden.

»... Und als ich mit diesem Wesen, diesem Besucher aus einer anderen Welt sprach, erzählte er mir eine grauenhafte Geschichte. Ich bin nie in meinem Leben so tief erschüttert gewesen. Er sprach von einer Reise über Äonen hin, vom Tod seiner Heimatwelt und von dem Verursacher dieser Vernichtung, eben dem Vehikel, das ihn zur Erde befördert hatte, jetzt im Death Valley gelandet war und sich als ein vulkanischer Aschenkegel getarnt hatte.«

Ithaca rief Harry aus dem Bad herbei, wo er gerade geduscht hatte. Sie wickelte ihn in einen dicken Samtmantel, während er vor dem Fernseher stand. Dabei spürte sie die Wärme seiner Haut. »Große Vögel paaren sich in der Luft und schlagen mit den Flügeln«, japste er.

»Was?« fragte Ithaca.

»Er gibt es jetzt bekannt. Hör ihm zu. Höre bloß zu!«

»Als ich den Gast fragte, ob er an Gott glaube, antwortete er mit ruhiger, sicherer Stimme: ›Ich glaube an Strafe.‹« Der Präsident machte eine Pause und blickte auf das voll versammelte Haus. »Mein Dilemma, und das Dilemma aller Wissenschaftler, militärisch wie zivil, und aller unserer Experten, war einfach. Konnten wir glauben, daß unser extraterrestrischer Besucher und die Besucher in Australien zusammenhingen? Sie erzählten so verschiedene Geschichten ...«

Es klopfte an Trevors Tür. Er schloß seinen Bademantel und eilte, um zu öffnen, ohne einen Gedanken darauf zu verschwenden, wer draußen sein könnte. Seine Aufmerksamkeit war ganz auf das Fernsehen konzentriert.
»Hicks, ich muß mich bei Ihnen entschuldigen.« Es war Carl McClennan, in einem Regenmantel und eine Flasche mit unbestimmtem Inhalt in braunem Packpapier unter dem Arm. »Das ist doch er, nicht wahr!«
»Ja. Bitte, kommen Sie nur herein!« Hicks fragte gar nicht erst, warum McClennan gekommen war.
»Ich bin zurückgetreten«, sagte McClennan. »Ich habe letzte Nacht seine Rede gelesen. Der Bastard wollte auf keinen von uns hören.«
»Psst!« sagte Hicks und legte den Finger auf die Lippen.

»Ich wünschte, ich könnte allen, die mich heute hören, eine tröstliche Lösung verkünden. Aber das tue ich nicht. Ich bin nie ein eifriger Kirchgänger gewesen. Aber tief in mir habe ich meinen eigenen Glauben bewahrt und als Führer der Nation es für weise gehalten, diesen Glauben nicht anderen aufzuzwingen, die anderer Meinung sind. Aber jetzt hat sich infolge dieser außerordentlichen Ereignisse mein Glaube gewandelt, und ich kann nicht länger schweigen. Ich glaube, daß wir mit unwiderleglichen Tatsachen konfrontiert sind — Beweisen, wenn Sie so wollen —, daß unsere Tage gezählt sind und daß unser Leben auf der Erde — ja sogar die Zeit der Erde selbst — bald ein Ende haben werden. Ich habe Rat gesucht bei jenen mit mehr spiritueller Erfahrung, als ich besitze, und sie haben mich beraten.

Ich glaube jetzt, daß wir vor der Apokalypse stehen, die in der Offenbarung des heiligen Johannes vorausgesagt ist, und daß die Mächte des Guten und Bösen sich auf der Erde kundgetan haben. Ob diese Mächte Engel und Dämonen sind oder Extraterrestrier, scheint mir durchaus bedeutungslos zu sein. Ich könnte sagen, daß ich mit einem Engel gesprochen habe, aber das scheint im wörtlichen Sinne nicht wahr zu sein ...«

»Er weicht sogar von seinem Text ab. *Verdammt!*« rief McClennan und setzte sich schwungvoll auf das Bett neben Hicks. »Ist ihm nicht klar, was er da losläßt? Was für soziale Konsequenzen ...«

»Bitte!« ermahnte Hicks.

»Ich kann nur den Schluß ziehen, daß irgendwie unsere Geschichte auf der Erde einem Gericht unterzogen wurde und wir als unzulänglich befunden wurden. Ob der Fehler in unseren Körpern steckt oder in unserem Geist — es ist klar, daß die Geschichte der menschlichen Existenz dem Schöpfer nicht gefällt, und daß Er die Tafel abwischen und neu beginnen will. Er hat mächtige Maschinen geschickt, mächtige Kräfte, die in jedem Augenblick beginnen können, diese Erde in der Schmiede Gottes zu erhitzen und auf einem himmlischen Amboß in Stücke zu schlagen.«

Der Präsident machte wieder eine Pause. Laute Stimmen auf dem Flur drohten, ihn zu übertönen, und der Sprecher mußte mehrere Minuten lang seinen Hammer schwingen. Die Kamera ging zurück auf Crockerman, der von einer Phalanx aus Geheimdienstmännern umgeben war, die mit grimmigen Gesichtern bemüht waren, in alle Richtungen zugleich zu blicken.

»Bitte«, sagte der Präsident. »Ich muß zum Schluß kommen.«

Schließlich ebbte der Lärm ab. Sporadische Rufe von Ärger und Unglauben kamen von den Abgeordneten.

»Ich kann meinem Volk und den Bewohnern der Erde nur sagen, daß für uns alle die Zeit gekommen ist, flehentlich um Rettung zu beten, in welcher Form sie auch kommen möge, ob wir sie erwarten können oder nicht, oder sogar ob wir Rettung überhaupt wirklich verdienen. Die Schmiede Gottes kann nicht besänftigt werden, aber vielleicht besteht für jeden einzelnen von uns Hoffnung, in unseren privaten Gedanken, mit Gott unseren Frieden zu machen und einen Ausweg zu finden vor den Schlägen Seines Zorns und Seiner Enttäuschung.«

Arthur Gordon konnte, als er in der Flughafenlounge saß, in der eine Frau leise neben ihm weinte und mehrere Männer laut mit sich und dem Fernsehschirm zankten, nur an Francine und Martin denken.

»Die ganze Hölle wird los sein«, brüllte ein stämmiger Mann in mittleren Jahren, als er aus der Halle stapfte.

»Wir sollten jetzt lieber nicht fliegen«, sagte ein junger Mann zu dem schwangeren Mädchen, eigentlich mehr ein Teenager, die bei ihm saß. »Sie sollten alle Flüge absagen.«

Arthur war darüber ärgerlich, wie sehr ihn die Rede aufgeregt hatte, und bemühte sich, ruhig zu bleiben. Er ging durch das morgendliche Menschengedränge, um am Schalter der Fluglinie seine Reservierung nach Las Vegas noch einmal nachzuprüfen.

McClennan hatte seine Fluchtirade beendet und stand jetzt neben dem leeren Fernseher. Er hatte immer noch seinen Regenmantel an. Jetzt sucht er nach einer Zigarette und dem Feuerzeug. Hicks hatte sich nicht von der Bettkante weggerührt.

»Es tut mir leid«, sagte McClennan. »Jesus, ich habe

seit fünf Jahren nicht mehr geraucht. Ich bin ein verdammter Schandfleck.«

Hicks fragte ihn: »Was wollen Sie jetzt machen, nachdem Sie zurückgetreten sind?« *Was für eine erstaunliche Situation! Eine gute Innenseite bei dieser Story.*

McClennan verzichtete mißmutig auf die Zigarette. Er warf sie in den Aschenbecher des Hotels, oben auf einen nicht benutzten Brief Streichhölzer, und legte sein Plastikfeuerzeug etwas sanfter daneben. »Ich nehme an, daß der Präsident für David und mich Ersatzmänner ernennen wird. Ich glaube, daß Schwartz bleiben wird. Ich erwarte, daß fast jeder bleiben wird.« McClennan sah Hicks mißtrauisch an. »Und Sie werden über all dies schreiben, nicht wahr?«

»Wahrscheinlich ja, später einmal.«

»Halten Sie ihn für verrückt?« fragte McClennan und zeigte auf den leeren Bildschirm.

Hicks dachte nach und sagte: »Nein.«

»Glauben Sie...«, und hier kehrte die Wut zurück und ließ McClennans Hände zittern, »daß er seinen Amtseid verletzt, wonach er die Verfassung der Vereinigten Staaten erfüllen und das Gemeinwohl fördern muß?«

Hicks sagte: »Er sagt das so, wie er die Dinge sieht. Er denkt, daß das Ende der Welt bevorsteht.«

»Mein Gott, selbst wenn es...« McClennan zog sich den Schreibtischstuhl heran und setzte sich langsam hin. »Er ist in Schwierigkeiten. Er zeigt seine Schwäche. Ich wäre nicht überrascht, wenn es zu einer Initiative käme, die Amtseinführung zu blockieren oder ihn des Amtes zu entheben.«

»Aus welchen Gründen?« fragte Hicks.

»Inkompetenz. Versagen bei der Förderung des Gemeinwohls. Himmel, ich weiß nicht...«

»Hat er irgendwie gegen das Gesetz verstoßen?«

»Wir hatten noch nie einen Präsidenten, der im Amte wahnsinnig geworden ist. Zumindest nicht mehr seit

Nixon. Aber Sie halten ihn also nicht für verrückt. Hören Sie, er war anderer Meinung als Sie, selbst nachdem er Sie in den inneren Kreis geholt hat... Was hat er vor?«

Hicks hatte diese Frage schon in gewisser Weise beantwortet und sah keinen Grund, es noch einmal zu tun.

»All right«, sagte McClennan. »Was er tut, worauf alles hinausläuft, ist, daß er kapituliert, ohne daß ein einziger Schuß abgegeben wurde. Wir haben keine Idee, was diese... diese Bastarde, diese Maschinen, diese Aliens tun können. Wir können nicht einmal sicher sein, daß sie die Erde zu zerstören vermögen. Ist das überhaupt *möglich*? Kann man eine Welt in Stücke reißen oder alles auf ihrer Oberfläche töten?«

»Wir selbst können das Leben auf der Erde vernichten, wenn wir es so wollen«, erinnerte ihn Hicks.

»Ja, aber der Gast hat davon gesprochen, daß nur Schutt übrig bleiben würde. Ist das möglich?«

»Ich denke, schon. Man muß nur genügend Energie freisetzen, um den größten Teil der Erdmasse um sich selbst in einen Orbit zu versetzen, oder ihm die Entweichgeschwindigkeit zu erteilen. Das wäre eine schreckliche Menge Energie.«

»Wieviel? Könnten wir das tun?«

»Ich glaube, nein. Nicht einmal mit all den Kernwaffen, die wir jetzt haben. Wir könnten nicht einmal damit anfangen.«

»Wie fortgeschritten müßte eine... mein Gott, eine Zivilisation sein, um das tun zu können?«

Hicks zuckte die Achseln. »Wenn wir von dem heutigen Punkt unserer Entwicklung eine gerade Linie ziehen mit dem Maße, wie größere Durchbrüche zunehmen, dann vielleicht ein Jahrhundert, vielleicht zwei.«

»Könnten wir sie abwehren? Sind wir dazu fähig?«

Hicks schüttelte unsicher den Kopf. McClennan verstand das als Verneinung. »Er bezeichnet sie also so, wie er sie sieht. Kein Ausweg. Wie, wenn sie nicht hier sind, um die Erde zu zerstören, wenn sie uns bloß verwirren wollen, uns zurückwerfen, am Fortschritt und Wettbewerb hindern wollen? — Wissen Sie, so wie wir es mit den Japanern hätten machen können, wenn wir gewußt hätten, daß sie uns im zwanzigsten Jahrhundert ernste Konkurrenz machen würden ...?«

»Die Aliens sind da sicher sehr tüchtig.«

»Richtig.« McClennan war wieder aufgestanden.

»Was werden *Sie* jetzt machen?«

Der ehemalige Nationale Sicherheitsberater starrte mit leerem Blick auf das Fenster. Dieser Blick erinnerte Hicks an den Ausdruck auf dem Gesicht von Mrs. Crokkerman. Trübe, der Verzweiflung nahe, jenseits von Tränen.

»Ich werde im Hintergrund arbeiten, um seinen Arsch zu retten«, sagte McClennan. »Ebenso wird Rotterjack es machen. Verdammt uns alle — wir sind dem Manne ergeben.« Er hob die Faust. »Wenn die Zeit kommt, daß wir am Ende sind, wird Ormandy, dieser Hundesohn, nicht wissen, was geschehen ist. Er wird nur ein toter Albatros — ein Unheilsverkünder — sein.«

28

Da er bis zum Abflug nach Las Vegas noch drei Stunden Zeit hatte, beschloß Arthur, ein Taxi nach Harrys Haus in den Cheviot Hills zu nehmen.

Das Auto fuhr ihn über den San Diego Freeway und durch ein strahlend dekoriertes, aber verarmtes Gebiet von Los Angeles.

»Ham Se gehört, was der Präsident gesagt hat, Mann?« fragte der Fahrer und blickte zu Arthur hinüber.

»Ja.«

»Isses nich ein Ding, was er da gesagt hat? Habe mich in de Hose gepißt dabei. Frage mich, wieviel davon stimmt, oder ob er plemplem geworden is.«

»Ich weiß nicht«, antwortete Arthur. Er fühlte sich seltsam erheitert. Jetzt kam alles in die Reihe. Er konnte das Problem wie auf einer Straßenkarte klar vor sich sehen. Seine Erschöpfung und Resignation waren verschwunden. Jetzt fühlte er sich durch eine tiefe, ehrliche Wut bereichert. Seine Distanz und Objektivität waren ausgebrannt. Die Luft, die durchs Fenster des Taxis kam, war süß und berauschend.

Lieutenant Colonel Albert Rogers hatte die Aufzeichnung der Rundfunksendung gehört und saß benommen einige Minuten hinten im Anhänger. Er fühlte sich verraten. Was der Präsident gesagt hatte, konnte doch kaum wahr sein. Die Männer im Furnace hatten die Rede noch nicht gehört; aber es gab keine Möglichkeit, sie ihnen vorzuenthalten. Wie könnte er sie ihnen etwas schmackhafter machen?

»Der Bastard hat kapituliert«, murmelte er. »Er hat uns hier einfach sitzen lassen!«

Rogers stand in der Hintertür des Anhängers und schaute auf den Aschenkegel, dunkel und schwer zu beschreiben in dem vollen Morgenlicht. »Ich kann eine Atombombe genau mitten in dieses Miststück bringen«, sagte er ganz ruhig. »Ich kann sie hineinbringen und abwarten, bis sie losgeht.«

Nicht ohne Autorisierung durch den Präsidenten.

Das stimmte allerdings nicht ganz.

Aber der Präsident konnte sie doch nicht wirklich daran hindern, einen Versuch zur Selbstverteidigung zu unternehmen ... — oder doch? Er hatte sich darüber nicht weiter geäußert. Er hatte nur konstatiert, daß er es für unwahrscheinlich hielt ... Was waren seine Worte gewesen? Rogers ging wieder zum Fernsehmonitor und ließ das Band zurücklaufen. »... daß für uns alle die Zeit gekommen ist, flehentlich um Rettung zu beten, in welcher Form sie auch kommen möge, oder sogar, ob wir Rettung überhaupt wirklich verdienen ...«

Was sollte das heißen?

Und wer würde Rogers jetzt die richtigen Befehle erteilen?

»Er fühlt sich heute schwach. Die Reise nach Washington hat ihm in keiner Weise gut getan«, sagte Ithaca und führte Arthur ins Schlafzimmer. Harry lag rücklings auf dicken weißen Kissen und hatte die Augen geschlossen. Er sah schlechter aus als damals, wo sie sich vor einer Woche getrennt hatten. Sein Gesicht war fahl und fleckig. Der Atem ging gleichmäßig; aber als er die Augen öffnete, schienen diese ausgewaschen und ohne Enthusiasmus zu sein. Er lächelte Arthur zu und ergriff fest seine Hand.

»Ich werde bald aufgeben«, sagte Harry.

Arthur wollte protestieren, aber Harry tat das mit einer Handbewegung ab. »Nicht wegen dieser Rede. Ich werde nicht mehr viel nütze sein. Ich kämpfe noch, aber ... Es wird sehr rasch schlimmer. Ich hänge an einem kurzen Faden. Ich kann nicht mehr die Stadt verlassen und werde ab der nächsten Woche die ganze Zeit in einem Krankenhaus sein. Du solltest dir jetzt nicht um so etwas Sorgen machen.«

»Ich brauche *dich*, Harry«, sagte Arthur.

»Na ja. Gott weiß, daß es mir leid tut. Ich wäre lieber auf und im Gange. Du hast jetzt einen schweren Kampf vor dir, Arthur. Was wirst du tun?«

Arthur schüttelte langsam den Kopf. »McClennan und Rotterjack sind zurückgetreten. Der Präsident hat der Einsatzgruppe keinerlei Befehle erteilt.«

»Er würde es nicht wagen, die Gruppe jetzt aufzulösen.«

»Nein, er will uns beisammenhalten, aber ich zweifle,

ob er uns irgend etwas tun lassen wird. Ich habe vor ein paar Stunden mit Hicks gesprochen; und nach dem, was er sagte, ist Crockerman sogar noch einen Schritt weiter gegangen als Ormandy. Apokalypse. Bring deine Bücher in Ordnung! Hier kommt der Revisor.«

»Er kann doch nicht das alles ...« Harry schüttelte den Kopf. »Oder etwa doch?«

»Ich habe nicht mehr mit ihm gesprochen, seit wir zusammen ins Oval Office gegangen sind. Jetzt spielen wir nur noch eine Nebenrolle. Wir werden alle über kleinem Feuer lebendig gebraten. Da ich keine spezifischen Anweisungen habe, werde ich einmal im Furnace nach dem rechten sehen und dann für ein paar Tage zurück nach Oregon gehen. Mich verstecken.«

»Was ist mit den Leuten, die da in Gewahrsam gehalten werden? Warum hält man sie noch fest? Sie sind doch gesund.«

»Sie sind bestimmt kein Sicherheitsrisiko«, gab Arthur zu.

»Wir haben doch die Ermächtigung, sie gehen zu lassen, oder etwa nicht?«

»Wir stehen immer noch unter dem Präsidenten. Ich werde Fulton anrufen.« Er hielt immer noch Harrys Hand. Er hatte sie nicht mehr losgelassen, seit er auf dem Bett saß. »Du muß hier gewinnen, Harry.«

»Fühlst du dich selbst sterblich, ha?« Harrys Gesicht war ernst. »Weißt du, sogar Ithaca ... Sie weint jetzt manchmal ganz offen. In der letzten Nacht haben wir zusammen geweint, als sie mich nach den Tests zurückfuhr.«

»Kein Mensch gibt dich auf«, sagte Arthur mit überraschender Heftigkeit. »Wenn deine verdammten Ärzte nicht fähig sind ... werden wir andere Doktoren finden. *Ich brauche dich.*«

»Ich fühle mich richtig beschissen, dich so hängen zu lassen«, sagte Harry.

»Du weißt, daß das ein ...«

»Ich meine es wirklich. Ich bin jetzt sehr krank. Ich fühle es jetzt noch nicht; aber in einer oder zwei Wochen werden sie mit anderen Behandlungen anfangen, und ich werde ein Wrack sein. Ich werde nicht mehr folgerichtig denken können. Also laß mich es dir jetzt gleich sagen. Wir müssen mit einem Gegenschlag beginnen.«

»Gegen den Furnace, den Felsen?«

»Sie haben uns in Verwirrung gebracht. Soviel haben sie jedenfalls geschafft ... Wer immer sie auch sein mögen. Ihre Gesandten in die Luft zu jagen! Was für ein Meisterstreich. Sie liefern uns erst zwei Geschichten und lassen dann beide als Lügen erscheinen. Und wir sind wirklich ein dankbares Publikum gewesen. Es ist Zeit zu tun, was wir können.«

»Und was wäre das?«

»Hast du darüber noch nicht nachgedacht!«

»Doch schon, das habe ich«, räumte Arthur ein.

»Du mußt deine Kommunikationswege zum Präsidenten wieder herstellen. Rede McClennan und Rotterjack zu, daß sie dran bleiben. Falls das nicht in Frage kommt ...«

»Es ist jetzt zu spät.«

»Dann sprich mit Schwartz! Er weiß verdammt gut, wie die öffentliche Reaktion ausfallen wird. Amerikaner werden das nicht so leicht hinnehmen.«

»Ich mag nicht die Ergebnisse der Umfragen darüber sehen, wie viele Leute glauben, daß etwas geschieht.«

»Führertum«, sagte Harry mit heiserer Stimme. »Er muß seine Führerrolle bestätigen. Und wir müssen zurückschlagen.«

Arthur nickte geistesabwesend.

»Die Ermordung von Cook. Du erinnerst dich?«

Arthur schüttelte den Kopf. »Nur, wenn sie nicht allmächtig sind.«

»Wenn sie es wären, warum sollten sie dann bemüht sein, uns zu verwirren?« fragte Harry mit noch düsterer

Miene. Er packte Arthurs Hand noch fester. Es gab einmal eine Zeit, da Arthurs Zupacken Knöchel hätte zermalmen können. Jetzt war es fester, anhaltender Druck, nicht mehr. »Sie müssen glauben, daß wir ihnen irgendwie Schaden zufügen können.«

Arthur nickte. Er war aber zu einer anderen Schlußfolgerung gekommen, und das machte ihm Angst. Er konnte es kaum in Worte fassen und wollte es Harry jetzt bestimmt nicht mitteilen. Er dachte: *Steck einen Ast in den Ameisenhaufen. Sieh zu, wie sie umherwimmeln. Lerne über sie. Dann zertritt den Bau.*

»Hast du darüber nachgedacht, was ich tun werde, falls du nicht durchhältst?« fragte Arthur.

»Du wirst Ithaca nach Oregon einladen und sie dort seßhaft machen. Sie Freunden vorstellen. Jemanden finden, der aussichtsreich scheint und eine gute Frau braucht. Verheirate sie!«

»Mein Gott!« sagte Arthur und fing an zu weinen.

»Siehst du wohl«, sagte Harry, dem selbst die Tränen über die Wangen liefen. »Du machst dir wirklich Sorgen.«

»Du Schuft!«

Harry rollte den Kopf zur Seite und wischte sich mit einem Kissenzipfel die Augen. »Ich bin nie auf dich eifersüchtig gewesen. Ich könnte es jahrelang aushalten, ohne dich zu sehen, weil ich wüßte, daß es dich gibt. Aber Ithaca. Es müßte schon ein verdammt guter Kerl sein, mit dem du sie bekannt machen solltest. Falls irgend jemand außer mir zwischen ihren Schenkeln zu liegen kommen würde, müßte ich ihn schon sehr gut mögen können.«

»Schluß damit!«

»Schon recht. Ich bin müde. Kannst du zum Essen bleiben? Ich bin immer noch imstande zu essen. Nach der nächsten Woche werde ich es wohl kaum noch bei mir behalten können. Die altmodischen Heilverfahren.«

Arthur sagte ihm, daß er in Kürze sein Flugzeug erreichen müßte. Ein Dinner kam gar nicht in Betracht.

»Dann ruf mich morgen an!« sagte Harry. »Halt mich auf dem laufenden!«

»Darauf kannst du dich verlassen.«

»Und sprich etwas mehr mit Hicks! Er könnte mich ersetzen.«

Arthur schüttelte über diese Idee den Kopf.

»Ich möchte nicht, daß du denkst, ich wäre hierdurch ans Bett genagelt«, sagte Harry. »Ich habe jetzt schon seit Tagen verrückte Überlegungen angestellt. Ich werde sie bald niederschreiben.«

»Verrückte Gedanken?« fragte Arthur.

»Um alles in die richtige Perspektive zu rücken. Die Aliens, meinen Krebs, die Erde, alles.«

»Das ist eine hübsche Reihenfolge.«

»Darauf kannst du wetten. Es hält meinen Geist von diesem Unsinn frei.« Er schlug sich mit der Hand auf Brust und Bauch. »Es könnte vielleicht sogar nützlich sein, manchmal ...«

»Ich würde es gern hören«, sagte Arthur.

Harry nickte. »Du wirst es. Aber nicht jetzt. Es ist noch nicht konkret genug geworden.«

29

---

15. November

Das blauweiße Taxi brummte und sauste über die kurvenreiche Straße mit furchtbarer Geschwindigkeit und Kraft den Abhang hinauf. Samshow saß starr auf dem Rücksitz, stemmte sich in die eine und andere Richtung gegen die Kurven und fragte sich, ob er die Einladung hätte annehmen sollen, wenn soviel Arbeit zu tun war. Draußen rauschte der nächtliche Dschungel vorbei, unterbrochen von beleuchteten Einfahrten zu Privatstraßen und geisterhaften Häusern, die über der Kuppe des Hügels vorbeiglitten. Unten lag, nur gelegentlich durch die Bäume sichtbar, hingegossen das helle Schatzkästlein von Honolulu.

Sand hatte ihm gesagt, daß bei der Party interessante Leute anwesend sein würden. Er hatte sich erst zwei Stunden zuvor aufgemacht. Die *Glomar Discoverer* war an diesem Morgen in Pearl Harbor eingetroffen, und die Einladung von Gina Fusetti, der Frau des Physikprofessors an der Universität von Hawaii, Nathan Fusetti, war per Telephon um zehn Uhr gekommen. Mrs. Fusetti war über den ganzen Pazifik hin für ihre Parties berühmt. »Wir können das nicht ablehnen«, hatte Sand gesagt. »Wir brauchen sowieso ein paar Stunden Ruhe.«

Samshow hatte widerstrebend zugesagt.

Er ließ die Finger durch eine Handvoll Dollarscheine und Kleingeld gleiten, bezahlte und gab dem Fahrer ein Trinkgeld. Dann trat er zurück, um nicht durch die Hinterräder mit Kies beworfen zu werden. Danach wandte er sich um und erblickte ein breites, pseudojapanisches Haus mit Zwischenetagen, das mit Hunderten elektrischer, zusammenlegbarer Papierlaternen geschmückt war. Der gepflasterte Gehweg war von aus Lava gehauenen Tikis — Götzenbildern — mit brennenden Kerzen in den Augen flankiert.

Selbst von seinem jetzigen Standplatz aus konnte er hören, wie sich Leute unterhielten — aber keine laute Musik. Dafür war er zutiefst dankbar.

Eine junge Frau öffnete auf sein Klopfen die Tür und lächelte strahlend. »Mama!« rief sie. »Hier ist noch jemand. Wer sind Sie?«

»Walter Samshow. Und wer sind Sie?«

»Tanya Fusetti. Meine Eltern ... Sie wissen. Ich bin hier mit meinem Freund.«

»Sie müssen Doktor Samshow sein!« Gina Fusetti stolzierte munter durch den Türbogen, welcher in den tiefer gelegenen Speisesaal führte. Sie rieb sich die Hände und lächelte heiter. In ihren späten sechziger Jahren, mit vollkommen weiß gewordenem Haar, betrachtete sie Samshow achtungsvoll aus fröhlichen Schlitzaugen und bat ihn hinein, wo sie ihn mit einem Bier (Asahi) und einem Pappteller Hors d'œuvres (Teriyaki-Thunfisch und rohes Gemüse) versorgte. »Wir sind sehr erfreut, einen so angesehenen Autor und Gelehrten bei uns zu sehen«, sagte sie mit ihrem Tausend-Watt-Lächeln. »Mr. Sand befindet sich mit einigen Freunden im hinteren Zimmer ... Er hat uns gesagt, daß Sie kommen würden.«

Sand kam durch eine Seitentür herein. »Walt, ich freue mich, daß du doch noch gekommen bist. Etwas Außergewöhnliches ...«

»Ah, da ist er ja!« Sie nickte beiden zu und lächelte immer noch. »Eine solche Freude, daß es Männer gibt, die auch etwas zu sagen haben, wenn sie reden!« Ein anderer neu eingetroffener Gast entführte sie. Dabei winkte sie ihm noch einladend mit beiden Händen zu — Party, Spaß.

»*Die* ist wirklich ungewöhnlich«, sagte Samshow.

»So macht sie es mit jedem. Sie ist bezaubernd.«

»Bist du mit ihr schon früher auf Parties zusammengewesen?«

»Ich hatte mal eine Verabredung mit ihrer älteren Tochter.«

»Das hast du mir nie erzählt.«

Sand schüttelte den Kopf und grinste. »Kennst du Jeremy Kemp? Er sagt, daß er dich kennt.«

»Ich glaube, wir haben uns vor Jahren einmal eine Kabine geteilt — bei irgendeiner Expedition ... nein, es war bei einem Seminar in Woods Hole. Kemp. Geologe, Erdbeben, nicht wahr?«

»Stimmt.« Sand schob ihn vorwärts. »Wir alle müssen reden. Dies ist ein richtiges Zusammentreffen, daß er hier ist und wir auch. Und ich habe irgendwie gegen unsere Regeln verstoßen. Ich habe unsere Peilung zur Sprache gebracht.»

»Oh?«

»Wir haben unsere Daten ja schon nach La Jolla geschickt«, sagte Sand als Entschuldigung.

Samshow war nicht ganz besänftigt. Sand öffnete die Tür zu einem rückwärtigen Schlafzimmer. Kemp und zwei weitere Männer saßen auf Stühlen und der polynesisch bedruckten Überdecke des Bettes mit Bier und Cocktails in den Händen. »Walt! Sehr gut, dich wiederzusehen.« Kemp stand auf, nahm seinen Cocktail in die andere Hand und schüttelte Samshow kräftig die seine. Es erfolgten Vorstellungen, und Samshow stand in einer Ecke, während Sand Kemp zuredete, sein wissenschaftliches Problem darzulegen.

»Ich suche nach Bodenschätzen für Asian Thermal, ein Energiekonsortium in Taiwan und Korea. Wir verfolgen chinesisches Öl, für Beijing — ganz offiziell — und versuchten gerade, den ganzen südwestlichen Pazifik zu kartieren — bis südlich zu den Philippinen hin. Zum Teil kartieren wir durch seismische Vorgänge und Analyse der Wellenausbreitung durch die tiefe Kruste. Nun ist das mindestens so geschütztes Eigentum wie das, was du mir erzählt hast ... Klar?« Er blickte verschwörerisch zur Tür. Sand schloß sie und schob den Riegel vor.

»Meine Gruppe hat Horchstationen auf den Philippinen und den Aleuten. Wir haben auch das Informationszentrum für Erdbeben des U.S. Geological Survey in Colorado und das Large-Aperture Seismic Array in Montana angezapft. Wir haben ein anomales seismisches Ereignis. Wir halten es für eine Fehlablesung oder vermurxte Interpretation. Aber vielleicht auch nicht. Es kommt aus der Nachbarschaft der Ramapo-Senke. Wir haben es zuerst in der Nacht vom ersten November bekommen, ostpazifische Zeit.«

»Die Nacht unseres Meteoriten«, sagte Samshow.

»Stimmt. Wir geben die Zeit mit etwa acht Uhr zwanzig p.m. an. Richtig?«

»Das ist innerhalb von zehn Minuten unsere Zeit«, bestätigte Sand.

»Okay. Kein gewöhnliches Erdbeben. Kein Verrutschen einer geologischen Verwerfung. Eher wie eine Kernexplosion — und doch auch wieder nicht. Wir erhielten eine PcP-Reflexion des äußeren Erdkerns — in Beijing und Reflexionen von den P260P und P400P in Colorado, danach P-prime-P-prime-Wellen von dem LASA in Montana. Keine Love- oder Rayleigh-Oberflächenwellen, sondern Körperwellen. Keine unmittelbaren Scherungswellen. Einfach Kompressionswellen und eine Menge wirklich ungewöhnlicher mikroseismischer Erscheinungen, als ob etwas *bohren* würde. Genau in der Ramapo-Senke. Was könnte das sein?«

Sand grinste schadenfroh wie ein kleiner Junge. »Etwas, das vielleicht hundert Millionen Tonnen wiegt?«

»Richtig«, sagte Kemp und grinste genauso. »Also wollen wir einmal verrücktes Zeug reden. Irgend etwas, dessen Masse bei 10 hoch 8 metrischen Tonnen liegt, trifft auf den Ozean wie ein Berg. Aber alles, was dabei herauskommt, ist ein mäßiger Windstoß. Demnach hat es nicht viel von seiner Energie übertragen. Ein sehr schmales Profil. Wie ein glatter Durchschuß. Eine sehr kleine Geschwindigkeitseinbuße durch das Wasser, vielleicht auch Wärmeverlust. Etwas, das weniger als ein Meter breit ist.«

»Das ist lächerlich«, sagte Samshow.

»Keineswegs. Ein Bolzen aus überdichter Materie, wahrscheinlich ein Schwarzes Loch, trifft in der Nähe auf den Ozean, fällt auf den Boden der Ramapo-Senke, *voilà!* und bohrt sich ein.«

»Unglaublich«, sagte Sand und schüttelte immer noch grinsend den Kopf.

»All right. Wir haben beide Anomalien. Meine Leute haben das Profil einer Kernreaktion, die es nicht gibt; und ihr habt einen Zacken.« Kemp hob sein Glas. »Auf unsere gemeinsamen Geheimnisse!«

Sand hatte sein elektronisches Notizbuch hervorgeholt und gab eifrig Zahlen ein. »Ein Schwarzes Loch dieser Größe würde doch eine starke Quelle von Gammastrahlen sein, nicht wahr?«

»Ich weiß nicht«, sagte Kemp.

Sand zuckte die Achseln. »Aber es ist so dicht und so klein, daß es direkt bis zum Zentrum der Erde fällt. Tatsächlich geht es daran vorbei wegen der Corioliskraft. So springt es weg zu der anderen Seite. Es gibt nur sehr wenig wirksamen Widerstand. Es bewegt sich durch den Erdkörper wie durch dünne Luft.«

Kemp nickte.

»Wenn es den Erdkern erreicht, bewegt es sich mit ungefähr zehn Kilometern in der Sekunde. Können Sie sich die Schockwelle vorstellen, die dabei entsteht? Die ganze Erde würde wie eine Glocke schwingen. Das ist Ihre Mikroseismik. Die freigesetzte Wärme würde unglaublich sein. Ich weiß nicht, wie man das berechnen könnte ... Wir brauchen jemanden, der sich auf Fluidodynamik versteht. Die Periode — die Zeit, die es braucht, um in einer geschlossenen Bahn um das Zentrum der Erde einen ›Orbit‹ auszuführen — würde ungefähr achtzig bis neunzig Minuten betragen.«

»Würde nicht jeder Lärm, den es überhaupt verursachen könnte, im Hintergrundrauschen verlorengehen?« fragte Samshow, der sich um Jahre rückständig vorkam.

Kemp sagte: »Oh, wir hören es recht gut. Schnattert wie ein Kobold. Darf ich mir Ihr Notizbuch ausleihen?«

Sand gab es ihm etwas widerwillig. Kemp rechnete kurz. »Wenn wir von Reibungseffekten absehen, kämen wir direkt bei den Antipoden des Eintrittspunktes heraus. Ich weiß nicht, ob es eine Verzögerung geben würde — es saugt Materie ein und gibt einen Teil davon als Gammastrahlung wieder ab; es erzeugt ein Plasma, oder vielleicht ist es ... Zum Teufel, ich weiß nicht. Nehmen wir an, daß der Erdkern nur wenig bremsend darauf wirkt. Vielleicht bricht es nicht durch die Oberfläche ...«

»Aber die Schockwelle tut es«, sagte Sand.

»Richtig. Also haben wir gewaltige Effekte in...« Kemp zog die Augenbrauen zusammen.

»Im Südatlantik«, sagte Samshow. »Dreißig Grad Süd und vierzig West. Etwa elfhundert nautische Meilen östlich Brasilien, irgendwo auf der Breite von Porto Allegre.«

»Sehr gut«, sagte Kemp, dessen Lächeln sich jetzt nicht mehr änderte. »Einige seismische Ereignisse dort; und dann schwingt es nach achtzig oder neunzig Stunden zurück nach Ramapo. So geht es immer und immer wieder, bis seine Bewegung durch irgendwie sich bemerkbar machende Verzögerung gedämpft wird und es in den Erdmittelpunkt fällt. Könnt ihr euch vorstellen, was ein Schwarzes Loch im Zentrum der Erde anrichten würde?«

Samshow war jetzt beunruhigt. Er stand auf und ging durch eine offene gläserne Schiebetür auf die Veranda. Er blickte in den dichten nächtlichen Dschungel hinter dem Haus von Mrs. Fusetti. Es herrschte Stille bis auf den Lärm der Party und das Summen von Insekten. »Wie, zum Teufel, könnte so etwas auf die Erde geraten? Würde es nicht von unserem Radar oder den Satelliten geortet werden?«

»Ich weiß es nicht«, sagte Kemp.

»Es gibt da bestimmt eine Korrelation, Walt«, sagte Sand. »Unsere Gravimeter haben einwandfrei funktioniert.« Er ging zu Samshow auf die Veranda.

»Die ganze Party spricht von der Verlautbarung des Präsidenten«, sagte Kemp, der in der offenen Tür stand. »Was ich mir gedacht habe...«

Sand bekam große Augen. »O Jesus«, sagte er. »Ich hatte nicht einmal...«

»So?« fragte Samshow.

»Vielleicht ist es nur Phantasie«, sagte Kemp. »Ihr habt einen Zacken, den wir nicht verfolgen können, eine Meteorerscheinung, die ihr nicht erklären könnt; und wir haben Kompressionswellen, die wir nicht erklären können. Und der Präsident hat Aliens.«

»Warte mal!« unterbrach ihn Samshow. »Wir haben keine Information über den Südatlantik.«

Sand fragte: »Könnte dies Schwarze Loch, oder was immer es sein mag, der Erde wesentlichen Schaden zufügen?«

»Es würde sie schließlich auffressen, vollständig verschlingen«, sagte Kemp.

»Dann sollten wir lieber jemanden verständigen«, meinte Samshow.

Kemp und Sand sahen ihn an wie Kinder, die bei einem schmutzigen Spiel ertappt wurden.

»Warum sollten wir nicht?« fragte Samshow. »Wer geht nach San Francisco, zum Kongreß der American Geophysical Society?«

»Ich«, sagte Kemp.

»Ich möchte es auch tun«, sagte Samshow, der sich jetzt auf seinen Instinkt verließ. Sand sah ihn etwas verwirrt an. Vielleicht glaubte er, jetzt ins Hintertreffen zu geraten, nachdem er die Dinge so weit getrieben hatte und nun sah, wie der alte Mann das alles ernst nahm. »Können wir das hinkriegen, David?«

»Ich ... möchte einige Berechnungen versuchen.«

»Wir sind sicher keine Experten«, sagte Samshow. »Aber es wird schon jemanden geben.«

»Stimmt«, sagte Kemp. »Ich kenne den richtigen Burschen. Jonathan Post wird dort sein.«

Der Furnace war jetzt umgeben von drei konzentrischen Drahtzäunen, von denen der innerste unter Strom stand. Truppen patrouillierten in Jeeps und Hubschraubern rings herum. Außerhalb der Barrikaden saßen Neugierige zu Hunderten müßig in ihren Wagen, Jeeps und Lastern, die Feldstecher auf den acht Kilometer oder noch weiter entfernten schwarzen Hügel gerichtet. Hier warteten auch neun handverlesene Reporter in tiefer Langeweile auf neue Verlautbarungen.

Mit Ausnahme der allgegenwärtigen Hubschrauber

war das Gelände an sich ruhig. In der gleichmäßig strahlenden Sonne des späten Vormittags ragte der Aschenkegel schwarz und purpurn empor, Lavablöcke und Ergüsse noch an Ort und Stelle, nichts verändert, alles still und zeitlos.

Als die Luftschrauben und Turbinen von Arthurs aus Las Vegas kommendem Hubschrauber langsamer wurden, kletterte Arthur aus einer Luke und ging über die salzige, aus Sand und Kies bestehende Landebahn auf Lieutenant Colonel Rogers zu. Der begrüßte ihn mit Handschlag. Arthur übergab ihm ein Aktenbündel.

»Was ist das?« fragte Rogers, während sie allein auf den Anhänger mit der Elektronik zugingen.

»Das sind Befehle, die besagen, daß Sie und Ihre Männer außerhalb des Monstrums bleiben und nichts unternehmen sollen, das den Platz stören könnte«, sagte Arthur. »Ich habe sie in Las Vegas erhalten. Sie kommen aus dem Büro des Präsidenten.«

»Ich habe schon Anweisungen in diesem Sinne bekommen«, sagte Rogers. »Warum schickt man noch mehr?«

»Der Präsident wünscht sicher zu gehen, daß Sie es wirklich begreifen«, sagte Arthur.

»Jawohl, Sir. Sagen Sie ihm ...«

»Wir stehen nicht in regelmäßiger Verbindung«, erklärte Arthur. Er schaute sich im Gelände um und legte dann Rogers die Hand auf die Schulter. »In wenigen Tagen werden wir hier überall Senatoren und Kongreßabgeordnete haben. Subkomitees des Senats sind unvermeidlich. Oberkomitees des Kongresses. Alles, was Sie sich nur vorstellen können.«

»Ich habe gehört, daß der Senator von Louisiana, wie hieß er doch gleich — MacSoundso.«

»MacHenry.«

»Ach ja«, sagte Rogers und schüttelte den Kopf. »Im Radio. Er rief zur Amtsenthebung auf.«

»Das ist das Problem des Präsidenten«, sagte Arthur

ruhig. »MacHenry ist nicht allein.« Sie blieben zwanzig Meter vor dem Anhänger stehen. Zwischen der Landebahn und dem Komplex mit Militärgerät war ein Weg freigemacht worden. Gelangweilte Soldaten hatten den Weg mit ähnlich geformten und weißgekalkten Lavablöcken eingefaßt. »Ich muß Sie etwas Wichtiges fragen. Privat. Dieser Platz ist wohl so gut wie sonst einer.«

»Ja, Sir.«

Arthur fragte: »Gibt es irgendeine Möglichkeit, das Monster zu zerstören?«

Rogers versteifte sich. »Diese Möglichkeit ist nicht erwähnt worden, Sir.«

»Könnten Sie es tun?«

Das Gesicht des Lieutenant Colonel war ein Kampfplatz widerstreitender Emotionen. »Mein Team kann fast alles tun, Sir; aber es würde spezifische Befehle erfordern, eine solche Möglichkeit auch nur zu erörtern.«

Arthur sagte: »Dies kommt nicht ins Protokoll.«

»Selbst dann, Sir.«

Arthur nickte und schaute weg. Er sagte: »Ich werde mich hier nur ein paar Stunden aufhalten. Sie haben Ihre Befehle. Aber, offen gesprochen, *ich* habe keine speziellen Anweisungen. Und ich glaube, daß meine Vollmacht die Ihre hier übertrifft. Habe ich recht?«

»Ja, Sir, außer wenn sie direkten Befehlen seitens des Präsidenten widerspricht.«

»Sie haben aber keine Anweisung, mich am Betreten des Monsters zu hindern, oder doch?«

Rogers dachte darüber nach. »Nein, Sir.«

»Ich möchte das tun.«

»Das ist nicht schwierig, Sir«, sagte Rogers.

»Schwierig wäre es nur, wenn Sie als erster drin wären, nicht wahr?«

Rogers lächelte schwach.

»Ich muß Ihnen folgen, wenn Sie vorangehen. Sagen Sie mir, was ich wissen muß, und was für eine Ausrüstung nötig sein wird.«

PERSPEKTIVE

AP News Network in Brief, 17. November 1996, Washington D.C.:
Der Abgeordnete Dale Berkshire, R-V., empfahl dem Plenum des Kongresses heute, daß das Juristische Komitee des Hauses mit Anhörungen beginnen sollte über die Aktionen des designierten Präsidenten Crockerman bezüglich des Raumschiffs vom Death Valley. Berkshire sagte: »Unter dem Volk herrscht eine große Stimmung für Amtsenthebung. Lassen Sie das Verfahren hier und jetzt beginnen!« Berkshire und zahlreiche andere Angehörige des Kongresses haben, wie verlautet, das Haus und den Senat ersucht, die Zeremonien der Amtseinführung des designierten Präsidenten zu vertagen. Derzeit kann nichts im Hinblick auf Vertagung unternommen werden.

30

17. November

Mary, die Offizierin vom Dienst, begrüßte sie über die Sprechanlage mit einem Lächeln in der Stimme. »Steht auf und macht euch zurecht!« sagte sie. »Ihr kommt heute raus. Das habe ich gerade von Colonel Phan gehört.«

Edward war schon seit Stunden wach. Er hatte in den letzten Tagen nicht viel schlafen können. Der kühle, saubere Kunststoffgeruch der Zelle füllte seinen ganzen Körper. Er konnte sich nicht mehr erinnern, wie richtige Luft wirklich schmeckte. Minelli war schlimmer gewesen als sonst. Mal stammelte er, mal weinte er; und Edwards Ärger hatte sich in ihm aufgestaut, hilflos, heiß, wenn auch anästhetisch; er hemmte ihn mehr, als daß er ihn zum Handeln antrieb. Aktion führte zu nichts.

Minelli sagte: »Sie lügen, Mary, Mary. Wir sind Gefangene auf Lebenszeit.« Ein Psychologe der Luftwaffe hatte gerade mit Minelli gesprochen und war zu dem Urteil gekommen, daß der Mann an ›extremer Stubenangst‹ litte. So ging es allen.

Reslaw fragte: »Wir sind kein Sicherheitsrisiko mehr?«

»Ich denke, nicht. Sie sind gesund, und die Verlautbarung des Präsidenten macht die Untätigkeit ziemlich überflüssig, meinen Sie nicht auch?«

»Das habe ich mir schon seit Tagen gedacht«, sagte Reslaw.

Um zehn Uhr vormittags erschien Colonel Phan mit General Fulton. Die Vorhänge an den Isolierkammern wurden zurückgezogen, und Fulton grüßte sie alle feierlich und bat um Entschuldigung für die Unannehmlichkeiten. Minelli sagte nichts.

»Wir haben Ihre Freilassung bekanntgegeben«, sagte Fulton, »und eine Pressekonferenz heute nachmittag um zwei vorgesehen. Wir haben neue Kleidung für Sie und allen Ihren beschlagnahmten persönlichen Besitz.«

»Ein billiger Anzug und zehn Mäuse in der Tasche«, sagte Minelli.

Fulton lächelte grimmig. »Ihnen steht frei zu sagen, was immer Sie wollen. Obstruktion hat keinen Sinn. Wir hatten sehr gute Gründe für alles, was wir getan haben. Ich hoffe sogar jetzt, daß Sie diese Gründe verstehen werden. Ich erwarte freilich keine Sympathie.«

Edward biß sich leicht auf die Lippe. Seine Augen waren auf Fultons Mütze gerichtet. Dann blickte er in die Richtung von Stellas Fenster und sah sie in dem weißen fluoreszierenden Licht stehen — hager, fast gespenstisch. Sie hatte stark abgenommen. Ebenso Reslaw. Minelli war dagegen merkwürdigerweise fast dick geworden.

»Ich habe mir erlaubt, den Geländewagen von Mr. Shaw einer gründlichen Überprüfung in unserer Autowerkstatt unterziehen zu lassen. Das Öl ist gewechselt, der Motor eingestellt, und eine neue Garnitur Reifen aufgezogen worden. Das ist wohl das mindeste, was wir tun konnten. Außerdem haben wir für finanzielle Entschädigung für die hier verbrachte Zeit gesorgt. Sollten Sie in den nächsten Jahren irgendeine medizinische Behandlung brauchen, übernehmen wir die auch. Ich nehme an, daß der eine oder andere von Ihnen uns verklagen wird.« Fulton zuckte die Achseln. »All right. In fünf Minuten werden Ihre Türen zur Halle geöffnet werden. Wenn Sie wollen, möchte ich Ihnen persönlich danken und die Hand schütteln. Meine Dankbarkeit ist ehrlich, aber ich will Sie nicht ersuchen, das zuzugeben.«

»Dem Hundsfott von Präsidenten die Hand schütteln«, brüllte Minelli. »Ach, laßt mich bloß raus!«

Fulton ging mit dem Oberwächter durch den Verbindungsgang zwischen den Zellen. Sein Gesicht war aschfahl. »Dies ganze Ding ... ist das übelste Schlamassel ... meiner ganzen Karriere geworden«, sagte er mit halb geschlossenen Augen.

Nach einer halben Stunde standen die vier blinzelnd außerhalb der glatten Betonwände des Experimental Receiving Laboratory im Sonnenschein. Edward war bestrebt, dicht bei Stella zu bleiben. Sie wirkte gebrechlich und äußerst still. Ihr Gesicht war verzerrt und gequält wie das eines verhungerten Kindes.

»Werden Sie es schaffen?« fragte Edward.

»Ich möchte nach Hause. Ich bin sauber, aber ich will daheim ein Bad nehmen. Ist das verständlich?«

»Durchaus«, sagte Edward. »Alle die Gefängnisläuse abwaschen.«

Sie lächelte breit. Dann streckte sie die Arme weit aus und hielt sie zum Himmel empor mit ekstatischen katzenhaften Windungen. »Gott. Die Sonne.«

Minelli beschattete die Augen mit einer Hand und streckte die andere aus, um die Strahlen einzufangen. »Wunderschön«, sagte er.

»Was wollen Sie tun, Edward?« fragte Stella.

»Wandern«, sagte Edward ohne Zögern. »Wieder in die Wüste zurückgehen.«

»Falls einer von euch einige Zeit in Shoshone verbringen möchte ...« Stella machte eine Pause. »Es ist vielleicht verrückt, ihr wollt wahrscheinlich so weit wie möglich von hier wegkommen, aber ihr könnt in unserem Haus bleiben. Ich verstehe, daß ihr andere Dinge zu tun haben müßt.«

»Wir sind nicht festgelegt«, sagte Reslaw. »Jedenfalls ich nicht.«

Sie kamen an General Fulton und Colonel Phan vorbei, als der Oberaufseher sie in ein kleines Auditorium nahe dem Informationsbüro des Stützpunktes führte. Ein Rechtsanwalt der Air Force sprach mit ihnen über ihre unmittelbare Zukunft und bot juristische Unterstützung an, einschließlich der Vermittlung von Buch-

und Filmangeboten — ohne Gebühr. Er sagte: »Ich glaube, daß ich ziemlich gut bin, und das denkt die Air Force auch. Natürlich ohne Zwang. Wenn Sie mich nicht mögen, wird der Service jeden Anwalt Ihrer Wahl bezahlen — in vernünftigen Grenzen.«

Die Pressekonferenz war zwar eine Qual, aber gnädig kurz — nur eine halbe Stunde. Sie saßen allein an einem langen Tisch mit vielleicht dreihundert Reportern, die darin wetteiferten, Fragen zu stellen, immer nur eine auf einmal, durch schnurlose Mikrophone. Für Edward verschwammen die Fragen ineinander: Wie haben Sie den Alien gefunden? Haben Sie wirklich nach Raumschiffen und Aliens Ausschau gehalten? Werden Sie die Luftwaffe oder die Bundesregierung verklagen? (»Ich weiß nicht«, antwortete Edward.) Was denken Sie über das australische Raumschiff? Von der Rede des Präsidenten an die Nation? (»Wenn uns eine Invasion trifft«, sagte Minelli, »dann haut seine Rede hin.«) Bernice Morgan, Stellas Mutter, saß in einem durch Seile abgetrennten Bereich. Sie trug ein Kleid mit Gürtel aus bedrucktem Stoff und einen breiten weißen Sonnenhut. Ihr Gesicht war ruhig. Neben ihr saß der Anwalt der Morganfamilie, älter und viel mehr ergraut als der vom Militär, in einem dunkelblauen Anzug. Er hielt eine Aktenmappe fest.

Um drei Uhr waren sie wieder zurück im Auditorium. Stella stand bei ihrer Mutter, während ihr Rechtsanwalt die Umstände ihrer Freilassung diskutierte. Dann erbot er sich, alle vier ›Internierten‹ zu vertreten, wie er sie nannte.

Ein Sergeant händigte Edward einen Beutel mit den Schlüsseln zu seinem Jeep aus, und alle bekamen Päckchen mit ihren persönlichen Besitztümern. Edward sagte: »Ich kann euch alle hier herausfahren. Wenn wir den Reportern entgehen können...«

»Das dürfte schwierig werden. Falls Sie eine Eskorte wünschen...«, bot der Militäranwalt an.

»Nein, danke! Wir kommen schon zurecht.«

Reslaw und Minelli gingen mit Edward. Stella begleitete ihre Mutter zur Limousine des Rechtsanwalts. »Wohin fahren wir?« fragte sie Edward.

Edward sagte: »Ich werde Ihr Anerbieten annehmen, wenn es noch gilt.« Minelli und Reslaw stimmten zu.

»Es gilt für alle.«

Der Jeep und die Limousine fuhren aus dem östlichen Haupttor Vandenbergs hinaus, weg von dem Gedränge der Reporter. Ein paar beherzte Kameralaster und Presseautos folgten ihnen, aber Edward gelang es, sie abzuschütteln, indem er eine Nebenstraße durch Lompoc einschlug.

Der Aufstieg in den Schacht war nicht schwierig. Wie Rogers schon angekündigt hatte, war das Unternehmen viel eindrucksvoller für das Gemüt als körperlich anstrengend. Arthur war sich aber noch gar nicht sicher, weshalb er diese Exkursion machte. Was würde das leere Innere ihm verraten können, das er nicht auf Rogers' Photo- und Videoaufnahmen gesehen hatte?

Aber er mußte es dennoch tun. Seine innere Verwirrung mußte gelöst werden. Halb hoffte er auf irgendeinen intuitiven Durchbruch. Und vielleicht würde alles verändert werden — eine Veränderung, die darauf hinweisen könnte, wo die Wahrheit tatsächlich steckte.

Arthur kletterte um die zweite Krümmung und kroch auf allen vieren durch den letzten Tunnelabschnitt. Nach ein paar Minuten kam er bei der breiten zylindrischen Vorkammer heraus. Er schaltete die Videokamera ein, die über seinem Ohr angebracht war.

Seine Lampen gaben das komplexe Facettensystem an der gegenüberliegenden Seite der Hauptkammer wieder. Er ging bis zum Rand der Vorkammer und ließ den Strahl seines Scheinwerfers über die helle, facettierte Weite gleiten und versuchte, das Licht ausfindig zu machen, das Rogers photographiert hatte. Er konnte es nicht sehen. Er holte tief Luft — wie Rogers es zuvor wohl auch getan hatte — und schaltete alles Licht aus. Dann kauerte er sich einige Meter von der Kante entfernt hin.

Kreisförmig. Für Schwerelosigkeit konstruiert? Wie konnte diese ganze Facettenstruktur den Sturz auf den Planeten überstehen? Was, zum Teufel, ist ihre Funktion? Nach fünf Minuten konnte er immer noch kein rotes Licht in der Tiefe erkennen. »Zumindest *eine* Veränderung«, notierte er laut in den Recorder.

Er schaltete den Scheinwerfer wieder ein und betrachtete die Facetten sehr genau, indem er seine Augen immer um ein paar Grad weiterrücken ließ im Bemühen, irgendein Muster oder eine deutliche Funktion zu erkennen. Es war schön, was auf ein Muster hinwies, aber darüber hinaus ...

Konnten alle diese Facetten dazu dienen, irgendeine Art von Strahlungsantrieb zu fokussieren? Falls ja, befand sich dann die Ausmündung des Antriebs dort, wo er gerade stand, in der (gegenwärtig) geschlossenen Vorkammer? Würde der Tunnel in dem Hügel dann eine Art Öffnungsventil darstellen, das offen gelassen war, um den Inhalt der Kammer nach der Landung zu entleeren? Draußen gab es keine Spuren eines heißen Auspuffstrahls. Vielleicht war all dies nach der Landung beseitigt worden, in der Zeit, wo das Vehikel getarnt war.

Auch wenn er sich auf die Zehenspitzen stellte, konnte er den Scheinwerfer nicht hoch genug halten, um ihn auf das fokale Zentrum des Zylinders der Vorkammer zu richten, das sich ungefähr zwei Meter über seiner höchsten Reichweite befand. Eine einfache Leiter ... und er hätte sehen können, ob die Facetten den Lichtstrahl direkt auf ihn reflektierten.

Aber selbst von da, wo er stand, sah das nicht wahrscheinlich aus.

Was würde Marty wohl denken, wenn er wüßte, daß

sein Papa eben jetzt im Innern eines fremden Raumschiffs stünde? Was würde Francine denken?

Wenn es ein Raumschiff ist. Jedermann scheint das anzunehmen. Vielleicht hat das Raumschiff Maschinen hinterlassen, um dies zu konstruieren, und dies war überhaupt niemals im Weltraum. Wenn ja, warum?

Die kühle dunkle Ruhe war tief und fast tröstlich. *Das erinnert mich an einen schalltoten Raum. Vielleicht sind die Facetten eine Art von Schalldämpfern.* Er stieß einen scharfen Pfiff aus. Der Ton kam zurück, geschwächt, aber klar. Seine Stimme kam aber nicht zurück. Er schaltete das Mikrophon aus und brüllte mehrere Male, um das genau festzustellen. Die ersten beiden Schreie waren unartikuliert, mehr ein affenartiges Kreischen; und irgendwie war ihm danach wohler. Der dritte Ruf kam so rasch aus ihm heraus, daß er keine Zeit zum Überlegen hatte.

»*Was, zum Teufel, machst du hier! Was tust du uns an, verdammt noch mal?*«

Überrascht und mit heißem Gesicht trat Arthur wieder an die Kante heran und richtete sein Licht auf die Facetten direkt unter sich. Er dachte an die drei sherryfarbenen Augen des Gastes, die aus dem staubig graugrünen Fleisch herauskamen. *Was für ein Alptraum, das Ganze! Wir lernen jeden Tag hinzu, und es hat keinen Sinn, ergibt kein Muster. Wir werden ins Bockshorn gejagt, man hält uns zum besten. Mit Absicht.*

Er bemühte sich, seine unsinnige Wut zu bezwingen. Es gab sicher Möglichkeiten, eine Kernwaffe in diese Kammer zu bringen. Rucksack-Atombomben waren seit zwanzig Jahren nicht mehr hergestellt und waren nie praktisch erprobt worden. Was gab es sonst im Arsenal, das von einem oder höchstens zwei Männern in die Kammer gehievt werden konnte?

Lieutenant Colonel Rogers wußte es. Er hatte schon vorher an einen solchen Fall gedacht und das Thema zur Sprache gebracht. Seine sofortige brüske Reaktion hatte alles geklärt. Und wenn zwei diesen Gedanken hatten, dann gab es auch noch weitere. Wie konnten sie aber die Kommandogewalt Crockermans über alle Kernwaffen umgehen?

Wozu würde das gut sein?

»Ich möchte Ihnen noch einige Fragen stellen«, sagte er und ließ das Mikrophon weg. »Nur eine Frage zwischen zwei menschlichen Individuen, oder was immer du bist. Bedeuten wir dir nicht mehr als ein Ameisenhaufen? Du machst dir die Mühe, ein künstliches Wesen zu schaffen...« Er war davon überzeugt, obwohl der Beweis nicht absolut war. »Du setzt uns zwei Geschichten vor, vielleicht noch mehr. Was erzählst du den Russen in der Mongolei? Sagst du ihnen, daß das Universum nach sozialistischen Prinzipien läuft? Vor Jahren haben wir gedacht — daß die Ankunft von etwas deinesgleichen uns alle verändern würde. Wir haben daraus Vorteil gezogen. Du scheinst uns besser zu kennen als wir uns selber. Oder sind wir bloß so primitiv, daß du unser Verhalten voraussagen kannst? Wenn du überlegen bist, warum quält ihr uns da? *Wie viele Zivilisationen habt ihr vernichtet?*

Er erwartete keine Antwort. Der runde, grau facettierte, kathedralenartige Innenraum umgab ihn düster, schweigend und unerbittlich, unwirklich, so genau er ihn auch untersuchte.

»Du wirst die Erde auffressen, sie ausspeien und dann weiterziehen«, fuhr er mit zitternder Stimme fort. Seine Wut war fast übermächtig. Er hätte Dinge zerschmettern mögen. Mit einiger Eile zog er sich in den Tunnel zurück, um das Freie zu erreichen, ehe seine Würde völlig verschwand. Er weinte vor Enttäuschung.

Nachdem er durch den gewundenen Tunnel gelangt war und in der Wüstensonne stand, hatte er Rogers und zwei Sergeanten direkt vor sich. Weinen kam jetzt nicht mehr in Frage.

»Ihr rotes Licht ist ausgegangen«, sagte er und legte

seine Ausrüstung ab. »Sonst hat sich nichts verändert.«

»Wie war das Gefühl dabei, Sir?« fragte Rogers leise.

»So, als ob ich völlig unwichtig wäre«, gestand Arthur.

Der Offizier stimmte ihm mit bitterer Miene zu und half ihm, die Kamera abzulegen.

PERSPEKTIVE

New York Times editorial, 20. November 1996:
Die Wahl von Präsident William D. Crockerman ist vielleicht ein Riesenfehler gewesen. Hätte die Nation die vollständigen Fakten über die jetzige Situation bekommen — Fakten bezüglich der Existenz eines zweiten Machwerks der Aliens in Kalifornien — und wären wir über die Haltung des Präsidenten gegenüber diesen Erzeugnissen der Aliens informiert gewesen, wie viele Amerikaner hätten da für einen Präsidenten gestimmt, der eine bevorstehende Vernichtung mit offenen Armen akzeptiert?

Vielleicht gibt es keine Hoffnung. Vielleicht ist die Erde zum Untergang verurteilt. Aber für den Präsidenten der Vereinigten Staaten ist es — wir zögern nicht, dieses Wort zu gebrauchen — verräterisch, wenn er die Niederlage zugibt und uns alle bittet, unsere Gebete zu sprechen.

Die Herausgeber der *Times* empfehlen einstimmig, daß das Rechtskomitee des Hauses die Aktionen des designierten Präsidenten untersucht und darüber abstimmt, ob eine Amtsenthebung geraten scheint oder nicht.

31

Es dauerte für Reuben Bordes drei Wochen, ehe er sich mit dem Tod seiner Mutter abgefunden hatte; und das geschah auf eine bizarre und auf finstere Weise komische Art.

Sein Vater, der ebenso groß war wie Reuben, aber allmählich einen Bauch bekam, hatte vorerst das Interesse am Leben verloren. Sein grobes, bärtiges Gesicht war olivgrau vor Kummer und Stress. Er saß in einem schäbigen Sessel und döste vor einem dunklen Fernseher.

Es war Reubens Sache, das Haus sauber zu halten und dafür zu sorgen, daß alle Hausarbeiten so getan wurden, wie seine Mutter es gewünscht haben würde. Er nahm das als eine Pflicht gegenüber beiden auf sich. Sein Vater würde sich erholen. Das Leben würde weitergehen. Dessen war sich Reuben sicher.

An einem Mittwoch, genau drei Wochen nach dem Begräbnis, holte Reuben den alten Staubsauger hervor, ein Standgerät, und stöpselte ihn in eine lockere Steckdose ein. Der Stecker drohte herauszufallen, hielt aber lange genug, daß Reuben den Knopf mit der nackten Zehe drücken und die Maschine in Gang setzen konnte. Dann ließ er den Staubsauger methodisch über den struppigen Teppich mit orientalischem Muster gleiten, wischte Wollmäuse auf und rückte Stühle und den Kaffeetisch beiseite, wenn es nötig war. Er arbeitete um seinen Vater herum, der ihm zulächelte und etwas zu sagen versuchte, das aber wegen des Lärms nicht zu verstehen war. Reuben klopfte ihm im Vorbeigehen auf die Schulter.

Im Bad, als er den Apparat vorsichtig über den fast neuen Läufer führte, fing der Staubsauger an zu streiken. Er glaubte, es röche nach heißem Metall und Elektrizität. Darum tippte er mit dem Zeh auf den Knopf, klappte zwei Laschen weg und entfernte die metallische Bodenplatte. Einigermaßen überrascht starrte er auf die rotierende Bürste und den Antriebsriemen.

Dicke Strähnen des feinen schwarzen Kraushaars seiner Mutter hatten sich um die ganze Länge der Bürste gewickelt, die Nut des Antriebsriemens ausgefüllt und den Lauf behindert.

Reuben ergriff das Haar vorsichtig mit langen, spachtelförmigen Fingern und musterte die losen Stücke in seiner Hand. Er machte ein dickes Knäuel los und wollte es in den Mülleimer werfen. Das schaffte er nicht mehr.

Er lehnte sich im Sitzen gegen die Küchentür und drückte das Knäuel an seine Wange. Einen Augenblick lang waren seine Gedanken in samtiges Nichts versunken.

Dann kam es über ihn. Sein Kopf schlug gegen die Tür, und er weinte lautlos vor sich hin, damit sein Vater es nicht hören sollte. Schließlich raffte er sich auf und schaltete den Staubsauger wieder ein. Nachdem die Haare der Mutter entfernt worden waren, lief er wieder glatt und geräuschvoll.

Warren in Ohio lag friedlich unter einer alten Schneedecke, von der ein Teil noch sauber war, ein Teil aber in schmutzigen Reihen mit schwarzen Flecken an den Straßenseiten zusammengeschoben war. Kahle Bäume ragten in die gelbliche Dämmerung, und Böen eines scharfen kalten Windes sprangen wie unsichtbare Hunde um ihn herum — erfreut, dich zu sehen und hier zu haben. Reuben klemmte sich die beiden Bibliotheksbücher unter den Arm, eines zur Vorbereitung auf eine Beamtenprüfung für den Postdienst, eines mit den Kurzgeschichten von Paul Bowles. Reuben, der als junger Teenager gern ein Muslim gewesen wäre — sehr zum Entsetzen seiner Mutter —, hatte sich der Volksweisheit

Afrikas und des vorderen Orients zugewandt. Bowles begeisterte ihn sogar noch mehr als Doughty oder T. E. Lawrence.

Reuben hatte die Oberschule vor einem Jahr verlassen, um zu arbeiten. Seine formale Ausbildung war ordentlich gewesen; aber seine Intelligenz war, wenn sie sich auf etwas konzentrierte, eine verzehrende und fast erschreckende Sache. Wenn Reuben Bordes auf eine Frage oder ein Buch oder ein Thema stieß, das ihn interessierte, dann verhärtete sich sein kurzes breites Gesicht mit einer angespannten, starren Miene, und seine Augen weiteten sich, bis man meinte, sie würden aus den Höhlen fallen.

Er war hochgewachsen und kräftig und fürchtete niemanden. Seine Marschroute durch die dunkel werdenden Straßen, zwischen den schmutzigen Backsteinhäusern und über lange schmale Zuliefergassen hinter Geschäften, hatte er nicht der Kürze wegen oder mit Überlegung ausgesucht. Es war wichtig, daß er zu seinem Vater kam; aber er empfand die Intensität des Schmerzes nicht so stark wie zu Hause.

Als er die halbe Strecke zurückgelegt hatte, sah er im Schatten hinter einer Mülltonne ein silbriges Schimmern. Er ging weiter und drehte dabei den Kopf, in der Meinung, es wäre nichts weiter als eine zerbrochene Flasche. Aber der Schimmer hielt an. So ging er zu der Mülltonne zurück und schaute in den Schatten. Da lag ein glitzerndes, spielzeugartiges Ding, vielleicht der zerbrochene Roboter eines Kindes, auf einem braunen undeutlichen Klumpen. Er sah genauer hin.

Das Spielzeug saß auf einer toten Maus oder kleinen Ratte. Ganz langsam hob es eines von sechs blanken, gelenkigen Beinen und senkte es dann wieder. Das Bein durchstieß die Haut des Nagetiers.

Reuben stand auf und wich zurück. Es war fast Nacht um ihn.

Die Art, wie die Spinne, oder was immer es war, ihr

Bein gehoben hatte — mit der Präzision eines Uhrwerks, einer öligen Glätte —, erschreckte ihn. Das war kein Spielzeug. Es war auch kein Insekt. Es war etwas von der Gestalt einer Spinne, aus Metall hergestellt, und es hatte eine Maus gefangen und getötet.

Mit langsamer Grazie stieg die Spinne von der Maus herunter und wandte sich Reuben zu, zwei Vorderbeine hoch erhoben, als ob sie sich wehren wollte. Reuben drängte sich rückwärts gegen einen rohen Bretterzaun, etwa drei Meter entfernt und sechs Meter abseits der Straße. Er schaute nach links und war bereit wegzulaufen.

Da blitzte auf den Zaunlatten hinter ihm Silber auf. Reuben schrie und stieß sich mit Armen und Schultern ab, aber das Leuchten kam hinterher und setzte sich auf seine Schulter, wo er es nicht deutlich erkennen konnte. Er wischte es fort und fühlte, wie schwere, Widerstand leistende, scharfe Beine sein Hemd loßließen. Die Spinne fiel in den Matsch mit einem Klatschen und bleiernem Plumps.

»O Jesus, Hilfe!« schrie Reuben. Auf der Straße hinter der Gasse waren keine Fußgänger. Ein Wagen fuhr vorbei, aber der Fahrer hörte ihn nicht. »Hilfe!«

Er lief. Zwei Spinnen gerieten ihm in den Weg, und er versuchte anzuhalten. Seine Füße glitten in einem Fleck nassen Eises aus. Er fiel in dem Dreck und Matsch auf den Rücken. Stöhnend und atemlos rollte er sich herum und hob den Kopf. Eine Spinne wartete mit erhobenen Vorderbeinen keine dreißig Zentimeter entfernt vor seinem Gesicht. Zwischen den Beinen, wo ihre Augen hätten sein können, verlief eine schmale, grün leuchtende Linie. Ihr Körper war glatt und hatte die Gestalt eines länglichen Eies. Die Beine waren fein wie Schmuckstücke.

Kein Scherz.
Niemand stellt solche Dinge her.

Er sah sich dem Ding gegenüber. Sein Atem ging in

langen Stößen, seine Arme schmerzten von dem Sturz. Irgend etwas bewegte sich leise kneifend über seinen Rücken, und er konnte nicht hinauflangen, um es zu packen oder abzustreifen. Er konnte auch nicht wieder schreien; seine Lungen hatten nicht genügend Luft. Dann waren das Gewicht und die Beine in seinem Haar. Etwas Scharfes strich über seine Kopfhaut. Stach zu ...

Reuben stöhnte und drückte den Kopf in den Matsch, die Augen geschlossen und das Gesicht starr in einer Maske der Angst. Nach ein paar Minuten konnte er wieder aufstehen und sich an den Zaun lehnen. Seine Bewegungen waren nur schlecht koordiniert. Niemand kam vorbei; oder wenn doch, so hielt niemand an. Er befand sich immer noch hinter dem Schnapsladen. Er war schmutzig und naß und sah aus wie ein dreckiger Trunkenbold. Ein Polizist hätte vorbeikommen können, um nachzuschauen, aber da war niemand außer ihm.

Er fror sehr, hatte aber keine Angst mehr. Er vernahm in seinem Schädel eine hohe Vibration, die ihn irgendwie beruhigte. Reuben entschloß sich plötzlich, gewaltsam Mut zu fassen. Sein ganzer Körper versteifte sich. Er stieß den Kopf so heftig gegen den Zaun, daß das Holz krachte.

Das ernüchterte ihn. Er mußte behutsam umgehen mit den Teilen seines Kopfes, die noch zu denken vermochten. Er hatte den Geschmack von Blut im Mund. So fühlte sich ein Tier in der Wildnis, wenn die Leute vom Zoo kommen, dachte er.

Die Vibration hielt an, wurde stärker und wieder schwächer, schläferte ihn sogar bei der bis aufs Mark gehenden Kälte und Nässe ein. Er versuchte ein paarmal aufzustehen, hatte aber keine Kontrolle über seine Gliedmaßen; sie kribbelten wie eingeschlafen.

Er fühlte hinter seinem Kopf ein Krabbeln. Eine Spinne kletterte sanft an seinem Mantel herunter. Sie streckte die Beine vor, hob den Rand seiner Hüfttasche an und rutschte in seinen Schoß hoch. Das Ding verschwand in der Tasche. Beim Hineinkriechen hatte es die Beine zusammengefaltet. Die Schwellung, die es machte, war kaum zu erkennen.

Reubens Beine hörten auf zu kribbeln. Mit einiger Anstrengung erhob er sich. Er schwankte unsicher vor und zurück. Er untersuchte sich und fand keine Verletzungen, kein Blut oder Anzeichen von Abschürfungen, sondern nur ein paar leichte Prellungen. Als er sich mit der Hand seiner Tasche näherte, überlegte er es sich anders — oder irgend etwas drängte ihn zur Vorsicht — und zog den Arm langsam zurück. Mit müßig ausgestreckter Hand sah Reuben sich in der Gasse nach weiteren Spinnen um. Sie waren verschwunden.

Die Maus lag noch neben der Mülltonne. Reuben wagte es, sich hinzuknien und den winzigen Körper zu untersuchen.

Der war sauber seziert worden. Die purpurn, braun und rötlich schimmernden Organe lagen neben dem ausgeweideten Kadaver. Hier und da waren Schnitte ausgeführt worden, als ob Proben genommen wären.

»Ich muß nach Hause gehen«, sagte Reuben zu niemandem oder niemandem im besonderen.

Es wurde ihm gestattet, den Heimweg zu beenden.

32

Arthur war unerwartet drei Tage in Las Vegas aufgehalten worden, um informelle Gespräche mit drei Abgeordneten vom Rechtsausschuß des Hauses zu führen. An seinem ersten Abend zu Hause, wieder bei seiner Familie und dem Fluß und dem Walde, saß er im Wohnzimmer auf dem Teppich und hatte die Beine zum Lotossitz verschränkt. Francine und Marty saßen auf der Couch hinter ihm. Marty hatte das Feuer auf dem Rost ganz allein hergerichtet und die sorgfältig aufgeschichteten Holzscheite mit einem langen Streichholz angezündet.

»Hier ist das, was wirklich geschieht, soweit ich weiß«, sagte er, machte einen Handstand und schwenkte seine verschlungenen Beine herum, so daß er sie ansehen konnte. Und er erzählte ihnen.

Die Heizung sprang um Mitternacht an und blies warme Luft über Arthur und Francine, die im Bett einander in den Armen lagen. Francines Kopf ruhte auf seiner Schulter. Er konnte die Bewegungen ihrer Arme fühlen, als sie in die Finsternis hinaus starrte. Sie hatten sich gerade geliebt, und es war sehr gut gewesen; und entgegen allen intellektuellen Überzeugungen *fühlte* er sich auch gut daheim, in der Ruhe. Seit fünfzehn Minuten hatte keiner von beiden ein Wort gesprochen.

Sie hob den Kopf. »Marty...«

Das Telephon klingelte.

»Oh, Christus!« Sie rollte sich beiseite. Er langte über sie hinweg, um abzunehmen.

»Arthur, Chris Riley hier. Es tut mit leid, daß ich dich aufgeweckt habe...«

»Wir sind wach«, sagte Arthur.

»Gut. Ich glaube, dies ist eine Art Notfall. In Hawaii sind da einige Burschen, die mit dir sprechen wollen. Sie haben gehört, daß ich deine Nummer kenne. Du kannst mit ihnen gleich reden, oder ich...«

»Chris, ich möchte incommunicado — unerreichbar — sein, wenigstens ein paar Tage lang.«

»Ich glaube, daß dies sehr wichtig sein dürfte, Arthur.«

»Na schön, um was geht es denn?«

»Nach dem wenigen, das sie mir erzählt haben, haben sie vielleicht gefunden — du weißt, worüber die Presse redet — die Waffe, die die Aliens gegen uns anwenden könnten.«

»Wer sind sie?«

»Der eine ist Jeremy Kemp. Er ist ein eingebildetes Mistvieh, mit dem man ungern zu tun hat; aber er ist ein ausgezeichneter Geologe. Die beiden andern sind Ozeanographen. Hast du schon einmal von Walt Samshow gehört?«

»Ich denke, schon. Hat ein Lehrbuch geschrieben, das ich im College gelesen habe. Der muß doch schon ziemlich alt sein, nicht wahr?«

»Er und noch ein anderer Bursche namens Sand befinden sich mit Kemp auf Hawaii. Sie sagen, sie hätten etwas recht Ungewöhnliches gesehen.«

»Na gut! Gib mir die Telephonnummer!« Er schaltete das Licht über dem Nachttisch an.

»Samshow und Sand befinden sich an Bord eines Schiffs in Pearl Harbor.« Riley gab ihm Nummer und Name des Schiffs an. »Frag einfach nach Walt oder David!«

»Danke, Chris«, sagte Arthur und legte auf.

»Keine Ruhepause?« fragte Francine.

»Ein paar Leute glauben, sie hätten die rauchende Kanone gefunden.«

»Jesus!« sagte Francine leise.

»Ich rufe sie besser gleich an.« Er stieg aus dem Bett und ging in die Diele, um den anderen Apparat dort zu benutzen. Francine kam ein paar Minuten später im Bademantel nach.

Als er telephoniert hatte, drehte er sich um und sah Marty neben ihr stehen, der sich die Augen rieb.

»Ich gehe dieses Wochenende nach San Francisco«, sagte er. »Aber mir bleiben immer noch ein paar Tage mit euch hier.«

»Zeigst du mir, wie das Teleskop benutzt wird, Papa?« fragte Marty verschlafen. »Ich will sehen, was passiert.«

Arthur nahm den Jungen hoch und brachte ihn zurück in sein Zimmer.

»Hast du mit Mutti Liebe gemacht?« fragte Marty, als Arthur ihn ins Bett legte und die Decke über ihm hochzog.

»Du hast es erfaßt — mit deinen langen Ohren«, sagte Arthur.

»Das bedeutet, daß du Mutti liebst. Und sie liebt dich.«

»Mm-hm.«

»Und du wirst fortgehen, aber bald wiederkommen?«

»Sobald ich kann.«

»Wenn wir alle sterben müssen, möchte ich, daß ihr beide hier seid, mit mir, alle zusammen«, sagte Marty.

Arthur hielt einen langen Moment die Hand seines Sohnes fest, die Augen feucht und die Kehle rauh vor Liebe und einer tiefen, unaussprechlichen Angst. »Wir fangen morgen mit dem Teleskop an; und du kannst dann morgen abend schauen«, sagte er schließlich mit heiserem Flüstern.

»Dann kann ich es also kommen sehen«, sagte Marty.

Arthur konnte nicht lügen. Er drückte seinen Sohn fest an sich und blieb beim Bett stehen, bis Martys Augen geschlossen waren und er ruhig atmete.

»Es ist ein Uhr«, sagte Francine, als er zu ihr unter die Bettdecke schlüpfte.

Sie liebten sich noch einmal, und das war diesmal sogar noch besser.

22. November

»Gauge! Böser Hund! Verdammt, Gauge, das ist ein *gefrorenes* Hähnchen. Das kannst du nicht fressen. Du kannst es nur ruinieren.« Francine stampfte wütend mit dem Fuß, und Gauge schlich sich aus der Küche. Die beerenfarbene Zunge hing heraus; er schämte sich, war aber doch mit sich zufrieden.

»Spül es ab!« schlug Arthur vor. Er hatte sich neben Gauge in die Küchentür gedrängt und grinste.

Francine hielt den überall angeknabberten, aber sonst heilen Vogel in beiden Händen und schüttelte den Kopf. »Er hat daran gekaut. Bei jedem Bissen würden sich Spuren finden.«

»Bißmarken an den Bissen«, sagte Arthur. »Da kommt dann eines zum andern.«

»Ach, halt den Mund! Zwei Tage zu Hause — und dann *dies*.«

»Gib mir nur die Schuld, mach schon!« sagte Arthur. »Ich muß zu Hause etwas ausfressen.«

Francine legte den Vogel wieder auf die Anrichte und öffnete die gläserne Schiebetür. »Martin! Wo bist du? Komm und bestrafe deinen Hund für mich!«

»Er ist draußen mit dem Teleskop.« Arthur untersuchte betrübt das Hähnchen. Er sagte: »Wenn wir es nicht essen, ist das Leben eines Vogels verschwendet.«

»Hunde können ansteckend sein«, wandte Francine ein.

»Ach, zum Teufel, Gauge beleckt uns dauernd. Er ist nur ein Welpe und auch noch jungfräulich.«

Um sieben zum Abendessen wurde dieser selbe Vogel, abgehäutet und sauber zurechtgemacht serviert. Marty schien seiner Portion von der Keule zu mißtrauen, aber Arthur warnte ihn, daß seine Mutter es übel vermerken würde, wenn er allzu penibel wäre.

»Du hast mich veranlaßt, es zu kochen«, sagte Francine.

»Ist da irgend etwas Interessantes?« fragte Arthur seinen Sohn und zeigte zum Himmel empor.

»Alles funkelt draußen«, sagte Marty.

»Ist es heute nacht klar?« fragte Arthur.

»Es liegt Schneematsch, und es ist kalt«, sagte Francine.

»Ich meine, da sind eine Menge Sterne, aber ich meine — du weißt schon. Flimmern wie weit entfernte Feuerwerkskörper.«

Arthur hörte auf zu kauen. »Sterne?«

»Du hast mir gesagt, daß Supernovae hell aufleuchten und dann ausgehen«, sagte Marty ernsthaft. »Kann es das sein?«

»Ich glaube, kaum. Laß uns hinausgehen und schauen!«

Francine ließ ärgerlich ihren Flügel fallen. »Macht nur zu, laßt das Essen stehen! Arthur ...«

»Nur eine Minute«, sagte er. Marty ging hinterher. Nachdem sie ärgerlich eine Minute lang in der Verandatür verweilt hatte, folgte Francine ihnen in den Hof.

»Da oben«, sagte Marty und zeigte hinauf. »Jetzt macht es gar nichts«, protestierte er.

»Hier draußen ist es schrecklich kalt.« Francine sah Arthur mit einer unausgesprochenen Frage in ihrer Miene an. Der betrachtete mit angespanntem Interesse den Himmel.

»Da ist es«, sagte Marty.

Für einen ganz kurzen Moment gesellte sich ein neuer Stern zu der himmlischen Kulisse. Arthur entdeckte noch einen, viel heller und einige Grade entfernt. Die Funken traten alle innerhalb weniger Grade von der Ebene der Ekliptik entfernt auf. »Oh, Christus!« murmelte er. »Was jetzt?«

»Ist es etwas Wichtiges?« fragte Francine.

»Papa!« sagte Marty nervös und sah seine Eltern an, alarmiert durch den Ton ihrer Stimmen.

»Ich weiß nicht. Ich glaube, nicht. Vielleicht ist es ein Meteorschauer.« Aber die Funken waren keine Meteore. Es gab einen Menschen, der Bescheid wissen könnte — Chris Riley. Immer wieder Riley, ein Ruhepunkt in der sich bewegenden Welt.

In der dunklen Diele rief er bei Riley zu Hause an. Beim ersten Mal war es besetzt. Etwas später meldete sich Riley. Er war außer Atem.

»Chris, hallo! Hier ist Gordon, Arthur Gordon.«

»Mein Mann. Genau der richtige!« Riley machte eine Pause, um Luft zu holen. »Ich höre, du hast ein Treffen mit Kemp und Samshow verabredet. Ich wäre gern dabei, aber es wird hier jetzt wirklich hektisch. Ich bin dauernd zum Teleskop hinausgelaufen und wieder herein. Ich sollte draußen ein Telephon haben.«

»Was geht vor?«

»Hast du das gesehen? In der ganzen Ebene der Ekliptik — Asteroiden. Sie explodieren wie Knallfrösche. Seit Eintritt der Dämmerung etwa habe ich Bestätigung von Mount Laguna bekommen, und vor ein paar Minuten hat jemand eine Nachricht vom Pic du Midi in Frankreich hinterlassen. Der Asteroidengürtel sieht aus wie ein Schlachtfeld.«

»Verdammt!« sagte Arthur. Er blickte über die Schulter und sah Marty und Francine in der Tür stehen. Marty hatte die Arme fest um die Taille seiner Mutter geschlungen.

»Wann wird diese Einsatzgruppe klarkommen?« fragte Riley. »Manche Leute sind wirklich wütend, Arthur. Der Präsident redet ungewaschenes Zeug, und sonst spricht niemand.«

»Wir können nicht sicher sein, daß es die Zusammenhänge gibt.«

»Arthur, um Himmels willen! Asteroiden explodieren! Wie, zum Teufel, könnte das nicht damit zu tun haben?«

»Du hast recht«, sagte Arthur. »Ich fliege morgen nach San Francisco. Wieviele Lichtblitze bis jetzt?«

»Seit ich beobachte, mindestens hundert. Muß jetzt wieder rennen.«

Arthur verabschiedete sich und legte auf. Marty hatte Augen wie eine Eule. Francine hielt sich etwas mehr zurück. »Es ist alles in Ordnung«, sagte er.

»Geht es los?« fragte sie. Marty begann zu wimmern. Arthur hatte seinen Sohn schon lange nicht mehr wimmern gehört — seit mindestens einem Jahr.

»Nein. Ich glaube, nicht. Das ist weit weg, bei den Asteroiden.«

»Sind sie sicher, daß es nicht Sternschnuppen sind?« fragte Marty. Eine sehr erwachsene Überlegung.

»Nein. Asteroiden. Die befinden sich jenseits des Mars, die meisten von ihnen zwischen Mars und Jupiter.«

»Warum so weit draußen?« fragte Francine.

Arthur konnte bloß den Kopf schütteln.

33

23. November

Minelli hatte die Nacht auf einer bequemen Liege vor den breiten Aussichtsfenstern verbracht. Sein Kopf war zur Seite gerutscht, und er schnarchte leise. Edward band sich den Gürtel des Bademantels fest, den er von Stella geborgt hatte, ging an der Liege vorbei und stellte sich ans Fenster. Hinter einer betonierten Terrasse und einem ausgetrockneten L-förmigen Fischteich hatte der Frost einige Morgen mit winterlich gelbem Gras weiß gefärbt.

Es war eine gute Idee gewesen, hierher zu kommen. Shoshone war friedlich und isoliert, aber nicht abgeschnitten. Ein paar Tage zumindest konnten sie sich ausruhen, bis die Meute der Reporter sie wieder aufgespürt hatte. Die wenigen Einwohner der Stadt, die von ihrer Rückkehr wußten, sorgten dafür, daß niemand erfuhr, wo sie waren. Sie verbrachten die meiste Zeit drinnen, und nur Bernice ging ans Telephon.

Er hörte, wie Minelli sich hinter ihm rührte.

»Du hast die Show verpaßt«, sagte Minelli.

»Was für eine Show?«

»Die ganze Nacht über. Wie eine Parade von Leuchtkäfern.«

Edward zog eine Augenbraue hoch.

»Kein Scherz, und ich bin nicht verrückt. Draußen über dem Gebirge. Während der ganzen Nacht. Klar wie eine Glocke. Der Himmel hat geflimmert.«

»Meteore?«

»Ich habe schon Meteore gesehen, und das *waren keine*.«

»Wohl sicher das Ende der Welt«, sagte Edward.

»Ohne Zweifel«, sagte Minelli.

»Wie fühlst du dich?«

»Ausgeruht. Besser. Ich muß da drüben allen Leuten sehr auf den Wecker gefallen sein.«

»Die haben *uns* zugesetzt«, korrigierte Edward. »Ich fühlte mich selbst etwas durchgedreht.«

»Durchgedreht.« Minelli schüttelte den Kopf und warf Edward von der Seite einen mißtrauischen Blick zu. »Wo ist Reslaw?«

»Schläft noch.« Er und Reslaw hatten sich ein mittleres Schlafzimmer geteilt.

»Diese Leute hier sind wirklich nett. Ich wünschte mir, ich hätte eine Mutter wie Bernice.«

Edward nickte. »Werden wir hierbleiben«, fragte er, »und die Leute ausnützen, oder wollen wir nach Texas zurückkehren?«

»Wir müssen uns dem Rummel schließlich stellen«, sagte Minelli philosophisch. »Die Presse wartet. Ich habe gestern abend etwas ferngesehen. Das ganze Land ist verrückt geworden. Zwar ruhig, aber doch verrückt.«

»Daraus kann ich ihnen keinen Vorwurf machen.«

Das Telephon klingelte.

»Wie spät ist es?« fragte Minelli. Edward schaute auf seine Uhr. »Sieben Uhr dreißig.«

Nach dem zweiten Klingeln blieb das Telephon still.

Sie sahen es besorgt an. Minelli meinte: »Bernice muß in dem hinteren Schlafzimmer abgehoben haben.«

Ein paar Minuten später kam Stella heraus, dahinter ihre Mutter, beide salopp in Flanellpyjamas und geblümten Bademänteln. Bernice lächelte ihnen zu. »Frühstück, meine Herren? Es wird ein langer Tag werden.«

Stella sagte: »Das war CBS. Sie schnüffeln weiter.«

»Wir können sie nur etwas hinhalten«, sagte Bernice.

Edward schaute über das ruhige, frostige Feld. Ein Pickupauto parkte gleich neben dem Highway. Dabei waren zwei Männer in braunen Mänteln und mit Cowboyhüten. Das waren Einheimische, die sich verschworen hatten, ›Spanner‹ daran zu hindern, Kameras aufzubauen und in das Privatleben der Morganfamilie einzudringen. Selbst auf hundert Meter machten sie noch einen furchtbaren Eindruck.

Stella schüttelte den Kopf. »Ich weiß nicht, was ich sagen soll. Wir haben doch nichts Wichtiges getan. Jedenfalls ich nicht. Aber ihr habt den Felsen gefunden.«

Edward zuckte die Achseln. »Was ist darüber zu sagen?«

Reslaw, in Jeans und einem blauweiß gestreiften langärmligen Hemd, kam aus der Halle und ging an der Eingangsnische und dem Stutzflügel vorbei in eine Ekke. »Hat schon wer nach Frühstück gefragt?«

»Schon unterwegs«, sagte Mrs. Morgan.

Edward sagte: »Wissen Sie, es war vielleicht doch eine schlechte Idee, hierher zu kommen. Für Sie beide. Wir brauchen alle unsere Ruhe, aber Ihre Mutter hat allerhand durchgemacht.«

Bernice Morgan ging steif in die Küche und sagte: »Es war wirklich erheiternd. Ich habe seit Jahren keine solchen Kampf gehabt.«

»Außerdem wird sie mit dem Präsidenten sprechen«, sagte Stella grinsend.

»Ich schäme mich, eine Demokratin zu sein«, sagte sie. »Mike und die Jungens halten Wache. Ich muß nur aufpassen, daß sie nicht zu wild werden. Ihr könnt so lange bleiben, wie ihr wollt.«

»Bitte, bleiben Sie!« sagte Stella und schaute Edward

an. »Ich muß reden. Mit euch allen. Ich bin noch durcheinander. Wir sollten uns gegenseitig da heraus helfen.«

»Was ist mit dem Feuerwerk?« fragte Minelli. »Vielleicht gibt es jetzt etwas Neues in den Nachrichten.«

Er reckte sich und schwang die Beine von der Liege, stand dann auf und ging über den Linoleumboden und breite Navajo-Teppiche ins Wohnzimmer, ein paar Schritte von dem Säulentisch mit Marmorplatte in der offenen Eßecke. Er setzte sich vor den Fernseher. Langsam, als ob es heiß sein könnte, stellte er das Gerät an und ging dann zurück, wobei er sich die Lippen leckte. Edward beobachtete ihn besorgt.

»Nur Cartoons«, sagte Minelli ruhig. Ohne die Kanäle zu wechseln, lehnte er sich zurück um zuzuschauen, als ob er seine ursprüngliche Absicht vergessen hätte. Edward kam herüber und schaltete für ihn auf andere Kanäle um, auf der Suche nach Nachrichten. Im vierundzwanzigstündigen News Network beendete ein Sprecher gerade eine Story über einen Konflikt zwischen der Dominikanischen Republik und Haiti.

»Nichts«, sagte Minelli pessimistisch. »Vielleicht habe ich Gespenster gesehen.«

Aber dann kam es: »Astronomen in Frankreich und Kalifornien haben unterschiedliche Erklärungen für die meteoritische Aktivität der gestrigen Nacht im Asteroidengürtel des Sonnensystems, die es so noch nie gegeben hat, vorgebracht. In der ganzen westlichen Hemisphäre für das bloße Auge bei klarem Himmel sichtbar, sind helle Explosionen in der ganzen Ekliptik, der Ebene der Erdbahn und der Bahnen der meisten Planeten der Sonne, aufgeflammt. Aus seinem Telephon in Los Angeles hat der Berater der Einsatzgruppe des Präsidenten Harold Feinman gesagt, es könnte Tage dauern, die Daten zu analysieren und herauszubringen, was da wirklich fern im Raum passiert ist, jenseits der Marsbahn. Auf die Frage, ob es irgendeinen Zusammenhang zwischen der Meteortätigkeit und dem vermutlichen

Raumschiff und Aliens auf der Erde gäbe, verweigerte Feinman jeden Kommentar.«

»Ein geschickter Mensch — zuzugeben, daß er ein Idiot ist«, sagte Minelli. »Asteroiden, mein Gott!«

Edward probierte noch weitere Kanäle, fand aber nichts mehr.

»Was meinst du, Ed?« fragte Minelli und räkelte sich in die Ecke der L-förmigen Couch. »Was, zum Teufel, habe ich gesehen? Noch mehr solchen Scheiß vom Ende der Welt?«

»Ich weiß auch nicht mehr als die«, sagte Edward. Er ging in die Küche. »Gibt es einen Arzt in der Stadt? Einen Psychiater?« fragte er Bernice.

»Keinen, der diesen Namen verdient«, antwortete sie. Ihre Stimme war ebenso leise wie die seine. »Ihrem Freund geht es immer noch nicht gut, nicht wahr?«

»Die Regierung hat sich unser in wahrer Eile entledigt. Er sollte irgendwo in einem Hospital sein, sich ausruhen und abkühlen.«

»Das läßt sich machen«, sagte sie. »Hat er wirklich etwas gesehen?«

»Ich denke, schon«, sagte Edward. »Ich wünschte, ich hätte es selbst gesehen.«

»Der Tag der Triffids, das war es«, sagte Minelli enthusiastisch. »Erinnert ihr euch? Wir werden alle jeden Moment erblinden ...«

Stella stand am Herd und schlug sorgfältig ein Ei nach dem anderen in die Pfanne. »Mama«, sagte sie, »wo ist die Pfeffermühle?« Sie streifte Edward leicht. In ihren Augen standen Tränen.

34

Walt Samshow stieg in der Powell Street aus dem Taxi unter dem Vordach des St. Francis Hotels und erblickte, als er sich umwandte, lange schweigende Reihen von Hunderten von Marschierern, die rund um den Union Square paradierten, ferner einen Seilbahnwagen, der von mürrischen, schwankenden Touristen überfüllt war, einen hektischen Verkehr von Privatwagen und Taxis — eine Art von zivilisiertem Masochismus. San Francisco selbst unterschied sich, anders als die Marschierer, nicht wesentlich von seinen Erinnerungen aus dem Jahre 1984, als er das letzte Mal in der Innenstadt gewesen war.

In der geräumigen und eleganten Lobby des St. Francis mit ihrem polierten schwarzen Stein und dunkler, schimmernder Holztäfelung, bekam Samshow die Gerüchte praktisch in dem Moment zu hören, als er sein Gepäck an der Rezeption abstellte.

Die Konferenz der Amerikanischen Geophysikalischen Gesellschaft war in vollem Gange. Kemp und Sand waren schon vorweg hingegangen, und offenbar war seit ihrem Eintreffen am Donnerstag allerhand vorgefallen. Jetzt war Samstag, und er mußte eine Menge aufholen.

Als er sich eintrug, gingen zwei professionelle junge Männer vorbei, die in eine ernsthafte Konversation verwickelt waren. Er bekam nur drei Wörter mit: »Das Kemp-Objekt ...«

Der Boy schaffte sein Gepäck über den dicken Teppich zum Aufzug. Samshow kam hinterher, reckte die Arme und streckte die Finger aus. Zwei andere Kongreßteilnehmer — ein älterer Mann und eine junge Frau — standen bei den Aufzügen und diskutierten Überschall-Stoßwellen und wie sie durch die Kruste und den Mantel der Erde übertragen werden könnten.

Reporter und Kamerateams von drei lokalen Fernsehstationen waren in der Lobby, als Samshow aus seinem Zimmer wieder herunterkam, um sich am Tisch des Kongresses einzutragen. Er entging ihnen energisch, indem er um mehrere Säulen bog.

Mit seinem Abzeichen und dem Beutel mit Abdrucken und Führern durch das Programm bekam er auch eine Notiz von Sand:

Kemp und ich wollen Dich im Oz um 5.30 Uhr treffen. Getränke auf Kemps Kosten.
D. S.

Oz war, wie Samshow von einem Angestellten bei der Rezeption erfuhr, die Bar und Diskothek oben auf dem ›neuen‹ Turm von St. Francis. Er schaute auf seinen schäbigen Sportmantel und die abgetretenen Turnschuhe und stellte fest, daß er entschieden um zehn Jahre zurückgeblieben war und daß ihm Tausende von Dollars fehlten, um seine Garderobe auf den neuesten Stand zu bringen. Seufzend betrat er den Aufzug.

Die Reise von Honolulu nach La Jolla war von der Scripps Institution of Oceanography bezahlt worden. Dafür hatte er am vorigen Abend beim UCSD einen Vortrag gehalten. Es war ihm immer noch peinlich festzustellen, wie beliebt er nach fünfundzwanzig Jahren immer noch war. Sein umfangreiches, teures Buch über Ozeanographie war ein Standardwerk geworden; und Hunderte von Studenten freuten sich sehr, dem modernen Sverdrup zuzuhören und ihm die Hand zu schütteln.

Auf eigene Kosten war er von Lindbergh Field nach San Francisco geflogen. Er hatte noch keine klare Vorstellung, was sie alle hier taten. Auf der *Glomar Discoverer* gab es noch viel zu tun, angefangen mit dem Vergleich von Milliarden Bits an Daten aus ihren Passagen der Ramapo-Senke.

Er fürchtete, daß von diesen Daten jetzt viel auf unbestimmte Zeit beiseite gelegt werden würde. Sands gravimetrische Anomalie würde das Schlüsselelement sein. Irgendwie betrübte ihn das.

Gegen den Druck des aufsteigenden Schnellaufzuges gestemmt wurde ihm klar, daß er in der letzten Woche sein Alter gespürt hatte. Psychologisch hatte ihn das nationale Unwohlsein erwischt, das auf Crockermans Verlautbarung gefolgt war. Er fühlte sich nicht anders als die jungen Leute, die ihre inhaltsleeren Plakate über die Straße trugen. Was gab es da zu protestieren? Die Apokalypse würde durch das demokratische Vorgehen nicht abgewendet werden. Genau in diesem Augenblick konnte das Instrument dieser Vernichtung — oder *ein* Instrument derselben — durch den Erdkern stoßen.

Das Kemp-Objekt. *Diese* Bezeichnung, so versicherte er sich, würde sich bald ändern. Sand-Samshow-Objekt... Kein eindrucksvoller Name, aber er müßte genügen. Aber... warum? Warum einen Anspruch auf die Entdeckung der Kugel erheben, die *jedermanns* Namen tragen konnte?

Die Tür des Aufzugs öffnete sich, und Samshow trat hinaus in einen Schwall von Lärm. Oz schimmerte silbern und grau, mit gläsernen Wänden und hoher Decke. Junge Leute in eleganter Abendkleidung tanzten über der Fläche in der Mitte, während Trinker und Gesprächspartner in den erhöhten, mit Teppich belegten Seiten saßen und standen. Die süßen Düfte von Wein und Bourbon wehten vom Tablett einer vorbeigehenden Kellnerin her.

Samshow kniff bei dem Lärm die Augen zu und schaute sich dann um auf der Suche nach Sand oder Kemp. Sand stand in einer Ecke und winkte, um ihn auf sich aufmerksam zu machen.

Ihr runder Tisch hatte kaum dreißig Zentimeter im Durchmesser, und fünf Personen drängten sich um ihn: Kemp, Sand, zwei weitere Männer, die er nicht kannte, die aber lächelten, als ob sie alte Freunde wären, und jetzt er selbst. Er schüttelte die Hände, als Sand vorstellte: Jonathan V. Post, ein Bekannter Kemps, ein dunkler levantinischer Typ mit graumeliertem Krausbart, und Oscar Eglinton von der Nevada School of Mines. Post sagte ein kurzes und peinliches Gedicht über die Begegnung mit dem Alten Mann der See auf. Als er fertig war, lachte er breit.

»Danke«, sagte Samshow, wenig beeindruckt. Die Kellnerin kam, und Post opferte sein Corona-Bier, damit Samshow eher zu einem Drink kommen konnte.

Er hatte einmal einen ganzen Kasten Corona in zwei Tagen geschafft, als er in Scammon's Lagoon Wale beobachtete. Das war 1952 gewesen. Jetzt bekam er von mehr als einem Bier Herzbeschwerden.

»Wir müssen dich noch voll ins Bild setzen, Walt«, sagte Sand. »Kemp hat mit Seismologen in Brasilien und Marokko gesprochen. Einer davon ist hier — Jesús Ochoa. Wir haben die Knotenspuren vom einunddreißigsten Oktober. Die Brüche und Stoßwellen. An einigen sehr verdächtigen Stellen hat es eine hohe Brandung gegeben, und seismische Ereignisse, wie sie noch niemand gesehen hat...«

»Fünfunddreißig Süd, zweiundvierzig West«, sagte Kemp mit demselben blasierten Grinsen wie eine Woche zuvor in Hawaii.

»Er hat mich überzeugt, daß es genug Material gab, um mit Washington zu sprechen. Die haben mich an Arthur Gordon verwiesen...«

»Der Präsident ist offenbar nicht interessiert«, sagte Kemp, dessen Grinsen jetzt verschwand. »Wir konnten nicht einmal mit dem neuen Sicherheitsberater sprechen — wie heißt er doch...«

»Patterson«, sagte der muskulöse, sonnengebräunte Eglinton.

»Aber Gordon sagt, er würde heute abend hier sein, um mit uns zu sprechen. Es wird eine Menge zu diskutieren geben. Post hier hat mit einigen Physikern und

Weltraumforschern gesprochen. Chris Riley, Fred Hardin. Andere. Sie denken an Asteroiden.«

»Seid ihr alle überzeugt, daß wir etwas Entsprechendes erwischt haben, ein echtes extraterrestrisches Geschoß?«

»Wir haben mehr als das«, sagte Kemp und beugte sich vor. Sand legte ihm eine Hand auf den Arm. Kemp nickte und lehnte sich wieder zurück. Sand wandte sich Samshow zu, als ob er etwas Delikates erklären müßte.

»Vor vier Tagen hat ein Frachtschiff eine Feuerkugel im Zentralatlantik gesichtet. Wie bei dem vorangegangen Objekt hat *niemand*, soweit wir herausbringen können, das Ding auf Radar ankommen sehen. Ähnliches Phänomen — Sturz in die Tiefsee, kleiner Sturm und ungewöhnliche seismische Aufzeichnungen. Diese Feuerkugel war aber viel heller — blendend, riesig, mit einem glühenden Schweif. Der Kapitän und die Mannschaft wurden wegen Verbrennungen der Netzhaut behandelt. Die behandelnden Ärzte konstatierten Haarverlust und merkwürdige Beulen. Auch war der Stuhl blutig. Jeder an Deck hat schwere Strahlenschäden erlitten.«

Kemp sagte: »Meteore machen so etwas nicht. Und dann ... haben wir Aufzeichnungen von einem anderen seismischen Ereignis im gleichen Gebiet wie der Frachter. »Bohren«, fügte er triumphierend hinzu. »Spur wie von einer Bombenexplosion. Und dann ... Mikroseismik und tiefe P-Wellen.«

Samshow zog die Augenbrauen hoch. »Und?«

»Noch mehr Knotenspuren«, sagte Sand, »und noch stärkere mikroseismische Aktivität ... Dies war ein größeres Objekt, massiger, oder ...«

»Es ist anders«, sagte Kemp. »Fragt mich nicht, wie!«

Samshow meinte: »Unten redet man über ein Kemp-Objekt. Ich will mir keineswegs über die Zuerkennung Sorgen machen ...«

»Das werden wir morgen früh im Symposion ausbügeln«, sagte Kemp. »Gordon wird dabei sein; und alles, was wir wissen, wird dem Kongreß vorgelegt werden.«

»Und die Öffentlichkeit?«

»Niemand hat uns gesagt, daß wir es geheim halten sollen«, sagte Sand.

»Da unten sind Kamerateams.«

»Wir können das nicht zurückhalten«, sagte Kemp.

»Können wir nicht warten, bis es bestätigt ist?«

»Das könnte Monate dauern«, sagte Sand. »Vielleicht werden wir nicht die Zeit haben.«

Samshow runzelte die Stirn heftig und sagte: »Zwei Dinge machen mir Sorgen — außer diesem Sensationsrummel an sich. Erstens ...« — er hob einen Zeigefinger —, »wie, zur Hölle, kann uns dieses Theoretisieren überhaupt nützen? Und zweitens ...« — ein zweiter Finger —, »jeder hier scheint sich so wohl zu fühlen.«

Sand schaute auf die anderen. Post wirkte plötzlich erschüttert.

»Die Götter tanzen auf unserem Grab«, sagte Samshow. »Und wir sind hier und benehmen uns wie Kinder in einem Spielzeugladen.«

35

Reuben Bordes stand an der Außentür und starrte in den kalten Regen, der die Straßen von Warren abwusch. Halb lächelte er und halb machte er ein mürrisches Gesicht. Seine Lippen bewegten sich langsam zu einem inneren Lied, und seine Augen blickten irgendwie verlangend in die Ferne.

»Mach die Tür zu, Junge!« rief sein Vater, der in einem zerlumpten Pyjama in der Diele stand. »Draußen ist es *kalt!*«

»All right, Papa.« Er schlug die Tür zu und drehte

sich um, wie sein Vater sich in seinen Lehnstuhl setzte. »Kann ich dir etwas bringen?«

»Ich habe schon gegessen und mein Schläfchen gehabt und habe mich den ganzen Tag wie ein fauler Hundesohn benommen. Warum solltest du mir etwas bringen?« Sein Vater sah ihn mit rheumatischen müden Augen an. Er weinte immer noch nachts und schlief mit den Armen um ein Kissen geschlungen. Reuben hatte ihn am Morgen gesehen, tief im Schlaf, sein Gesicht verzerrt von leerer Wonne und das dicke Federkissen seiner toten Frau unter den zerwühlten Decken fest an sich gepreßt.

»Ich habe bloß gefragt«, sagte Reuben.

»*Ich sollte sie einladen, meine Mama zu treffen. Meine Mutter. Aber sie ist tot.*«

»Du könntest die Röhre anstellen.«

»Welchen Kanal?« fragte Reuben und kniete sich vor den Fernseher.

»Such mir die Show, wo sich alle über die Nachrichten zanken! Das bringt mich auf andere Gedanken!«

Reuben fand das WorldWide News Network und watschelte zurück, immer noch gebeugt. Seine Hände hingen zwischen den Knien herab.

»Du weißt, du mußt nicht hierbleiben, um mich bei guter Stimmung zu halten«, sagte sein Vater. »Ich muß noch Beas Tod verarbeiten. Ich werde es im Kopf klarkriegen. Ich werde leben.«

Reuben lächelte über die Schulter. »Wohin sollte ich gehen?« fragte er. Aber er wußte, daß er bald weg mußte. Es gab notwendige Dinge zu tun. Er mußte das, was in seiner Manteltasche war, nehmen und die Person finden, für die es bestimmt war. Er hatte Erinnerungen an eine Stimme empfangen, mit deutlichem englischen Akzent, aber kaum mehr.

Er lehnte sich an die Knie seines Vaters und hörte, wie die Heerscharen von *Freefire* gegeneinander in Kampfstellung gingen und drohend aussahen, selbst als sie ihren Gast ankündigten. Das steif formelle Gesicht des jungen Liberalen schien sanfter zu werden.

»Er war Berater des Präsidenten bei dem Raumschiff vom Death Valley, und er ist in wissenschaftlichen und journalistischen Kreisen sehr angesehen. Er hat über vierzig Bücher veröffentlicht, einschließlich seines kürzlich erschienenen prophetischen Romans *Starhome*, einer wissenschaftlichen Erzählung über den ersten Kontakt. Er heißt Trevor Hicks und er ist geborener Brite.«

»Eigentlich eher Weltbürger«, sagte Hicks.

Reuben erstarrte.

Die Stimme!

Ich sollte sie nach Hause mitnehmen und mit meiner Mama bekannt machen. Meiner Mutter.

»Der ist es«, sagte er.

»Wer?«

Reuben schüttelte den Kopf. »Wo ist der?«

»Die sind in Washington, wie immer«, sagte sein Vater.

»... Mr. Hicks, gehen wir recht in der Annahme, daß Sie es waren, der zuerst Präsident Crockerman geraten hat, mit diesen Invasoren zu diskutieren?« fragte der Konservative mit der eifrigen Miene.

»Keineswegs«, sagte Hicks.

Reubens Stirn furchte sich vor starker Konzentration *Der ist es. Er ist Trevor Hicks. Sein Name, seine Stimme.*

»Was haben Sie denn dem Präsidenten gesagt?«

»Meine Herren, der Präsident hätte nicht auf mich gehört, ganz gleich, was ich sagte. Er hoffte auf ein verständnisvolles Ohr; und ich versuchte das zu sein. Aber ich bin so diamanthart entgegen seiner Politik hinsichtlich des Raumschiffs, wie ich annehme, daß Sie es auch sind, Mr. ... Mr. ...«

»Was raten Sie also, daß wir mit dem Raumschiff tun sollen? Sollen wir es vernichten?«

»Ich bezweifle, daß wir das tatsächlich könnten.«

»Also hegen Sie in der Tat defaitistische Ansichten ...«

Reuben zitterte vor Erregung. Washington, D.C. Er hatte genug Geld gespart, um dahin zu fahren. Allerdings eine große Stadt. Wo würde Trevor Hicks in Washington, D.C., sein?

Er hörte genau zu in der Hoffnung, Hinweise zu ergattern. Am Ende der Show hatte er eine klare Vorstellung davon, wo er anfangen müßte.

Am nächsten Morgen stand Reuben in der Dämmerung in der Tür zum Schlafzimmer seiner Eltern — seines Vaters. Der starrte ihn vom Bett aus an und blinzelte gegen das orangefarbene Licht in der Diele hinter der Silhoutte seines Sohnes.

»Ich muß gleich weg, Papa.«
»So plötzlich?«
Reuben nickte. »Es ist wichtig.«
»Hast du Arbeit gefunden?«
Reuben zögerte, nickte dann aber wieder.
»Wirst du anrufen?«
»Natürlich«, sagte Reuben.
»Du bist und bleibst immer mein Sohn und der Sohn deiner Mama. Denk daran, mach uns stolz auf dich!«
»Ja, Sir.« Reuben ging zum Bett, um seinen Vater an sich zu drücken. Er war wieder davon überrascht, wie leicht und gebrechlich er wirkte. Vor Jahren war sein Vater in Reubens Augen als ein hochragender, muskulöser Riese erschienen.
»Viel Glück!« sagte der Vater.

Reuben legte den Mantel um und trat hinaus in den frühmorgendlichen Frost. Seine Stiefel knirschten und rutschten auf den vereisten Stufen. In einer tiefen Seitentasche lag die metallene Spinne fest zusammengerollt wie ein neues Puzzlespiel. In der anderen raschelten und klimperten zweihundert Dollar in Scheinen und Kleingeld.

»Leb wohl, Mama!« flüsterte er an der verschlossenen Tür.

36

Der Nachmittag war ermüdend gewesen, und der frühe Abend schien noch anstrengender zu werden. Samshow hatte schon dem öffentlichen Vortrag von zwei Beiträgen in Räumen beigewohnt, die je zur Hälfte mit Geologen und mit TV-Korrespondenten und Kamerateams gefüllt waren, die immer auf neue Enthüllungen hofften. Was sie bekamen, waren größtenteils technische Ausführungen über die Auffindung von Bodenschätzen, Wanderung metallischer Erze in der tiefen Erdkruste und Diskussionen über die genaue Ortsbestimmung unterirdischer Kerntests im Nahen Osten.
Samshow war bei dem letzten Referat gegangen und betrat die geräumige, weißgekachelte Herrentoilette des St. Francis.
Er schaute zu seinem Bild im Spiegel auf. Zwei junge Männer in Geschäftsanzügen, Haare kurzgeschnitten, so glatt rasiert, daß es bartlose Jünglinge hätten sein können, traten an die Urinale.
»Dieses Verlesen von Daten über Sauerstoff macht mir höllische Sorgen«, sagte der eine.
»Nicht bloß dir«, sagte der andere.
»Es gibt keine Stellen, von wo das kommen kann. Zunahme um ein Prozent.« Er schüttelte den Kopf und zog den Reißverschluß hoch. »Noch mehr davon, und wir werden alle betrunken.«
Samshow ging wieder zu Kemp und Post, und sie gingen zum Lift, wo sie sich neben zwei ärgerliche ältere Touristen und zwei Geologen mittleren Alters in Jeans und alten Pullovern quetschten. Arthur Gordon war am Samstag zu spät angekommen, um an ihrem ersten geplanten Treffen teilzunehmen. Er hatte sie eingeladen, um sieben in sein Zimmer zu kommen, um zu plaudern und ihm danach bei dem späten Abendessen Gesellschaft zu leisten.

Das Hotelzimmer war klein. Post und Kemp saßen auf dem Bett und überließen die beiden Sessel für Gäste Samshow und Gordon. Arthur schüttelte Samshow kräftig die Hand und bot Eiswasser an. Während er im Bad das Glas einschenkte, fragte er: »Gibt es eine übereinstimmende Meinung bezüglich dieses Objekts, von dem man annimmt, daß es sich durch die Kruste bohrt?«

Er kam zurück und gab Samshow das Glas.

»Keine«, sagte Post. Samshow stimmte mit leichtem Kopfnicken zu.

»Vielleicht gibt es keine Übereinstimmung; aber niemand zweifelt, daß sich da etwas befindet«, sagte Kemp.

»Sind Sie überzeugt, daß Ihre Meteorsichtung und die seismischen Aufzeichnungen zusammenhängen?« fragte Arthur Samshow.

»Ich denke, schon«, antwortete Samshow. »Die südamerikanischen Spuren, die wir vorausgesagt haben, sind aufgetreten.«

»Und das Objekt macht immer noch Lärm.«

Kemp sagte: »Ich habe heute morgen mit den Stationen meiner Gesellschaft in Manila und Adak gesprochen. Es brummt immer noch wie ein alter Bär.«

»Werden die Geräusche überhaupt schwächer?«

»Wir nehmen das an. Unsere Messungen sind nicht so genau, daß wir im Moment sicher sein können.«

Post holte ein elektronisches Notizbuch aus der Tasche. »Es gibt wahrscheinlich eine Verzögerung durch Widerstand.«

»Und das zweite Objekt ...?« setzte Arthur nach.

Da klopfte jemand an die Tür. »Das ist wahrscheinlich Sand«, sagte Samshow. Post stand auf, um zu öffnen.

Sand kam herein mit einem dicken Bündel von Computerausdrucken. »Naval Ocean Systems ist gerade durchgekommen. Ich habe dies hier aus dem Konferenzdrucker herausgezogen, nachdem ich eine Datenverbindung hergestellt hatte.« Er breitete die Blätter auf dem Tisch aus. »Da unten gibt es ein halbes Dutzend Leute, die nicht abwarten können, bis sie dies durchsehen können; aber da Mr. Gordon die Arrangements getroffen hat, meinte ich, ich sollte der erste sein. Ich habe auch noch mehr über die Sauerstoffzahlen bekommen, und Coomaraswami in Sri Lanka hat ein Papier verteilt über...« Er holte einen Stapel von Kopien aus der Aktenmappe und reichte sie im Zimmer herum. »Über das Absinken der mittleren Meereshöhen.«

»Jesus!« sagte Samshow. Er nahm ein Exemplar und sah es rasch durch. »Jesus Christus!«

Arthur hob den Ausdruck hoch und zog die Lippen zusammen.

»Was ist mit dem zweiten Objekt?« fragte er noch einmal.

»Das ist tatsächlich aufgetaucht...« Sand stand neben seinem Sessel und blätterte die Papiere durch. »Genau hier. Wellenanalyse der Mikroseismik. Es gibt zwei Objekte, die um den Mittelpunkt der Erde Bahnen ziehen — innerhalb des Mantels und der inneren und äußeren Kerne. Sie werden langsamer mit der Rate von ungefähr einem Prozent täglich ... *und*«, sagte Sand fast triumphierend, »die Supercomputer bei UCSD haben die Effekte mit verschiedenen Modellen nachgebildet. Das beste Modell verlangt ein Objekt von weniger als ein paar Zentimetern Breite, sehr lang — Hunderte von Metern —, das sich mit einer Geschwindigkeit zwischen zwei und drei Kilometern in der Sekunde fortbewegt.«

»Was, zum Teufel, würde das anrichten?« fragte Samshow.

Niemand antwortete.

»Schließlich werden die Objekte wegen des Widerstandes sich am Zentrum niederlassen, dicht beieinander. Nicht wahr?« fragte Arthur.

»Unausweichlich«, sagte Sand.

Samshow trank sein Glas Wasser aus und stellte es auf den Tisch. Er hielt einen Eiswürfel im Mund und stieß ihn mit der Zungenspitze von der einen Backentasche in die andere. »Würde der Präsident dies begreifen, Mr. Gordon?« fragte er.

»*Ich* verstehe es jedenfalls nicht«, entgegnete Arthur.

»Zwei Objekte«, sagte Samshow, »die im Innern der Erde Umlaufbahnen beschreiben, wobei sie sich vermutlich verfehlen. Ihre harmonischen Bewegungen werden gedämpft, bis sie im Zentrum zusammentreffen. An was erinnert Sie das?«

Kemp antwortete nicht. Sand zuckte die Achseln. Posts Gesicht verriet äußerste Verwunderung und dann aufdämmernde Erkenntnis. »Ein Zünder«, sagte er. »Es ist wie ein Zeitzünder. Denkt ihr das auch?«

»Ein Zeitzünder, der durch Gravitation seine Energie bekommt«, überlegte Post. »Das ist elegant.«

»Und was passiert, wenn sie zusammentreffen?« fragte Kemp. »Ihr könntet ein Schwarzes Loch bekommen. Nichts ist aufregender als ein Schwarzes Loch, verglichen mit zwei ...«

»*Wenn* es Schwarze Löcher sind. Die Computeranalyse sagt, daß das nicht möglich ist. Sie sind jetzt lang ausgezogen, wie Würmer; und das zweite ist anders«, sagte Sand. »Sehen Sie auf seine Spuren! Starke Strahlung in der Atmosphäre. Es macht mehr Lärm als das erste. Und bedenkt den Anblick! Es leuchtete wie ein Fabeltier, als es durch die Atmosphäre drang. Walt — wie hast du das erste beschrieben?«

»Zuerst zwei lange, helle Lichterscheinungen. Dann kleiner und viel weniger hell.«

Post machte sich unruhig mit seinem Hemdkragen zu schaffen.

Arthur sagte: »Zur Hölle, auch das könnte ein einfacher alter Meteorit sein. Meteorite leuchten auf. Würde ein Amateur den Unterschied erkennen?«

»Aber was ist mit der Strahlung? Bei jeder Vermutung, die wir anstellen, sind wir bis jetzt aufgebrummt«, sagte Sand.

»Kein Ulk«, kicherte Post.

Samshow beugte sich vor. »Nehmen wir aber an, daß das zweite Ereignis ein viel spektakulärer Fall gewesen ist. Ein größeres Objekt?«

»Die Spuren könnten auf ein etwas größeres Objekt hinweisen. Oder... explosive Substanzen längs der Bahn?« schlug Sand vor.

Arthur hörte zu, amüsiert durch die kreative Verwirrung. »Was würde Strahlung freisetzen?«

Post sagte: »Kleine Schwarze Löcher könnten das vielleicht. Aber sie müßten beträchtlich kleiner sein als ein paar Zentimeter im Querschnitt, wenn ihre Masse nur hundert Millionen Tonnen betrüge. Ich glaube nicht, daß sie überhaupt eine solche Show veranstalten würden. Und wenn sie Gammastrahlen aussenden, die intensiv genug sind, um Seeleuten in Dutzenden Kilometern Entfernung Schäden zuzufügen ...« Seine Miene verdüsterte sich. »Sie werden sich nicht sehr lange halten. Außerdem können es keine Schwarzen Löcher sein, ihr erinnert euch doch?«

Samshow fragte: »Was meinen Sie damit, daß sie sich nicht sehr lange halten könnten?«

Post machte ein enttäuschtes Gesicht. »Es sind keine Schwarzen Löcher. Dessen können wir ziemlich sicher sein. Aber... — nun ja — Schwarze Löcher löschen immer Strahlung aus. Wenn sie groß sind, sind sie kälter als das Universum in ihrer Umgebung; aber sie befinden sich nicht auf dem absoluten Nullpunkt ... Aber trotzdem ist der Effekt ein reines Einströmen von Energie. Aber nach etwa zehn Milliarden Jahren, oder wenn sie von vornherein klein entstanden sind, dann werden sie viel heißer und verlieren ihre Masse viel schneller, prozentweise. Wenn sie auf etwa zehntausend Tonnen Masse gesunken sind, explodieren sie total — zehntausend Tonnen reiner Energie.« Er arbeitete schnell mit seinem Rechner. »Nicht genug, um viel Schaden anzurichten, wenn sie sich wirklich tief im Innern der Erde befinden.«

»Aber was wir haben, sind hundert *Millionen* Tonnen«, sagte Sand. »Oder vielleicht doppelt so viel, wenn wir das zweite Objekt in Rechnung stellen.«

»Darauf kam ich auch gerade«, sagte Post und hob eine Hand. »Der schlimmste Fall wäre, daß das Schwarze Loch — oder Löcher — Masse im Innern der Erde aufsaugen könnte, anwachsen würde und schließlich die ganze Erde verschlänge.«

Die Leute sahen sich gegenseitig an und fragten sich, wieviel sie zu glauben geneigt sein würden und wie weit sie noch gehen möchten.

»Das würde keinen Sinn ergeben, wenn die Aliens irgendeine Absicht hätten, das Rohmaterial der Erde zu verwenden, um noch mehr Raumschiffe herzustellen«, sagte Post.

Arthur ließ nicht locker: »Wie wäre es mit etwas anderem, etwas, über das wir nichts wüßten?«

Samshow lachte. »Wollen Sie sagen, daß wir nichts über Schwarze Löcher wüßten?«

Weiteres Schweigen.

»Vielleicht ist es trivial«, sagte Samshow schließlich. »Aber ich möchte diese Zunahme von Sauerstoff und Abnahme der mittleren Meereshöhe erörtern ... Wie sind die Zahlen?«

»Sauerstoffniveau um ein Prozent erhöht, mittlere Meereshöhe um ein Zentimeter gesunken. Wie, wenn da Zusammenhänge bestünden?«

Arthur sagte: »Wir haben sicher schon alle an so etwas gedacht. Irgend etwas könnte Meereswasser in Wasserstoff und Sauerstoff zersetzen — in gewaltigem Maßstab.«

»So?« meinte Sand prompt. »Wo ist dann der Wasserstoff?«

»Ich habe nicht die leiseste Idee«, sagte Samshow. »Ich dachte nur, ich sollte es erwähnen.«

Posts Miene wurde noch finsterer. »Sehr interessant«, sagte er.

Arthur fragte: »Hat irgend jemand irgendwelche *guten* Nachrichten? Etwas, um uns vor dem Essen aufzuheitern?«

Niemand hatte welche.

37

---

24. November

Bei einem seltenen, aber notwendigen Ausgang in die Stadt saß Edward im Café. Einen Teller mit den Resten eines großen Hamburgers und Pommes frites hatte er beiseite geschoben und sah die Papiere durch, die ihm sein Departmentchef in Austin geschickt hatte. Zahlungsanweisungen für ausstehendes Gehalt, berichtigte W-2-Formulare, Vorschläge für das Vorlesungsverzeichnis des nächsten Semesters. Eine Verzichterklärung von den Schulanwälten dahingehend, daß die Schule von jeglicher noch so geringer Verantwortlichkeit entlastet würde, die sich aus ihrem Aufenthalt im Death Valley ergeben könnte. Das ganze lief natürlich darauf hinaus, daß die Unterzeichnung all dieser Papiere — und besonders des letzten — seine Wiedereinsetzung und die Wiederaufnahme seiner Karriere bedeuten würde.

Minelli kam ins Café und setzte sich ruhig neben ihm hin. »Wirst du unterschreiben?«

Edward sagte: »Ich wüßte nicht, warum nicht. Und du?«

»Sicher. Wieder normal.« Er grinste schwach und hob einen Daumen. Dann sah er den Daumen genau an. »Per Anhalter zurück ins Leben. Die alte Schule tut so, als hätte sie Angst vor uns.«

Die Kellnerin, jung, plump und mit munterem Gesicht, kam mit einem Bestellblock aus der Küche. »Wollen Sie etwas bestellen?« fragte sie.

»Wie ist der Hackbraten?« fragte Minelli.

Die Kellnerin hob die Augen zum Himmel. »Nicht im Angebot. Wir haben gar keinen da.«

»Nee, dann nichts für mich.«

»Sonst noch etwas?« fragte sie Shaw. Er lehnte ab. Sie nahm eine gedruckte Rechnung vom Block, und er gab ihr seine Kreditkarte.

»Wir sollten unsere Buchangebote bald erledigen«, sagte Minelli.

»Es hat noch keine Angebote gegeben«, erinnerte ihn Edward.

»Sie sind ...« Minelli schien den Faden zu verlieren. »Reslaw meint, wir lägen einfach zu niedrig, um Angebote zu bekommen. Wir sollten mit dem Anwalt der Air Force darüber reden oder vielleicht auch mit dem Rechtsanwalt von Mrs. Morgan.«

»Willst du jetzt wirklich ein Buch schreiben?« fragte Edward leise. »Alles noch einmal durchgehen, was wir mitgemacht haben, wenn *niemand* richtig weiß, was noch auf uns zukommt?«

»Du meinst, warum soll man etwas versuchen, ehe alles vorbei ist ...«

Edward nickte. »Wir können noch ein paar Tage hier bleiben, etwas Zeit draußen in der Wüste verbringen ...«

»Abseits vom Death Valley.«

»Richtig. Und dann zurück nach Austin und hoffen, daß die Reporter uns vergessen haben.«

»Eine dicke Chance«, sagte Minelli.

Reslaw kam in das Café und rutschte in den Platz neben Minelli. Er holte eine zusammengefaltete *New York Times* unter dem Arm hervor und breitete sie auf einer freien Stelle des Tisches aus. Die Schlagzeile lautete:

GEHEIMNISVOLLES OBJEKT
BEWEGT SICH IM INNERN DER ERDE

»Das ist, wo wir sein sollten«, sagte Reslaw und zeigte auf das Bild eines Konferenzraumes im St. Francis Hotel. »Mit diesen Leuten müßten wir reden.« Auf der nächsten Seite waren Bilder von Kemp, Sand und Samshow.

»Was könnten wir denen erzählen?« fragte Edward. »Was wissen wir, das sie nicht wissen?«

Reslaw zuckte die Achseln. »Mindestens würden wir etwas Nützliches tun.«

»Wenn sie mit uns reden wollten, würden sie uns das wissen lassen.«

Minelli sagte: »Der Präsident ist hergekommen, um mit uns zu sprechen. Sieh, was er gemacht hat! Wir sind Unglücksraben. Hast du je daran gedacht, daß der Alien etwas in unseren Geist getan hat ...« Er machte mit weit aufgerissenen Augen eine vage Geste zu seiner Schläfe. »Etwas, das uns blöde und schwach macht? Vielleicht läßt es den Präsidenten etwas sagen, das er gar nicht meint.«

Edward blickte auf Reslaw. »Hast du so etwas im Kopf?«

»Nichts, das ich spüren kann.«

»Es ist nicht unmöglich«, sagte Minelli.

»Nein«, gab Edward zu, »aber es ist höllisch paranoid; und das hätte uns gerade noch gefehlt — mehr Angst.«

Minelli drehte die Zeitung zu sich herum und las den Artikel ruhig durch.

»Stella sagt, es waren mehr Leute auf dem Highway, die am Motel beim Wohnwagenparkplatz anhielten«, sagte Reslaw. »Die meisten gehen zum Aschenkegel.« Er unterdrückte ein ironisches Lachen und schüttelte den Kopf. »Ich erinnere mich an einen alten ›Peanuts‹-Cartoon mit Snoopy. Das Ende der Welt steht bevor, also wollen wir uns unter einem Laken verstecken. Mit Ausschnitten für die Augen.« Er machte mit den Fingern Kreise um die Augen und sah Edward an.

»Schluß damit!« sagte Minelli freundlich. »Ihr benehmt euch wie ich. Aber nur *ein* verrückter Bursche ist in dieser Gruppe zugelassen.«

»Woher nimmst du das Vorrecht?« fragte Reslaw ebenso freundlich.

»Schwacher Charakter, um es kurz zu sagen.« Minelli gab Edward die Zeitung. »Das wird sie wirklich in einen Wirbel bringen. Sie nennen es die rauchende Kanone, was, zum Teufel, das auch sein mag. Vielleicht hat man uns schon in den Kopf geschossen, aber wir sind noch nicht gestorben.«

»Du hast immer eine Art, dich auszudrücken«, sagte Reslaw und hob eine Hand. Die Kellnerin kam, und er bestellte einen Milchshake und einen Hamburger.

Edward hatte den Artikel inzwischen durchgelesen und stand auf, wobei er sein Trinkgeld auf den Tisch warf. »Wenn alle in der Wüste Camping machen wollen, dann hat es keinen Sinn mehr, die Einsamkeit zu suchen. Wir könnten uns hier fortmachen, nach Austin zurückkehren und diese guten Leute in Ruhe lassen.«

»Das finde ich vernünftig«, sagte Minelli.

»Was ist mit deinen Buchverträgen?« fragte Reslaw.

»Ich pfeife auf Ruhm und Geld. Wer würde noch Zeit haben, um das Geld auszugeben?«

Stella hatte Edward eingeladen, mit ihr am Nachmittag auszureiten. Sie luden vier Ballen Luzerne in den Jeep der Morgan Company und fuhren zu einem verfallenen Pferch in knapp zwei Kilometern Entfernung. Drei Pferde — ein Rotschimmel, ein kastanienbraunes Reitpferd und ein kleiner, kräftiger Schecke — standen mit gespitzten Ohren inmitten einer ausgedehnten Weidefläche.

Stella sagte: »Ich habe seit Monaten keine Zeit zum

Reiten gefunden.« Sie nahm einen Ballen hinten vom Jeep und befestigte ihn an einer halb verfallenen Krippe im Zaun. Alle drei Pferde kamen langsam mit wedelnden Schwänzen näher. »Sie sind inzwischen halb wild geworden.« Sie lächelte Edward zu und wischte Stroh von den Ärmeln ihrer Jacke. »Wollen wir es riskieren?«

»Ich bin Amateur und bin seit Jahren nicht mehr geritten.«

Die Pferde kamen zusammen, schnupperten an der Luzerne und begannen dann zu fressen. Stella klopfte dem Schecken den Hals; und der sah sie mit einem wilden blassen Auge an, ohne sich aber ihrer Liebkosung zu widersetzen. »Dies ist Star. War schon immer mein Pferd. Als ich aus der Schule nach Haus kam, habe ich sie durch die ganze Wüste geritten, bis hinaus zu den Opalminen und hinunter in die Indianergruben, über die trockenen Flußbetten. Wir hatten eine schöne Zeit, nicht wahr?«

Star mampfte.

»Du solltest den kastanienbraunen Wallach reiten, das ist Midge«, schlug sie vor. »Midge ist fromm. Macht euch bekannt!«

Edward trat zu dem Braunen und streichelte ihm Hals und Mähne. Dabei murmelte er: »Gutes Pferd, nettes freundliches Pferd.«

Nach einigen Minuten des Wiedergewöhnens der Pferde an menschliche Gesellschaft holte Stella zwei Decken und Sättel aus dem Jeep. Star nahm die Decke unruhig an, Midge mit Resignation.

Stella sagte: »Ich werde sie beide zuerst ausprobieren und an Reiter gewöhnen.« Sie machte den Sattelgurt an Star fest und stieg lässig auf. Der Braune rückte von der Luzerne weg und ging nervös im Futtergehege herum. Dann stand er still und scharrte in einer Ecke in dem weichen Schmutz und alten Stroh. Stella stieg ab und trat zu Midge. Edward zog sich zurück.

Sie stieg auf Midge ebenso elegant. Midge bockte von

der Krippe weg, trat zurück und warf Stella rücklings in den Dreck. Edward schrie auf, ergriff die Zügel und hütete seine Füße vor den ausschlagenden Hufen. Als er das Pferd beiseite geführt hatte, brachte er es in eine Ekke und kam, um Stella auf die Beine zu helfen.

»Mir geht es gut. Ich bin nur erschrocken.« Sie wischte mit schnellen, ärgerlichen Bewegungen ihre Jeans ab.

»Brav, nicht wahr?« fragte Edward.

»Er ist offenbar dein Pferd.«

»Ich werde versuchen, ihn davon zu überzeugen.«

Ein paar Minuten später nahm Midge Edwards Gewicht ohne Protest an, und Stella ritt mit dem Schecken neben ihnen. Sie begaben sich an das andere Ende des Pferchs, und sie stieg ab, um die Drahtschlinge an einem von der Sonne ausgebleichten Tor hochzunehmen.

Shoshone befand sich wie die meisten Wüstenerholungsstätten der Gegend auf einer Thermalquelle, die viele hundert Liter Wasser pro Minute in die Wüste sprudelte; und sie hatte das ohne nachzulassen schon seit Jahrzehnten getan. Der Auslauf bildete einen Bach, der sich unter California 217 hinschlängelte. An seinen Ufern waren Boraxpfannen mit Gras und Gestrüpp bewachsen, und dichte Schachtelhalmzeilen säumten sein Bett.

Sie ritten über den Bach und kamen schließlich zu einem Abhang mit Borax darauf. Mit einigem Antreiben rutschten die Pferde hinunter. Sie ritten dann im Schatten durch eine Rinne mit Death-Valley-Salbei, wobei sie einander anschauten und lächelten, aber nichts sagten.

Die Rinne weitete sich zu einer breiten Ebene, und der Salbei machte Platz für Büschel von gelbem Salzgras. Zu ihrer Linken verlief ein Stück einer schmalspurigen Bergwerksbahn, deren Schienen auf einer langen Böschung von Schlacke und grauem Schmutz verrosteten. Vögel riefen in der Stille, und eine dicke, ein Meter lange Klapperschlange glitt durch den Busch.

»All right«, sagte Stella, zügelte ihr Pferd und sah

Edward an. »Ich bin jetzt ziemlich geheilt. Wie geht es dir?«

Edward nickte. »Dies hilft sicher.«

Sie lenkte den Schecken näher an ihn heran und klopfte ihm auf die Schulter. »Ich habe hier mein ganzes Leben verbracht, bis auf ein paar Jahre in der Schule und auf Reisen. Europa, Afrika. Friedenscorps. Meine Mutter und Schwester und ich haben alles getan, was wir konnten, um die Stadt beisammen zu halten, nachdem mein Vater gestorben war. Es ist mein Leben geworden. Manchmal ist es eine schreckliche Verantwortung — das würdest du nicht denken, weil es so klein ist? Aber es lastet auf mir. Die Mutter schafft es mit Schwung.«

»Sie ist wunderbar«, sagte Edward.

Stella neigte den Kopf zur Seite und schaute traurig auf den Kies. »Du weißt, ich habe gesagt, daß ich eine Radikale gewesen bin. Meine Schwester war die eigentliche Radikale. Sie ist nach Cuba gegangen. Sie hat sämtliche Werke von Lenin und Marx in ihren Bücherregalen. Sie liebt Shoshone ebenso sehr wie ich, aber sie mußte fortgehen. Wir glauben, sie ist in Angola. Mein Gott, was ist das jetzt für ein Platz zu leben. Ich meinerseits bin genau so ein Kapitalist wie alle anderen.«

»Das ist schwer für deine Mutter, nehme ich an.«

»Wer — ich oder meine Schwester?«

»Ich dachte an deine Schwester. Aber wohl für euch beide.«

»Wie ist es mit deiner Familie?«

»Nicht der Rede wert. Mein Vater ist vor mehr als zwanzig Jahren verschwunden, und meine Mutter wohnt in Austin. Wir sehen uns nur selten.«

»Und deine Verbindungen an der Universität?«

»Ich bin nicht sicher. Ich will jetzt hier bleiben.«

»Keine langfristigen Pläne?«

Edward schlug nach einer summenden Bremse und sah zu, wie sie über die Grasbüschel davonschaukelte. »Ich weiß nicht, warum.«

»Mutter und ich haben Pläne gemacht, um Schürfungsrechte zu verkaufen. Wir wollen das Abwassersystem der Stadt mit einem Regierungsdarlehen erneuern; aber dieses Extrageld könnte die Stadt jahrelang in Schwung halten, auch wenn die Touristen weiter nach Tecopa hinüberströmen.«

»Der große Ferienort.«

Sie nickte. »Was für eine Katastrophe für uns alle. Tecopa war früher ein Haufen von Baracken über warmen Quellen. Ruppig. Jetzt ist es wie Samt. So ist eben die Wüste.«

»Hier ist es schön. Für Shoshone müßte etwas Großes geschehen.«

»Ja, aber würden wir das wirklich wünschen?« Sie schüttelte zweifelnd den Kopf. »Ich möchte es so erhalten, wie zu meiner Mädchenzeit; aber ich weiß, daß das nicht zu machen ist. So, wie es war, als der Vater noch lebte. Damals erschien es so dauerhaft. Ich könnte immer zurückkommen.« Sie schüttelte langsam den Kopf und blickte über das Gras zu einem von Lava bedeckten Hügel dahinter. »Worauf ich hinaus will, ist, daß wir hier einen Geologen brauchen könnten. Um uns zu helfen, die Schürfungsrechte auszuarbeiten und genau zu beziffern, was wir haben.«

»Das wäre hübsch«, stimmte Edward zu.

»Wirst du darüber nachdenken?«

»Euer Touristengeschäft dürfte in den nächsten Monaten sehr gut laufen«, sagte er.

Stella zog ein Gesicht. »Wir kriegen jetzt bloß die Freaks. Religiöse Narren. Alles strömt zum Aschenkegel hinaus. Wer kann die brauchen? Alle anderen Leute bleiben daheim und warten ab. Denkst du, daß alles untergehen wird?«

»Ich weiß nicht.« Aber er wußte es in seinem Innern. »Das ist derzeit nicht richtig. Ich werde mir alles überlegen.«

»Die Dinger im Innern der Erde?«

»Vielleicht. Vielleicht etwas, von dem wir gar nichts wissen.«

»Das macht mich so verdammt verrückt«, sagte Stella mit gebrochener Stimme. »Hilflos.«

»Ja — allerdings.«

»Aber ich werde weiter meine Pläne machen. Vielleicht wird das ganze Geschäft in die Binsen gehen. Der Markt für Investitionen spielt verrückt. Vielleicht hat niemand jetzt Lust, Schürfrechte zu kaufen. Aber wir müssen weiterarbeiten.«

»Ich weiß nicht, ob ich bleiben kann«, sagte er. »Es klingt wundervoll, aber ...«

Ihre Augen zogen sich zusammen. »Ruhelos?«

»Ich weiß nicht, ob ich jetzt wirklich ein Heim haben kann. Nicht einmal hier, so schön es hier ist.«

»Wohin wirst du gehen?«

»Ich werde reisen. Mich wahrscheinlich von Reslaw und Minelli trennen. Meinen eigenen Weg gehen.«

»Manchmal wünsche ich mir, ich könnte das auch tun«, sagte sie wehmütig. »Aber ich bin hier zu tief verwurzelt. Ich bin nicht genügend meiner Schwester ähnlich. Und ich muß bei Mutter bleiben.«

Edward sagte: »Es gab einen Ort, zu dem mich meine Mutter und mein Vater führten, ehe dieser davonlief. Mein letzter Sommer mit ihm, und der beste Sommer, den ich je erlebt habe. Ich bin seitdem nie mehr dort gewesen. Ich wollte mich nicht enttäuschen lassen. Ich fragte mich, ob er sich verändert haben könnte ... Zum Schlimmeren.«

»Wo war das?«

»Yosemite.«

»Ja, da ist es schön.«

»Bist du in letzter Zeit dort gewesen?«

»Im letzten Sommer, auf der Fahrt zum Weinbauland. Es war wirklich lieblich, sogar mit all den Leuten. Ohne Gedränge wäre es herrlich.«

»Vielleicht werde ich dorthin gehen und von meinem

ausstehenden Gehalt leben. Du mußt wissen, daß ich davon geträumt habe. In jenen besonderen Träumen, wo ich zurückgehe, und alles ist anders, aber doch irgendwie besonders. Ich mache mir so meine Gedanken, daß ich nach all diesen Jahren, in denen ich bloß davon geträumt habe, nun wirklich dort bin. Und dann wache ich auf ... und es war nur ein Traum.«

Stella berührte seinen Arm. »Wenn ... es hinkommt, dann kannst du danach hierher zurückkommen.«

»Ich danke dir«, sagte Edward. »Das wäre schön. Meine Stelle an der Universität wird bis dahin sicher erloschen sein. Man kann nicht erwarten, daß die ewig Geduld haben.«

Stella sagte: »Wir wollen einen Pakt machen. Im nächsten Sommer kommst du her und hilfst Mutter und mir. Nachdem du in Yosemite gewesen bist und wenn die Welt noch zusammenhält.«

»All right«, sagte Edward und lächelte. Er langte hin und berührte ihren Arm. Dann beugte er sich vor, um sie auf die Wange zu küssen. »Der Pakt gilt.«

PERSPEKTIVE

Compunews Network, 29. November 1996, Frederick Hart reporting:
Hier in der winterlichen Wüste, nur ein paar Kilometer vom eigentlichen Death Valley entfernt, wird es in der Nacht bitterkalt, und Tausende von Lagerfeuern beleuchten das Gras und den Sand rings um das zum Staatsbesitz erklärte Nationale Sicherheitsgelände. In dessen Mitte erhebt sich gegen die Wolken der Sterne wie ein großer schwarzer Buckel das sogenannte Monster, die Imitation eines erloschenen Vulkans, die sich in die Phantasie der Nation ebenso tief eingegraben hat wie die Kemp-Objekte in den Kern der Erde und in unsere Alpträume. Aus der ganzen Welt sind Leute hierher gekommen. Sie werden durch Stacheldraht und rasiermesserscharfe Barrikaden anderthalb Kilometer weit von der Stelle ferngehalten. Sie scheinen zur Andacht hergekommen zu sein, oder auch nur, um still unter der warmen Wüstensonne zu sitzen und zu starren. Was bedeutet es für sie, für uns? Sollten sie den Platz erstürmen wollen, wird die Army imstande sein, sie zurückzuhalten?

Unter ihren Zahlen befinden sich ungefähr zehntausend Leute der Schmiede Gottes mit ihren diversen Propheten und geistlichen Führern. Der amerikanische Zweig dieses Kults ist binnen nur drei Wochen entstanden, in den religiös fruchtbaren Boden des amerikanischen Südens und Westens gesät durch die plumpen und kompromißlosen Worte des Präsidenten. Ich habe mit diesen Leuten gesprochen, und sie teilen die Überzeugungen des Präsidenten. Die meisten sind fundamentalistische Christen, die dies als die Apokalypse sehen, die in der

Bibel vorhergesagt wurde. Aber viele kommen aus anderen Glaubensrichtungen und anderen Religionen rund um die Welt. Sie sagen, daß sie hier bleiben werden bis zum Ende. Wie ein Kultist mir gesagt hat: »Dies ist das Zentrum. Dies ist es, wo es darauf ankommt. Vergeßt Australien! Das Ende der Welt beginnt genau hier, im Death Valley.«

38

1. Dezember

Lieutenant Colonel Rogers, in Räuberzivil mit Jägermütze, Buschjacke und Drillich, die Hände in den Rocktaschen, stand an der Seite der Landebahn von Furnace Creek. Ein gepflegter achtsitziger Privatjet Lear-Fan Special schwebte ein und hielt zwanzig Meter entfernt. Seine Tandemluftschrauben zischten mit immer leiserem wutsch-wutsch-wutsch durch die Luft. Die Landescheinwerfer des Flugzeugs erloschen, und die Seitentür ging auf. Zwei Passagiere — ein Mann und eine Frau — stiegen fast sofort herunter, sahen sich in der Dunkelheit um und gingen auf Rogers zu.

»Der Präsident lehnt es ab, mit irgendeinem von uns zu sprechen«, sagte der Mann. Er trug einen gerade erst angelegten und noch nicht richtig zurechtgezupften dunklen Mantel und ein seidenes Hemd. Er war sehr stattlich, in späten mittleren Jahren und vollkommen kahl. Die Frau war schlank, in den Vierzigern, mit großen attraktiven Augen, schmalem Kinn und vollen Lippen. Auch sie trug einen Mantel und darunter einen dunklen Hosenanzug.

»Was plant Ihre Gruppe jetzt?« fragte die Frau.

Rogers kratzte sich nachdenklich das Kinn. »Meine Gruppe ... hat noch keine festen Pläne«, sagte er. »Wir sind solche Art von Aktivität nicht gewohnt.«

»Der Kongreß und die Komitees sind Crockerman richtig auf den Fersen. Vielleicht können sie ihn stürzen«, sagte der Mann. »Wir haben es noch nicht geschafft, daß McClennan und Rotterjack bei uns mitmachen. Loyal bis zum Äußersten.« Der stämmige Mann verzog den Mund. Loyalität über Pragmatismus hinaus konnte er nicht verstehen. »Selbst so könnte es schon zu spät sein. Haben Sie mit der Einsatztruppe gesprochen?«

»Wir wollen sie hier möglichst heraushalten«, sagte Rogers. »Ich habe mit Gordon geredet, und er hat diesen Plan sogar mir gegenüber zur Sprache gebracht; aber wir wissen nicht, wer von denen seinen Entschluß im stillen unterstützt hat.«

»Haben Sie den Schlafsack?« fragte die Frau.

»Nein, Ma'am.«

»Wissen Sie, wo Sie ihn bekommen, wenn es so weit ist? Oak Ridge liegt in meinem Distrikt ...«

»Wir werden ihn nicht aus zivilen Quellen bekommen«, sagte Rogers.

»Wie ist es mit Codes, den Komplikationen, der Ermächtigung, die Sie brauchen ... der Befehlskette?« Die Frau ließ nicht locker.

»Das liegt auf unserer Seite. Darum werden wir uns kümmern. Wenn die Zeit kommt.«

»Sie haben die rauchende Kanone, verdammt noch mal!« sagte der Mann. »Wir sind bereits erschossen.«

»Ja, Sir. Ich lese Zeitungen.«

»Der Admiral sollte wissen«, sagte der Mann, der ihr Gespräch wohl zum Abschluß bringen wollte, »daß unsere Gruppe innerhalb einer vernünftigen Zeitspanne nicht mehr tun kann. Wenn wir den Präsidenten wirklich stürzen, erfordert das Monate. Wir können die Vereidigung nicht aufhalten oder verzögern. Die Stellungnahmen vom Rechtsausschuß des Hauses werden Wochen brauchen. Der Prozeß könnte sich danach noch ein halbes Jahr hinziehen. Mindestens so lange wird er durchhalten. Damit seid ihr am Ball.«

Rogers nickte.

»Wissen Sie, wann Sie handeln werden?« fragte die Frau.

»Wir wissen nicht einmal, ob wir das können, oder ob wir das überhaupt wollen, wenn wir es können. Das hängt alles noch in der Luft.«

»Entscheidungen müssen bald gefällt werden«, wiederholte sie. »Alle sind viel zu aufgebracht ... Dies ist ein zu außergewöhnliches Conclave, als daß es lange geheim bleiben könnte.«

Rogers stimmte zu. Die beiden gingen wieder zu ihrem Lear-Fan Special, und die gegenläufigen Schrauben begannen sich unheimlich leise zu drehen. Rogers kehrte zu seinem Lastwagen zurück und fuhr vom Flugplatz weg, als das Flugzeug winselnd in der Finsternis und Stille der von Wolken verhangenen Nacht verschwand.

Rings um den mysteriösen Aschenkegel patrouillierten in einigen hundert Metern Abstand Soldaten über gut beleuchtete Flächen der Wüste in Jeeps und zu Fuß. Jenseits der Streifen und Zäune, anderthalb Kilometer vom Objekt ihres Interesses entfernt, drängten sich die Zivilisten in Lastwagen und Wohnmobilen. Selbst so spät, fast gegen Morgen, brannten Lagerfeuer inmitten weiter Kreise hypnotisierter Beobachter. Rauhes Gelächter auf der einen Seite wurde duch Gospelgesang auf der anderen erwidert. Rogers lenkte seinen Wagen durch den eingezäunten Eingangskorridor auf das Gelände und fragte sich, ob er je zum Schlafen kommen würde.

39

15. Dezember

Früh um zwei klingelte das Telephon neben ihrem Bett. Arthur war sofort wach, richtete sich auf und griff zum Hörer. Es war Ithaca Feinman. Sie rief aus einem Krankenhaus in Los Angeles an.

»Es geht schnell mit ihm zu Ende«, sagte sie leise.
»So bald schon?«
»Ich weiß es. Er sagt, daß er noch kämpft, aber ...«

»Ich mache mich auf ...« Er schaute auf die Uhr. »Heute morgen. Ich kann um acht oder neun da sein, vielleicht eher.«

»Er sagt, daß es ihm leid tut, aber er möchte dich hier haben«, sagte Ithaca.

»Bin schon unterwegs.«

Er legte auf und ging ins Wohnzimmer, um nach Francine zu schauen, die sagte, sie hätte nicht geschlafen. Sie saß auf der Couch mit Gauges Kopf im Schoß. Sie machte sich Sorgen um etwas, wußte aber nicht was.

»Harry verläßt uns. Zumindest meint Ithaca das.«

»O Gott!« sagte Francine. »Du fliegst hin?«

»Ja.«

Sie schluckte kräftig. »Geh hin zu ihm ... Sag ihm auch in meinem Namen Lebewohl, wenn er wirklich ... Oh, Arthur!« Ihre Stimme war ein bebendes Flüstern. »Dies ist eine schreckliche Zeit, nicht wahr?«

Er war den Tränen nahe und sagte: »Wir werden es durchstehen.«

Während Francine für ihn einige Hemden und Hosen zusammenlegte, tat er seine Toilettensachen in einen Koffer und rief den Flughafen an, um einen Flug um sechs Uhr dreißig zu buchen. Ein paar Sekunden zitterte er im gelben Licht der Nachttischlampe und suchte sich zu besinnen. Er überlegte, ob er etwas zurückgelassen hätte und ob er noch jemanden benachrichtigen müßte.

Francine fuhr ihn zum Flughafen. »Komm bald zurück!« sagte sie. Als sie die Doppeldeutigkeit erkannte, schüttelte sie den Kopf. »Unsere herzlichsten Grüße an Ithaca und Harry! Ich werde dich vermissen.«

Sie umarmten sich; dann fuhr sie los, um Marty für die Schule zurecht zu machen.

Um diese Stunde war der Flughafen fast menschenleer. Arthur saß in dem sterilen schwarzgrauen Warteraum an seinem Flugsteig und las eine weggeworfene

Zeitung. Er blickte auf die Uhr. Als er dann aufschaute, sah er eine magere, nervöse Frau, kaum mehr als ein Mädchen, die ein paar Meter entfernt stand und ihn anstarrte. »Ich hoffe, daß es Ihnen nichts ausmacht«, sagte sie.

»Verzeihung?«

»Ich bin Ihnen von Ihrem Hause gefolgt. Sie sind doch Arthur Gordon, nicht wahr?«

Arthur kniff die Augen zusammen. Er war verwundert und gab keine Antwort.

»Ich weiß, daß Sie es sind. Ich habe Ihr Haus beobachtet. Ich weiß, das klingt schrecklich, es ist aber so. Ich muß Ihnen etwas geben. Das ist sehr wichtig.« Sie öffnete die Einkaufstasche und nahm einen Karton heraus, der für einen Baseball ausgereicht hätte. »Bitte, seien Sie nicht beunruhigt! Es ist keine Bombe oder so etwas. Ich habe es den Sicherheitsleuten des Flughafens gezeigt. Sie halten es für ein Spielzeug, ein japanisches Spielzeug für meine Cousine. Aber es ist für Sie.« Sie hielt ihm die Schachtel hin.

Arthur musterte sie genau und sagte: »Bitte, machen Sie es für mich auf!« Es war, als ob er nach einem automatischen Programm handelte, vorsichtig und ruhig zugleich. Er hatte sich früher wenig Sorgen wegen Mordanschlägen gemacht; aber er konnte für Leute der Schmiede Gottes oder sonst jemanden, der durch die Nachrichten der letzten Wochen durchgedreht hatte, ein mögliches Ziel sein.

»All right.« Sie öffnete die Schachtel und nahm einen eiförmigen Gegenstand heraus, Stahl oder Silber und blank poliert. Sie hielt ihn ihm hin. »Bitte! Es ist wichtig.«

Etwas widerstrebend — es sah wirklich mehr wie ein Spielzeug aus statt eines unheilvollen Objekts — faßte er zu. Rasch entfaltete es seine Beine, ergriff seine Hand; und ehe er reagieren konnte, biß es ihn leicht in das Fleisch seines Daumens. Er stand auf und versuchte fluchend, es wegzuschleudern. Aber es wollte nicht loslassen. Rasch verbreitete sich Wärme in seinem Arm aufwärts, und er setzte sich mit blassem Gesicht wieder hin. Die junge Frau zog sich zurück, schüttelte den Kopf und rief: »Es ist wichtig — wirklich.«

»All right«, sagte Arthur, äußerlich ruhiger als tief im Innern. Die Spinne kroch in eine Tasche seines Anzugs, schnitt durch den Stoff seines Hemdes und biß ihn wieder leicht am Bauch.

Die Frau ging schnell fort. Er schenkte ihr wenig Beachtung.

Als die Zeit zum Einsteigen gekommen war, fing er an, Information zu bekommen, zunächst nur langsam. Im Flugzeug stellte er sich schlafend, und die Information wurde ausführlicher. Seine Angst ließ nach.

40

Hicks war in Washington geblieben, in der verzweifelten Hoffnung, daß er noch etwas ausrichten könnte. Das Weiße Haus rief nicht nach ihm. Außer gelegentlichen Fernsehinterviews, die seit dem *Freefire*-Fiasco immer seltener geworden waren, fand er sich schmerzhaft untätig. Sein Buch war in den letzten paar Wochen mit neuem Auftrieb verkauft worden; aber er hatte abgelehnt, mit irgend jemandem darüber zu diskutieren. Seine Verleger hatten ihn abgeschrieben.

Er machte an den grauen, kalten Nachmittagen kilometerlange Spaziergänge vom Hotel aus im Schnee. Die Regierung kam immer noch für seine Ausgaben auf. Er war offenbar noch Mitglied der Einsatzgruppe, obwohl niemand von denen seit der Rede des Präsidenten mit ihm gesprochen hatte. Selbst nach den ausführlichen

Meldungen über Explosionen im Asteroidengürtel war nur die Presse an ihn herangetreten.

Wenn er nicht draußen spazieren ging, saß er in seinem Zimmer, gekleidet in einen hafermehlfarbenen Anzug, während sein Mantel und die Gummischuhe auf dem Bett und im Flur lagen. Er starrte auf sein Bild in dem Spiegel über dem Schreibtisch. Sein Auge glitt langsam zum Computer hinunter und dann zu dem leeren Fernsehschirm. Er hatte sich in seinem Leben noch nie so unnütz, so *dazwischen* befindlich, gefühlt.

Das Telephon klingelte. Er stand auf und nahm ab. »Hallo!«

Ist dort Mr. Trevor Hicks?« fragte eine junge männliche Stimme.

»Ja.«

»Mein Name ist Reuben Bordes. Sie kennen mich nicht, aber ich habe guten Grund, mich mit Ihnen zu treffen.«

»Warum? Wer sind Sie, Mr. Bordes?«

»Ich bin eigentlich noch ein Jugendlicher, aber ich habe einen guten Grund. Ich befinde mich derzeit gerade bei der Bushaltestelle.« Der Junge kicherte. »Es hat mir große Mühe gemacht, Sie zu finden. Ich bin in die Bibliothek gegangen und habe herausgebracht, wer Ihr Verleger ist. Dann habe ich dort angerufen, aber die konnten mir nicht Ihre Adresse geben ... Sie verstehen.«

»Ja.«

»Also habe ich ein paar Tage später wieder bei denen angerufen — ich konnte nichts anderes machen — und sagte, ich wäre von dem örtlichen Fernsehsender, und wir wollten Sie interviewen. Selbst dann wollten sie mir Ihre Adresse nicht geben. Dann dachte ich mir, daß Sie in einem Hotel sein müßten, und fing an, Hotels anzurufen. Das habe ich schon den ganzen Tag gemacht. Habe ich jetzt wohl Glück gehabt?«

»Warum müssen Sie mit mir sprechen?«

»Ich bin nicht verrückt, Mr. Hicks. Aber mir sind in der letzten Woche einige komische Dinge passiert. Ich kenne jemanden ... nun, der mit Ihnen Kontakt aufnehmen will.«

Die Falten in Hicks' Gesicht wurden schärfer. »Ich glaube nicht, daß es der Mühe wert ist. Sie etwa?«

»Mr. Hicks, bitte warten Sie! Bitte, hören Sie zu und legen nicht auf. Dies ist wichtig. Wenn Sie auflegen würden, müßte ich ins Hotel kommen und Sie ausfindig machen.«

Mein Gott! dachte Hicks.

»Man hat mir etwas mitgeteilt, das wichtig ist.« Der Junge schwieg ein paar Sekunden lang. »All right. Jetzt habe ich es wieder. Die Asteroiden. Da ist eine Schlacht, da draußen hat eine Schlacht stattgefunden. Da gibt es dieses Ding namens Europa. Das ist ein Mond, aber keiner von uns — nicht wahr? Das war keine Schlacht. Wir haben Freunde, die herkommen. Sie brauchten das ... — was war das? — ja, Wasser unter dem Eis von Europa? Zwecks Energie. Und das Gestein, noch unter dem Wasser und Eis. Um mehr ... Dinge herzustellen. Nicht wie die Maschinen in Australien und im Death Valley. Verstehen Sie?«

»Nein«, sagte Hicks. Dann ging ihm ein Licht auf. Ihm dämmerte etwas. Der Akzent des Jungen war städtisch und klang nach dem Mittleren Westen. Seine Stimme wirkte überzeugt und vernünftig. Die Worte waren klar. »Sie könnten ein kompletter Narr sein, wer Sie auch sind«, sagte Hicks.

»Sie sagten, daß Sie sie nach Hause zu Ihrer Mama bringen würden. Ihrer Mutter. Sie haben Sie in ganz Europa gehört. Als sie mit Bauen beschäftigt waren. Jetzt sind sie hier. Ich habe einen gefunden, wie er eine Maus seziert hat, Mr. Hicks, um alles über sie zu erfahren. Ich glaube, sie wollen helfen; aber ich bin sehr ... sehr verwirrt. Sie haben mich nicht verletzt.«

Hicks erinnerte sich. Er hatte diese Äußerung in Kalifornien bei einer lokalen Radioshow gemacht. Für einen Teenager im Mittleren Westen wäre es sehr schwierig gewesen, sie zu hören.

In der Stimme des jungen Mannes lag etwas Ernstes und ehrlich Erschrockenes. Hicks blickte zur Zimmerdecke, leckte sich die Lippen und merkte, daß er sich schon entschieden hatte.

Er war immer irgendwie ein Romantiker gewesen. Um so lange beim Journalismus durchhalten zu können, mußte man heimlich an Ereignisse voller Dramatik und Bedeutsamkeit glauben, an entscheidende Momente, Wendepunkte der Geschichte. Er fing an, vor Aufregung zu zittern. *Widerstreitende Instinkte — Instinkte des Reporters und des Überlebens.*

»Können Sie zum Hotel herauskommen?« fragte er.

»Ja, ich kann ein Taxi nehmen.«

»Ich treffe Sie in der Halle. Ich werde ziemlich vorsichtig sein, wissen Sie. Ich werde mich inmitten einer Menschenmenge befinden.« Er hoffte, daß die Halle sehr voll sein würde. »Wie werde ich Sie erkennen?«

»Ich bin groß, wie ein Basketballspieler. Ich bin schwarz. Ich werde einen alten grünen Militärmantel anhaben.«

»All right«, sagte Hicks. »In einer Stunde?«

»Ich werde dort sein.«

PERSPEKTIVE

KNBC-Interview mit dem Mann auf der Straße, 15. Dezember 1996, geführt am Tor zu der Attraktion ›Earthbase 2500‹ der Universal Studios:
Anchor: Wir haben Leute gefragt, was sie über die Proklamation des Präsidenten denken.
Ein Mann in mittleren Jahren *(lacht):* Ich weiß nicht ... ich kann mir daraus kein klares Bild machen, Sie etwa? *(Abgebrochen).*
Anchor: Entschuldigen Sie, wir machen eine Umfrage darüber, was die Leute von der Erklärung des Präsidenten denken, wonach die Erde vernichtet werden wird.
Junge Frau: Er ist verrückt, und sie sollten ihn des Amtes entheben. Es gibt keine solchen Dinge wie die, von denen er redet.
Anchor: Wenn Sie hier im Schatten eines gigantischen Invasionsraumschiffs stehen, dessen Waffen auf die Menge gerichtet sind, wie können Sie da so sicher sein?
Junge Frau: Weil ich gebildet bin, verdammt noch mal! Er ist verrückt und sollte nicht im Amt sein.
Anchor (geht zu einem heranwachsenden Jungen): Entschuldigung, was hältst du von der Aussage des Präsidenten, daß Aliens gelandet wären und die Zerstörung der Erde beabsichtigen?
Junger Bursche: Das erschreckt mich.
Anchor: Ist das alles?
Junger Bursche: Ist das nicht genug?

41

Was Arthur in dem Bett erblickte, war schon ein Gespenst: Dünne, runzlige Arme blaß auf der Steppdecke, das Gesicht fleckig, eine leicht durchsichtige Sauerstoffröhre in die Nase geführt, Drogen in den Arm einsickernd unter Kontrolle durch einen kleinen blauen Kasten mit einem flachen Bildschirm.

Sein ältester und teuerster Freund war gealtert und verfallen. Sogar Harrys Augen waren trübe, und der Druck seiner heißen Hand war schwach.

Zwischen Harrys Bett und dem anderen Patienten im Zimmer, einem Herzkranken, der während des ganzen Besuchs von Arthur schlief, war ein Vorhang angebracht.

Ithaca saß zur Rechten Harrys in einem Stuhl. Ihr Gesicht war streng beherrscht, aber die Augen waren durch mangelnden Schlaf gerötet und das Haar in einen Knoten gebunden. Sie trug eine weiße Bluse und einen Rock mit einem rötlichbraunen Sweater. Arthur wußte, daß sie niemals Schwarz tragen würde, nicht einmal bei Harrys Begräbnis.

»Ich freue mich, daß du kommen konntest«, sagte Harry. Seine Stimme war heiser und kaum ein Flüstern.

Arthur sagte: »Ich dachte nicht, daß es so bald sein würde.«

»Die Zauberkugeln haben das Ziel verfehlt.« Er zuckte unmerklich die Achseln. »Zustandsbericht: Ich wollte kassieren, aber wer hat meine Tasche mit Spielmarken gestohlen?«

Einfaches Gerede ermüdete Harry jetzt. Er schloß die Augen und ließ Arthurs Hand los, indem er die seine langsam zurückzog, bis sie auf das Bettlaken fiel. »Erzähl mir, was in der realen Welt vor sich geht! Gibt es irgendeine Hoffnung?«

Arthur sprach von dem Kongreß und den Objekten im Innern der Erde.

Harry hörte aufmerksam zu. »Ithaca liest aus den Zeitungen vor ... Ich habe ferngesehen«, sagte er, als Arthur fertig war. »Ich habe meinen Essay ... vor ungefähr zwei Tagen beendet. Durch Diktieren. Er befindet sich auf Band.« Er zeigte auf einen tragbaren Recorder auf dem Nachttisch. »Immerhin etwas Gutes. Ich kann mich jetzt nicht konzentrieren. Zuviel ... auf und nieder. Mistviecher. Kann sie nicht mehr durch meinen Willen verscheuchen ... ebenso wenig, wie ich mich selbst gesund machen kann, ha?«

»Das glaube ich auch nicht«, sagte Arthur.

Harry trommelte leise ein Kinderlied auf dem Bett. »Ist jemand gewillt ... Captain Cook zu töten?«

Arthur lächelte schmerzlich.

»Hoffen. Laßt uns hoffen!« Harry rollte den Kopf auf die Seite, daß er einem gerahmten Plakat mit Sequoja-Bäumen links vom Fenster zugewandt war. »Der Essay ist für dich allein. Ich will nicht, daß er veröffentlicht wird. Es ist nicht mein bestes Werk. Benutze ihn ... soweit du es für angebracht hältst.« Er schloß die Augen. »Manchmal weiß ich nicht, ob ich träume oder nicht. Ich wollte, ich würde jetzt träumen.«

Arthur wandte sich an Ithaca. »Harry und ich müssen nur ein paar Minuten allein miteinander sprechen.«

»All right«, sagte sie mit kaum verhohlenem Mißmut. Sie stand auf und ging in den Korridor.

»Etwas Gepfeffertes?« fragte Harry und machte die Augen wieder auf.

»Erinnerst du dich, wie wir elf waren, und ich dir diesen Streich gespielt habe?«

»Welchen?« fragte Harry.

»Ich sagte, ich würde von einem Weltraummann bewohnt. Mein Körper würde benutzt, um die Erde auszuforschen.«

»Jesus!« sagte Harry und schüttelte lächelnd den

Kopf. »Das hatte ich ganz vergessen. Du hast es damals wirklich sehr weit getrieben.«

»Ich war noch ein Kind, und das Leben war langweilig.«

»Du hast dich drei Wochen lang, immer wenn wir beisammen waren, so benommen wie ein Alien. Hast alle möglichen blöden Fragen gestellt und vom Leben auf eurem Planten erzählt.«

»Ich habe mich nie dafür entschuldigt, daß ich dich so zum Besten gehalten habe.«

Harry hob die Hand.

»Du sagtest mir, du hättest zu Gott gebetet, dir zu sagen, ob ich ein Weltraummann wäre oder nicht; und Gott hätte gesagt ...«

»Gott hat mir gesagt, daß es ein Schwindel war.« Harrys Gesicht sah jetzt beinahe gesund aus, als die Erinnerungen zurückkehrten. »Ich war damals ein ziemlich ausgelassener kleiner Theologe. Da bist du verduftet.«

Arthur nickte. »Ich sagte, ich würde fortgehen und nie wiederkommen — oder vielmehr der Alien in mir. Und so geschah es auch.«

»Du hast es abgelehnt zuzugeben, daß du dich jemals wie ein Alien benommen hättest. Völliger Gedächtnisschwund. So ein Quatsch!«

»Unsere Freundschaft hat es überlebt. Das hat mich Jahre später etwas gewundert, als ich über all das nachdachte ...«

»Ich hätte dir nicht geglaubt, wenn ich es nicht gewollt hätte. Wie du sagtest, das Leben war langweilig.«

Arthur blickte auf die verrunzelten Arme Harrys hinunter. »Es war nicht richtig. Ich habe es tief bedauert. Es ist vielleicht das einzige zwischen uns, das ich bedaure ...«

»Außer, daß du mir Alma Henderson abspenstig gemacht hast.«

»Das war ein Gefallen. Nein, das meine ich nicht. Ich

bedaure es jetzt ganz besonders, weil ... ich es wieder tun werde.«

Harrys Grinsen bekam einen Anflug von Verwunderung. Arthurs Miene war todernst, aber begeistert. Seine Arme zuckten, als ob er etwas festhalten wollte, und er kniff sich in die Wange, wie er es immer machte, wenn er nachdachte.

»All right«, sagte Harry.

Das trieb Arthur die Tränen in die Augen. Die Art, wie Harry alles akzeptierte, was von ihm kam, ohne Zögern und geradeaus. *Du könntest eine Million Jahr lang verheiratet sein, und ein solch augenblicklicher Rapport wäre unmöglich.* Arthur empfand eine heftige Liebe zu Harry. Die Tränen rollten über seine Wangen, und er holte tief Luft. Dann beugte er sich vor und flüsterte seinem Freund etwas ins Ohr.

»Christus!« sagte Harry, als er fertig war. Er sah Arthur ernst an. Ein Finger klopfte leicht auf der Decke. »Jetzt weiß ich, daß ich doch träume.« Er blinzelte in das durch Wolken geschwächte Sonnenlicht, das durch die Fenstervorhänge drang. »Du würdest nicht ...« Er ließ diese Frage fallen und sagte: »Wann ist dir das passiert?«

»Heute morgen.«

Arthur holte die Metallspinne aus der Tasche und hielt sie Harry vor das Gesicht, wobei sie in seiner Handfläche lag. Die Spinne bewegte ihre Beine in einem langsamen, ruhelosen Tanz. Harrys Augen wurden groß, und er machte eine Anstrengung, sich gegen die Kissen zu stemmen. »Christus!« wiederholte er. »Was ist das? Was tut das hier?«

Arthur sagte: »Es ist eine miniaturisierte von-Neumann-Sonde. Es erkundet und rekrutiert. Forscht. Sammelt Proben. Fertigt Kopien von sich selbst an.« Er tat die Spinne wieder in die Tasche. »Captain Cook hat seine eigenen Feinde«, sagte er.

»Was bist du denn dann? Ein Sklave?«

Arthur antwortete einen Augenblick lang nicht. Dann sagte er: »Ich weiß nicht.«

»Du sagst, es bestünde Hoffnung.«

Arthurs Miene zeigte Überraschung. »Das ist nicht das Wort, welches ich gebrauchen würde. Aber es gibt einen neuen Faktor, das stimmt.«

»Und mehr weißt du nicht?«

»Das ist alles«, sagte Arthur. Er berührte Harrys Arm. Sie saßen kurze Zeit still da. Harry dachte darüber nach. Die Anstrengung ermüdete ihn.

»All right«, sagte er dann. »Ich kenne dich schon lange genug. Du hast mir das gesagt, damit ich vielleicht mit einigen guten Nachrichten sterben kann, ja?«

Arthur nickte.

»Sie haben erlaubt, daß du mir das mitteilen könntest?«

»Ja.«

Harry schloß die Augen und sagte: »Ich liebe dich, alter Kumpel. Du hast es immer wieder geschafft, mit den verrücktesten Sachen aufzukreuzen, um mich bei guter Laune zu halten.«

»Ich liebe dich auch, Harry.« Arthur ging hinaus, um Ithaca hereinzurufen. Sie setzte sich wieder hin ohne etwas zu sagen.

»Ich glaube, du mußt ... eine Menge zu tun haben«, sagte Harry. »Ich kann nicht klar denken und ... Ich bin zu müde, um jetzt noch viel zu reden.« Er winkte mit dem Finger: Zeit zu gehen.

»Vielen Dank, daß du vorbeigekommen bist«, sagte Ithaca und gab ihm das Band aus dem kleinen Recorder. Arthur nahm sie fest in den Arm, beugte sich dann über das Bett und nahm Harrys Kopf zart in beide Hände.

Dreißig Jahre. Ich kann ihn hinter der Maske der Krankheit noch erkennen. Er ist immer noch mein geliebter Harry.

Arthur blinzelte und versuchte, die warme Flut in seinen Augen zurückzuhalten und eine andere Welt herbeizuzwingen, in der sein Freund nicht sterben würde.

Für den Augenblick ignorierte er die eigene Krankheit der Erde, ignorierte das Allgemeine gegenüber dem Besonderen in einer mehr menschlichen Art von Magie, aber wußte doch, daß er es nicht schaffen könnte. Er versuchte auch, sich etwas in Erinnerung zu rufen, das schon im Entschwinden begriffen war: das Aussehen von Harrys Gesicht, die Anordnung seiner Augen, die etwas schief zueinander standen, in seiner Krankheit noch elfenhafter, wenn auch etwas glasig. Er konnte sich nicht dieses fiebrige Gesicht vorstellen mit der rundlichen Nase, der hohen Stirn und strohartigem, fleckigem Haar — diese kranke Gestalt, die in einem Grab zerfallen würde.

»Ich werde dich bei mir haben, wohin auch immer ich gehe«, sagte er und küßte Harry auf die Stirn. Harry klammerte seine Finger langsam um Arthurs Handgelenk und berührte mit seinen heißen Lippen seine Rechte.

»Ganz meinerseits.«

Arthur verließ rasch mit geradeaus gerichtetem Blick das Zimmer. Auf dem Parkplatz setzte er sich hinter das Lenkrad des Mietwagens. Sein Kopf schien mit spitzen Zweigen vollgestopft zu sein. »Ich danke dir, daß du mich dies hast tun lassen. Jetzt möchte ich zu meiner Familie zurück. Es ist Zeit.«

Als die Sonne über Los Angeles hoch aufstieg, hinderte ihn nichts mehr, wieder zum Flughafen zu fahren und den nächsten Flug zurück nach Oregon zu nehmen.

42

Hicks beobachtete, gelehnt an eine massive, mit Marmor verkleidete Säule, wie Dutzende von Leuten die Lobby des Hotels betraten und verließen. Die meisten trugen Geschäftsanzüge und Mäntel. Das Wetter draußen war frisch, und erst vor einer Stunde war ein kalter Regen gefallen. Viele andere Menschen waren aber offenbar schlecht gegen das Wetter gerüstet, es waren Einfaltspinsel von auswärts.

Von dem offiziellen Washington schien vieles zum Stillstand gekommen zu sein. Jetzt, wo der Senat, das Repräsentantenhaus und das Weiße Haus in offenem Konflikt standen, hatten solch unbedeutende Themen wie Haushaltsfragen zu warten. Seltsamerweise hatte sich das Touristengeschäft momentan verstärkt, und die Hotels waren in einem großen Teil der Stadt überfüllt. *Kommt, seht eure Stadt im Aufruhr!*

Nach einer Stunde hatte er Bordes noch nicht entdeckt und erkundigte sich daher bei der Rezeption nach einer Nachricht. Es gab keine. Er fühlte sich isolierter denn je und ging mit saurem Magen und steifem Hals wieder zur Säule.

Es war bemerkenswert, wie das Leben ohne auffällige Veränderung weiterging. Inzwischen war den meisten Leuten auf der Erde bekannt geworden, daß der Planet zum Tode verurteilt sein könnte. Viele hatten weder die Bildung noch die geistige Fähigkeit, die Details zu verstehen oder sich ein eigenes Urteil zu bilden. Sie verließen sich auf Experten, die kaum mehr wußten als sie selbst. Aber auch für jene mit mehr Bildung und Phantasie ging das Leben weiter — Geschäfte abwickeln (er stellte sich vor, wie die Ereignisse bei teuren Spesenessen diskutiert wurden), Politik beinahe wie gewöhnlich (ungeachtet der Untersuchungsausschüsse des Hauses), und dann am Ende des Tages wieder zur Familie und nach Hause. Essen. Gang ins Bad. Schlafen. Geschlechtsverkehr. Geburten. Der ganze Zyklus.

Ein großer, schmächtiger, schwarzer Jugendlicher in einem grünen Militärmantel kam durch die Drehtür herein, blieb stehen, ging dann weiter und schaute vorsichtig nach links und rechts. Hicks blieb dabei, sich sicherheitshalber nicht zu bewegen, um sich nicht verdächtig zu machen. Aber der Junge wandte den Kopf in seine Richtung, und ihre Augen begegneten sich und verharrten so. Bordes hob eine Hand zu einem vagen Gruß, Hicks nickte und stieß sich mit der Schulter von der Säule ab.

Der junge Mann kam schnell mit um die Knöchel flatterndem Mantel auf ihn zu. Mit verlegenem Grinsen blieb er zwei Meter vor Hicks stehen und hielt die Hand hin. Hicks schüttelte aber ärgerlich den Kopf und lehnte es ab, ihn zu berühren.

»Was willst du von mir?« fragte er den Jungen.

Reuben bemühte sich, Hicks' Unbehagen zu ignorieren. »Ich freue mich, Sie kennenzulernen. Sie sind ein Schriftsteller und so, und ich las ... Nun, lassen wir das! Ich muß Ihnen einiges mitteilen und dann wieder an die Arbeit gehen.« Er schüttelte verbittert den Kopf. »Die setzen uns allen heftig zu. Die Zeit wird knapp.«

»Wem — allen?«

»Es wäre mir lieber, wenn wir uns unterhielten, wo niemand zuhören kann«, sagte Reuben und sah Hicks scharf an.

»Die Cafeteria?«

»Fein. Ich bin auch hungrig. Darf ich Sie zum Lunch einladen? Ich habe nicht viel Geld, aber ich kann für uns beide etwas Billiges bekommen.«

Hicks schüttelte den Kopf. »Falls du mich überzeugst, daß du einer wichtigen Sache auf der Spur bist, werde ich *dir* den Lunch spendieren.«

Reuben ging voran in die Cafeteria des Hotels, die sich jetzt gegen Ende der Lunchstunde entleerte. Sie bekamen eine Ecknische, und das schien dem Wunsch des Jungen nach Intimität zu genügen.

Hicks sagte: »Zuerst muß ich fragen: Bist du bewaffnet?«

Reuben lächelte und schüttelte den Kopf. »Ich mußte so schnell wie möglich herkommen und bin inzwischen fast pleite.«

»Bist du jemals in einer psychiatrischen Anstalt gewesen oder... hast du mit religiösen Sekten oder Anhängern von Fliegenden Untertassen Verbindung gehabt?«

»Nein.«

»Gehörst du zu den Leuten der Schmiede Gottes?«

»Nein.«

»Dann erzähle mir, was du zu sagen hast.«

Reuben kniff die Augen etwas zu und neigte beim Reden den Kopf etwas zur Seite: »Ich habe Anweisungen erhalten von... was ich für kleine Maschinen halte. Die wurden vor einem Monat über der ganzen Erde abgeworfen. Wie eine Invasion, wissen Sie, aber keine richtigen Invasoren.«

Hicks rieb sich eine Schläfe. »Mach weiter! Ich höre zu.«

»Es sind nicht dieselben wie... diese Dinger, die die Erde vernichten wollen. Alle die Bilder, die sie mir zeigen, sind schwer in Worte zu fassen. Jedenfalls zeigen sie mir nicht alles. Sie verlangten nur, daß ich zu Ihnen gehen und Ihnen etwas übergeben sollte; aber ich hielt das nicht für fair. Die Art und Weise, wie sie zu mir gekommen sind, war nicht fair. Aber ich hatte keine Wahl. So sagen sie in meinem Kopf« — er deutete mit einem langen, kräftigen Zeigefinger auf seine Stirn — »sie sagen — nun gut, versuche es auf deine Weise!«

»Auf welche Weise leisten sie diesen Feinden Widerstand?«

»Sie machen sie ausfindig, wo immer die auch hingehen. Sie breiten sich aus zwischen den... Sternen, nehme ich an. Schiffe mit nichts Lebendigem, nicht wie Sie und ich, in ihrem Innern. Roboter. Sie besuchen alle Planeten, die sie können, rings um Sterne, und... Sie erfahren von diesen Dingern, die Planeten fressen. Und wo immer sie können, vernichten sie sie.« Reubens Gesicht war jetzt verträumt, die Augen auf das Wasserglas vor ihm gerichtet.

»Warum sind sie dann nicht früher gekommen? Es könnte schon zu spät sein.«

»Richtig«, sagte Reuben und schaute Hicks an. »Das sagen sie mir auch. Es ist zu spät, um die Erde zu retten. Fast jeder und alles wird sterben.«

Trotz seiner Skepsis trafen Hicks diese Worte hart. Sein Puls ließ nach, und seine Schultern sackten ab.

»Es ist schrecklich. Sie sind zu spät gekommen. Sie mußten Halt machen bei diesem Mond, dieser Masse aus Wasser und Eis — Europa. Sie haben ihn in Hunderttausende und Millionen von sich selbst umgewandelt, von Schiffen, die sich ausbreiten konnten. Sie benutzten den Wasserstoff in dem Wasser als Energiequelle. Kernfusion.«

»Es ist nicht nur die Erde, die gefressen wird. Auch die Asteroiden. Und wirklich gab es wohl noch mehr Gefahr von diesen Planetenfressern, die sich von den Asteroiden entfernten. Es ist leichter, sich von der Sonne zu entfernen. Etwas ... Verdammt, ich wollte, ich wüßte mehr von dem, was sie mir gezeigt haben. Jetzt können sie sich auf die Erde konzentrieren ... Das Dumme ist nur, sie können mir nicht alles in Worten erklären, die ich verstehe! Ich weiß nicht, warum sie gerade mich ausgewählt haben.«

»Bitte weiter!«

»Sie können die Erde nicht retten, aber sie können etwas davon erhalten. Wichtige Tiere und Pflanzen, Keime, einige Leute ... Sie sagen mir: vielleicht ein- oder zweitausend. Vielleicht auch mehr, das kommt darauf an.«

Die Kellnerin nahm ihre Bestellung entgegen, und Hicks beugte sich vor. »Wie?«

»Schiffe. Archen, wie die von Noah«, sagte Reuben. »Ich nehme an, daß die jetzt gerade gebaut werden.«

»All right. So weit, so gut«, sagte Hicks. *Verdammt ... er überzeugt mich wirklich!* »Wie sprechen sie zu dir?«

»Ich werde meine Hand in die Tasche stecken und Ihnen etwas zeigen«, sagte Reuben. »Es ist keine Waffe. Seien Sie unbesorgt! Okay?«

Hicks zögerte und nickte dann.

Reuben holte die Spinne heraus und legte sie auf den Tisch. Sie entfaltete ihre Beine und stand da. Die leuchtende grüne Linie auf ihrem ›Gesicht‹ war auf Hicks gerichtet. Reuben sagte: »Ich vermute, daß überall Menschen mit diesen Dingern konfrontiert werden«, sagte Reuben. »Eines davon hat mich erwischt. Hat mir wirklich die Hölle heiß gemacht. Aber ich kann jetzt nicht sagen, daß ich etwas gegen meinen Willen tue. Ich fühle mich beinahe als Held.«

»Was ist es denn?« fragte Hicks leise.

»Es hat keinen Namen«, sagte Reuben. Er nahm es hoch und steckte es wieder in die Tasche, als die Kellnerin herankam. Sie stellte das Essen auf den Tisch. Hicks interessierte sich nicht für den gebackenen Fisch. Reuben holte die Spinne wieder heraus und legte sie zwischen ihnen beiden hin. »Berühren Sie es nicht, solange Sie nicht bereit sind, ein Teil von all diesem zu werden! Es wird Sie irgendwie anstacheln zu sprechen.« Der Junge biß gierig in seinen Hamburger.

Anstacheln? Hicks rückte etwas vom Tisch ab. Schließlich entschloß er sich zu fragen: »Du kommst aus Ohio?«

»Hmm.« Reuben schaukelte mit dem Kopf genießerisch vor- und rückwärts. »Gott, ist das gut, wieder zu essen! Ich habe seit zwei Tagen nichts mehr gegessen.«

»Sind sie in Ohio?«

»Sie sind überall. Rekrutieren.«

»Und jetzt wollen sie mich gewinnen. Warum? Weil ... sie mich im Radio gehört haben?«

Reuben sagte: »Sie müssen zu ihm sprechen. Wie ich schon sagte, erzählen sie mir nicht alles.«

Die Spinne bewegte sich nicht. *Sieht nicht wie ein Spielzeug aus. Es ist so vollkommen. Das Ideal eines Juweliers.*

»Warum machen sie das?«

Der Junge schüttelte mit vollem Munde den Kopf.

»Laß mich ... nun, auf die Gefahr hin, daß ich dir Worte in den Mund lege, laß mich sehen, ob ich verstehe, was du sagst. Es gibt zwei verschiedene Arten von Maschinen in unserem Sonnensystem? Richtig?«

Reuben nickte, wieder mit vollem Munde.

»Der eine Typ will Planeten in mehr Maschinen umwandeln. Soviel hat man uns gesagt. Jetzt gibt es nun einen entgegengesetzten Typ, der dafür konstruiert ist, diese Maschinen zu zerstören?«

»Genau so«, sagte Reuben, nachdem er geschluckt hatte. *Mensch, die hatten recht, dich auszusuchen.*

»Also haben wir es mit von-Neumann-Proben zu tun, und mit Probenkillern.« Er zeigte auf die Spinne. »Wie können diese niedlichen Spielzeuge planetenfressende Maschinen vernichten?«

Reuben sagte: »Sie sind nur ein kleiner Teil des Unternehmens.«

Hicks nahm seine Gabel und trennte ein kleines Stück Fisch ab. »Unglaublich«, sagte er.

»Sie haben es erfaßt. Zumindest lernen Sie davon auf die langsame und bequeme Art. Was mich anbetrifft, so hat mich dieses Ding fast wahnsinnig gemacht.«

»Was weißt du sonst noch?«

»Nun, ich sehe Dinge, manchmal recht deutlich, manchmal ziemlich trüb. Einige Dinge sind bereits passiert, wie die Ankunft der Maschinen, die uns retten wollen. Sie haben den Jupitermond zerstört, um sich zu vermehren und Energie zu gewinnen. Aber die Kavallerie ist etwas spät eingetroffen — nachdem die Indianer gerade das Fort eingenommen hatten.« Er zuckte die Achseln. »Nachdem die Monster auf die Erde heruntergekommen waren. Ich finde es blöd, Scherze zu machen; aber in meinem Kopf ist alles wirr; und ich will nicht, daß es mich verrückt macht. Manches, was ich gesehen habe, ist noch nicht passiert. Aber ich sehe, wie die Erde in kleine Felsstücke zerrissen wird, in noch mehr Asteroiden. Und dann beuten diese Raumschiffe die Mineralien aus, fressen sie und stellen noch mehr Maschinen her.«

»Wie sehen die Maschinen aus?«

»Das ist nicht sehr deutlich«, sagte Reuben.

»Wie wird die Erde vernichtet werden?«

Reuben schwieg und hob einen Finger. »Auf mindestens zweierlei Arten. Das ist tatsächlich ziemlich klar. Ich hoffe, daß ich die rechten Worte finden kann. Da gibt es Dinge, Bomben, die im Innern der Erde herumsausen. Ich glaube, davon haben wir Kenntnis, nicht wahr?«

»Vielleicht«, sagte Hicks.

»Und dann gibt es Maschinen, die tief im Ozean herumkriechen. Gibt es sowas wie Gruben im Ozean?«

»Gräben.«

»Ach ja, das ist es. Die kriechen in Ozeangräben entlang. Sie verwandeln Wasser in Gase — Wasserstoff und Sauerstoff, meine ich ... H_2O. Der Sauerstoff blubbert davon. Diese Maschinen stellen aus dem Wasserstoff noch mehr H-Bomben her. Und dann bringen sie diese Bomben entlang der Gräben an, zu Tausenden. Ich nehme an, sie werden die Bomben alle auf einmal hochgehen lassen.«

Hicks starrte den Jungen an und sagte: »Ich möchte, daß du noch zu einigen anderen Leuten sprichst.«

Der junge Mann machte ein unbehagliches Gesicht. »Alles, was man von mir verlangt hat, ist, Ihnen dies zu übergeben.« Er zeigte auf die Spinne. »Und ergibt das bisher Sinn?«

Hicks schaute auf die silbrige Maschine. »Du machst mir höllisch Angst.«

»Ist das gut?«

»Du hast dir deine Mahlzeit verdient. Wenn ich jetzt ein Telephongespräch führe, wirst du dann noch da sein, wenn ich zurückkomme?«

»Bestellen Sie für mich noch einen Hamburger, und ich bleibe den ganzen Tag hier.«

»Du hast es erfaßt«, sagte Hicks. Er winkte der Kellnerin. Reuben steckte die Spinne wieder in die Tasche.

Außerhalb der Cafeteria, nahe beim Eingang zur Herrentoilette, fand Hicks eine Telephonzelle. Er hatte seine Karte in den Schlitz gesteckt und abgehoben, als er merkte, daß er nicht die leiseste Idee hatte, wen er anrufen sollte. Er hatte die vage Vorstellung, mit Harry Feinman oder Arthur Gordon zu sprechen, wußte aber nicht, wo sie sich aufhielten; und es würde wahrscheinlich Stunden erfordern, sie ausfindig zu machen. Außerdem hieß es, daß Feinman sehr krank wäre und vielleicht sogar im Sterben läge. Die Einsatzgruppe war nach der Rede des Präsidenten in alle vier Winde zerstreut.

Nervös legte er wieder auf und starrte auf eine Topfpalme. Er kaute an einem Fingernagel. *Ich bin aufgeregt und absolut erschrocken.* Er hob eine Braue und blickte über die Lobby. *Verborgene Dramen.*

Er konnte die Spinne des Jungen nehmen und sich öffnen — verwundbar machen — für das, was auch immer der Junge erlebte. Aber ihm war keineswegs klar, was das alles zu bedeuten hatte. Würde er seinen freien Willen aufgeben und ein Agent von dem werden, das die Spinnen kontrollierten — was immer das auch sein mochte? Vielleicht kontrollierten die Spinnen sich selbst — noch mehr Beispiele für maschinelle Intelligenz.

Es gab keinen Weg herauszufinden, ob sie von den Maschinen beherrscht würden, die die Erde zu zerstören drohten. Noch eine Stufe der Täuschung.

Hicks suchte die Sicherheit der Herrentoilette auf und schloß sich in einer Kabine ein. Selbst nachdem er gepinkelt hatte, blieb er hinter der Tür stehen und versuchte, seine Gänsehaut zu bezwingen. Warum eine Spinne? *Nicht gerade die vertrauenerweckendste Gestalt, die man wählen konnte.*

Eine Schlacht in den Asteroiden. Aber vielleicht war es gar keine Schlacht, sondern ein Teil der Vernichtung und Herstellung von noch mehr Planetenkillersonden.

Er schloß die Augen und sah, wie ein Schauer riesiger Sternenschiffe ringsum nach außen fuhr und den Müll eines zerstörten Sonnensystems zurückließ. Würde sogar die Sonne ein Teil dieser interstellaren Katastrophe werden?

Er schob den Riegel der Kabine zurück und trat hinaus. Dabei berührte er fast einen älteren Herrn mit Stock. »Draußen ist es windig«, sagte der Gentleman, nickte und machte eine halbe Kehrtwendung, um Hicks mit seinen sanften Augen zu verfolgen.

»Ja, wirklich«, entgegnete Hicks, blieb auf dem Gang stehen und schaute sich um.

Der Gentleman nickte ihm noch einmal zu, und ihre Blicke hielten einander fest. *Gott! Ist er so einer. Von einer Spinne besessen?*

Der alte Mann lächelte und ging in die Kabine, die Hicks gerade geräumt hatte.

Hicks ging in die Cafeteria zurück und setzte sich wieder in die Nische. »Wieviele Menschen sind bisher rekrutiert worden?«

Reuben hatte seinen zweiten Hamburger schon fast aufgegessen. Er sagte: »Das haben sie mir nicht erzählt.«

Hicks faltete vor sich die Hände. »Hast du das Gefühl, besessen zu sein?«

Reuben kniff die Augen zu. »Das weiß ich ehrlich gesagt nicht. Wenn sie mich nicht anlügen, dann helfen sie uns allen; und ich möchte lieber dies tun als etwas anderes. Sie nicht auch?«

Hicks schluckte mächtig. »Hast du noch freien Willen?«

»Jedenfalls genug, um zu argumentieren. Manchmal nimmt es meinen Rat an. Manchmal hört es nicht zu; und dann scheucht es mich umher, so daß ich dann wohl keine Kontrolle habe. Aber es scheint zu wissen, was es tut; und, wie es sagt, die Zeit reicht nicht aus, es jedem zu erklären.«

Hicks sagte: »Du bist sehr überzeugend.«

»Danke. Und auch vielen Dank für das Essen!« Reuben wischte mit einem Stück Pommes frites durch einen Klecks Ketchup und hob es grüßend hoch, ehe er hineinbiß.

»Wo ist die Spinne?«

»Wieder in meiner Tasche.«

»Kann ich sie mitnehmen und mich später entscheiden, nachdem ich mit einigen Leuten gesprochen habe?«

»Nein. Wenn Sie die Spinne berühren, wird sie ... Sie wissen schon. In Besitz nehmen. Ich bin verpflichtet, Ihnen soviel zu sagen.«

»Unter diesen Umständen kann ich wirklich nicht zustimmen«, sagte Hicks. *Angst und Vorsicht siegen schließlich.*

Reuben blickte ihn enttäuscht an. »Es braucht Sie wirklich.«

Hicks schüttelte unbeugsam den Kopf. »Sag ihnen, daß ich nicht gezwungen werden kann.«

»Es sieht also so aus, als hätte ich mich geirrt«, sagte Reuben.

Da streifte etwas Hicks' Hand auf der Tischplatte. Er hatte kaum den Kopf gewandt, um hinzuschauen, da spürte er einen leichten Stich. Mit einem Schrei sprang er aus der Nische heraus und stieß mit einem Knie an die Unterseite des Tisches. Er fiel nach vorn auf den Teppich, und ein Glas mit Wasser ergoß sich über seine Beine und Füße. An seinen Beinen schoß Schmerz empor, und er hielt sich mit verzerrtem Gesicht mit beiden Händen das Knie.

Drei Angestellte und zwei Kellnerinnen waren um ihn geschart, als er wieder klar sehen konnte. Eine scharfe Wärme bewegte sich in seinem Arm nach oben, in den Hals, das Gesicht, die Kopfhaut. Der Schmerz ließ nach. Er zog die Lippen hoch und schüttelte den Kopf: So dämlich!

»Geht es Ihnen gut?« fragte ein Mann, der sich über ihn beugte.

»Alles in Ordnung«, sagte Hicks. Er suchte in der Eile nach einer Erklärung. »Ich habe mich in die Zunge gebissen. Sehr schmerzhaft. Mir geht es gut.«

Er stützte sich auf einen Ellbogen und untersuchte seine Hand. Auf dem Daumen war ein winziger roter Fleck. *Es hat mich gestochen.*

Reuben war nicht mehr in der Nische. Der Mann half Hicks aufzustehen. Er bürstete sich dann selbst ab, dankte den anderen Leuten und entschuldigte sich überschwenglich dafür, daß er einen solchen Wirbel gemacht hatte. Seine Hand berührte einen Klumpen von der Größe eines Eies in der Jackentasche. »Da war ein junger Mann mit mir zusammen. Haben Sie gesehen, wohin er gegangen ist?« Er schaute nervös auf den Fußboden und den Sitz in der Nische und suchte die Spinne. Dann fiel ihm ein: *Sie befindet sich ja in meiner Tasche.*

»Jetzt geht gerade jemand«, sagte die Kellnerin und zeigte wohin.

In dem Türbogen zur Cafeteria schaute Reuben über die Schulter auf Hicks und lächelte.

Der Junge ging flott in die Lobby, drehte sich um und verschwand. Da kein Bedürfnis bestand, ihm zu folgen, nahm Hicks die Rechnung und zahlte bei der Kellnerin. Er schüttelte sich am ganzen Körper, wußte aber nicht, ob es britische Zurückhaltung oder die ihn durchflutenden Anweisungen waren, die ihn aufrecht erhielten.

Fühlt sich wirklich gar nicht schlecht an. Natürlich stehe ich nicht unter Kontrolle...

Er ging wieder in sein Zimmer, legte sich im Bett auf den Rücken und schloß die Augen. Sein Zittern hörte auf, und der Atem wurde gleichmäßig. Er rollte sich auf eine Seite. Die Spinne kletterte aus seiner Tasche und setzte sich unten an seinem Hals fest.

Was Reuben zu erklären versucht hatte, entfaltete sich jetzt vor ihm in größerem Detail. Eine Stunde später wunderte er sich darüber, daß er überhaupt an Widerstand gedacht hatte.

Irgendwann am Abend gab die Spinne seinen Hals frei, kroch über das Bett und ließ sich dann auf den Boden fallen. Er sah ziemlich genau zu. Es strömte immer noch Information in ihn ein; und wenn auch noch manches davon unverständlich war, so würde der Strom sich binnen weniger Minuten ändern, und er könnte mehr verstehen.

Die Spinne kletterte die Fernsehkonsole empor und bohrte sich rasch, mit erstaunlich wenig Geräusch in deren Sockel. Eine Stunde lang kamen aus dem Apparat Schneidgeräusche, vereinzelte Lichtstrahlen und Wolken von Rauch und Staub. Eine weitere Stunde war dann alles ruhig. Dann fielen zwei Spinnen aus dem Loch. Beide krochen Hicks in die Tasche.

»Zum Teufel!« sagte Hicks.

PERSPEKTIVE

The Andrew Kearney Show (Syndicated Home Info Systems Net), 19. Dezember 1996; Gastauftritt des Science Fiction-Autors Lawrence Van Cott:
Kearney: Mr. Van Cott, Sie haben einundsechzig Romane und sieben Werke der Nonfiction geschrieben, oder, wie es hier heißt, spekulativer Nonfiction. Was ist das?
Van Cott: Science Fiction ohne Personen. Non-fact-Artikel.
Kearney: Wir haben in den letzten Monaten von den Mitteln gehört, mit denen die Aliens des Präsidenten die Erde zerstören wollen. Wir haben gehört, daß bei den Philippinen und im Atlantik Dinge herunterfielen und in das Erdinnere eindrangen. Bis jetzt sind zwei solche Objekte gesichtet worden. Gestern abend habe ich Jeremy Kemp selbst interviewt. Er sagt, wir hätten Anzeichen dafür, daß diese Objekte im Innern der Erde unter der Kruste ein Tohuwabohu erzeugen.
Van Cott: Nach dem, was ich gehört habe, sollten Sie Walter Samshow und David Sand interviewen. Sie haben das eine Objekt als erste gesehen.
Kearney: Die sind offenbar nicht erreichbar.
(Van Cott zuckt die Achseln)
Kearney *(beugt sich vor)*: Was können diese Objekte sein? Sie sind ein Sience Fiction-Autor; vielleicht können Sie auf eine Weise spekulieren, die Wissenschaftler nicht wollen oder nicht können.
Van Cott: Das ist ein ernstes Thema. Ich glaube nicht, daß uns jetzt mit Spekulation gedient ist. Ich würde es vorziehen zu warten und zu sehen, was die Experten denken.

Kearney: Ja, aber Sie haben akademische Grade in Physik, Mathematik ... *(schaut in seine Notizen)* Ich möchte sagen, daß Sie ein ebenso guter Experte sind wie jemand sonst, sofern wir annehmen können, daß Sie sich hinsichtlich der Meldungen auf dem laufenden gehalten haben. Haben Sie das?
Van Cott: Ich habe alles gelesen oder gehört, was veröffentlicht wurde.
Kearney: Aus professionellem Interesse?
Van Cott: Ich bin immer interessiert, wenn die Wirklichkeit mich einholt.
Kearney: Sie haben doch sicher einige Theorien.
Van Cott *(schweigt einen Moment, stochert mit dem Finger in seiner Pfeife und blickt zu den Deckenlampen auf)*: All right. *(Lehnt sich zurück, hält den Kopf seiner Pfeife ausgestreckt)* Wenn diese Objekte so schwer sind, wie wir denken, dann sollten sie sehr groß sein. Aber wenn sie auf den Ozean treffen, machen sie keinen großen Spritzer. Also können sie nicht zugleich schwer ... *(Faltet die Hände um den Pfeifenkopf und schüttelt sie; dann zieht er sie auf Armeslänge zurück)* und groß sein. Schwer und klein, das ist etwas anderes. Keine große Energieübertragung in den Ozean oder Meeresboden. Kein großes Einsturzgebiet. Also können wir einige logische Schlüsse ziehen. Zunächst ist jedes Objekt sehr dicht. Man sagt, sie bestünden aus Neutronium. Damit stimmt die Rechnung. Wir brauchen keine Schwarzen Löcher. Neutronium ist eine Materie, die so weit komprimiert ist, daß Elektronen und Protonen zu Neutronen zusammengequetscht werden. Nichts als Neutronen. Ganz gleich, woher die Aliens dieses Neutronium bekommen könnten. Fragen Sie mich nicht! Ich weiß es nicht sicher. Ich weiß auch nicht, wie sie einen Klumpen Neutronium zusammengedrückt halten. Das zweite Objekt sprüht eine Menge Funken und bewirkt Strahlungsschäden.

Manche Leute sagen, daß es den meisten Lärm macht, da drinnen. *(Deutet mit der Pfeife auf den Fußboden).* Das besagt für mich etwas. Zwei Objekte. Nehmen wir an, das eine besteht aus Neutronium; dann könnte das andere aus Antineutronen bestehen, aus Antineutronium.

Kearney: Neutronen sind, soweit ich weiß, neutrale Partikel. Wie kann es da Antineutronen geben, wenn sie neutral sind?

(Musik erklingt)

Van Cott *(stöhnt)*: Das zu erklären, würde einige Zeit dauern. Warum nicht mit einer Werbesendung unterbrechen? Danach werde ich es Ihnen erzählen.

(Unterbrechung)

Van Cott: Neutronen sind elektrisch neutral, aber das heißt nicht, daß es keine Antipartikel für sie geben kann. Wenn zwei Antiteilchen zusammentreffen, vernichten sie einander vollständig. Und jetzt haben wir also zwei Objekte, die durch die Erde fallen. Neutronium ist im Vergleich mit Gestein sehr dicht. Die Objekte — nennen wir sie Geschosse — würden innerhalb der Erde orbitale Bahnen beschreiben und sich durch den Kern bewegen, als wäre es dünne Luft. Sie würden sehr kalt sein. Neutronium würde wegen seiner Dichte sehr viel Wärme absorbieren. Sie würden während eines jeden Umlaufs nicht wesentlich langsamer werden.

Das Antineutroniumgeschoß würde mit der Materie der Erde in Wechselwirkung treten und etwas erzeugen, das man Anti-Plasma nennt. Dadurch würde verhindert werden, daß das Antineutronium alles auf einmal explodiert. Dieses Geschoß würde viel rascher abgebremst werden. Daher kommt es schließlich im Zentrum der Erde zur Ruhe, wobei es sich spaltet und strahlt und gewaltigen Lärm entwickelt. Wenn das anderes Geschoß langsam genug geworden ist, kommt es auch zur Ruhe. Die beiden treffen zusammen ... und ich bin nicht sicher, was danach passieren würde.

Kearney: Vielleicht würde dieses Anti- — oder wie auch immer — Plasma sie getrennt halten.

Van Cott *(nickt)*: Ein kluger Gedanke. Vielleicht — aber auch vielleicht nicht. Vielleicht würde der Druck im Erdkern sie lange genug beisammenhalten, daß sie verschmelzen können.

Kearney: Was würde dann geschehen?

Van Cott: Vollständige oder fast vollständige Annihilation von ein- oder zweihundert Millionen Tonnen Materie. *(Er hält seine Finger zu einer doppelten Faust geballt und bewegt sie dann langsam auseinander)* Man kann sich das als eine Art Zeitzünderbombe vorstellen, wobei der Zünder durch Schwerkraft kontrolliert wird.

Kearney *(beträchtlich ernüchtert)*: Das ... Mr. Van Cott, ist ein sehr beunruhigender Gedanke. Haben Sie darüber mit jemand anderem gesprochen?

Van Cott: Nein; und es wird mir wahrscheinlich leid tun, daß ich es hier getan habe. Es ist meine private Spekulation. Ich glaube, daß sie jetzt nicht mehr privat ist.

43

23. Dezember

Walt Samshow und David Sand waren erst seit einer Stunde an Bord der *Glomar Discoverer*, als sie einen dringenden Anruf von Jeremy Kemp erhielten. Der Verteidigungsminister Otto Lehrman hatte gerade an diesem Morgen Bilder von drei Kingfisher-Beobachtungssatelliten der Marine freigegeben. Der Grund dafür wurde nicht genannt. Kemp nahm an, daß es Teil eines Machtkampfes zwischen dem Präsidenten sowie seinem dezimierten Kabinett und dem Militär war. Sand schloß rasch einen Computerschirm an das Telephon, und Kemp übertrug die Bilder aus Kalifornien. Es waren mehr als hundert.

Eine Stunde später durchmusterte Samshow noch die Bilder auf dem Schirm, während Sand Kemp nach den Details fragte.

Alle Bilder waren von Tiefseegebieten und mit Satelliten zur U-Boot-Verfolgung aus tieffliegenden Satelliten aufgenommen, welche mit Laser-Spektrometern zur Auffindung von Öl und anderem Abfall aus U-Boot-Manövern und der Erprobung von Ozeanwaffen ausgerüstet waren.

Die ersten fünfzehn Bilder untersuchten die Atmosphäre und die Meeresoberfläche über den tiefen Gräben von südlich der Philippinen bis hin zur Halbinsel Kamtschatka, in Intervallen von ungefähr fünfhundert Kilometern mit schwacher Vergrößerung. Alle waren in Falschfarbentechnik, um Konzentrationen freien Sauerstoffs in der ozeannahen Atmosphäre aufzuzeigen. In jedem Bild gab es Dutzende roter Punkte vor dem allgemein blauen und grünen Hintergrund.

Die nächste Gruppe von zehn Bildern zeigte Gewässer der Westküste Zentralamerikas — mit ähnlichen Punkten. Bei jeweils zwei oder drei Bildern erwiesen sich die Ozeanflächen über allen Tiefseegräben als Gebiete hoher Konzentration freien Sauerstoffs. Mehrere nicht verstärkte Farbphotos mit sehr hoher Vergrößerung galten einem Bereich dreihundert Kilometer östlich der Weihnachtsinsel im Stillen Ozean. Sie zeigten etliche Quadratkilometer des Meeres in Weiß, das wie Schaum oder Gischt wirkte. Dann erinnerte Samshow sich an den Maßstab. Danach müßte jeder kleine blasige Fleck mehrere zehn Meter im Durchmesser haben.

Hier lag die Quelle für die Zunahme des Sauerstoffs in der Atmosphäre. Kein natürliches Phänomen konnte für ein solches Bild verantwortlich gemacht werden.

»Soweit hiermit«, sagte Kemp. »Habt ihr gestern abend die *Andrew Kearney Show* mitbekommen?«

»Nein«, sagte Sand. »Wir sehen hier nicht viel fern.«

»Hast du Lawrence Van Cott einmal kennengelernt?«

Sand hatte das nicht.

»Aber ich habe. Er ist scharfsinnig. Er hat in der *Kearney Show* etwas gesagt, das Jonathan Post kolossal aufgeregt hat. Ich habe das Band noch nicht abgehört; aber Post sagt, daß Van Cott einer wichtigen Sache auf der Spur sein könnte. Keine Schwarzen Löcher. Neutroniumgeschosse?«

»Nicht mein Gebiet«, sagte Sand. Er wollte wieder an die Satellitendaten zurück. Kemp übertrug noch einige weitere Informationen, und dann legten sie auf. Sand untersuchte zum zweiten Mal die Satellitendaten auf dem Bildschirm, während Samshow sich nun auch wieder mit ihnen beschäftigte.

»Warum Sauerstoff?« fragte er. »Vulkanische Aktivität?«

»Ich glaube, nicht«, sagte Samshow. »Nicht nach meiner Erfahrung. Da gibt es irgend etwas, das ganz bestimmt Meerwasser in Wasserstoff und Sauerstoff zerlegt. Aber nur der Sauerstoff kommt zum Vorschein.«

»*Irgend etwas*?« fragte Sand leise. »Was denn, Maschinen? Und wo?«

»Über den glatten Teilen des Meeresbodens treten anscheinend keine Blasen auf. Nur über den Tiefseegräben und stellenweise bei bekannten Bruchzonen.« Er ließ die Bilder zurücklaufen. »Überall, wo tiefe Sprünge in der Erdkruste sind, da speichert irgend etwas Wasserstoff und setzt Sauerstoff frei.«

Sand schnalzte mit der Zunge und sagte: »Kemp sagt, daß der Sauerstoffanteil im Pazifikgebiet um einen weiteren Prozentpunkt angestiegen ist und um ein halbes Prozent im zentralen Eurasien.«

»Damit nähert er sich gefährlichen Konzentrationen«, sagte Samshow. »Es sind Großbrände zu erwarten ... Wälder, Städte.«

»Gott sei Dank habe ich das Rauchen aufgegeben«, meinte Sand.

44

Edward Shaw saß in einem bequemen altmodischen Sessel in der Bar des Stephen-Hotels in Austin — allein, mit einem Whiskey Sour in der einen Hand und einer Handvoll Smokehouse-Mandeln in der anderen. Er war wieder nach Austin gekommen, um seine Angelegenheiten zu ordnen, so wie es ein Mann machen würde, der durch eine schleichende Krankheit zum Tode verurteilt ist. Er fühlte sich außerstande, sich noch weiter mit alltäglichen Dingen zu beschäftigen.

Austin und seine Umgebung waren seine letzte Bemühung gewesen, wieder Kontakt mit der Vergangenheit herzustellen und zumindest eine symbolische Versöhnung zu versuchen. Seine letzte Freundin — fast schon Verlobte — hatte den Vizepräsidenten einer Bank geheiratet und wollte mit ihm nichts mehr zu tun haben. Die Universität hatte seinen Abschied philosophisch aufgenommen.

Er hatte sich sogar von Reslaw und Minelli in Arizona getrennt, obwohl Minelli versprochen hatte, ihn Ende März in Yosemite zu treffen, sofern das Wetter es zulassen würde. Er wollte ihnen nicht seinen Jammer aufbürden. Reslaw, mit einem leichten Bart und kurzem Bürstenhaarschnitt, hatte ihnen gesagt, daß er nach Maine ginge, um mit seinem Halbbruder zu leben.

Edward war in seine Heimatstadt zurückgekehrt, um festzustellen, daß sein Apartment geräumt und vor einem Monat an jemand anders vermietet worden war. Es war von den Agenten der Behörde, die während der Quarantäne seine Interessen wahrnahmen, glatt vergessen worden. Das schien ein ziemlich großes Versäumnis zu sein. Aber wenigstens hatte die Hauswirtin seine Habseligkeiten freundlicherweise für den Fall seiner Rückkehr aufbewahrt. Nun hatte er das Mobiliar verkauft, aber — zu seiner eigenen Erheiterung — festgestellt, daß er noch einige Dinge besaß, von denen er sich nicht trennen konnte. Diese hatte er in einem Mietspeicher für den unerhörten Betrag von hundert Dollar monatlich eingestellt — auf fünf Monate im voraus zu zahlen.

Nachdem dies alles erledigt war, wurde Edward das, was er sein wollte: völlig frei und ungebunden.

Er zweifelte kaum daran, daß das Ende der Erde nahe bevorstünde. Er hatte sich eine Kleinkaliberpistole gekauft für den Fall, daß das Ende zu schmerzhaft ausfallen würde. (Pistolen waren jetzt sehr gefragt.) Er hatte seine Ersparnisse und das Geld von der Regierung so eingeteilt, daß er sich fünf Monate Reisen leisten konnte.

Er fühlte sich nicht gedrängt, das Territorium der Vereinigten Staaten zu verlassen. Der Erwerb eines kleinen Wohnwagens (mit Dreingabe seines Land Cruisers) hatte seine Guthaben um etwa ein Drittel geschmälert.

Jetzt, an seinem letzten Tag in Austin, verbrachte er die Nacht im Hotel, eingehüllt in eine besonders düstere Melancholie.

Es drängte ihn, sich in Bewegung zu setzen.

Er würde im Land umherreisen und Ende März oder April in Yosemite landen, wo er sich niederlassen wollte. Der erste Teil seiner Reise würde ihm einen großen Überblick von Nordamerika geben, so weit er es erfassen konnte. So etwas hatte er sich schon immer vorgenommen. Er würde einige Wochen in den White River Badlands von Süd-Dakota verbringen, dann ein paar Tage im Zion-Nationalpark und so weiter durch geologische Höhepunkte, bis er, indem sich der Kreis schloß, wieder in seiner Kindheit landete und bei den hohen Felswänden von Yosemite. Nachdem er so einiges von dem, was er von der Erde sehen wollte, kennengelernt hatte, würde er anfangen, sein inneres Land zu inventarisieren.

Gute Pläne.

Aber warum fühlte er sich da so elend?

Er konnte den Gedanken nicht loswerden, daß man sein Leben mit einem verehrten Freund oder einer geliebten Frau verbringen sollte. Edward war eigentlich immer im Grunde ein Einzelgänger gewesen. Er fühlte kein Bedürfnis, seine Mutter zu sehen; sie hatte ihn mit sechzehn aus dem Haus gejagt, und er hatte seit Jahren den Kontakt mit ihr verloren. Aber da war immer der Mythos, das Bild des dyadischen Zyklons, wie John Lilly es genannt hatte ... das Paar, welches sich gemeinsam dem Leben stellt.

Er trank den Whiskey Sour aus und verließ die Bar. Dabei wischte er sich Salzstaub mit einer gefalteten Serviette von der Hand. Der Portier nickte ihm freundlich zu, und er machte sich auf einen zweistündigen Spaziergang durch die Innenstadt von Austin. So etwas hatte er seit seinen Studentenjahren nicht mehr getan.

Es war Sonntag, und die Stadt war ruhig. Er ging an

Zäunen mit weißen Plakaten und schmiedeeisernen Einfassungen alter, gut gepflegter historischer Häuser vorbei. Er studierte historische Bronzetafeln auf Sockeln. Nach Verlassen der älteren Umgebung stand er schließlich im Zentrum aus Beton und Stein und Stahl und gläsernen Pfeilern. Die aromatische Brise des mittwinterlichen Texas zupfte an seinem kurzärmeligen Hemd.

Eine menschliche Stadt, aber sehr solide und dauerhaft wirkend.

Wie konnte sie einfach verschwinden?

Nicht eimal in der Geologie gab es ein momentanes Dahinscheiden von Welten.

Am nächsten Morgen, nach einem recht gesunden Schlaf ohne Träume, an die er sich erinnerte, begann Edward Shaw sein neues Leben.

45

24. Dezember

Lieutenant Colonel Rogers saß in seinem Anhänger und wartete auf eine Nachricht des zivilen Verbindungsmanns, eines kleinen und harmlos wirkenden NSA-Mannes namens Tucker. Dieser hatte nur eine einzige Rolle in dieser Verschwörung — anders konnte man es nicht nennen —, und die bestand darin, daß er mitteilte, ob die Waffe beschafft war oder nicht.

Die *New York Times* vom Sonntag lag ausgebreitet auf einem Pult unter drei leeren Fernsehmonitoren. Auf der Titelseite erheischten drei fast gleich große Schlagzeilen Aufmerksamkeit:

**BUSENFREUND DES PRÄSIDENTEN
ERMORDET
Reverend Ormandy in New Orleans erschossen**

CROCKERMAN LEGT VETO
GEGEN ALIENABWEHRGESETZ EIN

LEUTE DER SCHMIEDE GOTTES WOLLEN
ALIEN-RAUMSCHIFF SCHÜTZEN
Die Sektierer aus England sammeln sich
in Kalifornien

Die ganze Welt begann verrückt zu spielen und riß ihn mit. In der vergangenen Woche hatte er dreimal seinen Offizierseid gebrochen. Er nahm an einer Verschwörung teil, die letztlich den ausdrücklichen Befehlen des Oberkommandierenden der Streitmächte der Vereinigten Staaten zuwider lief. Binnen zwei Wochen oder noch früher, wenn alles nach Plan verlief, würde er versuchen, genau das Objekt zu zerstören, das die Sektierer hier rings um die Stelle schützen wollten.

Was ihn am meisten störte, war, daß er keine Unruhe mehr empfand. Er hielt sich nur höchst ungern für einen harten Radikalen; aber er war wirklich radikal geworden und konnte keine entgegengesetzten Handlungsweisen mehr sehen oder sich ausdenken. Alles, was er sehen konnte, war eine Bedrohung für seine Nation und eine Regierung in völliger Verwirrung. Außergewöhnliche Zeiten — außergewöhnliche Maßnahmen.

Das Telephon im Wagen klingelte. Er hob ab, und der Operator im Kommandozentrum sagte ihm, daß für ihn ein Ferngespräch vom CINCPACFLEET, dem Oberbefehlshaber der Pazifischen Flotte, vorläge.

Tucker meldete sich. Er rief sehr wahrscheinlich von dem Flugzeugträger *Saratoga* aus an, der hundertsechzig Kilometer westlich von San Clemente Island operierte. Er dürfte wohl gerade mit Admiral Louis Cameron gesprochen haben.

»Colonel Rogers, wir haben einen Pfeil und alle Federn, die wir brauchen.«

»Ja.«

»Verstehen Sie?«

»Ich verstehe.«

»Ihr nächster Kontakt wird Green sein.«

»Danke.«

Er legte auf. Green war Senator Julio Gilmonn, Demokrat in California. Er war Vorsitzender vom Unterausschuß des Senats für die Abwehr von Aliens. Er würde in schätzungsweise zehn Tagen in einer großen Limousine durch den Kordon von Sektierern auf den Platz fahren. Er würde schwer bewacht sein.

Im Gepäckraum der Limousine würde sich ein ›Pfeil‹ befinden, ein Gefechtskopf von drei Kilotonnen, der ursprünglich für ein U-Boot-Abwehrgeschoß an Bord der *Saratoga* gebaut war.

Rogers würde sich mit diesem Gefechtskopf in einem Traggeschirr in das Monster begeben.

Er legte die Zeitung sauber zusammen und erhob sich, um seine Nachmittagsrunden zu machen.

PERSPEKTIVE

CBS Dayligt News, 1. Januar 1997, Tricia Revere und Alan Hack:

Revere: Waren Sie am Times Square, oder haben Sie es im Fernsehen angeschaut?

Hack: Im Fernsehen. Mein Leben ist mir teuer.

Revere: Ich habe nie so etwas gesehen. Ein absoluter Wahnsinn.

Hack: Man glaubt, das ist unser letztes Jahr auf der Erde. *(Schüttelt den Kopf bei einer Bemerkung außer Sicht der Kamera)* Zur Hölle damit! Lassen Sie uns realistisch sein. Sie tun es. Also werden sie die Party besuchen.

46

3. Januar 1997

Es war ein Wunder, daß Arthur sich immer noch als ein privates Individuum fühlte. Er hatte Marty durch Nieselregen in die Schule gefahren, in einer Anwandlung elterlicher Fürsorge — der Schulbus war vollkommen ausreichend und hielt weniger als fünfzig Meter vor der Haustür. Auf der Rückfahrt hatte er auf dem Parkplatz entfernte Stimmen gehört. Einige sprachen englisch, die meisten aber nicht. Er hatte mit geschlossenen Augen im Wagen gesessen und gelauscht, als ob es Amateurfunk oder eine Satellitenverbindung wäre. Aber die Stimmen hatten aufgehört, und es war nur eine summende Erwartung geblieben.

Er war ins Haus gegangen und hatte seinen Mantel abgelegt. Francine war ihm mit einer Tasse heißen Kakaos entgegengekommen. Mit verschleierten Augen hatte er daran genippt, die Tasse dann auf den Küchentisch gestellt und sie in den Arm genommen. Sie war ihm mit immer mehr Enthusiasmus begegnet, der an Verzweiflung grenzte. Er hatte sie ins Schlafzimmer geführt, wo sie sich geliebt hatten.

Er war nicht ›observiert‹ worden.

Wenn er nicht gerade spezielle Aufgaben erledigte, war er so frei — innerhalb vernünftiger Grenzen — wie jeder seiner Bekannten. Er würde nicht einmal daran denken, diese Aktivitätszone zu verlassen, den Nordwesten der Vereinigten Staaten. Und falls er es doch versuchen sollte, würde man ihn daran hindern. Aber es gab viel Arbeit zu tun, und später würde es noch mehr werden ...

Er lag mit dem Kopf auf dem üppigen Bauch seiner Frau, die Hand um eine ihrer Brüste gelegt, und döste sanft. Sie wickelte eine Haarlocke von ihm um einen Finger und betrachtete ihn mit jener weiblichen Ruhe, die er so oft bewundert hatte. An diesem Morgen war es in ihrem Bett leidenschaftlich, sogar besessen, zugegangen; aber jetzt war sie so friedlich wie eine Madonna aus Ton.

Es konnte ihr von der Spinne erzählen. Nichts würde ihn daran hindern. Er hob den Kopf und wollte reden, hielt dann aber inne. *Wer hat nun hier zu sagen? Bin ich das, zögernd, oder jemand anders?* Es war er. Sie hatte genug zu bedenken, ohne zu erfahren, daß ihr Gatte besessen war. Dies Wort amüsierte und reizte ihn. Es beschrieb nicht das, was vorging.

Warum nehmen sie nicht auch sie? Ergreifen von ihr Besitz?

Weil sie sie nicht brauchten und ihre Mittel begrenzt waren. Plötzlich kribbelte es in seinem Rückgrat, und der Hals versteifte sich. Nur ein- oder zweitausend... Wie, wenn niemand aus seiner Familie der erwählten Gruppe angehörte? Niemand seiner Freunde, Kollegen und Bekannten? Wie, wenn *er* nicht dabei war?

»Stimmt etwas nicht, Art?« fragte sie und streichelte ihm die Stirn.

Er schüttelte den Kopf und liebkoste ihre Brustwarze.

Sie sagte: »Du hast mich fühlen lassen, als ob ich etwas anderes wäre als eine Mutter und Mitglied des Elternbeirates. Du solltest dich schämen.«

»Ja, das tue ich«, sagte er, »ganz und gar.«

Der Regen prasselte gegen die Fenster, und ein kalter Wind heulte unter der Dachrinne. Ominös, deutlich ominös; aber es vermittelte ihm ein Gefühl von Sicherheit und Wärme. Er konnte nackt in einem warmen, geschlossenen Schlafzimmer bei seiner Frau liegen und sich als Herr eines unermeßlichen Raumes fühlen. Sein Körper hatte noch nicht begriffen.

Ein Netzwerk war im Entstehen begriffen. Plötzlich fiel ihm ein, daß in New York, Washington D.C., und anderswo in Bibliotheken eingebrochen wurde. Was war ihr Plan? Wollten sie die Sixtinische Kapelle buchstäblich herausreißen und Schallplatten von Bach und Angkor Wat und den Parthenon in ihrer Gesamtheit in den Weltraum emporheben, zusammen mit den Genies der Erde? Das schien irgendwie naheliegend und sehr naiv.

Er hatte sich oft Harrys ›Essay‹ auf Band angehört. Von Anfang an hatte er darüber gegrübelt und Harrys Ideen mit dem verglichen, was das Netz ihn wissen ließ.

In seinem Kopf — ein Konzept, mehr als ein Wort: *Grammatik*.

An dieses Konzept war ein Labyrinth von Begriffen gebunden: Die Grammatik des Ökosystems eines Planeten, von genetischem Material an, und wie die Spezies sich zusammenfügten wie ›Wörter‹ in einem ›Buch‹, und die Struktur sich entwickelnder Pläne und die Konsequenzen einer Entscheidung ...

Grammatik einer Gesellschaft, wie menschliche Gruppen als Teil des universellen Ökosystems wechselwirken ...

Früchte, Gonaden, das Reproduktionssystem eines Planeten, ein fruchtbares Pseudopodium, das von der Oberfläche in den Raum hinauflangt und *Jesus Jesus* lernen muß.

Um etwas zu erfahren über tiefes Vakuum und Gravitation und den Wind zwischen Welten, muß das Ökosystem der Erde ein ›Organ‹, einen Arm entwickeln, der mit Auffassungsvermögen und Logik ausgestattet ist, so wie sich das Leben einst dem Lande angepaßt hat durch Entwicklung bestimmter Arten von Augen und Gliedmaßen und neurologischen Strukturen. Sätze im Buch der Erde, die die Syntax von Gehen auf dem Lande, Gehen im Weltraum benutzen, alles durch die ursprüngliche Grammatik des Ökosystems vorgegeben, alles inhärent. Wie auf Tausenden anderen Welten mit ähnlichen lebenden Grammatiken. Die Menschen waren das Organ der Erde, um sich zwischen Welten und Sternen zu bewegen.

Sie verkünden Leben. Sie wissen, was zu tun ist, um die Essenz, das Grundwissen des intakten Planeten zu bewahren.

Das war es, was man ihm mitteilte. Harry hatte auf dem Band gesagt:

»Ich habe zwanzig Jahre meines Lebens als Biologe verbracht. Du, Arthur, hast mich über andere Disziplinen auf dem laufenden gehalten. Du hast meinen Geist vor fünfzehn Jahren beschäftigt, als du mir Lovelocks Buch über ›Gaia‹ gegeben hast. Neuere Ereignisse haben mich veranlaßt, einige meiner alten Theorien und Spekulationen auszugraben, die ich nach der Lektüre von Lovelock und Margulis angestellt habe. Wir haben darüber gesprochen, immer und immer wieder; aber ich war mir nie so sicher, daß ich sie zu Papier gebracht hätte. Aber jetzt bin ich recht sicher. Nur bin ich zu schwach, um sie zu Papier zu bringen, daher... dieses.

Gaia ist die gesamte Erde; und sie ist lebendig geworden, sie wurde ein organisches Ganzes, eine einzige Kreatur seit jetzt mehr als zwei Milliarden Jahren. Wir können keine vollständigen Analogien zwischen Gaia und menschlichen Wesen aufstellen, oder Hunden oder Katzen oder Vögeln, weil wir bis vor kurzem nie wirklich unabhängige Organismen studiert haben. Hunde und Katzen und Vögel — und Menschen — sind nicht unabhängig. Wir sind Stücke und Teile von Gaia. Das gleiche gilt für jedes andere Lebewesen auf der Erde. Stell dir vor, daß eine einzelne Zelle Analogien zwischen ihrem Cytoplasma und ihren Organellen zu finden sucht und der Rolle, die sie in einem menschlichen Körper spielt; sie wird in die Irre geführt, wenn sie zu starre Vergleiche anstellt.

Somit ist Gaia, die Erde, der erste unabhängige Organismus, den wir studiert haben. Ich werde dafür das Wort ›Planetismus‹ benutzen. Ein Planetismus besteht aus Pflanzen und Tieren und Mikroorganismen; und diese bestehen aus Zellen oder sind selbst Zellen. Zellen bestehen aus Cytoplasma, Organellen und so weiter. Ein Organismus reguliert sich selbst mit Hormonen, Neurotransmittern und arbeitet und erhält seine Ernährung mit Enzymen und anderen Substanzen ... alle organisiert, nach Plan, synergistisch. Selbstkontrolliert.

Gaia leistet ihre Arbeit mit Ökosystemen. Wie ein jeder Organismus hat ein Planetismus einem Zeitplan und bestimmten Zielen zu genügen. Er wächst und entwickelt sich, geht durch verschiedene Stufen in seinem Leben. Manchmal erfährt er radikale Verschiebungen, die ganze Ökosysteme zerstören. Vielleicht experimentiert er auf eine Weise, zu der kleinere Organismen nicht fähig sind. Er erreicht einen toten Punkt, wischt einen Teil der Tafel ab und beginnt von neuem. Ich weiß nicht. Aber letztlich muß er das tun, was alle Lebewesen machen müssen: reifen und sich vermehren.

Wie kann ein Planetismus andere seinesgleichen herstellen? Er ist — wahrscheinlich — ohne Einwirkung von außen entstanden; obwohl es sein könnte, daß er der Sproß eines anderen Planetismus wäre. Vielleicht wurde das Leben hier vor sehr, sehr langer Zeit ausgesät. Offengestanden, denke ich nicht so. Ich glaube, daß die meisten Planetismen keine Eltern haben, zumindest nicht gerade jetzt. Daher sind sie frei, sich nach eigenem Plan zu entwickeln. Dies erfordert eine sehr lange Zeit; aber schließlich findet sich doch ein Weg zur Vermehrung. Er entwickelt eine Reproduktionsstrategie.

Der Planetismus hat Wege gefunden, um mehr und mehr seiner Rohstoffe und Oberfläche zu verwenden. Er hat die Ozeane unter seine Herrschaft gebracht, dann Pflanzen und Tiere verbreitet, um die unfruchtbaren Kontinente zu erobern. Diese Pflanzen und Tiere haben sich irgendwie dem Leben auf dem trockenen Land besonders angepaßt. Ich vermute, daß dabei mehr als eine Zufallschance mitgespielt hat, aber ich bin zu schwach, um darüber jetzt zu argumentieren. Für mein Schema ist es irrelevant.

Jetzt, nach Äonen, sind hier Menschen, und wir machen uns gar nicht so übel. Wir haben ein Organ bekommen, das ebenso wichtig ist wie die Beine für ein Amphibium — ein hoch entwickeltes Gehirn. Plötzlich ist sich Gaia ihrer selbst bewußt geworden und richtet den Blick nach draußen. Sie ent-

wickelt Augen, die weit in den Weltraum blicken können und das Milieu zu verstehen beginnen, das sie erobern muß. Sie erreicht die Pubertät. Bald wird sie beginnen, sich zu vermehren.

Ich weiß, daß du mir jetzt irgendwie voraus bist. Du sagst: ›Das bedeutet, menschliche Wesen sind die Gonaden der Erde.‹ Und ich sage das auch: aber die Analogie ist bestenfalls schwach. Im Laufe der Zeit würde Gaia wahrscheinlich alles auf Erden — alle ihre Ökosysteme — geopfert haben, um Menschenwesen zu erzeugen. Denn wir sind mehr als Gonaden. Wir stellen Sporen und Samen her, wir sind es, die verstehen, was Gaia ist; und bald werden wir wissen, wie man andere Welten lebendig machen kann. Wir werden Gaias biologische Information in den Weltraum hinaustragen, auf Raumschiffen.

Du weißt, diese Idee läßt eine Menge von Problemen auftauchen. Gaia hat uns genährt, aber sie hat uns auch angestachelt und mitunter gequält. Sie hat alle ihre Hilfsmittel benutzt, um sicherzustellen, daß wir uns nicht allzu komfortabel fühlen. Krankheiten, die dazu dienten, Ökosysteme zu regulieren, sind plötzlich zu Stimulantien geworden. Wir arbeiten hart, um alle Krankheiten zu verstehen, die uns Leid zufügen; und dabei lernen wir, das Leben selbst zu verstehen und dann auch Gaia. So benutzt Gaia Krankheiten zur Anregung und Belehrung. Glaubst du, daß es ein reiner Zufall ist, wenn wir im zwanzigsten Jahrhundert von so vielen Retrovirus- und Immunsystem-Epidemien betroffen wurden? Wir können dieser Epidemien nicht Herr werden, ohne das Leben zur n-ten Potenz zu verstehen. Gaia reguliert uns und reguliert sich selbst. Sie macht sich bereit für die Pubertät.

Denn das ist es, was geschehen wäre. Gaia würde uns ausgesandt haben, und wir hätten sie in unseren Raumschiffen mitgenommen. Vielleicht würden wir die Erde für Leben ungeeignet gemacht haben, und das wäre ein weiterer Grund, die Samenkapsel zu verlassen, weil sie abgestorben und verwelkt ist. Aber so etwas wäre nur natürlich. Vielleicht hätten wir die Erde erhalten und wären nach draußen gegangen. Das ist wie das Dilemma für Eltern, die entweder ihren Kindern das Leben zur Hölle machen, um sie hinauszubringen; oder die Kinder haben genug Grips, um von sich aus nach draußen zu gehen und sich frei zu machen. Nicht, daß ich diese Probleme aus erster Hand kennen würde, als Vater ... aber ich erinnere mich an meine Kindheit.

Natürlich ist Gaia nicht der einzige Planetismus. Wahrscheinlich gibt es noch Millionen anderer, manche davon Teile von Samen verbreitenden Netzwerken — Planetismen mit Eltern. Manche sind unabhängig. Und wenn sie in die Galaxis ausschwärmen, treffen sie auf Wettbewerb. Plötzlich sind sie Teil eines noch größeren und komplexeren Systems — einer galaktischen Ökologie. Planetismen und ihre Fortsetzungen — Intelligenzen, technische Zivilisationen — entwickeln dann Strategien, um Wettbewerb zu begegnen und zu eliminieren.

Manche Planetismen gehen den Weg, der sich darbietet. Sie nutzen aus und suchen, sich rasch zu verbreiten. Sie sind wie Parasiten oder junge Krankheiten, die noch nicht gelernt haben, wie man harmlos in einem Wirt leben kann. Andere Planetismen reagieren damit, daß sie die Auswüchse dieser Parasiten aufsuchen und zerstören. Schließlich, so nehme ich an, wenn die Galaxis selbst lebendig — zu einem ›Galaktismus‹ — wird, muß sie die Erweiterungen aller ihrer Planetismen verknüpfen und ordnen. So passen sich die Parasiten entweder an und leisten einen Beitrag, oder sie werden eliminiert. Aber in der Zwischenzeit herrscht draußen der Dschungel.

Du hast mir vor langer Zeit von Frank Drinkwater erzählt. Drinkwater und andere wie er haben jahrelang behauptet, daß es in unserer Galaxis kein anderes intelligentes Leben gäbe. Er behauptete, daß das Fehlen von Radiosignalen aus fernen Sternen den Beweis dafür liefere. Er meinte auch, das Fehlen von von-Neumann-Maschinen bestätige, daß wir allein sind. Er war zu ungeduldig. Jetzt zeigt sich, daß er offenbar unrecht hat.

Wir haben auf unserem Baum gesessen und wie verrückte Vögel gezirpt seit schon über einem Jahrhundert und uns ge-

wundert, warum keine anderen Vögel antworteten. Der galaktische Himmel ist voller Falken. Das ist der Grund. Planetismen, die nicht klug genug sind, sich ruhig zu verhalten, werden gefressen.

Ich bin jetzt ziemlich am Ende. Zu müde für nähere Ausführungen. Vielleicht hast du schon all dies durchdacht. Vielleicht kannst du es irgendwie nützlich finden.

Du warst manchmal mein einziger Ansporn und Stachel, Art. Ich danke dir dafür. Du bist mein sehr teurer Freund, und ich liebe dich.

Kümmere dich um Ithaca, soweit sie es nötig hat!

Meine innigen Grüße auch an Francine und Marty.

Ich hoffe und bete, daß ihr alle es schaffen werdet, obwohl ich mir für mein Leben nicht vorstellen kann, wie.«

Harry hatte es fast instinktiv gewußt. Er lebte immer noch in Los Angeles, zu schwach, um mehr zu tun, als zu schlafen. Arthur empfand plötzlich eine Panik bei dem Gedanken an eine Welt ohne Harry. Was konnte er tun? Jetzt wurde Harry mehr gebraucht denn je ...

»Art«, sagte Francine. Er suchte sich zu entspannen und wandte den Blick von der Zimmerdecke weg wieder auf ihr Gesicht. »Denkst du an Harry?«

Er nickte. »Aber das ist nicht alles.« Ohne die Konsequenzen zu bedenken und mit einem Instinkt, von dem er hoffte, daß er ebenso gut sein würde wie der Harrys, hatte er sich entschlossen, den Weg nach vorn zu wagen. Er sagte: »Es ereignen sich große Dinge. Ich fürchte mich, es dir mitzuteilen.«

»*Kannst* du es mir mitteilen?« fragte sie und kniff die Augen zu, als ob sie es nicht gern hören würde. Es gab schon genügend Veränderung und genügend Schock in den Nachrichten, ohne daß noch mehr davon in ihr Haus eindrang, als sie ohnehin schon hatte.

»Es ist kein Staatsgeheimnis«, sagte er lächelnd. Er erzählte ihr von der Begegnung im Flughafen, der Information in seinem Kopf und der Entstehung des Netzwerks. Es sprudelte wie ein stürmisches Bekenntnis aus ihm heraus; und er machte nur eine Pause, um Gauge einzulassen, als der Welpe jämmerlich in der Garage heulte.

Francine beobachtete die leuchtenden Augen ihres Gatten und seine verklärte Miene und biß sich auf die Lippe.

Als er fertig war, erschauerte er und zuckte zugleich die Achseln. »Ich höre mich doch komplett verrückt an, nicht wahr?«

Sie nickte, wobei ihr eine Träne von der Wange lief.

»All right. Ich werde dir etwas sehr Merkwürdiges zeigen.«

Er ging zu dem Geschirrschrank in der Diele und holte einen Karton heraus. Im Schlafzimmer öffnete er den Deckel. Drinnen lagen zu seiner Überraschung nicht eine, sondern zwei Spinnen, bewegungslos. Ihre grünen Augen glühten. Francine prallte von der offenen Schachtel zurück.

»Ich wußte nicht, daß da noch eines war«, sagte er.

»Was sind sie?«

»Ich glaube, unsere Retter«, antwortete Arthur.

Wird sie gerettet werden? fragte er die summende Hoffnung in seinem Kopf. Sie langte hin, um die Spinnen zu berühren; und er wollte sie gerade zurückhalten und warnen, als ihm klar wurde, daß es keine Rolle spielte. Wenn sie wollten, daß sie ›besessen‹ würde, dann hätte die neue Spinne — woher sie auch gekommen sein mochte — sie schon gepackt. Zögernd berührte sie eine der beiden. Sie reagierte nicht. Sie strich nachdenklich über den Chromkörper. Die Spinnen bewegten ihre Beine im gleichen Takt; und sie zog die Hand hastig zurück. Die Bewegung hörte auf.

»Ich glaube, daß sie leben«, sagte sie.

»Sie nehmen Proben, speichern Information ... und sie ...« Sie schluckte heftig und schlang die Arme um sich. Sie begann zu zittern. Ihre Zähne klapperten. »Oooh, Ar-rthur ...«

Er drückte sie leicht an sich, legte seine Wange auf ihren Kopf und liebkoste sie.

»Ich bin ja noch da«, sagte er.

»Das alles ist so unwirklich.«

»Ich weiß.«

»Was ... was tun wir jetzt?«

»Wir warten ab«, sagte er. »Ich tue, was ich tun muß.«

Als sie den Kopf zurücklegte, um ihm ins Gesicht zu sehen, war ihre Miene eine Mischung von Faszination und Widerwillen. »Ich weiß nicht einmal, ob du der bist, der du zu sein behauptest.«

Er nickte. »Ich kann das nicht beweisen.«

»Doch, du kannst es«, sagte sie. »Bitte, vielleicht kannst du es doch. Vielleicht weiß ich es schon.« Sie kuschelte sich noch tiefer in seine Arme und verbarg ihr Gesicht an seiner Brust. »Ich will nicht nachdenken ... Ich habe dich schon verloren. O Gott!« Sie rückte mit offenem Munde von ihm ab. »Sag Marty nichts! Du hast es ihm doch noch nicht gesagt?«

»Nein.«

»Er könnte das nicht verkraften. Er hat schon Alpträume über Feuersbrünste und Erdbeben.«

»Ich werde es ihm nicht sagen.«

»Jedenfalls erst später«, sagte sie entschlossen. »Wenn wir Gewißheit haben. Ich meine — was da vor sich geht.«

»All right.«

Es war Zeit, sich anzuziehen und Marty von der Schule abzuholen. Gemeinsam fuhren sie durch den Nieselregen.

An diesem Abend, nachdem Marty zu Bett gegangen war und sie mit gekreuzten Beinen zusammen auf der Couch im Wohnzimmer saßen und lasen, klingelte das Telephon. Arthur ging ran.

»Ich haben einen Anruf für Arthur Gordon von Präsident Crockerman.«

Arthur erkannte die Stimme. Das war Nancy Congdon, die Chefsekretärin des Weißen Hauses.

»Am Apparat.«

»Bleiben Sie dran, bitte!«

Ein paar Sekunden später kam Crockerman ans Telephon. »Arthur, ich muß mit Ihnen oder Feinman sprechen, oder mit Senator Gilmonn ... Ich nehme an, daß Sie mit ihm Verbindung haben oder mit dem Rätselpalast?«

»Tut mir leid, Mr. President ... Ich habe weder mit dem Senator noch der Nationalen Weltraumbehörde NSA gesprochen. Harry Feinman ist jetzt sehr krank. Er liegt im Sterben.«

»Das hat man mir berichtet.« Der Präsident sagte längere Zeit nichts. »Arthur, ich bin hier in einem Belagerungszustand. Sie können keine Abstimmung im Haus durchbringen, wohl aber zwei zum Scheitern bringen ... Ich weiß nicht genau, ob ich jeden kenne, der da quer liegt, aber ich dachte, Sie könnten es vielleicht schaffen, mit ihnen zu sprechen. Sie brauchen keine Komplizenschaft vorzuschützen, oder wie immer Sie das nennen würden.«

»Vielleicht bin ich nicht der richtige Mann, Mr. President«, sagte Arthur.

»In den letzten paar Stunden hat man mir Zugang zu dem Kriegsraum verweigert. Ich habe Otto Lehrman gefeuert, aber das hat nichts aufgehalten. Jesus, sie haben tatsächlich gedroht, die Truppen um das Weiße Haus zurückzuziehen! Alles, was sie getan haben, ist eindeutig illegal, aber diese Leute ... Sie können es sich leisten, mich hinzuhalten. Irgend etwas ist im Gange. Und *ich muß wissen, was das ist*, um Gottes willen. Ich bin der *Präsident der Vereinigten Staaten*, Arthur!«

»Ich weiß nichts davon, Mr. President.«

»Richtig. Halten Sie sich an die Parteilinie, was sie auch immer wert sein mag. Ich bin aber kein sturer Idiot. Ich habe in den letzten Wochen schmerzhaft daran gelitten. Ich habe mit dem Parteisekretär Nalivkin gesprochen. Wissen Sie, was die machen? Sie verhandeln mit dem Monster in der Mongolei. Er sagt, die Welt befindet sich an der Schwelle eines sozialistischen Jahrtausends. Das ist es, was das Raumschiff in der Mongolei ihm sagt! Arthur, sagen Sie mir ganz offen: Gibt es jemanden, mit dem ich sprechen kann und der mich wieder zum Oberbefehlshaber machen kann? Ich bin kein unvernünftiger Mensch. Man kann mit mir argumentieren. Gott weiß, daß ich all dieses gründlich durchdacht habe. Ich bin bereit, meine Position neu zu erwägen. Haben Sie von Reverend Ormandy gehört?«

»Nein, Sir.«

»Er ist tot, um Christi willen! Man hat ihn erschossen. Irgend jemand hat ihn getötet.«

Arthur wurde blaß und sagte nichts.

»Wenn sie nicht mit Ihnen reden, mit wem dann sonst?«

Arthur fragte: »Haben Sie McClennan oder Rotterjack angerufen?« Beide hatten Crockerman Treue gelobt auch nach ihrem Rücktritt.

»Ja. Ich kann nicht zu ihnen durchkommen. Ich vermute, daß sie gefangen oder gekidnapt wurden. Arthur, ist das eine Revolution oder Meuterei?«

»Ich weiß nicht, Sir. Ich weiß es wirklich nicht.«

Crockerman murmelte etwas. Arthur konnte nicht deutlich verstehen und legte auf.

47

4. Januar

Reuben Bordes traf den Geldmenschen in der Nähe der Haltestelle der Greyhound-Busse an der Zwölften Straße. Der weißhaarige, beleibte Fremde trug einen dunkelblauen Wollanzug, ein goldenes Seidenhemd mit Nadelstreifen und Schuhe aus Alligatorenhaut. Er schien sehr erfreut, daß er Reuben eine plumpe graue Vinylmappe mit Reißverschluß übergeben konnte, die voller Hundert- und Tausenddollarscheine war. Reuben schüttelte ihm kräftig die Hand und lächelte. Sie trennten sich, ohne daß ein Wort zwischen ihnen gesprochen wurde. Reuben steckte die Mappe in die Tasche seines olivgrünen Militärmantels und winkte einem Taxi.

Nachdem er seine Instruktionen erhalten hatte, lehnte er sich im Sitz zurück und fühlte sich glücklicher als jemals in seinem Leben. Mit diesem Geld konnte er jetzt stilvoll reisen: Taxis, Flugzeuge, feine Hotels, wo er auch hinging. Aber wahrscheinlich würde das Geld für andere Dinge ausgegeben werden. Jedoch dachte er...

In seinem Kopf hatte er eine riesige Einkaufsliste. Sein erster Halt würde beim Datenzentrum der Staatsdruckerei sein. Dort würde er vier Satz Datendisketten kaufen mit den gesamten sachbezogenen öffentlich zugänglichen Daten der Kongreßbibliothek. Jeder Satz von fünfhundert Disketten füllte ein ziemlich großes Archivfach; und er wußte nicht, wozu vier Exemplare gebraucht würden. Aber er würde mit etwa der Hälfte des in dem Umschlag befindlichen Geldes alle bar bezahlen.

Er stand zehn Minuten am Kundenschalter des Datenzentrums an und ging dann zum Beamten, einem jungen, kahl werdenden Mann mit rotem Vollbart und scharfen Augen.

»Kann ich Ihnen behilflich sein?« fragte der Beamte.

»Ich möchte vier Satz der Nummern 15-692-421-3-A-G haben.«

Der Mann notierte die Nummer und befragte ein Terminal. »Das ist Non-Fiction, komplett, Library of Congress«, sagte er. »Einschließlich aller Nachschlagewerke und Führer?«

Reuben nickte.

Der Beamte blickte noch schärfer und sagte: »Das macht fünfzehntausend Dollar pro Satz.«

Reuben wickelte in aller Ruhe eine Geldrolle aus und zählte sechzig Tausenddollarscheine ab.

Der Beamte prüfte die Banknoten sorgfältig, rieb sie und sah sie sich aus der Nähe an. »Ich werde meinen Vorgesetzten rufen müssen«, sagte er.

»Fein«, meinte Reuben.

Eine halbe Stunde später, als alle Formalitäten erledigt waren, schrieb Reuben auf, wohin er die Disketten geschickt haben wollte — eine Postanschrift in West Virginia.

»Was wollen Sie bloß mit all dem anfangen?« fragte der Beamte, als er Reuben die Quittung aushändigte.

»Es lesen«, sagte Reuben. »Viermal.«

Er bedauerte diese Frechheit, als er auf der Siebenten Straße nach Süden zu den Nationalarchiven ging, aber nur für einen Augenblick. Instruktionen gingen rasch ein, und er hatte wenig Zeit für eigene Gedanken.

48

5. Januar

Lieutenant Colonel Rogers erwachte morgens um vier aus einem gesunden Schlaf, ehe sein Armbandwecker losging. Er stellte den Wecker ab und schaltete die kleine Lampe am Kopfende seiner schmalen Pritsche ein. Eine genußvolle Minute lang lag er still und horchte. Alles war ruhig. Alles still. Es war Sonntag. Die meisten der Schmiede-Gottes-Leute hatten sich am Abend zuvor nach Furnace Creek begeben zu einer riesigen Zusammenkunft, die heute morgen von Reverend Edwina Ashberry abgehalten werden sollte.

Er zog sich rasch an, legte Kletterstiefel an und holte zwei dreißig Meter lange Nylonseile aus einem Rucksack in der Ecke des Wagens. Mit den Seilen in der Hand sah er mit gerunzelter Stirn auf den kleinen Tisch und das Telephon hinunter. Dann warf er die Seile auf die Pritsche und setzte sich auf den Stuhl, um einen Brief an seine Frau und seinen Sohn zu schreiben, für den Fall, daß er es nicht schaffen würde zurückzukommen. Das erforderte fünf Minuten. Er war immer noch dem Zeitplan voraus. Daher verbrachte er fünf Minuten mit einer sorgfältigen Rasur. Er vergewisserte sich, daß auch jedes lange Haar in seinem Nacken abgeschabt war: militärisch sauber. Er bürstete sich die Zähne und kämmte sich sorgfältig. Nach einem Blick auf den Brief war er mit der Formulierung unzufrieden und schrieb die Mitteilung auf ein neues Blatt Papier, faltete es in einen Umschlag und legte ihn in sein Nachrichtenfach mit Anschrift und Anweisungen.

Um vier Uhr dreißig ging er die Stufen des Anhängers hinunter und stand in der bitterkalten Wüstenfinsternis. Ein gleichmäßiger Wind zupfte an seinem Mantel und Hosenbeinen. Am östlichen Ende des Lagers stand der Wagen von Senator Julio Gilmonn, in einem eingezäunten Viereck, das für den Munitionsbehälter reserviert war. Gilmonn selbst stand mit zwei Helfern — einer hübschen, ernst blickenden schwarzen Frau mittleren Alters und einem jungen weißen Mann, stämmig und kurzhaarig — nahe bei dem inneren Tor, das zu dem Felsen führte.

»Guten Morgen«, sagte Rogers, als er herankam. Gilmonn machte eine Zigarette aus, nachdem er einen letzten mürrischen und konzentrierten Zug getan hatte. Dann schüttelte er Rogers die Hand.

»Es sind immer noch ein paar Leute von der Schmiede Gottes da draußen«, sagte der Senator und zeigte auf den äußeren Zaun. »Haben Sie Pläne gemacht, um sie wegzubringen?«

Rogers nickte. »In fünfzehn Minuten wird eine Sirene losgehen und einen Notfall bekannt geben. Nichts Spezielles. Sie werden das Lager durch den Korridor evakuieren. Wenn die Schmiedeleute sich bis dahin nicht davongemacht haben, dann ...« Er zuckte die Achseln. »Zur Hölle mit ihnen!«

»Das könnte das ... Monster alarmieren«, sagte der junge Adjutant.

Rogers gab diese Möglichkeit zu. Er sagte: »Es hat unseres Wissens seit Monaten nichts mehr getan. Wir müssen dies Risiko eben eingehen. Jetzt sind da draußen etwa tausend Personen.«

Die Frau sah Rogers mit einer Miene zwischen ernsthaftem Zweifel und mütterlicher Besorgnis an, sagte aber nichts.

»Wer ist sonst noch beteiligt?« fragte Gilmonn.

»Zwei meiner Stabsoffiziere werden mir helfen, die Waffe an den Eingang zu tragen. Sie werden dann dort verschwinden. Und dann ist da natürlich noch Ihr Experte. Wo ist er?«

Gilmonn zeigte auf eine Figur, die durch eine von Scheinwerfern erhellte Fläche in einigen Dutzend Metern Entfernung ging. »Jetzt kommt er.«

Der ›Experte‹ war ein junger Lieutenant der Navy, schlank und mittelgroß, mit schmalen scharfen Augenbrauen und kurzgeschnittenem, dichtem braunen Haar. Er trug Zivil und hatte einen großen Sack und eine Brieftasche dabei. Er grüßte die andern ruhig und bat, zu der Waffe geführt zu werden. Gilmonn öffnete das Tor mit dem ihm von Rogers anvertrauten Schlüssel und hob dann den Deckel des Behälters hoch. Darin befand sich ein silberner Zylinder mit orangefarbenen Streifen, etwa vierundvierzig Zentimeter dick und sechzig Zentimeter lang.

An drei Stellen trug er auffällig das dreiblättrige Warnzeichen für Strahlung.

»Wir haben keinen Ermächtigungscode vom Präsidenten«, sagte der Lieutenant ganz sachlich. »Daher mußten wir einen nicht armierten Missile-Gefechtskopf vom Lager nehmen und das PAL* entfernen. Das bewirkt ein fatales mechanisches Versagen im Detonator und Abstandszünder — fatal für den Mechanismus, nicht für mich. Also mußte ich meinen eigenen Zünder und Detonator zusammenbasteln und an den Gefechtskopf anpassen. Mit höherer Ermächtigung habe ich den Wellengenerator und ein Klystron aus einem Marineflugzeug entnommen, sowie die nötigen Black-Boxen, und zusammengeschaltet. Ich kann garantieren, daß es funktionieren wird.« Er lächelte fast entschuldigend und wandte sich an Rogers. »Sir, Sie werden imstande sein, diese Waffe zu entschärfen, falls Ihnen etwas Unerwartetes begegnet, bis zur allerletzten Sekunde, ehe sie hochgeht. Seien Sie also sehr vorsichtig!«

Rogers hörte genau zu, als der Lieutenant eine Kupferplatte von dem einen Ende des Zylinders entfernte und die Handhabung erklärte. Dann erklärte er alles noch einmal und prüfte dabei Rogers' Gesicht bei jedem wichtigen Punkt, um sicher zu gehen, daß er alles verstand. »Haben Sie das mitgekriegt, Sir?« fragte der Lieutenant.

»Ja«, sagte Rogers.

»Ich muß mich dafür entschuldigen, daß wir für Sie keine Rucksack-Atombombe — eine SADM** — finden konnten, Sir«, sagte der Lieutenant. »Aber die sind schon seit etwa zwanzig Jahren nicht mehr auf Lager. Sie sind alle verschrottet oder verramscht worden. Dies Ding hier wiegt dafür nur ein Drittel soviel wie eine SADM«, erklärte er für die Adjutanten des Senators. »Aber Sie sollten imstande sein, es ohne Schwierigkeit hochzuhieven, wenn der Schacht so glatt ist, wie Sie gesagt haben. Dann schieben und ziehen sie es zum nächsten Abschnitt. Und wenn Sie stehen können, dann heben Sie es in Stellung mit Hilfe Ihres Rückengeschirrs.

---

* Permissive Action Link — die Code-Box — *Anm. d. Übers.*
** Special Atomics Demolition Munition — *Anm. d. Übers.*

Sie scheinen gut in Form zu sein, Sir, und sollten fähig sein, das Vorhaben durchzuführen ...« Der Lieutenant schüttelte den Kopf. »Entschuldigung! Ich wollte Ihnen nicht in Ihre Angelegenheiten hineinreden, Sir.«

»Kein Problem«, sagte Rogers.

»Nur noch eine Frage. Niemand zu Hause konnte sie mir beantworten. Wie stark ist dies Monster innerlich?«

»Das wissen wir nicht«, sagte Rogers.

»Vielleicht stark genug, um einen Abstieg aus dem Orbit überlebt zu haben«, sagte Gilmonn.

»Wenn es der Waffe auch nur einen gewissen Widerstand leistet, kann ich den Effekt auf das umliegende Land nicht abschätzen«, sagte der Lieutenant. »Falls es nicht heil bleibt, was ich wirklich bezweifle, wird es heißes Gestein geben und Trümmergeschosse über dies ganze Tal. Ich weiß nicht, wie weit Sie entfernt sein müssen, Sir.«

»Ich habe einen Jeep«, sagte Rogers.

»Fahren Sie wie der Teufel!« riet der Lieutenant. »Und noch etwas. Was für eine Art von Auspuff könnte das Monster haben?«

Rogers schüttelte den Kopf. »Es gibt keine Auspufföffnungen, keine Düsen oder ... Nichts, was wir gesehen haben.«

»Falls es einen Antriebsmechanismus gibt — was logisch erscheint, wenn wir es uns als Raumschiff vorstellen — dann könnte die Explosion diesen in Gang setzen.«

Rogers holte tief Luft und sagte: »Daran habe ich gedacht.«

»Wir haben in dem Monster oder in seiner Umgebung keine Strahlung entdeckt«, sagte Gilmonn. »Falls es einen Antriebsmechanismus geben sollte, dann glaube ich kaum, daß sie Raketentreibstoff verwenden.«

»Nun ja, aber *was* benutzen sie dann?« fragte der Lieutenant.

Gilmonn sagte: »Alles, was wir hier machen, ist mit einigem Risiko verbunden. Und wenn die meinen, daß wir durch unsere eigene Phantasie in die Irre geführt werden können ... Wieviel stärker macht sie das? Was hat diese Denkweise uns schon angetan?«

Die Sirenen begannen zu heulen. Das Echo kam von den Bergen zurück, schmerzhaft und erschreckend. Lautsprecher rings um die Einzäunung verkündeten: »*Dies ist ein Notfall. Dies ist ein Notfall. Alles Personal ist sofort zu evakuieren.*« Die Ansage wurde wiederholt, lauter noch als die Sirenen, bis Rogers fast aus der Haut fuhr. Rings um den Platz begannen Autohupen zu brüllen. Scheinwerfer blitzten auf wie die Augen müder Tiere. Gilmonn hielt sich die Ohren zu. »Gehen wir jetzt los, oder bleiben wir hier stehen und quatschen?«

Rogers nickte. »Wir sind schon unterwegs.«

Der Lieutenant griff in den Sack und holte ein weißes Jackett mit einem Leistengurt heraus. »Schutz gegen Reststrahlung, Sir. Legen Sie dies jetzt an!« brüllte er über den Lärm. Dann holte er noch einen heraus und legte ihn selbst an, wobei er den durch den Schritt führenden Leistengurt durch eine Schlaufe am Rücken zog.

Das Jackett wog etwa zehn Kilogramm und schien genügend flexibel zu sein, mit übergreifenden Bahnen aus mit Blei gefülltem Kunststoff.

»Ich helfe Ihnen, und Sie dann mir.« Rogers sicherte bei dem Lieutenant die Bänder, und Rogers tat bei ihm dasselbe.

»Gehen wir, Sir«, sagte der Lieutenant. Zusammen hoben sie die Waffe aus ihrer Wiege im Kofferraum des Autos auf einen Handkarren. Sie wog mindestens dreißig Kilogramm. »Sie brauchen nicht zu sanft damit umzugehen, Sir. Es ist so gebaut, daß es Raketenstarts und einen Aufschlag auf dem Ozean aushält. Wir müßten schon einen Schmiedehammer nehmen, um es zu beschädigen.«

Rogers öffnete das Tor zum inneren Bereich, und sie zogen den Karren hundert Meter über den zermahlenen Sand und die Kiespiste zum Eingangsloch.

Der Lieutenant hob den Zylinder allein von der Wiege und senkte ihn mit dem einen Ende in den Sand. Die Sirenen heulten immer noch, und die Lautsprecher wiederholten immer und immer wieder in peinvoller Monotonie den Evakuierungsbefehl.

Der erste Schimmer der Morgendämmerung ließ die Konturen der Greenwater-Ranch in geisterhaftem Purpur erscheinen. Scheinwerferbündel strichen immer noch um das Gelände, aber jetzt geringer an Zahl.

Gilmonn sagte: »Es sieht so aus, als ob sie ausziehen.«

»Zeit zur Evakuation für das Lager«, sagte Rogers. »Ich werde den Lieutenant und noch einen Helfer brauchen. Das ist alles.«

»Ich bleibe da, bis Sie im Tunnel sind und der Pfeil mit Ihnen oben ist«, sagte Gilmonn.

»Wir nennen es jetzt einen ›Affen‹, Sir, keinen Pfeil«, korrigierte ihn der Lieutenant.

»Zum Teufel, wie Sie mögen.«

»Affe auf meinen Rücken!« sagte Rogers.

Der Lieutenant holte ein zolldickes Teflontuch aus dem Zubehör der Waffe und wickelte es fest um den Zylinder. Dann gurtete er es mit drei Bändern und einer Klammer fest. Das Teflon ragte an beiden Enden über den Zylinder hinaus und entschärfte damit alle Kanten, die in dem Tunnel hervorragen könnten. Dann brachte er an vertieften Augenbolzen am oberen Ende zwei Seile an — zu beiden Seiten der Deckplatte. »Alles bereit, Sir?«

Rogers nickte. »Gehen wir!«

Der Lieutenant nahm die Kupferplatte ab und stellte den Zeitgeber ein. »Sie haben vierzig Minuten, Sir, von dem Augenblick an, in dem ich diesen Schalter umlege. Wir werden noch fünfzehn Minuten hierbleiben. Sie müssen sich mit Ihrem Jeep in sichere Entfernung bringen, nachdem wir fort sind.«

»Verstanden«, sagte Rogers.

Er kroch in das Loch, ließ die Seile in seinem Gürtel locker, kroch bis zur ersten Krümmung und verspreizte sich dort. »Bringen Sie es rauf!« sagte er. Der Lieutenant legte den Schalter um, schloß die Platte und schob die Waffe in das Loch. Rogers zog die Waffe Hand über Hand mit dem Seil den ersten Abschnitt des Tunnels hoch.

Dann rief er zu dem Lieutenant und Gilmonn hinunter: »Ich bin um die erste Krümmung herum und klettere jetzt den vertikalen Schacht empor.«

»Noch fünfunddreißig Minuten, Colonel«, antwortete der Lieutenant.

Rogers schaute den Schacht hinauf und hielt einen Augenblick seinen rasselnden Atem an, um vielleicht etwas zu hören. Das Monster würde ihn wohl sicher nicht die Waffe hereinziehen lassen, ohne einigen Widerstand zu leisten?

Er rollte die Seile auf und befestigte sie an seinem Gürtel. Dann hängte er den Affen an ein Seil, das er mit einem in die Lava gehämmerten Haken festgemacht hatte. Nun kletterte er den Kamin hoch wie zuvor, indem er sich mit dem Rücken an die eine und den Füßen an die andere Seite stemmte. So ging es langsam Stück für Stück voran. Das erforderte insgesamt weitere fünf Minuten. Es waren zwölf Minuten vergangen, und er wurde allmählich müde, war aber noch nicht außer Atem.

In dem niedrigen, fast horizontalen Tunnel kauerte er sich hin und schlenkerte den Gleitknoten frei, der den Affen an dem Haken hielt, und begann die Last den Kamin heraufzuziehen, so schnell er konnte. Der Zylinder wog mindestens fünfunddreißig Kilogramm, und durch die Anstrengung verkrampften sich seine Muskeln.

Als er den Zylinder fast über die Kante geschafft hatte, hörte er Gilmonns Stimme von unten heraufhallen.

»Wie geht es bei Ihnen, Colonel?«

»Bin schon fast da«, antwortete er. Seine Arme

schmerzten beide furchtbar. Das Strahlungsjackett scheuerte und störte ihn immer mehr.

»Wir gehen jetzt.«

»Sie haben fünfundzwanzig Minuten«, sagte der Lieutenant noch.

»Muß reichen.«

Er schaltete die elektrische Lampe ein, legte den Gefechtskopf quer zum Tunnel und rollte ihn dreißig Meter weit zur Lippe der Vorkammer. Nur einen Moment lang ruhte er seine Arme aus. Dann kroch er über die Waffe und machte die Seile los. Dann hob er sie auf und watschelte wie eine Ente davon, um sie in der Mitte des zylindrischen Raums zu deponieren. Er stellte sie aufs Ende und öffnete die Kupferplatte, um zu sehen, ob das Uhrwerk noch liefe. Das tat es. Dann schloß er die Platte wieder.

Während er die Lampe auf die größere Kammer drüben richtete, flatterte ein Grinsen um seine Lippen. Das teilnahmslose graue Facettenwerk warf den Strahl in einer Myriade trüber Lichtpunkte zurück. »Jetzt kriegst du dein Fett«, murmelte er.

Zwanzig Minuten. Er konnte den Tunnel hinab und drei Kilometer weg sein. Er zog ein Messer aus der Hosentasche und schnitt den Schrittgurt der Jacke weg. Dann schüttelte er ihn ab und warf ihn beiseite. Er rutschte durch den horizontalen Tunnel, ohne auf die Reibungshitze an Ellbogen und Hosenboden zu achten. Er machte lange genug halt, um einen tiefen Atemzug zu tun und sich auf die Kraxelei durch den Kamin hinunter vorzubereiten. Da er sich instinktiv scheute, kopfüber in eine noch so vertraute Finsternis zu tauchen, richtete er den Strahl seiner Lampe nach unten.

Drei Meter weiter unten traf das Licht auf ein Hindernis.

Rogers starrte ungläubig auf die Sperre.

Die hätte sich schon eine ganze Ewigkeit dort befunden haben können — ein flacher Stopfen, so dunkel und gestaltlos wie die Wände des Kamins selbst.

»Heiliger Christus!« sagte er.

Achtzehn Minuten.

Er war aus dem horizontalen Tunnel heraus und neben der Bombe, ehe er nur einen Gedanken fassen konnte. Mit verblüffender Geschicklichkeit hatte er die Kupferplatte geöffnet und seinen Finger auf dem Ausschalter. Und dann erstarrte er. Sein Gesicht war naß von Schweiß, salzige Tropfen brannten ihm in den Augen.

Kein Ausweg. Selbst wenn er den Zeitgeber auf dem Affen stoppte, konnte er sich keinen Rettungsweg vorstellen. Ein Dutzend unwahrscheinliche Möglichkeiten glitten in einer Parade des Schreckens an ihm vorbei. Vielleicht war anderswo eine andere Öffnung gemacht worden. Vielleicht wurde das Monster jetzt lebendig und schickte sich an, endlich zu starten.

Vielleicht konnte ein Abkommen getroffen werden.

Deaktiviere die Bombe, und wir lassen dich gehen.

Er rückte von dem Zylinder ab. Seine Lampe pendelte daneben auf dem Boden hin und her. *Warum hat es dicht gemacht? Ist es die ganze Zeit aktiv gewesen, hat uns beobachtet und alles geahnt, was wir machen?*

Er stemmte sich gegen die Krümmung der Vorkammer nahe dem horizontalen Tunnel. Sechzehn Minuten.

In fünf oder sechs Minuten würde es wahrscheinlich nichts mehr ausmachen, ob er herauskam oder nicht. Er würde von dem Monster nicht weit genug entfernt sein, um den Schrapnellhagel zu überleben. Er konnte sich kein Vehikel vorstellen, selbst von der Größe eines kleinen Berges, das einer Explosion von drei Kilotonnen widerstehen könnte.

Rogers schüttelte langsam den Kopf und suchte sich zu konzentrieren, seinen Geist nicht herumschweifen zu lassen. Er könnte die Waffe ausschalten und sehen, ob der Weg wieder geöffnet wäre. *Wie du mir, so ich dir. Du kratzt mir den Rücken, und ich kratze dir deinen. Schade — es war alles ein großes Mißverständnis.*

Neben dem Affen knieend griff er nach dem Schalter.
Weißt du, dies ist das erste Mal, daß wir wirklich eine Reaktion erzielt haben.

Er überlegte sich das gründlich, biß sich in die Unterlippe und ließ den Schalter wieder los.

»Vielleicht fühlst du dich bedroht«, sagte er laut. »Vielleicht dringen wir zum ersten Male zu dir durch.«

Irgendwie war das nicht überzeugend.

Er konnte es nicht über sich bringen, den Schalter umzulegen. Wenn er die Waffe ausschaltete, würde er den Zeitgeber nicht wieder einstellen können. Der Lieutenant hatte ihm nicht gezeigt, wie das gemacht wurde. Vierzehn Minuten.

Den ersten Schlag führen wir. Ich habe das Kommando.

Er setzte sich neben den Affen, griff nach dem Strahlungsschutzjackett und legte es sich über die Knie. *Dilemma.*

Die Stille in der Kammer war absolut.

»Falls du zuhörst, verdammt noch mal, dann sprich zu mir!« sagte er. »Erzähle mir von dir!« Er kicherte; und dieses Geräusch kam ihm am allerschlimmsten vor; denn es sagte ihm, wie nahe er tatsächlich daran war, den Schalter zu betätigen. Vielleicht müßten sie den Brief, den er auf seinem Nachrichtenfach hinterlegt hatte, nicht erhalten und lesen. Er konnte Clares Gesicht sehen, wie sie trauerte. Der Schmerz tat ihm weh.

Williams Gesicht, zarte fünf Jahre alt, rein und übermütig.

Was würde er von sich denken, falls er deaktivierte?

Seine Karriere könnte sowieso zu Ende sein. Er wäre angesichts feindlicher Aktion zurückgewichen und hätte ihre ganze Verteidigungsbemühung aufs Spiel gesetzt. Andere hatten ihre Karrieren und vielleicht ihr Leben riskiert. Rogers wollte gerade jetzt nicht darüber nachdenken, wie viele Soldaten aller Ränge mitgeholfen hatten, diese Waffe zu beschaffen, und wie sie sich in diesem Moment vorkommen müßten: mögliche Verräter,

Gesetzesbrecher, Hasardeure, die dem Präsidenten zuwiderhandelten. Meuterer, Rebellen.

»Verdammt, du kennst uns so gut«, sagte er zur Finsternis. »Du hast uns ganz lässig hin und her gescheucht; und jetzt glaubst du, uns wieder erwischt zu haben.« Keine Antwort.

Das Schweigen des tiefen Weltraums. Ewigkeiten.

Zwölf Minuten.

Wie oft würde seine Hand noch hingreifen auf Verlangen des Körpers, und wie oft würde etwas Undefinierbares sie zurückziehen?

»Ich werde es nicht anrühren. Komm her und entschärfe es selber! Vielleicht will ich keinen Kampf heraufbeschwören. Vielleicht haben wir jetzt etwas gemein!«

Er atmete übermäßig. Er faltete die Hände vor dem Mund und versuchte, jeden Atemzug noch einmal einzuziehen und seine hektischen Lungen zu beruhigen. Erforderte die Beurteilung von Mut und Wert seines Selbst den Anschein von Adel, oder genügte eine einzige Handlung? Wenn er nach Ablauf der — er sah nach — elf Minuten auf dem Boden saß, als schreiender und weinender Verrückter, der nur imstande war, seine Finger vom Schalter fernzuhalten — würde er dann immer noch in die Walhalla der Armee eingehen und mit allen toten Helden einen trinken können? *Wasch dir diesen Gestank der Furcht ab, Soldat!*

Ihn verlangte nicht nach Walhalla. Er wollte Clare und William. Er wollte mit mehr Worten Abschied nehmen, als er in den Brief gelegt hatte. In Person.

»Bitte, Gott, laß mich ruhig sein!« sagte er mit heiserer Stimme. Er legte seine Hände zu einer Geste des Gebets zusammen, kniff sich mit den Zeigefingern in die Nasenspitze und schloß die Augen. Es wäre wohl leichter gewesen, wenn er eine Pistole mitgebracht hätte. »Jesus Jesus Jesus Christus!«

Laß mich dies nicht vermasseln. Lieber Got, halte meine

Hand von dem Schalter fern. Schlag sie wieder schlag sie wieder in die Fresse. Gott, ich weiß, daß du nicht parteiisch bist, aber ich bin ein Soldat und dies muß ich tun. Kümmere dich um sie, unser aller Gott, und hilf uns unsere Heimatwelt zu retten. Möge dieses kümmerliche Etwas Gott wohlgefällig sein.

Neun Minuten. Er kroch wieder durch den horizontalen Tunnel und sah, daß der Propfen noch an Ort und Stelle war. Um sich zu vergewissern, daß er massiv war, sprang er die drei Meter hinunter und landete mit beiden Füßen auf der grauen Fläche. Er beugte die Knie, um den Stoß abzufangen und stemmte Ellbogen und Unterarme gegen die Kaminwand. Massiv. Er stampfte einige Male darauf. Nichts. Wegen seiner gequetschten Fersen verzog er das Gesicht. Dann stemmte er sich fest, kroch aus dem Schacht und begab sich wieder in die Vorkammer.

Er zwang sich, dem Affen nicht mehr als auf zwei Meter nahe zu kommen.

Ein anderer Ausweg.
Nicht wahrscheinlich.
Wie du mir, so ich dir.

»Was machst du? Willst mehr über uns erfahren, ein anderes Experiment anstellen? Soll ich oder soll ich nicht?« Er stand am Rande der Vorkammer und schwenkte seine Lampe über die matt glänzenden Facetten der Kathedrale. »Ich kann aus all dem keinen Sinn gewinnen. Warum bist du hergekommen? Warum kannst du nicht einfach weggehen und mich mit meiner Frau und Familie in Ruhe lassen?«

Jetzt war genug geredet worden. Das war ein feiner Schluß für alles, was er je gesagt hatte. *Keine Worte mehr*, schwor er sich. Er brach dieses Gelübde sofort. Wenn er kleine Gelübde brach, half ihm dies, das große zu halten.

»Warum sprichst du also nicht? Ich werde den Schalter nicht anrühren. Ich werde nicht da sein, um es irgend jemandem zu erzählen. Sprich zu mir, zeig mir, was du alles vorhast!«

Fünf Minuten.

»Ich habe gehört, daß du vielleicht quer durch diese ganze Galaxis hergekommen und von Stern zu Stern gezogen bist. Du bist Teil einer Planeten fressenden Maschine. Das ist es, was die Zeitungen sagen. Viele Leute spekulieren. Bist du nicht auf das neugierig, was wir denken, was ich denken würde, wenn ich die Wahrheit wüßte? Sprich also zu mir!« *Sag mir etwas, an das ich mich halten kann. Irgendeinen Grund.* »Ich rühre diesen Schalter nicht an! Die Bombe wird hochgehen.«

Wie, wenn sie es nicht täte?

Wie, wenn er die nächsten Wochen hier drin verbringen müßte, sterbend vor Durst, alles umsonst, weil die Aliens einen Weg gefunden hatten, die Waffe zu deaktivieren? Wie, wenn sie ihn hier verhungern ließen, nur als Strafe für den Versuch?

Drei Minuten.

»Ich bin ein toter Mann«, sagte er und wurde sich dieser Tatsache bewußt. Er war schon ein toter Krieger. Es gab keine Fluchtmöglichkeit, keinen Ausweg zwischen seinen Überzeugungen und seiner Pflicht. Dieser Gedanke beruhigte ihn beträchtlich. Er saß auf der Kante der Vorkammer, wie er zuvor dort gesessen hatte. Seine Beine baumelten über der Dunkelheit. »Wo ist denn dein Licht?« fragte er. »Zeig mir dein kleines rotes Licht!«

Er würde es nicht einmal merken, wenn es geschähe. Er würde nichts hören und nichts sehen.

Eine Minute.

Erfrorene Menschen werden wieder warm
Und Kaninchen graben sich in den Rachen des Wolfes ein
Gott gibt uns Auswege
Ich denke immer noch
Aber das schmerzt jetzt nicht
Ich weiß wie sehr klein und bedeutungslos
Ich

Zehn Kilometer entfernt setzte Senator Gilmonn die Brille mit Dämpfgläsern auf, die ihm der Lieutenant reichte, und blickte über die Wüste auf den fernen schwarzen Buckel, der das Monster war. Die Sektierer hatten sich über die ganze Fläche der Wüste verstreut, zumeist außerhalb des Areals und weiter weg als seine kleine Gruppe; aber einige versteckten sich hinter Steinhaufen und Aschenkegeln. Er hatte keine Ahnung, wieviele der Starrköpfe überleben würden.

»Er ist nicht hier draußen«, sagte der Lieutenant und nahm einen Kopfhörer ab. Beobachter im Gebirge hatten Rogers nicht das Monster verlassen sehen.

»Ich möchte wissen, was passiert ist«, fragte Gilmonn. »Hat er das ... Ding angebracht?«

Da schossen Strahlen blendenden roten Lichts aus dem falschen Aschenkegel empor, und der Wüstenboden wurde von einer kleinen Sonne erleuchtet. Riesige schwarze Trümmer wirbelten hoch. Sie zeichneten sich gegen den Feuerball ab, zerfielen, und die kleineren Bruchstücke fielen in rauchenden Bögen zurück. Der Schall war wie eine fühlbare Mauer, eher massiv und schmerzhaft als laut. Ein heftiger Schwall staubigen Windes rückte deutlich über Buschwerk, Sand und Fels vor. Wen er traf, der hatte große Mühe, auf den Füßen zu bleiben.

Der Staub verzog sich für einen Augenblick, und sie sahen, wie sich eine große schlanke Wolke erhob, ein faszinierend häßliches Gelbgrün, durchzogen von pastellroten, purpurnen und roten Farben.

Der Lieutenant weinte. »Mein Gott, er ist nicht herausgekommen. Lieber Jesus! Was für eine Explosion! Wie eine verdammte Rohrbombe.«

Senator Gilmonn war zu erschüttert, um zu reagieren und beschloß, nicht zu begreifen. Der Lieutenant begriff, und sein Gesicht glänzte von Tränen.

Im Laufe der nächsten zehn Minuten fielen Trümmer aus Fels und Metall sechzehn Kilometer im Umkreis nieder. Ab sechs Kilometern waren die Fragmente kaum noch zentimetergroß.

Sie nahmen in den Lastwagen Zuflucht und warteten den Schauer ab. Dann fuhren sie von dem Gelände weg zum Dekontaminationszentrum in Shoshone.

49

6. Januar

Das Netz zwischen den Besessenen wurde weiter geknüpft und gefestigt. Arthur konnte seinen Fortschritt spüren. Dies erregte und bekümmerte ihn zugleich. Die Zeit, die er mit Francine und Marty verbrachte, könnte zur Neige gehen.

Wenn sie nicht akzeptieren konnte, was geschehen war, dann müßte er ohne die beiden weitermachen.

Arthur wußte nicht genau, wie sie seine Enthüllung aufnahm, bis er am Morgen mithörte, als sie in der Küche mit Marty sprach. Er hatte gerade den Station Wagon der Familie gründlich überprüft und wischte sich die Hände mit einem Papiertaschentuch ab, ehe er durch die Schwingtür trat.

»Kann er bei uns bleiben?« fragte Marty.

Er konnte sie nicht sehen, aber er nahm an, daß Francine am Ausguß stand, mit dem Gesicht zur Mitte der Küche, wo sich der Junge befand. »Es ist wichtig, was er tut«, sagte sie, ohne auf Martys Frage zu antworten. Sie hatte darauf keine Antwort.

»Er arbeitet jetzt nicht für den Präsidenten. Das hat er mir gesagt.«

»Stimmt«, sagte Francine.

»Ich wollte, er könnte zu Hause bleiben.«

»Ich auch.«

»Wird er mit uns irgendwo hingehen?«

»Ich verstehe deine Frage nicht, Marty.«

»Wird er uns hier zurücklassen, wenn die Erde explodiert?«

Arthur schloß die Augen. Das Tuch war in seiner Faust eine feste Kugel.

»Er verläßt uns auf keinen Fall. Er ... er arbeitet bloß.«

»Warum arbeiten, wenn alles zu Ende geht?«

»Jeder muß arbeiten. Wir wissen nicht, ob alles aufhören wird. Außerdem arbeitet er so, daß es vielleicht nicht ... aufhört.« Das Stocken ihrer Stimme veranlaßte ihn, den Kopf zu heben, damit ihm die Tränen nicht von der Wange liefen.

»Mr. Perkins sagt, es gibt nicht viel, was wir tun können.«

»Mr. Perkins soll bei seiner Arithmetik bleiben«, sagte Francine in scharfem Ton.

»Hat Papa Bammel?«

»Angst.«

»Na ja, aber hat er die?«

»Nicht mehr als ich«, sagte sie.

»Was kann er tun, um die Dinge aufzuhalten?«

»Es ist jetzt Zeit, dich zur Schule zu bringen. Wo ist dein Vater?«

»*Maamaa!* Kann er?«

»Er arbeitet mit ... einigen Leuten. Die glauben, daß sie vielleicht etwas ausrichten können.«

»Ich werde es Mr. Perkins sagen.«

»Sag Mr. Perkins *gar nichts*, Marty, bitte!«

Arthur trat etwas zurück, um ein Geräusch zu machen, kam dann durch die Tür und warf das völlig durchnäßte Papiertuch unter die Spüle. Marty starrte ihn mit aufgerissenen Augen an, die Lippen zusammengepreßt und nach innen gezogen.

»Alles bereit?«

Sie nickten.

»Hast du geweint, Papa?« fragte Marty.

Arthur sagte nichts und starrte nur zwischen beiden hindurch.

»Wir sind ein Team, nicht wahr, Liebling?« sagte Francine. Sie drückte ihn und machte Marty ein Zeichen zu kommen. Der Junge war nicht in einem Alter, wo man körperliche Zuneigung sehr mag; aber er kam, und Arthur kniete sich hin — einen Arm um Francines Taille und einen um seinen Sohn geschlungen.

»Wir sind sicher«, sagte er.

Was er als Mitteilungen erhielt, war eine eigenartige Kurzschrift, anders als er sie je kennengelernt hatte. Der Strom der Information kam in bruchstückhaften visuellen Eindrücken, Teilen gesprochener Nachrichten (manchmal durch getrennte und identifizierbare Stimmen, manchmal monoton oder gar nicht hörbar) und sehr oft auch in Form von Erinnerungen. Er konnte sich nicht entsinnen, diese Erinnerungen empfangen zu haben; aber sie waren da und steuerten seine Pläne und Handlungen.

An diesem Abend, als er neben seiner Frau im Bett lag und noch mehr Regen sanft auf das Dach und an die Fenster tropfte, erfuhr er:

Lehrman, McCennan und Rotterjack hatten eine Abordnung gebildet, um den Präsidenten über die Vernichtung des Furnace-Monsters in Kenntnis zu setzen. (Lehrman gehörte zu den ›Besessenen‹.)

Der Präsident hatte die größtenteils von Rotterjack überbrachte Mitteilung zur Kenntnis genommen und nichts gesagt, sondern bloß den Kopf geschüttelt und sie mit einer Geste gebeten zu gehen.

Er sah:

Ein sowjetischer Urlaubsgast aus Samarkand (ob männlich oder weiblich, wußte Arthur nicht) sah zu, wie im Zerafshan-Gebirge ein Koniferenwald brannte und dichte weiße Rauchwände über die gezackten alpinen Bergketten stiegen.

Große Teile von New York (Queens und die Bronx), Chicago und New Orleans standen in Flammen, ohne daß es ein Anzeichen dafür gab, daß die Brände unter Kontrolle wären. Von Tokio war in der vergangenen Woche durch vier Großbrände viel eingeäschert worden. Die Hälfte von Beijing war nach einem anscheinend natürlichen Erdbeben von Feuer verzehrt worden.

Wach daliegend, ohne zu wissen, ob Francine schlief oder bloß ruhig lag, empfing Arthur diese Erinnerungen, die nicht die seinen waren, und traf Entscheidungen über die unmittelbare Zukunft seiner Familie.

Wo immer er hinging, würden sie mitkommen; ihre Einheit war viel wichtiger als irgendein Heim oder Sicherheit. In ungefähr einem Monat würden sie Marty von der Schule nehmen und dann zusammen losreisen.

Man würde ihn bald nach Seattle rufen. Von dort aus würde er die Pazifikküste bis nach San Francisco bereisen und unterwegs Pflichten zu erfüllen haben. Offenbar würde seine ganze Arbeit darin bestehen, Kulturdokumente zu sammeln — Urkunden, Musik, Filme. Alles, was auf seiner Liste stand, würde ihm portionsweise eingegeben werden. Die Entscheidungen, wohin er zu gehen hätte, trafen andere im Netzwerk. *Und wer trifft die Auswahl?*

Er hatte wieder den alptraumhaften Gedanken:

Die Besessenen werden einfach benutzt. Sie sind keine Retter. Es sind nur Plünderer, und sie benutzen uns als Sklaven, um die Erde von allem zu entleeren, was sie wegschleppen können.

Wie viele Besessene gab es inzwischen?

Zehntausend.

Eine runde Zahl, die jeden Tag noch zunahm.

Und Platz in den Archen für nur *zweitausend*.

Er entschied sich, daß er dableiben würde, falls Marty und Francine nicht dabei sein sollten. Er würde es ablehnen. *Wirklich?* Und das war das Bedrückendste von allem. Arthur konnte nicht sicher sein, daß er, wenn ihm zum gegebenen Zeitpunkt die Gelegenheit geboten, sie aber seiner Frau und seinem Sohn verweigert würde, sie nicht doch verlassen würde.

Ich kann bleiben. Ich werde bleiben.

»Sprechen sie zu dir?« Francine rollte sich im Dunkeln herüber und sah ihn an. Er lächelte ihr zu und zog sie an sich.

»Nein«, sagte er. »Im Moment gerade nicht.«

»Wo sind die Spinnen?«

»In ihrer Kiste.« Er hatte eine hölzerne Schachtel genommen und den Spinnen oben auf dem Schrank im Büro ein Heim bereitet. Seit Tagen hatte sich keine von ihnen bewegt.

»Was für Leute brauchen sie?«

»Ich habe keine Ahnung«, antwortete Arthur.

»Erinnerst du dich an jene Nacht, als Grant und Danielle und Becky zu Besuch waren, und Chris Riley anrief ... Um dir das von Europa mitzuteilen?«

Er nickte.

»Ich bekam damals richtig Angst. Ich weiß nicht, warum. Ich wußte, daß es weit entfernt war.«

Arthur sah Europa kochen. Große Eisschollen schossen geradlinig als Dampf empor, andere Stücke hoben ab; und unter alledem eine sich ausbreitende, vollkommen glatte Kugel aus Licht, so perlweiß wie Fallschirmseide und so hell wie die Sonne. Sie *stieß* das Eis und den Dampf in den Weltraum ...

»Was ist nun wirklich mit Europa geschehen?« fragte sie.

»Ich denke, unsere Freunde ... unsere ... ah ... Freunde haben den Jupitermond verzehrt«, sagte er. »Daraus für sich noch mehr Raumschiffe hergestellt.«

Und die riesigen Eisklumpen, die einwärts zu Mars und Venus geschickt wurden? Keine Vorstellungen oder Erinnerungen erklärten sie.

»Dann hätte ich keine Angst haben sollen.«

»O doch«, sagte Arthur. »Du hattest recht, dich zu fürchten. Du wußtest es eher als ich.«

Sie nickte zustimmend. »Also doch, nicht wahr? Was bin ich dann also? Psychopathisch?«

Sie redete nur, um etwas zu sagen. Er wußte das, und es machte ihm nichts aus. Ihre Stimme beruhigte ihn.

»Eine Frau«, sagte er.

»Wie komisch.«

Er lächelte in ihr Haar und küßte sie.

»Es ist drollig, aber bei diesem allen denke ich an dich und Marty und ... mein Buch. Die Hunnen und Mongolen und Skythen und Indo-Europäer ... Alle diese Völker und mein Buch. Ich werde es nie beenden.«

»Sei nicht so sicher!« sagte er, aber es schmerzte ihn, dies auszusprechen.

»Glaubst du, daß diese Sonden wie die Horden sind? Wandernd, plündernd, angetrieben durch Hungersnot oder Übervölkerung?«

»Nein«, sagte er. »Die Galaxis ist sehr groß. Wir sehen nichts dergleichen.« *Aber wußten wir, wohin und wie wir Ausschau halten müßten?*

»Warum tun sie es dann?« fragte sie.

»Du hast doch Harrys Band gehört.«

»Ich bin nicht sicher, ob ich es verstanden habe.«

»Du verstehst es so gut wie ich«, sagte Arthur und drückte ihre Schultern.

Eine lange, dunkle Gestalt, eine einzige Nadel, die auf Europas Herz zielt. Der Gesteinskern. Große Sammelfelder um das Eis und den Dampf. Kompression. Trennung der Wasserstoffatome von denen des Sauerstoffs. Deren Verschmelzung. Durchbrechen des Kerns ...

Und wieder — nichts weiter.

»Hast du dich schon entschieden?« fragte Francine leise.

»Wozu?«

»Marty hat heute morgen gefragt ...«

»Ich dachte, ich hätte das klar gemacht.«

»Ich muß es noch einmal hören.«

»Ja. Wir bleiben beisammen. Ich nehme euch beide mit, wohin ich auch gehe.«

»Gut!« sagte sie.

Schließlich schlief Francine, aber nicht Arthur. Er wurde verfolgt von seiner ›Erinnerung‹ — die in Wirklichkeit eine von Lehrman war — an den Ausdruck auf dem Gesicht des Präsidenten.

Glaubst du an Gott?
Ich glaube an Strafe.

PERSPEKTIVE

The Los Angeles Electronic Times, unsigned editorial in the Opinion Track, 10. Januar 1997:
Die Nachricht von der Vernichtung der Anomalie im Death Valley hat sich wie eine Schockwelle um die Welt verbreitet. Damit haben wir zunächst einen Schlag gegen den Feind geführt. Aber die Geschosse rumpeln weiter durch das Erdinnere. Die Anomalie in Australien ist noch intakt. Gerüchte von einer russischen Anomalie wuchern. Die Erde wird noch belagert. Die Meinung eines wohlbekannten Science Fiction-Autors, die er bei einer spätabendlichen Talk-Show geäußert hat, ist schnell zu einem öffentlichen Dogma geworden. Danach sind diese »Geschosse« überdichte Kapseln aus neutronischer Materie und Antimaterie, dazu bestimmt, im Zentrum der Erde zusammenzutreffen und uns alle zu vernichten. Wir haben keine Möglichkeit herauszufinden, ob das wahr ist. Indessen scheint klar, daß wir nur wenig tun können. Unsere Hoffnung, so irrational sie ohnehin ist, schwindet rasch.

50

15. Januar

Walt Samshow nahm sein Sandwich aus der Steuerbordklappe in der Brücke der *Glomar Discoverer* und starrte beim Essen in die Bugwelle und den trüben schwarzblauen Ozean. Sie hatten Pearl Harbor am Morgen des Vortages verlassen und fuhren auf dem Meer Zickzackkurs auf der Suche nach Sauerstoffkonzentrationen über dem Moloklaibruch.

Gelegentlich sank von seiner Mahlzeit eine unbedeutende Krume Weißbrot in feuchtes Vergessen. Er stellte sich vor, daß irgendein wanderndes Zooplankton es bald finden und genießen würde. Nichts ging immer wirklich verloren, wenn man nur Zugang zu allen Augen und Sinnen im Universum hatte, wie er sich manchmal von Gott ausmalte. Gott selbst hatte keine Augen. Er schuf Augen und bestellte Lebewesen zu ihren Herrn, damit Er die Majestät der Schöpfung aus einem objektiven Standpunkt bezeugen konnte.

David Sand kam die Treppe herauf und lehnte sich neben Samshow an die Reling. Seine Augen waren von Schlafmangel gerötet. »Wir sind zwölf Stunden von dem Bruch entfernt«, sagte er. »Der Kapitän hat sich hingelegt, und Chao wird von jetzt die Deckwache halten.«

Samshow nickte und kaute.

»Keine große Begeisterung, wie es scheint?« fragte Sand.

»Immerhin arbeiten wir«, sagte Samshow, nachdem er heruntergeschluckt hatte.

»Fanning in der Funkstation sagt, daß die Navy hier draußen drei Schiffe hat, die nur vor und zurück kreuzen ...« Er machte entsprechende Handbewegungen. »Vor und zurück. Sie halten Ausschau.«

»Hat das Haus schon für Amtsenthebung gestimmt?« fragte Samshow und reckte sich, wobei die Beine routinemäßig das leichte Schwanken ausglichen. Er knüllte sein Sandwichpapier zusammen und steckte es sich in die Hemdtasche, hinter Kugelschreiber und Bleistifte.

»Nicht, daß ich wüßte«, sagte Sand.

»Manchmal denke ich, daß wir es verdient haben zu sterben, weil wir alle so verdammt stupide sind.« Samshows Ton war ungerührt und sanft. Er hätte ebensogut eine Bemerkung über einen Meeresvogel machen können.

Sand lächelte unbehaglich und schüttelte den Kopf. »Stimme der Erfahrung«, war alles, was er herausbrachte.

»Nun ja. Ich habe mich mit den Nachrichten auf dem laufenden gehalten und Bücher gelesen und seit mehr als sechzig Jahren mit allerhand Leuten gearbeitet und dabei auch diesen oder jenen Blödmann getroffen. Wir stoßen jeden Tag miteinander zusammen, wie es gerade kommt; und wir äußern unsere Meinungen, ob wir etwas wissen oder nicht. Und wenn uns jemand erwischt, dann lügen wir ... Ach — pfeif drauf!« Er schüttelte den Kopf. »Ich bin heute bloß ungewöhnlich mies gestimmt.«

»Stimmt.« Sand strich sich sein von der Sonne gebleichtes Haar aus den Augen.

»Sie haben uns erwischt, weißt du das? Wir liegen am Boden und sind schwach, und es gibt verdammt nichts, was wir tun können, als hingehen und Ausschau halten ...« — er zog die Augenbrauen hoch und kniff den Mund zusammen — »und sagen: ›Jawoll, das ist es: Wir verbluten.‹ Die wissen genau, was zu tun ist. Sie haben ihre Köder benutzt, und wir sind darauf hereingefallen. Stupidität scheint ihnen schon seit Generationen geläufig zu sein, seit Jahrtausenden. Vielleicht haben sie in der ganzen Galaxis Welten voller Tölpel gefunden. So haben sie uns in Verwirrung versetzt; und wir liegen jetzt strampelnd auf dem Rücken und werden getreten. Sie haben uns das Messer an die Kehle gesetzt, wie man ein jämmerliches Schwein schlachtet.«

Er packte die Reling und schaukelte leicht auf den Fersen. »Ich habe mich nie in meinem Leben so nutzlos gefühlt.«

Sand neigte den Kopf zur Seite und sagte: »Mir erscheint es immer noch theoretisch. Ich kann nicht glauben, daß wirklich etwas im Gange ist.«

Samshow sagte: »Seit zwei Tagen regnet es in Montana, und sie können die Brände nicht löschen. Jetzt gibt es in Zentralasien ein Grasfeuer, das eine Fläche von vierhundert Quadratkilometern verbrannt hat. Überflüssig zu sagen, daß sie es nicht unter Kontrolle bringen können. Und der Brand in Tokio. Wir sind nicht bloß stupide — alle unsere verrückten Leute werden uns ausräuchern, ehe die Welt hops geht. Alle unsere Sünden haften uns an.«

Fanning, kaum zwanzig Jahre alt, ein graduierter Student der University of California in Berkeley, kam auf die Brücke. Er steckte die Hände in die Taschen und bog die Schultern vor Aufregung. »Ich habe es gerade herausgekriegt. Einige verschlüsselte Nachrichten der Navy«, sagte er. »Die geben sich gar keine große Mühe, etwas zu verbergen. Sie haben da draußen irgendwo ein Tiefseefahrzeug.« Er zog eine Hand aus der Tasche und ließ den Blick über den Horizont schweifen. »Ich glaube, es ist eins von ihren dicken Dingern. Mit Atombomben. Es hat Gleitflächen. Sie sagen, daß es über den Meeresboden kriecht.«

»Sonst noch etwas?« fragte Sand sehr witzig. »Oder ist es geheim?«

Fanning zuckte die Achseln und sagte: »Vielleicht werden wir etwas unternehmen. Irgend etwas Wichtiges kaputtschlagen, nicht bloß einen Felsen. Hoch der Präsident, Mann!« sagte er und hob bedeutsam einen Finger.

30. Januar

Edward stand auf dem Parkplatz des Little America-Restaurants und Motels. Sein Wohnmobil lief im Leergang, und er musterte den verrauchten Nordhorizont. Das Feuer brannte nun schon seit fünf Tagen und war völlig außer Kontrolle. Die orangefarbene und braune Wolke reichte bis ganz nach Osten und Westen und verlieh der Sonne ein apokalyptisch flammendes Rot. Ausläufer von grauem Rauch waren über die Fernstraße und das Motel hingezogen und hatten gespenstische Flocken feiner weißer Asche ausgestreut. Nach dem, was er im Radio gehört hatte, gab es keinen Weg, wie er weiter nach Norden gelangen konnte. Vierzig Quadratkilometer von Montana standen in Flammen, und tags zuvor waren die hungrigen Flammen in Kanada eingedrungen.

Er setzte sich an den Eßtisch des Wohnwagens und markierte mit einem gelben Filzstift eine südwestliche Route auf der Karte eines Automobilclubs. Dann stieg er in den Fahrersitz und schnallte sich an.

Die kalte Luft des Nordens war herrlich, selbst wenn sie durch den Geruch brennender Bäume verdickt wurde. Er hatte nie eine so erfrischende Luft erlebt.

Edward fuhr aus dem Parkplatz und nahm Kurs gen West.

Er hoffte, daß Yosemite noch da sein würde, wenn er ankäme.

PERSPEKTIVE

Sky and Telescope On-Line, 4. Februar 1997:
Heute befindet sich die Venus in oberer Konjunktion, hinter der Sonne und außer Sicht. Heute ist auch das erwartete Datum für das Eintreffen eines riesigen Eisklumpens, der angeblich von Europa kommt, auf der Venus. Was dadurch mit dem Planeten geschehen wird, ist eine faszinierende Frage. Der Aufprall wird enorme seismische Brüche bewirken, vielleicht sogar ein Zerreißen des tiefen Mantels und eine Umstellung der inneren Struktur. Die Venus besitzt praktisch kein Wasser. Aber mit den Billionen Tonnen Wasser, die der Eisklumpen liefert, und in Anbetracht der wieder auflebenden geologischen Aktivität, könnte der Planet in wenigen Zehntausenden von Jahren ein Garten Eden werden ...

51

19. Februar

»Ungefähr ein Drittel der Kinder sind aus der Schule genommen worden«, sagte Francine und legte den Hörer auf. Sie hatte gerade angerufen, um dem Verwaltungsbüro mitzuteilen, daß Marty mit ihnen eine Ferienreise machen würde. Arthur schleppte einen Behälter mit Campingzeug und — ohne besonderen Grund — das Astrofernrohr durchs Wohnzimmer zum Station Wagon in die Garage.

»Nicht überraschend«, sagte er.

»Jim und Hilary haben angerufen und gesagt, daß es Gauge gut geht.«

»Warum können wir Gauge nicht mitnehmen?« rief Marty aus der Garage.

»Darüber haben wir gestern abend gesprochen«, sagte Arthur.

»Er könnte auf meinem Schoß sitzen«, schlug Marty vor, der neben dem Auto hockte und Spielzeug sortierte.

»Nicht lange«, sagte Arthur voraus. »Er muß Kinder haben, mit denen er spielen kann, und nette Leute, die sich um ihn kümmern.«

»Na ja. Aber ich habe ihn *nicht*.«

Dazu konnte Arthur nichts sagen.

»Ich habe den Automobilclub angerufen«, sagte Francine, »und gefragt, wie der Verkehr zwischen hier und Seattle ist, und dann die Küste hinunter. Sie sagen, er wäre recht schwach. Das ist überraschend. Man denkt, daß ein jeder sich verdrücken möchte, ins Disneyland oder die Nationalparks.«

»Günstig für uns«, sagte Arthur von der Garage her. Er räumte die enggestapelten Schachteln hinten im Wagen um. Marty saß auf dem Zement und hantierte mißmutig mit seinen Spielsachen.

»Das ist hart«, sagte er.

»Meinst du, du hast Probleme, Bursche?« sagte Arthur. »Wie steht es da mit meinen Büchern?«

»Werden wir jetzt abschließen?« fragte Francine. Sie stand in der Tür zwischen Garage und Haus und trug einen Karton voller Disketten und Papiere — den Notizen, die sie sich für ihr Buch gemacht hatte.

»Geradeso, als ob wir Urlaub machten«, sagte Arthur. »Wir tanzen aus der Reihe.«

»Ist es nicht seltsam, daß alle Leute zu Hause bleiben, gerade jetzt?« Sie quetschte die Schachtel in eine freie Ecke des Station Wagons.

»Wie vielen Leuten ist klar, was geschieht?« fragte er.

»Das ist es wohl.«

»Die Kinder in der Schule wissen Bescheid«, sagte Marty. »Sie wissen, daß die Welt untergeht.«

»Vielleicht«, sagte Arthur. Und wieder traf es ihn schmerzlich, wenn er versuchte, ihnen Mut zu machen. *Die Welt geht ihrem Ende entgegen. Du weißt es, und sie wissen es auch.*

»Das brauchen wir doch nicht?« fragte Marty und schob einen Haufen nicht erwünschter Roboter und Raumschiffe aus Metall und Kunststoff beiseite.

»Wir brauchen nur einander, das ist alles«, stimmte Arthur ihm zu.

Im Arbeitszimmer griff er oben im Schrank nach hinten und nahm die Holzkiste mit den Spinnen heraus. Sie fühlte sich merkwürdig leicht an. Er machte auf. Sie war leer. Einen Augenblick lang stand er mit dem Behälter in der Hand da. Aus einem ihm unerfindlichen Grund mußte er lächeln. Sie hatten noch mehr zu tun. Er blickte auf seine Uhr. Mittwoch, zehn Uhr früh.

Zeit, sich auf den Weg zu machen.

»Ist alles gepackt?« fragte er.

Marty musterte den Haufen verworfener Spielsachen

Zwischendurch:

„Lebwohl, Kühlschrank voller Speisen..." mit diesem Seufzer verabschiedet sich Arthur vom Haus. Natürlich kann man auf eine Reise nicht alles mitnehmen.

Wohl dem, der wenigstens unterwegs eine kleine Mahlzeit für zwischendurch bereiten kann. Dazu braucht es wahrlich kein großes Gepäck – sondern nur einen Löffel und heißes Wasser. Und natürlich die...

Zwischendurch:

Die kleine, warme Mahlzeit in der Eßterrine. Nur Deckel auf, Heißwasser drauf, umrühren, kurz ziehen lassen und genießen.

Die 5 Minuten Terrine gibt's in vielen leckeren Sorten – guten Appetit!

und hielt nur eine Zigarrenkiste ›White Owl‹ fest, in der sich das befand, was er ausgesucht hatte. Diese Zigarrenkiste stammte noch von Arthurs Vater, der sie von dessen Vater geerbt hatte. Sie war angesplittert und mit Klebeband verstärkt. Sie war ein Symbol für Kontinuität. Marty schätzte die Kiste um ihrer selbst willen sehr.

»Fertig«, sagte der Junge und kletterte auf den Rücksitz. »Werden wir in einer Menge Motels schlafen?«

»Du hast es erfaßt«, sagte Arthur.

»Kann ich da, wo wir hinkommen, einige Spielsachen kaufen?«

»Ich wüßte nicht, warum nicht.«

»Und einige hübsche Steine? Ich meine, wenn ich sie finde.«

»Nichts über eine Tonne«, sagte Francine.

»Der Stein, der dem Buick das Kreuz gebrochen hat«, sagte Arthur und ging zu einer letzten Kontrolle ins Haus.

Lebwohl, Schlafzimmer, lebwohl, Arbeitszimmer, lebwohl, Küche. Kühlschrank noch voller Speisen. Lebwohl, Täfelung aus Zedernholz, Veranda, Hof und wilder Pflaumenbaum. Lebwohl, glatter, singender Fluß. Er kam an Gauges Schlafkörbchen in der Gerätelaube vorbei und spürte einen Kloß in der Kehle.

»Lebt wohl, Bücher!« flüsterte er und blickte auf die Regale im Wohnzimmer. Er schloß die Vordertür ab, legte aber nicht den Sicherungsriegel um.

52

24. Februar

Trevor Hicks hatte, nachdem er in Washington, D.C., mit seiner Arbeit fertig geworden war, einen Zug nach Boston genommen, mit nur einem Koffer und dem Computer als Handgepäck. Im Bahnhof hatte er eine braunhaarige, konfus wirkende Frau mittleren Alters getroffen, die einen schwarzen Wollrock und eine alte geblümte Bluse trug. Sie hatte ihn mit einer alten, klapprigen Toyota-Limousine zu ihrer Wohnung in Quincy gefahren.

Dort hatte er sich zwei Tage lang ausgeruht, wobei ihn der fünfjährige Sohn und die sieben Jahre alte Tochter der Frau mit Eulenaugen beobachteten. Die Frau war seit drei Jahren ohne Mann, und das alte Fachwerkhaus war sehr verfallen — undichte Rohre, vergammelte Tapeten, gebrochene Treppen. Die Kinder schienen überrascht, daß er nicht ihr Schlafzimmer teilte, woraus er den Schluß zog, daß es ihr nicht an männlicher Gesellschaft gemangelt haben dürfte. All dies machte Hicks wenig aus, der auch vor seiner Besessenheit nie philiströs gewesen war. Er hatte viel Zeit verbracht, indem er auf der zusammengebrochenen Couch im Wohnzimmer saß und nachdachte oder mit dem Netz in Kontakt stand. Er half einem Dutzend anderer Leute im Nordosten, Listen von Menschen aufzustellen, die kontaktiert und/oder auf den Abtransport von der Erde vorbereitet werden sollten.

Sein ganzes Leben lang hatte Hicks mit hochmögenden Persönlichkeiten zusammengearbeitet — strahlenden, kenntnisreichen, intelligenten und oft auch streitsüchtigen Männern und Frauen. Auf die meisten Leute, mit denen er jetzt im Netzwerk kommunizierte, traf diese Beschreibung zu. Zu seiner Überraschung hatte dasjenige, was das Netz in Gang hielt und beherrschte, nichts gegen großspuriges Verhalten unter seinen Mitgliedern einzuwenden. Es gab allerhand Debatten und sogar Schärfen, als zunächst die Kategorien der zu Kontaktierenden und zu ›Rettenden‹ festgelegt wurden, dann spezifische Gruppen und schließlich spezifische Individuen.

Die ›Bosse‹ (oder ›Overlords‹ oder ›Geheime Meister‹ — alle Titel paßten dann und wann auf die anonymen

Organisatoren) hatten offenbar entschieden, daß Menschen mit weitem Überblick selbst am besten wüßten, wie auszuwählen und für ihre eigene Rettung zu planen sei. Hicks hatte da manchmal seine Zweifel.

Bei einer Mahlzeit aus Makkaroni und Käse auf einem nackten Eichentisch, und während die Kinder zuhörten, fragte Hicks seine Wirtin nach ihrer Rolle bei der Rettungsaktion.

»Ich bin mir nicht sicher«, sagte sie. »Sie haben mich vor etwa sechs Wochen erwischt. Ich habe ungefähr eine Woche danach drei Personen aufgenommen. Die sind drei Tage geblieben und dann gegangen. Danach noch ein paar Leute mehr, und jetzt Sie. Vielleicht bin ich eine Bruchbudentante.«

Die Tochter kicherte.

Sie hätten angenehmere Quartiere aussuchen können. Aber das behielt Hicks für sich.

»Wie ist es mit Ihnen?« fragte sie. »Was machen Sie?«
»Ich mache eine Liste«, sagte er.
»Wer geht und wer nicht?«
Er zögerte und nickte dann. »Tatsächlich konzentrieren wir uns mehr auf eine Liste von anderen, die rekrutiert werden sollen. Da gibt es noch eine Menge Arbeit zu tun und nicht genügend Leute, um sie zu machen.«

»Ich glaube nicht, daß ich und meine Kleinen gehen werden«, sagte die Frau. Sie starrte mit schlaffem Gesicht auf den Tisch. Dann hob sie langsam die Augenbrauen und stand auf. »Jenny, laß uns den Tisch abräumen!«

»Wohin gehen wir nicht?« fragte der Junge.
»Sei still, Jason!« befahl die Mutter.
»Mama?« Jason ließ nicht locker.
»Nirgendswohin, und du paßt jetzt auf deine Schwester auf, was sie sagt!«

Irgendwo mußten sie anfangen, dachte Hicks. *Sie gehörte zu den ersten. Sie wußten nicht, wo sie anfangen sollten.* Der Verdacht ihrer Unzulänglichkeit — wenn dies das rechte

Wort war — oder ihrer Unfähigkeit, sich für die Auswanderung zu qualifizieren, hinderte sie nicht daran zu erkennen, was Gutes sie taten oder wie notwendig ihre Arbeit war.

Wenn wir alle jetzt überhaupt einen freien Willen haben.

Diese Frage ließ sich noch nicht beantworten. Hicks zog es vor zu denken, sie hätten einen freien Willen, woraus sich ergab, daß diese Frau eine wahrhaft bewundernswerte menschliche Eigenschaft hatte: selbstlosen Mut.

Zwei Tage später fuhr sie ihn zum Flughafen, und er bestieg ein Linienflugzeug nach San Francisco. Erst an Bord fiel ihm ein, daß er die Namen der Kinder gehört hatte, aber nicht ihren eigenen.

Hoch über der Erde, über der Wolkendecke, schlummerte Hicks ein wenig. Dann tippte er Notizen in seinen Computer ein und stellte fest, daß er im Moment nicht auf Abruf stand. Das Netz hatte ihn für diese paar Stunden freigegeben; und er war nicht in den regelmäßigen Strom von Stimmen und Information eingeklinkt. Er hatte Zeit, nachzudenken und Fragen zu stellen. *Wie sind die Spinnen durch die Sicherheitskontrolle des Flughafens gekommen?* Das schien leicht genug. Sie hatten sein Gepäck in den Prüfgeräten verlassen, waren durch die Mechanismen gekrochen und jenseits der Reichweite des Sensors wieder hereingekommen. Oder sie hatten Mittel, ihre Röntgenschatten zu verändern. Die menschlichen Spürgeräte hatten von Anfang an völlig versagt. Wenn die Monster auf der Erde landen konnten, ohne entdeckt zu werden, was war dann so erstaunlich an einer Spinne, die die Flughafenkontrollen passieren konnte?

Er dachte über diese Dinge mit geschlossenen Augen nach und genoß die zeitweilige Ungestörtheit. Dann legte er, einem Impuls folgend, eine CD in den Computer, welche die Texte seiner sämtlichen Werke enthielt, und rief *Starhome* auf. Seite um Seite überflog der die langen Abschnitte der Charakterisierung (ziemlich geschickt, aber nicht mehr), Intrige und Politik. Genauer las er dann die Stellen mit Spekulationen und Extrapolationen. *Das ist kein schlechtes Buch*, dachte er. *Selbst jetzt, zwei Jahre, nachdem ich es fertiggestellt habe, beansprucht es zumindest noch mein Interesse.*

Aber der Stolz war großenteils durch Kummer getrübt. Das Buch handelte von einer Zukunft. Was für eine Zukunft gab es jetzt? Sicher nicht die, welche er ins Auge gefaßt hatte, eine Zukunft von Menschen und Extraterrestriern, die bei einer großen Mission von Abenteuer und Entdeckungen zusammenarbeiteten. In gewisser Hinsicht erschien das jämmerlich naiv.

Das Leben auf der Erde ist hart. Der Wettbewerb um die Lebensnotwendigkeit ist scharf. Wie lächerlich zu glauben, daß das Gesetz des rauhen Kampfes ums Überleben nicht auch anderswo gelten könnte, oder daß es durch die technischen Errungenschaften einer fortgeschrittenen Zivilisation aufgehoben würde ...

Und dennoch ...

Irgend jemand da draußen dachte altruistisch.

Oder vielleicht nicht.

Altruismus ist maskiertes Eigeninteresse. Aggressives Eigeninteresse ist ein maskierter Drang zur Selbstvernichtung.

Das hatte er einmal in einem unveröffentlichten Aufsatz über Entwicklung in der Dritten Welt geschrieben. Die entwickelten Nationen konnten ihren Interessen am besten dienen, wenn sie Wachstum und Entwicklung weniger privilegierter, schwächerer Nationen förderten ...

Und das geschah jetzt auch hier.

Aber viele Strategieexperten hatten seinen Aufsatz gelesen und scharf kritisiert. Sie hatten viele historische Beispiele angeführt, um zu beweisen, daß er im Unrecht war. »Wessen Interesssen dient die Sowjetunion?« hatte ihn ein Leser gefragt. Die Sowjetunion, mußte er zugeben, war stärker denn je — dem Anschein nach —, war aber mit gewaltigen Problemen konfrontiert, um die Nationen und Völker zu koordinieren, die sie absorbiert hatte, Problemen, die nach Meinung anderer sich auf lange Sicht als verhängnisvoll erweisen könnten. »Aber jetzt noch nicht — und wie viele Nationen dauern länger als Jahrhunderte?« hatte der Kritiker geantwortet.

Wende jetzt die Theorie des notwendigen Altruismus auf Gruppen intelligenter Wesen an, die Zehntausende von Jahren überlebt haben. Wenn nur eine davon Sonden ausschickt, die Planeten fressen und Zivilisationen vernichten; und keine davon reagiert mit dem Starten von Sondenkillern ...

Wer gewinnt?

Sondenkiller würden also entschieden im Eigeninteresse gestartet. Aber warum sollte man versuchen, möglicherweise konkurrierende Zivilisationen zu erhalten? Warum nicht bloß die Planetenfresser vernichten — und damit Schluß?

Das Netz war ihm nicht zugänglich. Er hatte nur eingepflanzte Erinnerungen und Information, an die er nicht herankonnte ohne die Hilfe des Netzwerks.

Oft regte es seine Gedanken an, wenn er seine Finger sprechen ließ. Jetzt legte er eine Diskette ein und begann zu tippen. Die ersten paar Sätze kamen als Unsinn heraus, und er tilgte sie. *Hier in mir gibt es eine Antwort. Das weiß ich.*

Aber so sehr er es auch versuchte, er konnte nicht alles zusammenbringen.

Ich weiß nicht, warum sie uns zu erhalten suchen.

Wenn er außerhalb des beruhigenden und überredenden Einflusses des Netzes war, machte ihm dieses Fehlen einer Antwort Sorgen.

Harry Feinman konnte keinen Zusammenhang mit seiner Vergangenheit herstellen. Jene Zeit, da er beweglich und frei von Schmerz gewesen war, war eine Fiktion, ein Gebilde seiner Einbildung. Er konnte sich nicht vorstellen, daß er je Geschlechtsverkehr gehabt oder eine volle Mahlzeit gegessen hätte. In den wenigen klaren Momenten des Tages, die ihm noch geblieben waren, suchte er in seinem Körper nach irgendwelchen Anzeichen dieser Vergangenheit und fand nichts. Alles war weg. Er war eine andere Person; Harry Feinman war schon gestorben.

Die meiste Zeit verbrachte er im Schlaf oder Halbschlaf unter starken Drogen. Er dachte nach oder träumte vage vom Leben nach dem Tode und kam zu dem Schluß, daß die Frage eigentlich belanglos war. Alles, sogar völliges Vergessen, war besser als diese Existenz halb und halb.

Ithaca schwebte wie eine Wolke im Zimmer ein und aus. Wenn er zwischen Medikationen unter Schmerzen litt, saß sie bei ihm, innerlich verkrampft von Mitleid, und sagte nichts, wenn er starr mit zusammengebissenen Zähnen dalag.

Du bezahlst deine Rechnung rein wie raus. Der Preis für diese Tour: Schmerz.

Der Unterschied zwischen Tag und Nacht war ihm nicht mehr klar. Manchmal war es dunkel, wenn er wach war, manchmal nicht.

Es war eine zauberhafte Stunde, wenn sein medizinischer Versorgungszustand irgendwie vollkommen ausgeglichen war und er sich fast normal fühlte. In solchen Augenblicken freute er sich über Ithacas Anwesenheit. Er sagte ihr, daß er wünschte, sie solle wieder heiraten; und sie nahm diese unbeabsichtigte, aber notwendige Qual mit der Ruhe auf, die zu erwarten und auf die sich zu verlassen er gewohnt war. Dann fiel ihm ein, daß er ihr das schon öfters gesagt hatte.

»Warum sich darüber Sorgen machen?« fragte sie ruhig. »Wir werden wahrscheinlich sowieso bald alle dahingegangen sein.«

Harry schüttelte den Kopf, als ob er anderer Meinung wäre; aber sie schaute ihn mit ihrem »Na, komm schon!«-Blick an, eine Augenbraue hochgezogen. Und er sagte: »Ich möchte das gern sehen. Was für eine Schau wird das sein, wenn es kommt.«

»Wenn?« Ithaca lächelte ironisch. »Du bist mein liebster Pessimist. Jetzt klingst du hoffnungsvoll.«

»Nur mäßig hoffnungsvoll«, sagte Harry.

»Was hat Arthur dir gesagt?«

Versuche nie, etwas vor meiner Frau geheimzuhalten! Harry dachte einen Augenblick nach. »Er sagte, daß die Erde jetzt von kleinen Spinnen erfüllt ist.«

Ithaca beugte sich vor. »*Was?*«

»Die Kavallerie ist da, aber wahrscheinlich ist sie zu spät gekommen.«

Sie schüttelte verständnislos den Kopf.

»Er hat mir eine gezeigt. Ein kleiner Roboter. Sie ernten die Erde ab, bevor sie verschwindet. Sie versuchen, eine kleine Brutpopulation zu retten, wie mir scheint. Wie eine Zoo-Expedition. Und sie vernichten die Maschinen, die uns das antun.«

»Das hat dir Arthur alles gesagt?«

Er nickte. »Ich hielt ihn für verrückt, aber dann zeigte er mir eine solche Spinne. Er wirkte ... nicht glücklich, schien aber zu wissen, daß er etwas Nützliches tat. Er meinte, daß sie vielleicht seine Gedanken kontrollierten, sagte aber, daß ihm das nichts ausmachte. Er könnte nicht...« Harry wurde wieder von seiner Schwäche übermannt und er schloß für einige Minuten die Augen. »Er sagte, die wüßten wahrscheinlich, was am besten wäre.«

Ithaca beugte sich vor und betrachtete sein Gesicht aus der Nähe. Dann sagte sie leise: »Ich glaube, ich habe eine gesehen. Im Garten.«

»Eine was? Eine Spinne?«

»Wie Silber.« Sie hielt die offene Hand hoch. »So groß. Sie lief weg, ehe ich sie deutlich sehen konnte; aber als ich hinschaute — sie hatte auf dem Stamm der alten Eiche gesessen — waren da Einschnitte durch die

Rinde hindurch, wie mit einem Messer. Ich glaubte, Gespenster zu sehen oder mich bloß zu irren. Harry, sollen wir das den Leuten erzählen?«

»Wozu wäre das gut?« fragte er. Seine Gedanken verwischten sich wieder; daher sagte er nichts mehr und hielt nur ihre Hand leicht in der seinen.

Am nächsten Abend rief Ithaca im Haus der Gordons an, bekam aber keine Antwort. Der letzte Teil von Harry war gestorben, endlich, um elf Uhr vormittags.

53

10. März

Die *Glomar Discoverer* trieb mit den Maschinen im Rückwärtsgang gegen eine gleichmäßige Oberflächenströmung und steten Südwestwind am Rande eines großen Meeres von limonengrünem, grauem und weißem Schaum. Die Luft war von einem anhaltenden quirlenden Getöse erfüllt. Hoch droben bildeten sich merkwürdige Wolken — wirbelnde Bänder, die sich wie längs der Innenseite eines Tunnels nach oben krümmten.

Walt Samshow betrachtete die schäumende See bis zum fernen Horizont und konnte kein Ende davon erblicken. Er brauchte jetzt kaum noch zu atmen. Die meisten Leute trugen Stofflappen über Nase und Mund. Nasenbluten war weit verbreitet. Die zarten Schleimhäute litten unter der austrocknenden und brennenden Einwirkung einer an sich guten Substanz: Sauerstoff.

»Hier können wir nicht lange bleiben«, sagte Sand, der neben ihm auf der Brücke stand.

»Haben wir unsere Proben und Registrierungen?« fragte Samshow. Sand nickte.

»Irgendeine Nachricht von den Kriegsschiffen?«

»Sie haben das Gebiet schon verlassen. Wir hatten

nach dem Tiefseefahrzeug gelauscht, hörten aber nichts als das Rauschen der Blasen.«

»Sag dem Kapitän, wir sollten uns auch zurückziehen«, sagte Samshow. »Kann irgend jemand dagegen ankämpfen?« Er hatte diese Frage über die Reling der Brücke gerichtet, aber Sand schüttelte den Kopf.

»Das bezweifle ich.«

»Es ist, als ob man zusieht, wie der ganze Ozean demontiert wird«, sagte Samshow. Er holte eine Flasche mit Augentropfen aus seiner Matrosenjacke und lehnte den Kopf zurück, um sie sich einzuträufeln.

Sand lehnte die Flasche ab, als Samshow sie ihm anbot. »Es ist furchterregend.«

Samshow grinste. »Es ist verdammt *lustig,* und ich meine nicht den Sauerstoff. Du kannst das Ende der Dinge absehen. Du kannst einen Plan — oder zumindest die Skizze eines Plans — sehen, und es ist entsetzlich und großartig.«

Sand starrte ihn verständnislos an.

»Vergiß es!« sagte Samshow und schwenkte die fast leere Flasche mit den Augentropfen. »Sag dem Kapitän, daß er uns zum Donnerwetter von hier fortbringen soll!«

Sand stieß mit Chao, dem Ersten Offizier, in der Luke zur Brücke zusammen. Er wich mit einer Entschuldigung zurück. Chao hielt ihm eine hingekritzelte Notiz hin.

Er sagte: »Aus Pearl Harbor und San Francisco.«

»Was?« fragte Sand.

»Meldung über eine seismische Störung in der Mongolei. Kein Erdbeben, sondern eine Bombe. Vielleicht zehn Megatonnen. Keine Explosion in der Luft, sondern unterirdisch oder so, meine ich.«

Samshow sah sich die Zahlen auf dem Zettel an und sagte: »Die sind nicht dumm.«

»Meinst du, sie haben ihr Monster hochgejagt?« fragte Sand.

»Was sonst?« Chao grinste breit. »Vielleicht können wir sie alle erwischen. Vielleicht auch die in Australien, he?«

Sand fragte: »Woher werden die eine Bombe bekommen?«

»Wenn sie es bloß wollen«, sagte Samshow.

»Nur ein Narr würde jetzt zögern«, meinte Chao. »Man sollte die Bastarde aktionsunfähig machen und ihre Verbindungslinien abschneiden.«

»Hört ihr den Güterzug da unten?« Samshow deutete symbolisch und mit Nachdruck durch das Deck und den Ozean in die Tiefe und stieß mit dem Finger zu, um den Stoß auf den Mantel und Kern darunter zu verstärken. »Solange das da im Gange ist, haben wir nichts erreicht.«

»Falls die Theorien stimmen«, sagte Sand.

»Immerhin haben wir sie erwischt!« Chao wollte sich seine Begeisterung nicht nehmen lassen. Er starrte Samshow trotzig an, dann senkte er den Kopf und hob ein Bein über die Luke, um wieder auf die Brücke zu gelangen.

54

Edward Shaw fuhr nach Fresno hinein und machte eine Tankpause. Der Himmel im Norden war frei von Rauch, aber tiefer blau, als er je in dieser Breite gesehen hatte. Es war viel feine Asche in der Luft von den Waldbränden in der Sowjetunion und in China.

Der Winter ging vorzeitig zu Ende. Über den Sierras wich der Schnee rasch zurück.

Kalifornien — mit Ausnahme von San Diego, wohin sich die Brände von Tijuana aus nach Norden ausgedehnt hatten — war den schlimmsten Feuersbrünsten entgangen. Yosemite war unversehrt. Das war vielleicht durch das Fehlen von Touristen zu erklären. Die Straßen waren unnatürlich leer. Einige Radiosender hatten den Betrieb eingestellt, weil sie von ihrem Personal verlassen worden waren. Die Nachrichtensendungen, die er vor Fresno gehört hatte, waren keineswegs ermutigend.

Die Kemp-Van-Cott-Objekte im Innern der Erde verlangsamten ihre Geschwindigkeit stärker als bisher. Wissenschaft und Öffentlichkeit schienen übereinstimmend der Meinung zu sein, daß die harmonischen Schwingungen dieser zwei (oder, wie manche sagten, noch mehr) ›Geschosse‹ die letzten Tage der Erde dahintickten. Die allgemeine Schätzung lautete auf dreißig Tage, ehe sie im Erdkern zusammentrafen. Das Todesurteil.

Shaw kaufte wichtige Nahrungsmittel und etliche Sechserpackungen Bier im Gelegenheitsladen und fuhr dann durch die Stadt. Impulsiv hielt er auf einer weitläufigen Einkaufspromenade mit dreistöckigen Geschäften gleich an dem Highway in Pinedale an.

»Was, zum Teufel, mache ich eigentlich?« fragte er sich, nachdem er den Geländewagen geparkt hatte. Er saß hinter dem Lenkrad und blickte über den halb besetzten Parkplatz. »Ich kann Einkaufszentren nicht ausstehen.« Er stieg aus und schloß sorgfältig ab. In ausgebleichten Blue Jeans, mit Safarijacke und Turnschuhen hätte er als ein Einheimischer gelten können, wie sie auf der untersten Etage der Passage dahinzogen, von Fenster zu Fenster, allein oder mit Freundinnen oder Familie. Immer noch unsicher, weshalb er hier war, setzte Edward sich auf eine Bank bei einem Blumenkiosk und sah zu, wie die Leute vorbeigingen. Er konzentrierte sich auf die Männer.

Leben wie gewohnt? Nicht ganz.

Die Mienen der Männer, jung oder alt, schienen starr und gelähmt zu sein. Es war keine Freude bei ihren Einkäufen. Die Kinder zeigten keine Begeisterung, und die Frauen wirkten größtenteils ruhig oder bestürzt. Warum? Man glaubt, daß Frauen Dinge eher spüren als Männer. *Warum der Unterschied?*

Nachdem er eine Stunde lang beobachtet und sich den Kopf zerbrochen hatte, stand er auf und ging zu einem Buchladen, der einzigen denkbaren Stelle in dem Supermarkt, wo er vielleicht etwas Interessantes finden könnte. Er durchstöberte die Abteilung für Reisen und suchte Bücher über Yosemite heraus. Da hörte er bei dem vorderen Tisch eine Bewegung. Ein blühend aussehender, stämmiger Mann mit weißem Hemd und grauen weiten Hosen kam herein und brüllte: »Hallo! Habt ihr das schon gehört?«

Er wedelte mit einer Zeitung. Sein Gesicht strahlte. »Die Russen haben ihres auch in die Luft gesprengt. Damit sind schon zwei erledigt. Jetzt nur noch die Aussies, und wir haben sie!«

Niemand zeigte großen Enthusiasmus.

Edward dachte: *Wir liegen am Boden und sind fast erledigt. Die ganze Welt fühlt sich wie wir vier damals in Vandenberg. Was macht es aus, wenn wir ihnen ein kleines Stück entreißen?*

Er kaufte die Bücher und verließ rasch den Boulevard.

Auf der kalifornischen Staatsstraße 41 fuhr er nach Norden. Etwa alle fünf Minuten kam ihm ein Wagen entgegen. Er nickte und biß die Zähne zusammen. Plötzlich wurde ihm klar, warum er in Pinedale Halt gemacht hatte. Die Bücher waren natürlich überflüssig. Er war hingegangen, um sich von einem Teil seiner Kultur zu verabschieden.

Er dachte: *Wenn dies ein ausgedehnter Strudel wird, dann könnte ich mich ebenso gut von jedermann verabschieden.*

Edward fuhr auf der 41 in den Park und nahm dann die lange, kurvenreiche Strecke einer nahezu leeren Wawona-Straße. Die Schatten von Jeffrey- und Ponderosa-Fichten glitten über seine Windschutzscheibe. Es war vier Uhr, und die kühle, süße, nach Grün duftende Luft drang durch sein halb offenes Fenster mit Sonnenblitzen zwischen Baumgruppen. Große Schneeflächen tropften an der Straßenseite, rund und glitzernd.

Der Wawona-Tunnel öffnete sich auf Inspiration Point und zu einem Blick über die Länge des Tales. Er parkte das Auto auf dem kleinen gepflasterten Platz, drei Wagenbreiten neben einem einsamen, leeren Fahrzeug. Dann kletterte er, den Moment genießend, hinunter, ging bis zur Kante und stand am Geländer mit den Händen in den Taschen, mit einem einsamen Grinsen im Gesicht.

Ich bin wieder ein kleiner Junge.

Das war, woran er sich am deutlichsten erinnerte — der Talboden, grün mit dichtem Kiefernwald, und westlich im Schatten der Merced-Fluß, der in Schlangenkurven klaren blauen Himmel reflektierte. Der Bridal Veil-Wasserfall beschrieb seinen berühmten weißen Bogen und erstarb in nebligem Gischt vor den Felsen tief unten. Über dem Wasserfall rahmten die Cathedral Rocks granitene Monstrositäten in der Ferne ein. Zur Linken glomm die Vorderseite von El Capitan grau und rein, das Tal aus dieser Perspektive dominierend.

Vor über zwanzig Jahren habe ich mich gefragt, wie es wohl wäre, durch eine aus solchem Granit gebildete Masse zu wandern. In unserm Innern gibt es Stellen, die noch niemand gesehen hat. Ein großes Gebiet von massivem Fels, schweigend und still, gefroren.

Jenseits und hinter El Capitan erhoben sich die Three Brothers und North Dome, aus diesem Gesichtswinkel ein einfach überflüssiges Felsgebilde mit Schnee auf der Spitze, das seinen wahren Charakter erst zeigen würde, wenn man es von unten betrachtete. Fast auf gleicher Höhe wie die weiße Spitze von Clouds Rest, und höher als die Cathedral Rocks, zeigte sich ruhig und hell der Half Dome.

Der kalte Wind wehte vom Tal herauf und peitschte Edward das Haar. *Ich träume nicht. Bei Gott, ich bin end-*

lich hier, und dies ist kein Traum. Er bekam Lust, sich zu vergewissern und trat mit dem Stiefel leicht gegen einen Geländerpfosten.

Seit mehr als zwanzig Jahren war dies in seinen Träumen der Ort seines größten Glücks, seines Friedens gewesen. Nirgendwo hatte er sich wohler gefühlt, glaubte er. Seine fast monatliche Rückkehr im Schlaf zu diesem Tal und diesen Monolithen hatte ihn ständig an das erinnert, was er verloren hatte.

Sein Vater, den er verloren hatte — und der ebenso sehr ihn verloren hatte — und seine Mutter, die von ihm nichts wissen wollte. Der Friede und die Selbstsicherheit kindlicher Unwissenheit, oder war es vielleicht die Erleuchtung; ihm war es gleich.

Um fünf Uhr dreißig hatte Edward den Rest seiner Ausrüstung vom Parkplatz Curry Village zu dem Wohnzelt geschafft, das er (unnötigerweise) vor drei Wochen gemietet hatte. Er untersuchte den Bau. Eine erhöhte Holzplattform, die mit oft geflicktem weißen Segeltuch bedeckt war, einsam inmitten von Bäumen nahe am Geröllhang von Glacier Point. Die einzige Glühlampe gab ausreichendes, wenn auch nicht helles Licht, und die zwei Metallbetten mit Militärdecken waren in gutem Zustand und bequem.

Er folgte der Straße entlang den Läden von Curry Village und über eine Steinbrücke quer durch die Wiese. Eine Amsel mit roten Schwingen in einem nahen Gebüsch nahm Anstoß an seiner Gegenwart. Er grinste und versuchte freundlich zurückzuzirpen, aber der Vogel mochte seine Anbiederungen nicht. Aber das spielte keine Rolle. Er wußte, daß er genau so hierher gehörte wie der Vogel.

Mitten von einer Wiese aus, umgeben von Grasbüscheln, drehte er sich und betrachtete seine neue Welt. Das Tal war dunkel und still. Der tiefe dunkelblaue Abendhimmel schwebte auf bewegungsloser Luft. Er hörte die entfernten Echos lachender und plaudernder Menschen, deren Stimmen von den Granitwänden des Glaciers Point und Sentinel Rock und den Royal Arches auf der anderen Seite des Tales zurückgeworfen wurden. Am Fuße der Royal Arches konnte er die Lichter des Ahwanee Resort Hotels erkennen. Einige hundert Meter westlich verrieten Lagerfeuer und elektrische Lampen die Ausdehnung von Yosemite Village.

Er und seine Eltern hatten in der letzten Nacht ihrer Reise im Ahwanee geschlafen, nachdem sie eine Woche in Zelthäusern verbracht hatten. Er wußte immer noch nicht, ob er das auch tun würde, wenn das Ende nahte.

Höchster Friede.

Wie würde es wohl den Menschen in der Welt gehen, wenn sie alle ihr Leben in einer solchen Form von Schönheit verbringen könnten? Waren Menschen so wertvoll, daß fast jede Begegnung kostbar war?

Er schaltete seine Handlampe an und leuchtete nach vorn, als er zu den Zeltkabinen zurückkehrte. Auf einem oben abgeflachten Granitblock stellte er seinen Coleman-Ofen auf und einen Topf mit Wasser. Er bereitete sich ein schnelles Abendessen aus einer Dosensuppe, in die er zu den Nudeln noch eine Zwiebel und ein Würstchen tat.

Im Dunkeln ging er zu den Duschen, nur mit einem grauweißen knielangen Bademantel bekleidet, das Rasierzeug in der Hand. Ein Eichelhäher hüpfte neben ihm her und wartete auf runterfallende Krumen. »Es ist dunkel«, sagte er zu dem Vogel. »Geh schlafen! Ich habe schon gegessen. Wo bist du gewesen? Jetzt gibt es nichts zu essen.« Aber der Vogel blieb hartnäckig. Er wußte, daß die Menschen lügen.

Die gemeinsame Dusche — ein großes mit Holz verkleidetes Gebäude, Frauen rechts, Männer links — war praktisch leer. Ein Wärter an der Ausgabe für Handtuch und Seife lümmelte auf seinem Stuhl und beugte sich erst nach vorn, als Edward herankam. »Gehen Sie nur gleich rauf«, sagte der junge Mann und brachte ein kleines Stück Seife und ein Handtuch zum Vorschein. »Kein Warten.«

Edward lächelte. »Muß doch langweilig sein.«

»Es ist *wundervoll*«, sagte der Wärter.

»Wie viele Leute gibt es hier?«

»Im ganzen Tal? Vielleicht zwei-, dreihundert. In Camp Curry nicht mehr als dreißig. Vollkommen friedlich.«

Edward duschte sich in einer sauberen, so gut wie unbenutzten Kabine. Dann rasierte er sich mit einem Wegwerf-Apparat vor einem Spiegel, der so breit war, daß er für fünfzehn oder zwanzig Männer ausgereicht hätte. Ein Mann kam herein und lächelte fröhlich. Edward nickte ihm herzlich zu, fühlte sich wie privilegierter Adel, packte sein Zeug zusammen und ging wieder zu seinem Zelthaus.

Um acht hatte er genug in den Büchern gelesen, die er in dem Buchladen des Großmarkts gekauft hatte. Er machte die Deckenlampe aus und schüttelte die Kissen auf. Dann lag er eine Stunde lang schlaflos da, dachte nach und lauschte.

Irgendwo im Tal sang eine Gruppe junger Leute Volkslieder. Ihre jungen Stimmen stiegen in der gestirnten Dunkelheit empor. Sie klangen wie fröhliche Geister.

Ich bin daheim.

55

Reuben wurde am 15. März in Alexandria, Virginia, neunzehn. Er feierte das, indem er sich in einer kleinen Bäckerei einen Krapfen und einen Karton Milch kaufte. Dann stand er auf der Straße und schaute sich mißtrauisch um. Er hatte einen neuen Mantel und einen weichen Filzhut erstanden; aber große, muskulöse Schwarze waren, auch wenn sie unauffällig konventionell gekleidet waren, keine beliebte Attraktion im Touristengebiet. Ihm war das gleich. Er wußte, was er tat.

Mit Schwung warf er den Karton und das imprägnierte Krapfenpapier in einen öffentlichen Abfallbehälter, wischte sich die Lippen leicht mit dem Gelenk seines Zeigefingers ab und schloß die Tür eines 1985er Chrysler LeBaron mit verblaßtem Silberlack auf. Er hatte den Wagen gegen bar in Richmond gekauft und in genau drei Tagen schon sechshundert Kilometer mit ihm zurückgelegt. Es war das erste Auto, das er je gekauft hatte, und es war ihm gleich, ob er der Besitzer war oder nicht. Er hatte das alleinige Nutzungsrecht, und darauf kam es an.

Den Rest des Beutels mit Bargeld — etwa zehntausend Dollar — hatte er im Gepäckraum unter dem Reserverad versteckt.

»Okay«, sagte er und hörte zu, wie der Motor leise im Leerlauf ging. »Wohin jetzt?«

Er blinzelte einen Moment. Jetzt kamen die Anweisungen gewöhnlich von Menschen und nicht von der undefinierbaren Nichtstimme, die die Leute vom Netzwerk den ›Boss‹ nannten. Reuben hatte sogar gelernt, die ›Signaturen‹ bestimmter menschlicher Personen wiederzuerkennen, mit denen er kommunizierte. Aber diesmal waren sie ihm nicht vertraut.

»Also Cleveland«, sagte er. Er holte einige Karten aus dem Handschuhfach und markierte mit einem gelben Filzstift seine Route auf den Highways. Er hatte die letzten paar Tage damit verbracht, Hunderte von Büchern und Bildplatten aus Bibliotheken in Washington und Richmond zu entwenden, und Hunderte anderer in Buchläden zu kaufen. Er hatte all das in Richmond drei Männer mittleren Alters übergeben; und er hatte keine klare Vorstellung, was die damit anfangen würden. Er hatte auch nicht gefragt. Offensichtlich interessierte sich der Boss für Literatur.

Mit einiger Erleichterung — er mochte Diebstahl nicht, selbst für eine gute Sache — fuhr er auf die offene Straße.

Der Frühling kam rasch. Die Hügel rings um die Pennsylvania-Fernstraße waren schon üppig grün, und Bäume brachten Blätter hervor, die sie nicht mehr würden abwerfen können. Es würde keinen Sommer oder Herbst geben.

Reuben schüttelte den Kopf und dachte daran, das Lenkrad in der Hand. Wenn er auf der Straße unterwegs war, sprach das Netz selten zu ihm; und das gab ihm reichlich Zeit — vielleicht zu viel Zeit — über manches nachzudenken.

Er tankte den LeBaron in New Stanton auf und parkte vor einer Imbißstation. Nach einem schnellen Essen, bestehend aus Hamburger und grünem Salat, zahlte er die Rechnung und schaute sich einen Ständer mit Postkarten an. Er wählte eine mit einer großen weißen Scheune und Pennsylvania Dutch-Zaubersymbolen darauf. Aus einem Automaten kaufte er einige Briefmarken und schrieb auf die Rückseite der Karte:

Papa,
  arbeite noch ständig hier und anderswo.
Denke an dich.
  Paß auf dich auf!   *Reuben*

Dann warf er sie in den Kasten hinter dem Lokal.

Um acht hatte er Cleveland erreicht. Es fiel ein ruhiger Regen, als er sich in einem alten Hotel nahe dem Bus-Depot eintrug. Er stellte den LeBaron in einem öffentlichen Parkhaus ein und war sich unbehaglich darüber klar, daß er ihn nicht bis zur eigentlichen Endstation fahren würde. Irgend jemand würde ihn nehmen und dorthin bringen.

Er war nur ein paar Kilometer vom Erie-See entfernt:

und das — so hatte ihm das Netz gesagt — war es, wo er am frühen Morgen zu sein hätte.

Reuben betrachtete sich in dem fleckigen Spiegel des Badezimmers. Er sah einen großen jungen Burschen mit lückenhaftem Bart und kräftigen, regelmäßigen Zügen. Er grüßte den Burschen — und das Netz — und ging zu Bett, schlief aber nicht viel.

Er hatte Angst. Morgen würde er andere Leute im Netzwerk treffen — einige von den Leuten hinter den Stimmen. Das erschreckte ihn nicht. Aber ...

Irgend etwas im See erwartete sie.

Wie sehr traute er den Geheimen Meistern?

Was machte das aus?

Er würde am See-Ufer, am Toland Brothers Terminal, um sechs Uhr morgens sein, sauber rasiert, frisch geduscht und gekleidet in den neuen Anzug, den er in Richmond für eben eine solche Gelegenheit gekauft hatte.

56

Trevor Hicks stieg unter einem großen Eisengerüst aus dem Mietwagen und beschattete seine Augen gegen die Sonne. Er sah, wie Arthur Gordon über die Straße ging. Gordon winkte. Hicks, der von der Fahrt erschöpft und noch nervös war, machte eine schwache Geste der Erwiderung. Er hatte sich nie an das Fahren in den Vereinigten Staaten gewöhnen können. Da er keine schnelle Strecke auf gewöhnlichen Straßen hatte finden können, hatte er den Freeway bis zur Küstenfront von Seattle genommen, war dann zehn Minuten lang unter der Brücke in Kreisen gefahren, wobei er in den schmalen Passagen zweimal nur knapp andere Wagen verfehlt hatte. Schließlich hatte er es geschafft, unterhalb der langen Betonstufen vom Pike Place Market zu parken.

Auf der gegenüberliegenden Straßenseite wetteiferten Speicher, die zu Restaurants und Läden umgebaut waren, mit neuen Gebäuden um den Blick auf die Bucht. Seemöven flogen im Kreis und stritten sich kreischend um einen nur halb verzehrten Hamburger auf der Straße und sausten mit ausgebreiteten Flügeln hoch, um Autos auszuweichen.

Gordon kam heran, und sie schüttelten sich unsicher die Hände. Obwohl sie in letzter Zeit über das Netz in Verbindung gestanden hatten, waren sie einander nicht mehr begegnet seit jenem ersten Treffen in der Furnace Creek Inn. »Meine Frau und mein Sohn sind im Aquarium«, sagte Gordon und zeigte die Straße hinunter. »Damit werden sie für einige Stunden beschäftigt sein.«

»Wissen sie Bescheid?« fragte Hicks.

»Ich habe es ihnen erzählt. Wir bleiben zusammen, wohin ich auch gehe. In der nächsten Woche fahren wir nach San Francisco.«

Hicks nickte. »Ich bleibe hier. Ich höre, daß es bald allerhand Geräusch geben wird.« Er zog ein Gesicht. »Wenn man es ›hören‹ nennen kann.«

Arthur fragte: »Haben Sie irgendeine Idee, was für eine Aktivität das sein wird?«

Hicks schüttelte den Kopf. »Etwas Wichtiges. Auch in San Francisco.«

»Den Eindruck habe ich gehabt.«

Hicks sagte: »Mir tut es leid um Ihren Freund.«

Arthur sah ihn verwirrt an: »Wieso?«

»Mr. Feinman. Es stand gestern morgen in der Presse.«

Arthur hatte nicht viel an Harry gedacht, seit sie Oregon verlassen hatten. »Ich habe keine Zeitungen gelesen. Er ...«

»Am Montag«, sagte Hicks.

»Mein Gott! Ich ... Wahrscheinlich hat Ithaca angerufen, und wir waren schon weg.« Er hob den Kopf. »Ich habe auch ihm vom Netzwerk erzählt.«

»Hat er Ihnen geglaubt?«

»Ich nehme an, ja.«

»Dann könnte es geholfen haben ... Nein, das ist wohl verrückt.«

Arthur stand mit den Händen in den Taschen da. Er war erschüttert trotz den Monaten der Vorbereitung. Er fühlte sich irgendwie schuldig, daß er nicht an Harry gedacht hatte. Er hatte mehrfach angerufen, ehe er Oregon verließ, konnte aber nicht mit seinem Freund sprechen. Er holte tief Luft und deutete an, daß sie die Straßen zum Markt hinaufgehen sollten. »Ich mußte ihm sagen, daß nicht alles verloren war. Ich hoffte, es hat geholfen. Es ist so schwierig, mit allem klar zu kommen.«

Schweigend gingen sie durch die größtenteils leeren Passagen. Bei einer Bäckerei machten sie Halt, bestellten Kaffee und setzten sich an einen schmiedeeisernen Tisch zwischen den Läden.

Arthur fragte: »Womit hat man Sie beschäftigt?«

»Ich habe Bibliotheken und Universitäten aufgesucht, Leute ausfindig gemacht ... Dadurch bin ich anscheinend am nützlichsten. Ich helfe, Leute zu finden, nach denen das Netz sucht, Wissenschaftler, Anwärter.«

»Ich habe bisher noch gar nicht viel getan«, sagte Hicks. »Wissen Sie, wer die Kandidaten sind?«

»Eigentlich nicht. Es gibt so viel mehr Namen als Plätze. Ich glaube nicht, daß jemand von *uns* die endgültige Wahl trifft.«

»Das ist doch schrecklich«, sagte Arthur.

»In gewisser Weise schon.«

»Haben Sie etwas über die Monster gehört? Im Netzwerk, meine ich.«

»Nichts«, sagte Hicks.

»Glauben Sie, daß wir sie gebremst oder überhaupt etwas damit ausgerichtet haben, indem wir die Dinger in die Luft jagten?«

Hicks lächelte bitter. »Nein. Ungefähr ebenso wirkungsvoll wie Crockerman.«

»Aber er hat nicht ... Ich nehme an, daß er mit der Aktion im Death Valley nichts zu tun hatte.«

»Das stimmt«, sagte Hicks. »Er hat nichts getan. Das waren die Heißsporne. Sie haben bestimmt unsere Moral etwas gestärkt ... aber niemand glaubt, daß sie wirklich etwas ausgerichtet haben. Die Geschosse drehen sich immer noch.«

»Wozu haben dann die Monster gedient?« fragte Arthur.

»Das haben Sie schon einmal ausgesprochen. Sie dienten zur Ablenkung und Täuschung. Wir haben fast unsere ganze Aufmerksamkeit darauf konzentriert.«

Arthur zwinkerte. »Ich glaube nicht, daß sie nur als Köder gedient haben.«

Hicks schüttelte den Kopf. »Ich auch nicht.«

Arthur schob seine Cremerolle weg. Der Appetit war ihm vergangen. »Sie haben die hier abgesetzt, um uns zu täuschen und zu *testen*, als ob wir Mäuse im Laboratorium wären.«

»Ich würde das jetzt so sagen, Sie nicht auch?«

Arthur schüttelte den Kopf. »Das tut weh.«

»Erst Beleidigung, dann Verbrechen«, sagte Hicks.

»Haben Sie mit anderen über das Netz gesprochen?«

»Nein. Wir waren viel zu sehr mit anderen Dingen beschäftigt. Aber das Netz hat keinerlei Instruktionen gegeben hinsichtlich der Monster. Wir wurden nicht angewiesen, den Präsidenten zu gewinnen. Sie wissen, daß Lehrman besessen ist?«

Arthur nickte.

»Der Boss hat unsere ganze Militär- und Regierungsmacht abgeschrieben. Das ist klar.« Hicks ergriff seine Tasse aus Kunststoffschaum und das imprägnierte Einwickelpapier. »Ich bleibe also hier und helfe bei allen Bemühungen, die hier in Seattle gemacht werden. Und Sie gehen nach Süden.«

Arthur blieb bestürzt sitzen. Er hätte alle Fakten zusammenzählen können. Er war über sich enttäuscht, daß er immer noch einige Illusionen gehegt hatte.

»Es tut mir leid, daß ich Ihnen das von Mr. Feinman gesagt habe«, sagte Hicks.

Arthur nickte.

»Heute abend werde ich mit einer Gruppe auf dem Queen Anne Hill zusammenkommen«, sagte Hicks. »Wir werden von dort aus Erkundigungen einholen.« Er hielt ihm die Hand hin. »Alles Gute für Sie und Ihre Familie!«

Arthur stand auf und schüttelte die Hand kräftig. »Leben Sie wohl!« sagte er.

Sie blickten einander an, ohne die eine Frage zu stellen, die so sehr in der Luft lag. *Ist er erwählt? Bin ich es?*

Hicks ging wieder zu seinem Wagen. Ein paar Augenblicke später, nachdem er die Stände für frischen Fisch und Gemüse angeschaut und ein Pfund geräucherten Lachs und einige Tüten mit Obst eingekauft hatte, ging Arthur die Treppen hinunter über den Parkplatz, um sich mit Francine und Marty beim Aquarium zu treffen.

57

20. Mai

Ein alter Chevy Vega mit texanischem Kennzeichen kam ihm auf der Steinbrücke entgegen und hupte Edward zu. Edward drehte sich um und sah, daß eine Menge Ankleber für Stoßstangen die Rückseite des Wagens bedeckte und außerdem den Gepäckraum und die unteren Ecken des Rückfensters. Ein Plakat in Tagesleuchtfarben fiel ihm sofort ins Auge: REGISTRIERT MIEZEN STATT WAFFEN. Ein verblaßtes gelbes Plastikquadrat hing in der oberen Ecke des Fensters: VORSICHT! KIND AM STEUER.

»He, Edward!«

»Minelli!«

Er ging ans Fenster und beugte sich hinunter, um den Arm um Minellis Rücken zu legen. »Du Verrückter! Ist das deiner?« Er zeigte auf den Vega.

»Habe ihn vor drei Wochen gekauft, komplett mit Dekoration. Ist doch eine Schönheit, nicht wahr?«

»Ich freue mich wirklich, dich zu sehen.«

»Ich freue mich, wenn ich gesehen *werde*. Es war einige Zeit hart, nachdem wir uns getrennt hatten. Du bist nach Texas zurückgegangen?«

»Stimmt«, sagte Edward. »Was ist mit dir?«

»Ich habe im Büro des Instituts eine Szene gemacht. Sie haben meine Papiere genommen, mich hinausgeworfen und gesagt: ›Na los, verklage uns!‹ Ich habe dieses Auto gekauft und fahre seit dieser ganzen Zeit umher. Ich bin wieder nach Shoshone gekommen und habe in dem Gemischtwarenladen reingeschaut. Habe alle Leute begrüßt. Stella war nicht da. Sie war weg nach Las Vegas, um mit Anwälten über Mineralverträge zu sprechen. Aber Bernice war da. Sie hat nach dir gefragt. Ich sagte, dir ginge es gut. Ist es so?«

»Ich fühle mich prima«, sagte Edward. »Park doch und mach mit mir einen Spaziergang!«

»Wohin?«

»Ich höre, daß es auf El Capitan Bergkletterer gibt.«

»Verdammt! Genau wie Disneyland.«

Minelli parkte den Wagen unter einer blauen Wolke von Auspuffgas. Er tätschelte den Gepäckraum, ehe er ihn aufmachte. »Warum eine Menge für etwas ausgeben, das nicht länger als noch einen oder zwei Monate zu halten braucht?«

»Sieht so aus, als ob er mitten im Niemandsland auseinanderbrechen könnte.«

»Ach, ich habe mich immer auf die Freundlichkeit von Fremden verlassen.«

»Bei deinem Sinn für Humor könnte das gefährlich sein.«

Minelli zuckte die Achseln und breitete die Arme zur Sonne hin aus. »Ultraviolett, wütet, so sehr ihr wollt! Ich gebe keinen Pfifferling mehr dafür.«

Sie folgten drei Kilometer lang der Asphaltstraße an den Three Brothers vorbei, dann gingen sie weitere anderthalb Kilometer auf einem Pfad und standen jetzt auf der Wiese vor El Capitan. Sie blickten zu der massiven alten Granitwand empor. Ein blasser Streifen zeigte, wo 1990 eine Felsplatte abgebrochen und unverwittertes Gestein freigelegt worden war.

»Es ist großartig. Ich bin seit zehn oder zwölf Jahren nicht mehr hier gewesen«, sagte Minelli. »Warum bist du hergekommen?«

»Kindheitserinnerungen. Der beste Platz auf Erden.«

Minelli nickte heftig. »Überall, wo ich mich gerade befinde, ist der beste Platz auf Erden; aber dieser hier ist besser als die meisten. Ich sehe niemanden da oben. Wo sind die?«

Edward nahm einen kleinen Feldstecher zur Hand und sagte: »Halte Ausschau nach Ameisen, die Seile und Säcke nachziehen! Da oben sind vier oder fünf, wie ich gehört habe.«

»Jesus!« sagte Minelli und beschattete seine Augen. »Ich sehe einen schwarzen Fleck. Nein. Es ist ein blauer Fleck. Die Farbe meines Schlafsacks. Ist das einer?«

Edward zog mit dem Finger eine Linie von dem kleinen blauen Fleck weg. »Schau ein paar Grade höher! Da.« Er gab Minelli den Feldstecher. Minelli schwenkte ihn hin und her in immer kleineren Bogen und hielt dann inne. Seine Augenbrauen hoben sich über die Okulare. »Habe ihn. Oder sie. Hängt einfach so da.«

Edward sagte: »Da oben ist noch einer. Es muß ein Team sein. Die Seile zwischen ihnen wirst du kaum erkennen.«

»Wie lange dauert es, bis auf den Gipfel zu kommen?«

»Einen Tag, hat mir jemand gesagt. Vielleicht auch

länger. Manchmal biwakieren sie dort in einem Sack hängend oder, wenn sie Glück haben, auf einer Felsleiste.«

Minelli gab ihm den Feldstecher zurück. »Mir wird schon schwindlig, wenn ich bloß daran denke.«

Edward schüttelte den Kopf. »Ich weiß nicht. Ich könnte daran Spaß haben. An die Leistung denken, auf dem Gipfel stehen und über alles hinausblicken. Wie ein Wolkenkratzer zu sein und dabei zu wissen, daß das alles einem gehört.«

Minelli machte ein zweifelndes Gesicht. »Was geschieht hier sonst noch? Der Platz ist verlassen.«

»Praktisch ja. Da gibt es ein Gruppentreffen im Amphitheater von Curry Village heute abend. Eine Band gibt morgen abend ein Konzert. Die Ranger sind kaum beschäftigt. Einige von ihnen veranstalten Touren zum Wochenende.«

»Alle Leute bleiben zu Hause. Mr. und Mrs. Mamapapa kuscheln sich vor ihre Fernseher, nicht wahr?«

Edward nickte und hob dann wieder den Feldstecher auf der Suche nach weiteren Bergsteigern. »Machst du ihnen das zum Vorwurf?«

»Nein«, sagte Minelli ruhig. »Wenn ich ein Heim hätte oder jemanden, um den ich mich kümmern müßte — ich meine, eine Frau —, dann wäre ich dort. Ich habe meiner Schwester und Mutter Lebewohl gesagt. Die wissen nicht, was, zum Teufel, da passiert. Sie sind zu unwissend, um sich Sorgen zu machen. Mama sagt: ›Gott wird sich um uns kümmern. Wir sind seine Kinder.‹ Vielleicht wird er das. Aber falls nicht, bin ich bei dir. Ich hege keinen Groll. Ich kann immer noch die Meisterwerke des alten Angebers bewundern.«

»Es könnte hübsch sein, wenn man keine Ahnung hätte«, sagte Edward und ließ den Feldstecher sinken.

Minelli schüttelte energisch den Kopf. »Schließlich möchte ich doch wissen, was geschieht. Ich will nicht diese ... Panik, wenn es kommt. Ich will Bescheid wissen und dasitzen und so viel beobachten, wie ich kann. Vielleicht ist dies der beste Platz im Theater.« Er zeigte auf die fleckige Felswand. »Irgendwo ganz hoch oben.«

Da Edwards Zelt zwei Liegen hatte, bot er eine davon Minelli an, aber der lehnte ab. »Schau«, sagte er. »Die nehmen dafür jetzt nicht einmal Geld. Ich habe unten im Dorf gefragt, und die Burschen sagten: Mach nur weiter, schlaf in einem, halte es bloß selbst sauber! Was mich angeht, so werde ich mir eine Frau suchen, die bei mir ist, wenn es passiert. Wie ist es mit dir?«

»Das wäre hübsch«, stimmte Edward zu.

»Also gut dann. Wir tun uns zusammen, finden Frauen — kluge Frauen, meine ich, die ebenso gut wissen, was passiert, wie wir — und machen eine wilde Party zusammen. Ich habe einige Lebensmittel mitgebracht, und der Dorfladen ist bis unter das Dach voll von Bier und Wein und Tiefkühlkost. Wir werden es uns gutgehen lassen.«

Als die Dämmerung kam, duschten sie, zogen frische Sachen an und gingen zum Amphitheater, vorbei an den Blockhäusern. Vor der offenen Tür von einem saß ein Paar mittleren Alters in Klappstühlen und hörte auf einen leise gestellten tragbaren Radioapparat. Sie nickten sich grüßend zu.

»Gehen Sie zur Versammlung?« fragte Edward.

Der Mann schüttelte den Kopf. »Heute abend nicht«, sagte er. »Es ist heute abend zu friedlich.«

»Sie werden es von hier aus sowieso hören«, warnte sie Minelli.

Der Mann und die Frau lächelten und ließen sie ziehen. »Erzählen Sie uns, falls es etwas Interessantes gibt!«

»Mal sehen«, sagte Minelli zu Edward, als sie an dem Verwaltungsgebäude und dem Laden für alles von Curry Village vorbeikamen.

Das Tal lag in kühlem Schatten. Vereinzelte Wolken

verdunkelten die Gipfel von Half Dome und Royal Arches. Edward zog den Reißverschluß seiner schwedischen Jacke hoch. Das Amphitheater mit Bänken, die in runder Anordnung vor einer erhöhten Bühne aus Brettern und Balken angeordnet waren, war voll. Leute jeden Alters wimmelten herum, während Ingenieure sich um die Beschallungsanlage kümmerten. Die Lautsprecher krachten und brummten. Echos der Menge und der elektronischen Geräusche wurden aus verschiedenen Richtungen zurückgeworfen. Sie fanden eine Bank in halber Entfernung von der Bühne und setzten sich. Sie beobachteten die anderen und wurden ihrerseits beobachtet. Ein stiernackiger graubärtiger Mann von ungefähr fünfundsechzig in einer khakifarbenen Buschjacke bot ihnen ungeöffnete Büchsen aus einem halbleeren Kasten Coors-Bier an; und sie nahmen es, ließen es knallen und schlürften, während die Versammlung zur Ruhe kam.

Eine große Rangerfrau des Parks in mittleren Jahren kletterte auf die Bühne und trat vor das Mikrophon. Sie paßte es ihrer Größe an, lächelte und sagte: »Hallo!«

Die Zuhörer antworteten entsprechend mit einem leisen, freundlichen Murmeln.

»Mein Name — viele von euch kennen mich schon — ist Elizabeth Rowell. In Yosemite sind wir jetzt ungefähr unserer dreihundertfünfzig; und jeden Tag kommen einige mehr hinzu. Ich glaube, wir wissen alle, warum wir hier sind. Wir sind alle einigermaßen überrascht, daß nicht mehr hier sind; aber einige von uns haben auch dafür Verständnis. Ich bin hier zu Hause, und ich beabsichtige *daheim* zu bleiben.« Sie schob das Kinn vor und schaute sich im Auditorium um. »So geht es auch anderen, und nicht viele Leute leben hier wie ich das ganze Jahr über. Diejenigen von euch, die ihre Heimat verlassen haben, um hierher zu kommen, sind eingeladen zu bleiben.«

»Wir haben großes Glück. Es sieht so aus, als ob das

Wetter warm würde. Vielleicht nieselt es dann und wann; aber es wird eine Woche lang oder so nicht viel Regen und Schnee fallen, und alle Pässe sind offen. Ich möchte nur sagen, daß alle Vorschriften für den Park noch in Kraft sind und wir alle uns verhalten, als wäre die Lage normal. Falls ihr Hilfe braucht, so sind wir voll besetzt mit Rangern. Die Parkpolizei ist im Dienst. Wir haben bisher keinen Ärger gehabt, und wir erwarten auch keinen. Ihr seid nette Leute.«

Der Mann mit dem Bierkasten lächelte und hob den Arm dazu.

»Jetzt bin ich hier vor allem, um Leute vorzustellen. Zunächst ist hier Jackie Sandoval. Einige von euch kennen sie schon. Sie hat sich uns freiwillig als eine Art Sprecherin zur Verfügung gestellt für heute abend und für den Rest unseres Aufenthalts. Jackie?«

Eine kleine, schlanke Frau mit langem schwarzen Haar und einem Puppengesicht kam auf die Bühne. Rowell stellte für sie das Mikrophon tiefer.

»Hallo«, sagte sie, und wieder ging von der Menge im Amphitheater ein warmer Klang aus. »Wir sind doch hier, um zu feiern, nicht wahr?« Schweigen. »Ich denke, daß es so ist. Wir sind hier, um zu feiern, wie weit wir hergekommen sind und die Wohltaten aufzuzählen, die uns widerfahren sind. Wenn das, was die Experten sagen, wahr ist, so können wir noch zwei oder drei Wochen in dieser Wildnis leben, um ihre Schönheit zu genießen und auf unser Leben zurückzuschauen. Wie viele haben schon eine Chance für eine solche Retrospektive gehabt?«

»Wir sind eine Gemeinschaft — nicht nur wir alle hier, sondern auch Leute überall. Einige von uns sind daheim geblieben, und andere sind hierher gekommen, vielleicht weil wir erkannt haben, daß die ganze Erde unsere Heimat ist. Wenn es euch recht ist, werden wir uns jeden Abend im Amphitheater versammeln und gemeinsam zu Abend essen. Vielleicht werden einige für uns singen. Wir werden eine Familie sein. Wie Elizabeth sagte, sind alle willkommen. Ich habe gesehen, daß auch einige Motorradfahrer in Sunnyside kampiert haben. Sie haben keinen Ärger gemacht, wie man mir gesagt hat, und auch sie sind willkommen. Vielleicht können wir zum einzigen Mal in unserer Geschichte alle beisammen sein und uns über das freuen, was wir gemeinsam haben. Heute abend habe ich Mary und Tony Lampedusa gebeten, für uns zu singen; und dann wird es im Besucherzentrum von Yosemite Village Tanz geben. Ich hoffe, daß ihr kommen werdet.«

»Zunächst sind da noch einige Ansagen. Wir legen in Ahwanee unsere Bücher und Videobänder und dergleichen zusammen, um eine Art Bibliothek zu bilden. Jeder, der dazu beitragen möchte, ist willkommen. Der Parkservice hat eine Menge Bücher über Yosemite und die Sierras beigesteuert. Ich bin sozusagen die Bibliothekarin. Also redet mit mir, wenn ihr etwas lesen oder stiften wollt.«

»Ach ja, wir richten auch eine Musikbibliothek ein. Wir haben fünf tragbare optische Plattenspieler, die sonst für aufgezeichnete Touren durch den Park dienen, und ungefähr dreihundert Musik-Discs. Und nun sind hier Tony und Mary Lampedusa.«

Edward saß mit der halbvollen Bierdose zwischen den Knien da und hörte dem hohen, lieblichen Folkgesang zu. Minelli schüttelte den Kopf und ging weg, ehe sie fertig waren. »Wir treffen uns beim Tanz«, flüsterte er Edward im Vorbeigehen zu.

Der Tanz begann langsam auf der offenen Holzplattform des Besucherzentrums. Die kräftige Stereoanlage eines Rangers lieferte die Musik, zumeist Rockmelodien aus den Achtzigern.

Ungefähr die Hälfte der Leute im Park waren Singles. Einige, die es nicht waren, taten so, als ob sie es wären; und unter Paaren kam es gelegentlich zu Streit. Edward hörte, wie ein Mann zu seiner Frau sagte: »Gott, du weißt, daß ich dich liebe; aber wird durch dies hier nicht alles anders? Sollten wir hier nicht alle beisammen sein?« Die Frau schüttelte in Tränen den Kopf.

Minelli hatte kein Glück mit der Partnersuche. Seine Erscheinung — kleinwüchsig, fast ungekämmt, mit einem etwas übertriebenem Grinsen — war für die passenden, gepflegten einzelnen Frauen nicht attraktiv. Er warf Edward über den Freiluftpavillon einen Blick zu und zuckte ausdrucksvoll die Achseln. Dann zeigte er auf ihn und hielt eine Hand hoch mit dem Daumen nach oben. Edward schüttelte den Kopf.

Jedermann war an diesem Abend am Rande der Verzweiflung, was auch zu erwarten war. Edward stand beiseite. Er hatte keine Lust, sich gerade jetzt an eine Frau heranzumachen. Er wollte nur zuschauen und sich ein Urteil bilden.

Der Tanz ging früh zu Ende. »Kein toller Tanz«, bemerkte Minelli, als sie im Dunkeln nach Camp Curry zurückkehrten. Sie trennten sich bei den Duschräumen, um zu ihren Zeltunterkünften zu gehen.

Edward war aber noch nicht zum Schlafen aufgelegt. Mit der Taschenlampe in der Hand ging er auf einem Pfad nach Westen und kam zu den Happy Isles. Dort blieb er auf einer hölzernen Brücke stehen und lauschte dem Merced-Fluß. In der Entfernung konnte er hören, wie die Vernal- und Nevadafälle mit dem Schmelzwasser dröhnten. Der Fluß hatte Hochwasser, schwarz in der Tiefe und dunkelblau in den Strudeln.

Er schaute zu den Sternen auf. Durch die Bäume, eben oberhalb Half Dome, flimmerte der Himmel wieder mit kleinen, starken Leuchterscheinungen in blaugrün und rot. Fasziniert beobachtete er das einige Minuten lang und dachte: »Da oben ist noch einiges los. Sieht aus wie ein Kampf.« Er suchte sich vorzustellen, was für eine Art Krieg im Weltraum ausgefochten werden mochte, in den Asteroiden, konnte es aber nicht. Er sagte: »Ich wollte, ich könnte es verstehen. Ich möchte, daß mir irgend jemand sagt, um was es da überhaupt geht.«

Plötzlich schmerzte sein Körper. Er biß die Zähne zusammen und hieb mit der Faust auf das hölzerne Geländer mit stummem Schrei. Er trat gegen einen Pfosten, bis er auf dem Holzbelag zusammenbrach und seinen schmerzenden Fuß umklammerte. Eine Viertelstunde lang weinte er, den Rücken gegen das Geländer gestemmt, wie ein Kind. Er ballte die Hände zur Faust und öffnete sie wieder.

Eine halbe Stunde später, als er langsam beim Licht der Taschenlampe zum Lager zurückkehrte, wurde ihm klar, was er zu verlieren hatte.

Er stieg die Stufen zu seiner Hütte empor und brach auf dem Bett zusammen, ohne sich auszuziehen. Morgen abend würde er nicht zögern, eine Frau zum Tanz zu bitten, oder mit ihm zurückzugehen und bei ihm zu bleiben. Er würde nicht schüchtern sein oder auf Prinzipien oder seiner Würde beharren.

Es gab einfach keine Zeit mehr für solche Skrupel.

Er verstand nicht, was geschah, konnte aber das Ende kommen fühlen.

Wie jedermann fühlte er es in seinen Gebeinen.

58

Reuben erwachte um fünf Uhr. Mit weit aufgerissenen Augen fand er sich mit ausgebreiteten Armen und Beinen auf einem kurzen Einzelbett in einem kleinen, schäbigen Hotelzimmer. Sein nächtliches Gestrampel hatte das Bettlaken und das Oberbett weggezogen, und er war nur halb zugedeckt.

Er setzte sich auf die Bettkante und zog seine ›Eierwärmer‹ (die sein Vater immer Jockey-Unterhosen zu nennen pflegte) an, sowie ein T-Shirt und lange Hosen. Dann zog er die Vorhänge von dem schmalen Fenster weg und stellte sich davor. Er sah, wie das Licht der Vordämmerung über der Stadt aufstieg. Graue Gebäude, alte Ziegel- und Natursteine, dunkel getönt durch den Matsch und Schnee der vergangenen Nacht. Gelbliche Straßenlaternen, die einsames Licht auf nasses Pflaster warfen. Ein einzelner alter Toyota-Lastwagen, der unter dem Fenster durch den Dreck fuhr und langsam hinter einer verlassenen und zugenagelten Ladenfront verschwand.

Reuben duschte, zog sein neues Hemd an, und verließ das Hotel um fünf Uhr dreißig. Er hatte sein Zimmer schon am Vorabend bezahlt. Einen Augenblick stand er fröstelnd vor der kahlen Ladenfront und horchte auf das Netz, um letzte Anweisungen zu bekommen. Der alte Toyota kam wieder die Straße herunter und bog vor ihm an den Bürgersteig ein. Ein Mann im Overall und mit Baseballmütze, der nur ein paar Jahre älter war als Reuben, saß am Lenkrad. »Kann ich dich mitnehmen?« fragte er und machte die entgegengesetzte Tür auf. »Du willst zum Toland Brothers Excursion Terminal. Du bist der zweite, den ich heute morgen aufgelesen habe.«

Reuben rutschte in den Beifahrersitz und lächelte dem Fahrer zu. »Schrecklich früh, um schon herumzufahren«, sagte er. »Ich weiß das zu schätzen.«

»Nun, es ist für einen guten Zweck«, sagte der Mann. Sein Blick ruhte auf Reubens Gesicht. Er schien nicht sehr glücklich zu sein, daß sein Passagier schwarz war. »Jedenfalls hat man mir das gesagt.«

Sie nahmen die Neunte Straße Ost zum Municipal Pier. Der Fahrer ließ Reuben aussteigen und fuhr weg, ohne ein weiteres Wort zu sagen.

Die Dämmerung war erst kaum mehr als ein Versprechen, als er den Pier entlangging und an die schweren Eisengitter und das Tor unter dem gewaltigen Schild

TOLAND BROS. herantrat. Ein plumper, ergrauter Mann von weniger als siebzig und sicher über sechzig Jahren stand hinter dem Tor mit einer Taschenlampe in der Hand und ließ eine Zigarette zwischen den Zähnen baumeln. Er sah Reuben, bewegte sich aber erst, als der junge Mann bis auf weniger als zwei Meter herangekommen war. Dann kam er hinter dem Gitter näher und richtete den Lichtstrahl auf Reubens Gesicht.

»Was kann ich für dich tun?« fragte er scharf. Die Zigarette war durchnäßt und kalt.

Reuben sagte: »Ich bin hier für den Frühausflug.«

»Ausflug? Wohin?«

Reuben zeigte mit ausgestrecktem Arm vage auf den Erie-See. Der Mann sah ihn im Licht seiner Lampe einige lange Augenblicke prüfend an. Dann senkte er den Lichtstrahl und rief: »Donovan!«

Donovan, ein kleiner, sauberer Burslche in einem cremefarbenen Anzug, ungefähr so alt wie der Mann, aber weit besser erhalten, kam aus einem Schuppen nahe dem Büro heraus.

Donovan warf einen raschen Blick auf Reuben und fragte: »Netzwerk?«

»Ja, Sir.«

»Mickey, laß ihn rein!«

Mickey knurrte: »Verdammte Narren! Auf dem See ist noch Eis. Uns vor Beginn der Saison herauszuholen.« Er neigte den Kopf auf eine Seite und konzentrierte sich darauf, das Vorhängeschloß zu öffnen und eine Kette aus dem Riegel des Tors zu ziehen. Die Kette rutschte mit einem verdächtigen Geräusch *snick-tink*, das an ein Maschinengewehr erinnerte, aus der Öse. Er zog das Tor nach einwärts und winkte Reuben mit einer großen, schwieligen, roten Hand hinein.

Auf halber Länge des Piers, nach einem alten vernagelten Restaurant für Meeresfrüchte, rülpste ein Ausflugsschiff mit zwei Decks namens *Gerald FitzEdmund* aus einem Tandemdiesel durch Heckrohre, die eben über der Wasserlinie lagen. Das Boot konnte leicht zwei- oder dreihundert Passagiere aufnehmen, war um diese Stunde aber praktisch leer. Donovan ging Reuben voraus und bedeutete ihm, über die mit Seilen gesicherte Einstiegsrampe zu gehen.

»Wir werden in einer oder zwei Stunden auf den See hinausfahren«, sagte Donovan. »Wir sind angewiesen worden, euch drei da draußen zu lassen. Wo auch immer das ›da‹ sein mag. Es ist heute verdammt kalt für die Fahrt, das kann ich dir sagen.«

Reuben fragte: »Was sollen wir da draußen machen?«

Donovan starrte ihn an. »Weißt du das nicht?«

»Nein.«

»Christus! Ich *vermute* ...« — er brauchte das Wort, als ob es einen gewissen offiziellen Anstrich hätte, ihm aber schwer über die Lippen käme — »ich *vermute*, daß ihr da draußen etwas finden werdet, ehe wir euch absetzen. Oder vielleicht würdet ihr auch einfach erfrieren.«

»Ich hoffe, daß wir das werden«, sagte Reuben und schüttelte zweifelnd den Kopf. »Ich meine — da draußen etwas finden.« Bis jetzt haben sie mir nichts Böses angetan.

Er ging zum Bug und traf einen weißen Jungen, der etwa vier oder fünf Jahre jünger war als er, und eine gut gekleidete schwarze Frau um die dreißig. Eine steife, eisige Brise fuhr über das Deck und blies der Frau das Haar über das Gesicht. Sie schaute ihn an und blickte dann nach vorn, ohne ein Wort zu sprechen. Der Junge hielt ihm die Hand hin, und sie tauschten einen kräftigen Händedruck.

»Ich heiße Ian«, sagte der Junge mit den klappernden Zähnen.

»Reuben Bordes. Gehört ihr beide zum Netz?«

Der Junge nickte. Die Frau ließ die Spur eines Lächelns erkennen, blickte aber weiter auf den See hinaus.

»Ich bin besessen«, sagte Ian. »Du mußt es auch sein.«

»Sicher bin ich das«, sagte Reuben.

Ian fragte: »Veranlassen sie dich, irgendwas zu tun?«

»Sie veranlassen mich, jetzt dies zu tun.«

»Mich auch. Ich habe ein bißchen Angst. Niemand weiß, was wir machen.«

»Sie werden sich schon um uns kümmern«, sagte die Frau.

»Wie ist Ihr Name, Ma'am?« fragte Reuben.

»Das geht dich verdammt gar nichts an. Ich muß euresgleichen nicht mögen. Ich habe bloß dies zu tun.«

Ian sah Reuben verschmitzt an und warf ihr einen schiefen Blick zu. Reuben nickte.

Donovan und Mickey stiegen in die Steuerkabine auf dem Oberdeck. Ein Mann in dunkelblauer Uniform war schon am Ruder. Mit nur sechs Personen an Bord stieß das Boot vom Kai ab und nahm Kurs auf das glatte und ruhige morgendliche Wasser des Sees. Unter dem Bug drehten sich Eisbrocken. Reuben schlug vor: »Wir sollten besser hineingehen, sonst erfrieren wir, Ma'am.« Die Frau nickte und folgte ihm in den geschlossenen Passagierbereich.

Nach fünfzehn Minuten Fahrt kam Mickey zum Unterdeck herunter mit einem Karton und einem Thermos. Er sagte: »Die Kombüse ist nicht offen, aber wir haben diese Sachen mit an Bord gebracht.« Er nahm den Deckel des Kartons ab und brachte Krapfen und drei Plastiktassen zum Vorschein.

»Ich danke Ihnen sehr«, sagte die Frau, die auf einer Bank aus Fiberglas saß. Ian nahm sich zwei Krapfen, und Reuben folgte seinem Beispiel. Mickey schenkte den dampfenden Kaffee in die hingehaltenen Tassen ein. »Donovan sagt mir, daß niemand weiß, was da draußen ist«, sagte er und machte den Thermos zu.

Reuben schüttelte den Kopf und ließ etwas von dem Puderzucker von dem Krapfen in den Kaffee fallen.

»Was gibt es denn draußen anderes als Wasser? Will man euch ertrinken lassen?«

Die Frau sagte: »Da draußen gibt es etwas.«

»Das bezweifle ich nicht. Ich möchte mich nur nicht so verdammt gruselig fühlen. In den letzten paar Monaten ist alles zum Teufel gegangen. Gott sei Dank ist keine Saison. Keine Touristen. Der Präsident dreht durch. Die ganze Welt.«

»Gehören Sie zum Netzwerk?« fragte Ian.

Mickey schüttelte den Kopf. »Ich Gott sei Dank nicht. Aber Donovan. Er hat mir davon erzählt und die Spinne gezeigt. Das verdammte Ding wollte mich nicht beißen. Da sieht man, was, zum Teufel, ich wert bin. Ich habe daran gedacht, die Zeitungen anzurufen; aber wer würde mir schon glauben? Wen würde das kümmern? Ich und Donovan, wir arbeiten seit dreißig Jahren auf den Seen. Erst haben wir Stinte gefischt, dann Salonschwalben — ich meine Touristen — spazieren gefahren. Ich habe diesem Schiff den Namen gegeben. Das ist ein Witz.«

Niemand begriff; daher räusperte er sich: »Ich sage den Leuten: ›Wrack der Edmund Fitzgerald‹. Erinnert ihr euch an das Lied? Da ist ein Erztanker untergegangen. Eine große Welle oder so etwas hat ihm den Kiel gebrochen, und er ist spurlos gesunken. Aber, zum Teufel, Salonschwalben haben keine Ahnung von den Seen. Sie halten sie für Pfützen. Diese Seen sind verdammte Ozeane, nur von Land eingeschlossen. Ihr könntet auf dem Boden etwas verstecken, ganze Städte...« Er blickte sie mit Nachdruck an, eine bleistiftdünne Augenbraue hochgezogen. »So habe ich mir meine Gedanken gemacht. Ich brauche euch nicht zu sagen, was ich mir gedacht habe. Ich überlasse das ganz euch und Donovan. Wenn die verdammte Spinne mich nicht beißen will, mache ich trotzdem natürlich mit, er ist ja mein Partner. Aber ich sage: Zum Teufel damit, und mit allem anderen auch!«

Er ging mit Karton und Thermos nach achtern. Seine Schultern zuckten. Die Frau verzehrte ihren einen Krapfen sehr manierlich. Sie hatte einen Ellbogen auf die Lehne der Bank gestützt und sah zu, wie er wegging. Dann fragte sie, plötzlich vertraut und freundlich: »Was habt ihr beiden denn gemacht?«

Ian saß neben ihr und hielt seine Kaffeetasse gegen das leichte Schaukeln des Schiffes in der Beuge eines Beines fest. Er sagte: »Wir haben Bibliotheken des Bundesstaates Cleveland geplündert. Und Sie?«

»Case Western. Ich und ungefähr sechs andere. Zwei davon sind Hacker. Die haben einen Lastwagen in das Datenspeicherzentrum der Hauptbibliothek gefahren, Kabel in das Gebäude gezogen und alles herausgeholt, an das sie nur irgendwie herankonnten.«

Reuben sagte: »Ich habe an jenen Burschen da in Virginia Aufzeichnungen von der Library of Congress geschickt. Und anderes Zeug. Ich habe Trevor Hicks rekrutiert.« Weder Ian noch die Frau wußten, wer Trevor Hicks war. »Habt ihr irgend jemand von denen unterhalb der Bosse kennengelernt — den Menschen, die ich im Netz gehört habe, die Befehle erteilen?«

»Ich habe«, sagte die Frau. »Einer von denen ist mein Gatte. Wir lebten getrennt und hatten die Scheidung eingereicht, als wir beide besessen wurden. Ich mußte in den letzten zwei Monaten mit ihm arbeiten und Weisungen von ihm entgegennehmen. Er arbeitet für das State Department.«

Cleveland war im Süden nicht mehr zu sehen. Da war nichts als der blaue, mit Eis gesprenkelte See und ein rasch verschwindender Nebel von Horizont zu Horizont. Sie waren schon seit über einer Stunde auf dem Wasser.

»Meint ihr, daß es jemand gibt, der völlig im Bilde ist?« fragte Ian. »Ich meine — irgendeinen Menschen.«

»Wenn es einen gibt, so bin ich ihm jedenfalls noch nicht begegnet«, sagte Reuben.«

»Mein Mann erteilt Befehle, aber er weiß nicht alles.«

Ian leckte sich Krumen und Zucker von den Fingern.

»Ich hoffe, daß es auf diesem Kahn einen Waschraum gibt«, sagte er und ging nach hinten.

Die Maschine des Schiffs wurde zu einem sonoren gurgelnden Gebrumm heruntergeschaltet. Das Wasser war etwas bockig geworden; und als sie einen Kreis beschrieben, fühlte Reuben sich mulmig. *Dieser Krapfen wird mir noch leid tun.*

»All right«, rief Donovan über den Lautsprecher aus dem Ruderhaus. »Hier sollen wir laut Anweisung sein. Bekommt jemand Mitteilungen?«

»Ich nicht«, sagte die Frau, stand auf und wischte sich Krapfenkrumen vom Mantel.

»Christus!« kommentierte Donovan trocken.

Sie waren zehn Minuten lang im Kreis gefahren, als Ian rief: »Da bläst das Vieh!« Er war auf das Oberdeck gestiegen und lehnte jetzt an der Reling neben dem Steuerhaus. Er wies nach Westen. Reuben und die Frau gingen wieder zum Bug. In der von ihm angegebenen Richtung sahen sie einen dunkelgrauen Block aus dem Wasser aufsteigen, etwa so groß und so geformt wie ein Lastanhänger. Der Steuermann ließ die Motoren stärker arbeiten und brachte sie näher an das herausragende Ding heran.

»Was ist das?« rief Ian. »Ein U-Boot?«

»Ich weiß nicht«, sagte Reuben und mußte fast lachen. Er war aufgeregter und ängstlicher denn je. Das Gesicht der Frau war eine strenge Maske; aber ihr starrer Blick mit aufgerissenen Augen verriet sie.

Das Schiff ging bis auf ein paar Meter an den grauen Block heran. Der Bug stieß dagegen.

Da öffnete sich in der glatten, dunklen Fläche eine quadratische Luke, ungefähr von der Größe Reubens, in der gleichen Höhe wie das Schanzkleid des Bootes.

»Das ist ein Aufzug«, sagte die Frau. »Nein, es ist eine Treppe. Man erwartet, daß wir hineingehen. Du, ich und er.« Sie zeigte auf sich, Reuben und Ian auf dem Oberdeck. »Sonst keiner.«

»Ich weiß«, sagte Reuben. *Wenigstens schaukelt es nicht.*

Donovan stand an der Backbordgangway und zog sie weg, als der Steuermann sie so dicht an den Block heranbrachte, als er wagen konnte. Mickey fuhr eine kürzere Planke an die Gangway und schob sie zum Eingang des Blocks vor. Das war immerhin sicher genug, wenn auch nicht mehr. Die Frau ging zuerst hinüber, ungeduldig, vom Wind gezaust, mit einem festen Griff an dem einzigen hochgebrachten Geländer. Dann folgte Reuben und schließlich Ian.

Sie ging schon eine Wendeltreppe im Innern des Blocks hinunter, als Reuben hinten in der Nische stehen blieb. Er blickte hinter ihr her. Ian kam nach.

»Ist es das?«

»Das ist es«, bestätigte Reuben.

»Dann wollen wir lieber gehen.«

Sie stiegen hinunter. Über ihnen schloß sich die Luke mit leisem Gebrumm.

59

Ein wild gekippter Fußboden, Rauch drang durch die Bretter und Ziegel, ein Schwall von Dampf und Gestein, und die Wände fielen auseinander. Er fühlte, wie er hochgehoben wurde, und begann zu schreien.

Aufrecht im Bett sitzend blinzelte Arthur in das ungewohnte Zimmer. Marty war auf allen vieren im Nachbarbett und kreischte hysterisch.

Francine legte ihre Arme um Arthur.

Sie sagte: »Es ist nichts.« Sie ließ ihn los und kroch unter den Laken hervor, um Marty zu umarmen. »Papa hatte nur einen Alptraum«, sagte sie. »Es ist alles in Ordnung.«

»Es war *hier*«, sagte Arthur. »Ich habe es gefühlt. O — *Gott!*«

Marty war jetzt still. Francine kam wieder in ihr Bett und legte sich dicht neben Arthur. »Man könnte meinen, daß sie dir mit deinen Träumen oder sonst etwas helfen würden«, sagte sie etwas bitter.

»Ich wünschte, daß sie den hier blockiert hätten«, sagte er. »Ich könnte ...«

»Pst!« sagte Francine und legte die Arme um ihn. Sie bibberte. »Schlimm genug, wenn wir das durchleben müssen. Warum müssen wir auch noch davon träumen?«

»Hast du davon geträumt?«

Sie schüttelte den Kopf. »Das wird noch kommen. Ich weiß es. Jedermann wird es so ergehen, je näher es rückt.« Ihr Zittern steigerte sich. Die Zähne klapperten ihr, während sie ihn umfangen hielt. Arthur streichelte ihr Gesicht mit den Fingern und hielt sie seinerseits fester, aber sie wurde nicht getröstet. Ohne Tränen schüttelte sie sich heftig und stumm. Ihre Halsmuskeln waren verkrampft, weil sie keinen Ton herausbringen wollte, um Marty keine Angst zu machen.

»Wi-wi-wir w-werden *sterben*«, flüsterte sie heiser.

»Pst!« sagte er. »Pst! Ich war es doch, der den Alptraum gehabt hat.«

»Wir werden sssterben«, wiederholte sie. »Ich wwwill schreien. Ich mmmuß schreien, Art!« Sie sah zu Marty hinüber, der noch wach war und von seinem Bett aus zuhörte und zuschaute.

»Geht es Mama gut?« fragte Marty.

Arthur antwortete nicht.

»Mama!« brüllte Marty.

»Mir geht es gut, Liebling.« Ihr Zittern hatte nicht nachgelassen.

»Deine Mutter hat Angst«, sagte Arthur.

»Schluß damit!« verlangte Francine und sah ihn an.

Arthur sagte: »Wir alle haben große Angst.«

»Passiert es jetzt schon?« fragte Marty.

»Nein, aber wir machen uns Sorgen deswegen; und davon bekomme ich Alpträume, und deine Mutter fängt an zu zittern.«

Francine schloß die Augen in einem schmerzlichen Anfall mütterlichen Mitgefühls.

»Alle haben Angst«, erklärte Marty. »Nicht bloß ich. Alle.«

»Das stimmt«, sagte Arthur. Er wiegte Francine sanft. Sie entspannte ihre gerunzelte Stirn, hielt aber die Augen geschlossen. Ihr Zittern war zu einem gelegentlichen Erschauern abgeebbt. Marty kam aus seinem Bett in ihres und legte die Arme um sie, die Wange an ihre Schulter gepreßt.

»Es ist alles in Ordnung«, sagte er.

»Es ist auch in Ordnung, wenn man Angst hat«, sagte Arthur zu niemandem im besonderen und starrte auf die Blumentapete, die von einem kleinen Nachtlicht erhellt wurde, das den Weg zum Badezimmer anzeigte.

Sie befanden sich in einem Hotel garni ein paar Meilen südlich von Portland.

Das Netz war nicht aktiv.

Er war seinen Anweisungen gemäß auf diesen Kurs geschickt worden.

Ich könnte auch ein bißchen Sympathie gebrauchen.

Aber ihm wurde keine zuteil.

PERSPEKTIVE

Exzerpt aus New Scientist, 25. März 1997:
Das Herauskommen einer neuen und radikal veränderten Venus hinter der Sonne hervor hat Planetengeologen viel Stoff zum Nachdenken geliefert. Man hatte erwartet, daß der Aufprall eines Eisblocks von zweihundert Kilometern Durchmesser enorme seismische Brüche bewirken würde; aber dafür gibt es kein Anzeichen. Einige Gelehrte, die den Aufprall mit Ereignissen auf der Erde in Verbindung brachten, haben ernsthaft die Theorie aufgestellt, daß der Block künstlich — so wie ein Gletscher ›kalbt‹ — in viele kleinere Stücke zerlegt wurde, die den Aufprall gleichmäßiger um den zweiten Planeten des Sonnensystems verteilt haben.

Was wir jetzt sehen, ist eine nackte Venus, deren Atmosphäre in eine Hülle aus durchsichtigem überhitzten Dampf verwandelt wurde. Die auf diese Weise zum Vorschein gekommenen Oberflächenzüge unterscheiden sich nur wenig von dem, was die Radarabtastungen durch frühere Planetensonden gezeigt haben.

Der Planetenforscher Ure Heisinck von der Universität Göttingen glaubt, daß die Atmosphäre jetzt einen eingebauten Mechanismus zur Wärmeübertragung besitzt, der sie abkühlen lassen kann. Schließlich würde der Dampf kondensieren, und die so entstehenden undurchsichtigen weißen Wolken würden mehr Sonnenwärme in den Raum zurückstrahlen, als sie absorbieren. Dadurch würde noch mehr Kühlung erzielt, und schließlich käme es zum Fall von Regen, der seinerseits auf der Oberfläche des Planeten zu Dampf werden müßte. Dieser Dampf würde in den oberen Atmosphären kondensieren und wieder Hitze in den Raum zurückschicken. Nach ein paar hundert Jahren könnten Bedingungen wie auf der Erde herrschen ...

Lacrimosa dies illa

60

Rauchiger Dunst hing über dem Tal aus Feuern im Osten: Idaho, Arizona, Utah. Die Morgensonne schimmerte hellorange durch den Schleier und warf auf ganz Yosemite ein träumerisch gedämpftes Licht von apokalyptischer Farbe.

Edward ging an dem Laden vorbei und sah Minelli in der offenen Tür seines Wagens auf dem Parkplatz sitzen. Er hörte Radio, das eine Bein auf das andere Knie gelegt, und kratzte mit einem Zweig Dreck aus den Stollen seines Stiefels.

»Was hört man so?« fragte Edward und lehnte seinen Spazierstock an den Stoßfänger des Autos.

Minelli sagte: »Noch nichts, was uns bis jetzt nahe gekommen wäre. Feuersbrünste im Süden, die sich aber weiter nach Süden und nicht nach Norden ausbreiten, und im Osten Brände ungefähr vier- bis sechshundert Kilometer entfernt.«

»Sonst noch etwas?«

»Die Geschosse sind unter den mikroseismischen Untergrund abgesunken. Niemand kann sie jetzt hören.« Er schmunzelte und schleuderte den Zweig mit dreckiger Spitze auf den Asphalt. »Man hätte Lust, hier draußen zu arbeiten, nicht wahr? Dem Patienten den Puls fühlen.«

»Eigentlich nicht«, sagte Edward. »Gehen wir heute spazieren?«

»Bin schon gewesen«, erklärte Minelli und zeigte nach Westen. »Seit etwa fünf Uhr. Es ist hübsch, im Dunkeln aufzustehen. Der Sonnenaufgang war großartig anzuschauen. Viele meiner Gewohnheiten ändern sich. Ich fühle mich jetzt sehr ruhig. Ergibt das einen Sinn?«

»Ablehnung, Ärger, sich Zurückziehen ... Akzeptanz«, sagte Edward. »Die vier Stadien.«

»Ich *akzeptiere* gar nichts«, sagte Minelli. »Ich bin bloß ruhig im Hinblick auf das, was geschehen wird. Wo gehst du hin?«

»Ich nehme den Mist Trail zu den Vernal- und Nevadafällen empor. Bin noch nie da gewesen.«

Minelli nickte. »Weißt du, ich habe ausgespäht, wohin ich gehen möchte, wenn der Schnurps kommt.« Er zeigte mit erhobenem Finger auf Glacier Point. »Da oben kannst du alles sehen, und es dürfte spektakulär werden. Ich werde hinaufkrabbeln und dort eine Woche, oder wie lange es dauern mag, kampieren. Bloß um bereit zu sein.«

»Was ist, wenn du irgend etwas Weibliches triffst?«

»Ich nehme an, daß sie mit mir gehen wird«, sagte Minelli. »Aber ich habe keine große Hoffnung.« Er rieb sich den Bart und grinste boshaft. »Ich bin nicht gerade die erste Wahl.«

Edward schaute auf einen Aufkleber im Seitenfenster: GEBOREN DEN TEUFEL ZU BESCHWÖREN. »*Mazel*«, rief er in einem jüdischen Glückwunsch über die Schulter und ging nach Osten.

»Ich bin Katholik. Ich weiß nicht viel von diesem Kram.«

»Ich bin Episkopalist«, sagte Edward.

»Wann kommst du zurück?«

»Rechtzeitig für die Versammlung um fünf.«

Edward folgte den Zickzackstrecken des ersten Teils des Muir Trails und machte auf mit Granitbänken versehenen Aussichtspunkten Rast, um über Schluchten zu blicken, die voller brüllenden weißen Wassers waren. Der Geruch von Moos und Gischt und feuchtem Humus stieg ihm in die Nase. Der Vernalfall polterte ständig zu seiner Linken. Geisterhafte nasse Wolken durchtränkten seine Kleidung und schlugen sich ihm auf Gesicht und Händen als Tropfen nieder. Er verzog das Gesicht gegen die Kühle, mochte aber keinen Parka oder sonst etwas anziehen, das ihn isolieren würde.

Die feuchten, grünen Felsen des Weges reflektierten den Himmel und bekamen eine düstere orangebraune Tönung. Als die Brise dicke Nebelstreifen in seine Richtung blies, war er gleichsam in einen warmen bernsteinfarbenen Nebel gehüllt. Der Wasserfall und die verwitterten, von Moos bedeckten Granitwände verloren sich in einer allgemeinen von Dampf erfüllten Leere.

Er zitierte *Letzte Nacht habe ich die Ewigkeit geschaut.* Ohne sich an den Rest zu erinnern, schloß er laut: »Und es hat mich ganz schön erschreckt ...«

Auf der Höhe des Vernalfalls ging er über eine weite, fast ebene Fläche von trockenem weißen Granit. Eine Hand an einem eisernen Geländer stand er dicht bei der weißen, glänzend grünen Kante des hinabstürzenden Wassers. Hier gab es Lärm und Macht, aber wenig Nässe. Beobachtung und Unmittelbarkeit und doch Isoliertheit. Edward dachte, das wahre Erlebnis würde es sein, inmitten des Wassers die Fälle hinabzuschweben, hängend in kaltem Grün und Weiß, wo Vorhänge aus Blasen und langen durchscheinenden Flächen Himmel und Erde verzerrten. Wie wäre es wohl, als ein Wassergeist zu leben, imstande, magisch mitten im sicheren Tod zu verweilen?

Er blickte zu Liberty Cap hinüber und dachte wieder an die ausgedehnten granitenen Räume innerhalb der Felskuppel, die nicht zu sehen waren. *Warum so fasziniert von Stellen, die sich der Sicht entziehen?*

Er runzelte in Konzentration die Stirn und versuchte, den monströsen großen Gedanken zu beschwören, den er so locker erfaßt hatte. *Lebewesen sehen nur die Oberfläche, können in den Tiefen nicht existieren. Leben ist auf die Oberfläche des Realen aufgemalt. Tod ist das große unerforschte Volumen. Tod erhebt sich aus dem Unzugänglichen. Tiefe und Tod haben einen recht ähnlichen Klang ...*

An diesem Morgen waren nur drei andere Personen auf der Strecke gewesen. Einer kam herunter, zwei stiegen hinter ihm auf. Eine weitere Person hatte er nicht gesehen — eine blonde Frau in braunem Parka und dunkelblauen Shorts. Sie trug einen großen, teuren Rucksack, stand auf der gegenüberliegenden Seite des Granitblocks und schaute über Emerald Lake, den See, in dem das Wasser des zweihundert Meter hohen Nevadafalls sich ausruhte, ehe es über den kürzeren Vernalfall strömte. Sie mußte die Nacht biwakiert haben; oder sie war vielleicht auf der ersten, morgendlichen Strecke einer langen Wanderung um den Rand des Tals.

Die Frau wandte sich um, und Edward sah, daß sie hinreißend schön war, groß und nordisch, ein langes Gesicht mit perfekt geschnittener Nase, hellen blauen Augen und Lippen, die zugleich sinnlich und leicht mißbilligend wirkten. Er blickte rasch weg. Ihm wurde allzu deutlich, daß sie für ihn unerreichbar war. Er hatte schon seit langem gelernt, daß so schöne Frauen Männern von seinem mäßigen Aussehen und sozialem Status wenig Aufmerksamkeit schenkten.

Immerhin schien sie aber allein zu sein.

Über ihn kam jenes hohe, schmerzhafte innerliche Singen, das er stets erlebt hatte, wenn er sich in der Gegenwart einer begehrten, aber unerreichbaren Frau befand — nicht Lust, sondern ein fast religiöses Sehnen. Jetzt verlangte es ihn nicht nach einer Sensation. Er wollte nicht davon abgelenkt werden, das Land und die Erde zu verehren, um sich statt dessen auf eine einzelne Frau zu konzentrieren, noch dazu eine, die er wohl kaum bekommen konnte. Die Frau oder die Frauen, die er in der Nacht zuvor sich vorgestellt hatte, konnten keine solche Reaktion bewirken. Sie würden sicher, anspruchslos und nicht ablenkend sein. Daher ging er rasch, mit nicht mehr als einem höflichen Lächeln und Nicken, da vorbei, wo die Frau auf der Brücke stand, und marschierte auf dem Pfad weiter.

In der felsigen und mit Bäumen durchsetzten Hochlandwiese jenseits Emerald Lake fand er eine natürliche Granitbank und breitete sein Frühstück aus, bestehend aus zwei Sandwiches mit präpariertem amerikanischen Käse und Dörrobst, ganz ähnlich dem, was er als Junge bei Wanderungen im Tal gegessen hatte. Vor dem Anblick der weißen Fahne des Nevadafalls, noch ein paar hundert Meter entfernt, kaute er Scheiben einer trockenen Aprikose und machte sich heißen Tee auf einem kleinen tragbaren Ofen.

Da kam jemand hinter ihm empor mit einem so leichten Tritt, daß es kaum zu merken war. »Entschuldigen Sie!«

Er drehte sich im Sitzen um und erblickte die blonde Frau. Sie lächelte auf ihn herunter. Sie war fast zwei Meter groß. »Ja, bitte?« fragte er und schluckte den größten Teil einer halb gekauten Aprikose hinunter.

»Haben Sie hier einen Mann gesehen, etwas größer als ich, mit einem tiefschwarzen Vollbart und einem roten Parka?« Sie deutete die Größe des Mannes mit einer über ihren Kopf gehaltenen Hand an.

Edward hatte ihn nicht gesehen; aber die bekümmerte Miene der Frau veranlaßte ihn, lieber erst nach einer kleinen Pause des Nachdenkens zu antworten. Dann sagte er: »Nein, ich glaube nicht. Heute sind hier nicht viele Leute.«

»Ich warte schon seit zwei Tagen«, sagte sie seufzend. »Wir wollten uns hier, genau am Emerald Lake, treffen.«

»Das tut mir leid.«

»Haben Sie jemanden, der ihm ähnlich wäre, unten im Tal gesehen? Sie sind doch von dort aufgestiegen?«

»Ja; aber ich erinnere mich an keine Männer mit schwarzen Bärten und roten Parkas. Oder auch nur mit schwarzen Bärten — falls es kein Motorradfahrer ist.«

»Oh, nein.« Sie schüttelte den Kopf und wandte sich ab, drehte sich dann aber doch wieder um. »Vielen Dank!«

»Nicht der Rede wert. Darf ich Ihnen Tee oder Obst anbieten?«

»Nein, danke. Ich habe schon gegessen. Ich habe Verpflegung für uns beide mitgebracht.«

Edward sah sie mit unsicherem Lächeln an. Sie schien sich nicht klar zu sein, was sie als nächstes tun sollte. Halb wünschte er sich, sie möchte weggehen. Er fühlte sich fast schmerzlich zu ihr hingezogen.

»Er ist mein Gatte«, sagte sie und schaute zum Liberty Cap auf, wobei sie die Augen gegen den dunstigen Glanz beschattete. »Wir leben getrennt. Wir haben uns einst in Yosemite kennen gelernt und gedacht, wenn wir hierher zurückkämen, bevor...« Ihre Stimme versagte. Sie zuckte leicht mit Schultern und Armen, »könnten wir vielleicht wieder beisammen bleiben. Wir hatten uns am Emerald Lake verabredet.«

»Ich bin sicher, daß er hier irgendwo sein muß.« Edward deutete auf den See, den Pfad und den Wasserfall.

»Ich danke Ihnen«, sagte sie. Diesmal lächelte sie nicht, sondern wandte sich einfach um und ging zurück zum Kopf des Vernalfalls und der hinabsinkenden Nebelschleppe. Er sah zu, wie sie ging und holte tief Luft. Dann biß er in sein zweites Sandwich und sah sich dies beim Kauen bekümmert an. »Das muß am Weißbrot liegen«, sagte er zu sich selbst. »Eine Frau wie die kann ich höchstens mit Vollkornbrot ködern.«

Um drei Uhr waren die Wiesen, der Umkreis des Sees, die Wasserfälle und der Pfad darunter leer. Er war auf Kilometer hin das einzige menschliche Wesen. Zumindest schien es so, oder könnte sogar zutreffen, dachte er. Er ging über die Brücke und verweilte bei den Bäumen auf der anderen Seite, mit nur dem Donnern des Wasserfalls von oben und unten und Bruchstücken von Vogelgezwitscher. Über Steine wußte er sehr gut Bescheid, aber kaum über Vögel. Rotflüglige Amseln und Rotkehlchen und Eichelhäher waren ihm geläufig. Er dachte daran, sich im Laden ein Buch zu kaufen, um die anderen kennenzulernen; aber wozu war es schließlich gut, Namen zu benutzen? Wenn die Erinnerungen ohnehin bald fein zerstäubt in den Weltraum geblasen würden, dann war Bildung nur Verschwendung.

Es kam ihm darauf an, seinen Mittelpunkt zu finden, oder einen Ort der Existenz zu bestimmen, einen Moment der Reinheit und konzentrierter Achtsamkeit zu gewinnen. Er glaubte nicht, daß das mit vielen Leuten um ihn herum möglich wäre. Jetzt hatte er eine Chance, es zu versuchen.

Vielleicht beten. Er hatte in letzter Zeit nicht viel an Gott gedacht, eine bezeichnende Leere. Er wollte kein Spielverderber sein, wenn die ganze Welt in Deckung ging. Aber Anpassung war jetzt ebenso nutzlos wie naturwissenschaftliche Studien, und bei weitem nicht so verlockend.

Das Tal lag noch im Sonnenlicht, Liberty Cap schon im Schatten. Der Rauch hatte sich etwas verzogen, und der Himmel war blauer — grün an den Rändern des Dunstes, wirklichkeitsnäher als zuvor.

»Ich werde sterben«, sagte er versuchsweise laut mit normaler Stimme. »Was ich bin, wird ein Ende nehmen. Meine Gedanken werden aufhören. Ich werde nichts spüren, nicht einmal das totale Ende.« *Aufsteigende Felsen und Rauch und Lava. Nein — so wahrscheinlich nicht. Wird es schmerzen? Wird die Zeit für Schmerz ausreichen?*

Massensterben. Gott war wahrscheinlich auch durch Massengebete beansprucht.

Gott.

Kein Beschützer, sofern keine Wunder geschähen.

Er schlurfte mit den Stiefeln im trockenen Schmutz des Weges. »Was erwarte ich, zum Teufel, eigentlich? Offenbarung?« Er schüttelte den Kopf und zwang sich zu einem Lachen. »Naiver Hundsfott! Du bist außer Übung; deine Gebetsmuskeln, dein Erleuchtungsbizeps, die sind alle außer Form. Können dich nicht höher heben als bis zu deinem verdammten Kopf.« Die Bitternis in seiner Stimme erschreckte ihn. Verlangte es ihn wirklich nach Offenbarung, Bestätigung, Gewißheit einer Existenz oder eines Sinnes über das Ende hinaus?

»Gott ist das, was du liebst.« Das sagte er leise. Es war beunruhigend, sich darüber klar zu werden, wie sehr er das glaubte. Indessen war er bei der Liebe nie besonders gut gewesen, weder der Liebe der Menschen in allen ihren Formen, noch den anderen Formen, die Liebe zu seiner Arbeit vielleicht ausgenommen. »Ich liebe die Erde.«

Aber das war ziemlich vage und breit. Die Erde bot der Liebe nur nichtdenkende Hindernisse dar: Stürme, Erdrutsche, Vulkane, Erdbeben. Zufälle. Die konnte nicht anders als zügellos sein. Es war leicht, die Große Mutter zu lieben.

Der Wind erfaßte feine Nebeltröpfchen und trieb sie über den Vernal Fall und den Wald, bis sie kühl und leicht prickelnd auf seiner Wange landeten. Er dachte daran, wie er Flaum und keinen Bart auf den Backen gehabt hatte und wie er gewünscht hatte, daß ihr Vater bei ihnen bleiben würde, obwohl er schon damals wußte (war es ihm wirklich schon ganz klar?), daß die bereits einander entfremdeten Eltern sich bald trennen würden.

Jene Zeit in Yosemite war keine reine Freude gewesen. Die Erinnerungen, die ihm jetzt wieder einfielen, handelten von einem Jungen, unwissend, aber mit scharfem Auge, der einen Mann und eine Frau beobachtete, die die Rollen von Vater und Mutter spielten, Gatte und Gattin, aber keine innere Bindung mehr hatten.

Der Junge hatte nicht voraussehen können, was nach der Scheidung so deutlich, aber auch so unbestreitbar kam.

Er kniff die Augen zu.

Erde = Mutter. Gott = Vater. Kein Gott = Kein Vater = Unfähigkeit zur Verbindung mit dem Danach.

»Da liegt der Hund begraben«, sagte er. Er schlug nach einer Mücke, nahm seinen Rucksack auf und begann den Abstieg über die nassen, dunkelgrauen Steinstufen, die neben dem Vernalfall ausgehauen waren, und dann auf dem Pfad über dem schäumenden, mächtigen Wasser führenden Mercedfluß.

Er machte mit leichtem Lächeln eine kleine Pause. Dann verließ er den Weg und trat auf einen Granitblock unmittelbar an der Kante des Tumultes. Er betrachtete die verstreuten grünen Wassermassen unter und zwischen den weißen Blasen. Das Getöse schien schwächer zu werden. Er fühlte sich fast hypnotisiert. Er brauchte sich nur vorzubeugen, einen Fuß über die Kante zu setzen; und alles wäre sehr schnell zu Ende. Kein ängstliches Warten! Seine freie Wahl.

Irgendwie war diese Möglichkeit nicht attraktiv. Er schüttelte langsam den Kopf und schaute zu den Bäumen auf der gegenüberliegenden Seite des Wasserfalls auf. Silberstrahlen schimmerten durch die Zweige und bewegten sich über die Stämme. Er mußte einen Moment darüber nachdenken, was er da sah. Die Bäume waren besetzt von großen silbrigen Spinnen. Zwei davon kletterten einen Zweig entlang und schleppten etwas, das wie ein toter Eichelhäher aussah. Eine andere hatte von einem Kiefernstamm ein Stück Rinde abgeschält und einen Keil weißen Holzes freigelegt.

Er dachte an den Gast und zweifelte nicht an dem, was er sah.

Wer kontrolliert sie? fragte er sich. *Was haben sie zu bedeuten?* Er beobachtete sie einige Minuten lang, leicht verunsichert durch ihre Indifferenz. Dann zuckte er die Achseln — noch ein weiteres unerklärliches Wunder — und kehrte zum Weg zurück.

Edward war wieder im Tal, frisch geduscht und in sauberen Jeans und weißem Hemd, um fünf Uhr, wie er versprochen hatte. Das Amphitheater war stärker besetzt als bei der Versammlung am vorhergehenden Abend. Musik war nicht vorgesehen. Statt dessen gab es einen Geistlichen, einen Psychologen und einen zweiten Ranger, die sich vor dem Podium aufgereiht hatten und darauf warteten, bis sie nach der Einführung durch Elizabeth drankamen. Minelli knurrte über die Aufstellung im Stil des New Age, blieb aber da. Zwischen ihnen allen begann sich ein Band zu entwickeln, sogar bei denen, die nicht gesprochen hatten. Sie steckten hier gemeinsam drin, und es war besser, beisammen zu sein als anders, selbst wenn es bedeutete, daß man eine Handvoll kindischer Reden über sich ergehen lassen mußte.

Edward schaute sich um, konnte aber die sitzengelassene Blondine nicht im Auditorium finden.

61

Nach drei Tagen des Verhörs durch das FBI und Agenten der Nationalen Sicherheitsbehörde, sowie sechs Stunden intensiven Schmorens durch den Marineminister war Senator Gilmonn seines Amtes enthoben und hatte sein Apartment in Long Beach, Kalifornien, verloren. Er hatte seinen Fahrer angewiesen, die Richtung nach Osten einzuschlagen.

Niemand war imstande oder besonders darauf erpicht gewesen, ihm etwas anzuhängen, obwohl die Spur des ›Pfeils‹ oder ›Affen‹, oder was immer vom U.S.S. *Saratoga* zu seinem Wagen befördert worden war, recht gut gesichert schien. Nach mehr als zweieinhalb Monaten der Untersuchung und Verdächtigung hätte er allerhand Ärger haben und der Kapitän der *Saratoga* seines Kommandos enthoben sein können; aber die Verhältnisse hatten sich jetzt in diesen Vereinigten Staaten spürbar geändert. Es war eine andere Nation, eine andere Regierung, die in jeder Hinsicht funktionierte — ohne einen Kopf. Der Präsident, gegen den das Verfahren der Amtsenthebung lief, war immer noch im Amt. Aber die meisten seiner Fäden von Einfluß und Macht waren gerissen.

Gilmonns Inhaftierung, die *pro forma* vor einem halben Jahr möglich gewesen wäre, kam jetzt einfach nicht mehr in Frage.

Im übrigen — was hatten sie erreicht? Sie hatten Lieutenant Colonel Rogers und vielleicht noch dreißig Sektierer getötet, die sich geweigert hatten, die Wüste um das Monstrum zu verlassen. Sie hatten das Monster in Stücke gejagt. Aber nur wenige, die an der Verschwörung beteiligt gewesen waren, glaubten jetzt, daß sie mehr erreicht hatten, als das über die Erde ergangene Todesurteil zu verschieben, geschweige denn aufzuheben.

Gilmonn stand auf dem Sand bei dem Kiesweg, der bis auf drei Kilometer an dem zerstörten Monster vorbeiführte. Um den Hals hatte er einen Feldstecher hängen. Unter der Hutkrempe war sein Gesicht von Schweiß überströmt. Die weiße Limousine, die er von seinem eigenen Geld gemietet hatte, wartete ein paar Meter entfernt. Der Fahrer war hinter seiner dunklen Brille und in seiner schwarzblauen Uniform unbewegt.

Lastwagen von Heer und Marine fuhren alle paar Minuten über die Straße. Einige hatten Aufkleber, die vor Strahlung warnten. Viele von denen, die nach auswärts fuhren, hatten Fragmente des Monstrums geladen. Er war nicht eingeweiht in das, was sie fanden. Seine Anwesenheit wurde an sich geduldet. Aber jetzt, wo die Verschwörung das vollbracht hatte, was praktisch jeder wünschte, wurden die direkt Beteiligten zwar nicht angeklagt, aber doch gemieden. Sündenböcke war vielleicht ein zu starker Ausdruck ... vielleicht aber auch nicht.

Gilmonn verfluchte Crockerman unverhohlen dafür,

daß er sie alle in ein unhaltbares und illegales Niemandsland von Umwegen und Verschwörungen gezwungen hatte.

Und doch war tief in der Erde etwas, das die einen — zumeist Geologen — als »Güterzüge« und andere als »Geschosse« bezeichneten und das seiner Begegnung entgegenrumpelte. Man konnte ihre Spuren nicht mehr verfolgen; aber nur wenige zweifelten daran, daß es sie gab. Das Ende könnte noch einige Tage oder Wochen entfernt sein.

Gilmonn stieg in die hintere Tür der Limousine ein und goß sich aus dem Spender einen Scotch mit Soda ein. »Tony«, sagte er und schwenkte das Glas langsam zwischen den Fingern seiner rechten Hand, »wo möchten Sie sein, wenn es passiert?«

Der Fahrer zögerte nicht und sagte: »Im Bett. Und mich dumm und dämlich vögeln, Sir.«

Sie hatten während der Fahrt von Long Beach her viel miteinander gesprochen. Tony war erst seit sieben Monaten verheiratet. Gilmonn dachte an seine Frau Madeline, mit der er schon seit zweiunddreißig Jahren eine Ehe führte. Wenn er sie auch gern bei sich gehabt hätte, glaubte er doch nicht, daß sie eine wilde Sexorgie veranstalten möchten. Sie hätten gern ihre Kinder und ihre zwei Enkelkinder dabei, vielleicht in der Ranch in Arizona. Ein großes Familientreffen. Der ganze Clan war seit sechs Jahren nicht mehr beisammen gewesen.

»All das, und wir haben zum Donnerwetter *nichts* erreicht, Tony«, sagte er mit einem jähen Anflug von Bitterkeit. Zum ersten Mal seit dem Tod seines Sohnes war er in der Stimmung, Gott zu verfluchen.

»Wir wissen das nicht sicher, Herr Senator.«

»Ich schon«, sagte Gilmonn. »Wenn irgend jemand ein Recht darauf hat, zu wissen, daß er versagt hat, dann bin ich es.«

Hostias et preces tibi, laudis offerimus

62

27. März

Während seiner letzten Stunden saß Trevor Hicks am Computer und überflog und ordnete genetische Aufzeichnungen, die aus mormonischen Quellen von Salt Lake City gekommen waren. Er hielt sich in der Wohnung eines an Luft- und Raumfahrt beteiligten Industriellen namens Jenkins auf und arbeitete in einem großen Wohnzimmer, das Seattle und die Bucht überschaute. Die Arbeit war nicht aufregend, aber nützlich; und er fühlte sich zufrieden, was auch geschehen mochte. Obwohl er im Rufe der Gleichmütigkeit stand, war Trevor Hicks nie ein besonders friedfertiger und beherrschter Bursche gewesen. Benehmen und Auftreten maskierten nach englischer Tradition sein wahres Selbst, das er sich immer — mit zusätzlichen Erinnerungen und beiläufigen Leistungen — irgendwie bei einem Alter von zweiundzwanzig Jahren eingefroren vorstellte: enthusiastisch, leicht zu beeindrucken und heißblütig.

Er rollte seinen Stuhl vom Tisch weg und grüßte Mrs. Jenkins — Abigail —, als sie durch die Vordertür kam mit zwei Plastiktüten voll Lebensmitteln. Abigail war nicht besessen. Sie wußte lediglich, daß ihr Gatte und Trevor in irgend etwas Wichtiges und Geheimes verwickelt waren. Die beiden hatten den ganzen Tag und die Nacht durchgearbeitet mit sehr wenig Schlaf; und sie brachte Nachschub, um sie einigermaßen in Stimmung und gut ernährt zu halten.

Sie war keine schlechte Köchin.

Um sieben aßen sie zu abend: Steaks, Salat und eine schöne Flasche Chianti. Um sieben Uhr dreißig waren Jenkins und Hicks wieder bei der Arbeit.

In einer stillen Minute hatte Hicks den Eindruck, daß

ihn etwas beunruhigte ... Er traute solch flachen und glatten Emotionen nicht. Ein leichter Unterstrom von Turbulenz war ihm lieber; der hielt ihn munter.

Der Alarm schoß Hicks wie eine heiße stählerne Lanze durch den Kopf. Er schaute auf seine Uhr — die Batterie war erschöpft, ohne daß er es gemerkt hatte, aber es war spät — und ließ die Diskette, die er gerade abfragte, fallen. Er stieß den Stuhl zurück und trat an das Wohnzimmerfenster. Hinter ihm schaute Jenkins von einem Stoß Antragsformulare für medizinischen Bedarf auf, überrascht durch Hicks' Verhalten. »Was ist los?«

»Fühlst du es nicht?« fragte Hicks und zog an einer Schnur, um die Vorhänge zu öffnen.

»Was sollte ich fühlen?«

»Da stimmt etwas nicht. Ich höre von ...« Er suchte, die Quelle des Alarms ausfindig zu machen, aber sie war nicht mehr im Netzwerk. »Ich glaube, es war Schanghai.«

Jenkins stand auf und rief seine Frau. »Geht es los?« fragte er Hicks.

»O Gott, ich weiß nicht«, rief Hicks. Er spürte eine zweite Lanze. Das Netz war *beschädigt*, Verbindungen waren getrennt — mehr konnte er nicht sagen.

Das Fenster lieferte einen herrlichen nächtlichen Blick auf die Myriaden Lichter der Innenstadt von Seattle vom Queen Ann Hill aus. Der Himmel war bedeckt, aber es waren keine Gewitter gemeldet worden. Dennoch ... Die Wolkendecke wurde durch helle Blitze von oben erleuchtet. Einer, zwei ... eine lange Pause, und als inzwischen Mrs. Jenkins im Zimmer war, ein dritter Lichtimpuls.

Mrs. Jenkins sah Hicks einigermaßen bestürzt an. »Das sind doch bloß Blitze, nicht wahr, Jens?« fragte sie ihren Mann.

Hicks sagte: »Das sind keine Blitze.« Das Netz schickte widersprüchliche Impulse von Information. Falls ein

Boss an der Leitung war, so konnte Hicks seine Stimme nicht durch das Getöse herausfinden.

Dann kamen die Botschaften klar und zwingend gleichzeitig zu Hicks und Jenkins durch.

Ihr Aufenthaltsort und das Vehikel in der Bucht werden angegriffen.

»Angegriffen?« fragte Jenkins laut. »Werden sie jetzt loslegen?«

»Schanghei war Standort einer Arche«, sagte Hicks höchst erstaunt. »Es ist aus dem Netz abgeschnitten. Niemand kann Schanghai erreichen.«

»Was ... Was ...« Jenkins war nicht imstande, darüber nachzudenken, so hoch auch sein Wert als lokaler Organisator und Vermittler war.

»Ich glaube ...«

Seine eigenen Gedanken, nicht die des Bosses, wurden ausgesprochen, ehe die Worte herauskamen. *Sie verteidigen uns, aber sie können nicht alles daran hindern, daß es durchkommt. Sie haben uns das vorher nie gesagt, aber sie müssen Schiffe oder Plattformen in Umlaufbahnen haben, um die ganze Erde zu überwachen ...*

»... wir werden bombardiert ...«

Durch die Wolken drang Licht und breitete sich aus. *Dies ist schließlich ein Krieg aber wir haben nicht genügend darüber nachgedacht wie sie uns treffen würden.*

»Jenks ...«

Jenkins drückte seine Frau an sich. Er sah den rotweißen Blitz, das Aufsteigen von Wasser und Gestein und den Ansturm der dunklen Schockwelle über die Lichter der Stadt und die Häuser auf dem Hügel. Das Fenster explodierte, und er schloß die Augen, erlebte einen winzigen Augenblick von Schmerz und Blindheit ...

Auf dem letzten Teilstück der Marathonfahrt nach San Francisco, erheblich oberhalb der Geschwindigkeitsgrenze eine fast verlassene 101 herunterrasend, fühlte Arthur einen scharfen Schmerz im Hinterkopf. Er klammerte sich an das Lenkrad und hielt mit starrem Körper an der Seite des Highway an.

»Was fehlt?« fragte Francine.

Er drehte sich um, warf die Arme auf die Lehne des Sitzes und schaute durch das Rückfenster des Station Wagons. Ein höllisches, blau und purpurnes Licht breitete sich im Norden aus, über und jenseits Santa Rosa und des Weinlandes.

»Noch mehr Asteroiden, Papa!« rief Marty. »Noch mehr Explosionen!«

Diese waren aber erheblich näher und viel heller, so scharf wie Lötlampen. Sie hinterließen in seinen Augen rote Flecke. Das Gebiet der Bay war mehr als dreißig Kilometer entfernt, und diese Lichtblitze waren hoch am Nachthimmel. Irgendeine Aktion, eine neue Schlacht, fand vielleicht nicht mehr als hundertsechzig Kilometer oberhalb San Francisco statt.

Francine wollte aussteigen, aber er hielt sie zurück. Sie starrte ihn mit einem vor Furcht und Ärger verzerrten Gesicht an, sagte aber nichts.

Noch vier Lichtblitze in der Höhe, und dann wurde es wieder Nacht.

Arthur war fast überrascht festzustellen, daß er weinte. Seine Wut war schrecklich. »Diese Schufte!« sagte er und hieb auf das Lenkrad. »Diese gottverdammten verfluchten Bastarde!«

»Papa«, wimmerte Marty.

»Halt's Maul, zum Teufel!« schrie Arthur. Dann packte er mit der linken Hand den Arm seiner Frau und griff mit der rechten nach Marty auf dem Rücksitz. Er schüttelte beide fest und sagte immer und immer wieder: »Vergeßt dies niemals! Falls wir überleben, sollt ihr dies nie vergessen!«

»Art, was ist passiert?« fragte Francine und versuchte ruhig zu bleiben. Marty schrie jetzt, und Arthur schloß bekümmert die Augen. Die Wut darüber, daß er die Beherrschung verloren hatte, war nach innen geschlagen.

Er hörte einige Stimmen im Netzwerk und versuchte, die Teile zusammenzusetzen.

»Seattle ist dahin«, sagte er. *Trevor Hicks, alle die anderen.*

»Papa, wo ist Gauge?« fragte Marty unter Tränen. »Lebt Gauge noch?«

»Ich nehme es an«, sagte Arthur. Er zitterte furchtbar. So etwas Ungeheures. »Sie versuchen, unsere Fluchtschiffe zu vernichten, die Archen. Sie wollen sicher gehen, daß keine Menschen übrig bleiben.«

»Was? Warum?« fragte Francine.

»Denkt daran!« wiederholte er. »Erinnert euch, falls wir es schaffen!«

Es dauerte fast zwanzig Minuten, bis er sich so weit beruhigt hatte, daß er wieder auf die langsame Fahrspur zurückkehren konnte. San Francisco und das Bay-Areal waren ausreichend geschützt gewesen. Plötzlich und ohne Vorbehalte — auch ohne jede Überzeugungskraft — liebte er die Bosse und das Netz und alle Mächte, die aufgerufen waren, sie zu schützen und zu retten. Seine Liebe war heftig und urtümlich. *So fühlt sich ein Partisan, wenn er sieht, daß sein Land ausgeraubt wird.*

»Haben sie Seattle bombardiert?« fragte sie. »Die ... Aliens oder die Russen?«

»Nicht die Russen. Die Planetenfresser. Sie haben auch versucht, San Francisco zu bombardieren.« *Und Cleveland, das überlebt hatte, und Schanghai, dem es nicht geglückt war, und wer weiß, wie viele andere Plätze von Archen noch außerdem?* Ein neuer Schauer lief ihm von den Schultern bis ins Kreuzbein herunter. »Christus! Was werden die Russen tun? Was werden *wir* tun?«

Das Lenkrad vibrierte. Über den Motorlärm hörten und fühlten sie ein stoßweises Dröhnen. Die durch das Gestein kommenden Schwingungen des Todes von Seattle gingen unter ihnen hin.

63

Um zwei Uhr morgens Washington D.C.-Zeit griff Irwin Schwartz in der Liege seines Büros nach dem dringend piependen Telephon und drückte auf den Sprechknopf. »Ja?« Erst dann hörte er das kräftige Wuff-wuff von Hubschrauberblättern und das Aufbrüllen von Düsenturbinen.

Es war der Offizier vom Spätdienst des Weißen Hauses. »Mr. Schwartz, Mr. Crockerman wird evakuiert. Er wünscht, daß Sie ihn auf dem Helikopter begleiten.«

Schwartz hatte genau bemerkt, daß der Offizier es vermied, Crockerman als »Präsident« zu bezeichnen. Wenn man das Amt nicht ausübt, bekommt man auch den Titel nicht. »Was für ein Notstand ist das?«

»Gegen Seattle ist ein Schlag geführt worden, und über Cleveland hat eine Art von Aktion stattgefunden. Ebenso über Charleston und San Francisco.«

»Mein Gott — Russen?«

»Weiß ich nicht, Sir. Sir, Sie sollten so schnell wie möglich auf den Rasen hinauskommen.«

»In Ordnung.« Schwartz nahm nicht einmal seine Jacke.

Auf dem Rasen des Weißen Hauses duckte sich Schwartz in dem Unterhemd und den Pyjamahosen, in denen er geschlafen hatte, instinktiv unter die hohen, massiven Rotorblätter und rannte die Leiter hoch, den kahlen Kopf ungeschützt gegen den kalten Luftzug der Frühlingsnacht. Ein Beamter des Secret Service stand an der Luke, bis sie geschlossen wurde. Dann beobachtete er, wie der Hubschrauber sie alle zur Luftwaffenbasis Grisson in Indiana brachte.

Der Stabsoffizier und ein Wachmann der Navy drückten sich zu beiden Seiten gegen Crockerman. Der von der Marine trug den ›Fußball‹, und der Stabsoffizier hatte ein mobiles Daten- und Befehlszentrum — abgekürzt MODACC — dabei, das an das Kommunikationssystem des Helikopters angeschlossen war.

An Bord waren auch drei Männer vom Secret Service, sowie Nancy Congdon, die persönliche Sekretärin des Präsidenten. Hätte sich Mrs. Crockerman im Weißen Haus befunden, so wäre sie auch evakuiert worden.

»Mr. President«, begann der Stabsoffizier, »der Verteidigungsminister befindet sich in Colorado. Der Außenminister ist in Miami auf einer Regierungskonferenz. Der Vicepresident ist in Chicago. Ich glaube, daß der Sprecher des Hauses von seiner Wohnung ausgeflogen wird. Ich habe einige Information bezüglich dessen, was uns unsere Satelliten und andere Sensoren schon gemeldet haben.« Er sprach lauter, als nötig war, um den Motorenlärm zu übertönen; die Kabine war gut isoliert.

Der Präsident und alle anderen an Bord hörten genau zu.

»Seattle ist dahin, und Charleston ist eine Ruine. Der Schlag scheint dort zwanzig Kilometer weit von der Küste sein Zentrum gehabt zu haben. Aber unsere Satelliten melden keine Starts von Flugkörpern aus der Sowjetunion oder irgendwelchen Fischen auf See. Es wurden überhaupt keine Missiles entdeckt, die von der Erde kamen. Und offenbar ist irgendein Verteidigungssystem über San Francisco und Cleveland aktiviert worden, vielleicht anderswo auch ...«

»Wir besitzen keine solchen Verteidigungsmittel«, sagte Crockerman mit heiserer, kaum hörbarer Stimme. Er richtete seine Augen auf Schwartz. Schwartz fand, daß er aussah, als ob er schon mindestens seit zwei Tagen tot wäre, mit blassen und leblosen Augen. Die Abstimmung für Amtsenthebung hatte ihn der letzten Kraft beraubt. Morgen würde — *würde gewesen sein* — der Anfang des Senatsverfahrens, ob er im Amt bleiben oder abgesetzt werden sollte.

»Korrekt, Sir.«

»Es sind nicht die Russen«, bemerkte ein Geheimdienstagent, ein großer schwarzer Mann aus Kentucky in mittleren Jahren.

»Nicht die Russen«, wiederholte Crockerman, dessen Gesicht jetzt etwas Farbe bekam. »Wer dann?«

»Die Planetenfresser«, sagte Schwartz.

»Hat es angefangen?« fragte der junge Lieutenant der Navy und hielt die Aktentasche fest, als ob er verhindern wollte, daß sie wegflöge.

»Das weiß Gott allein«, sagte Schwartz und schüttelte den Kopf.

Das MODACC piepste, und der Stabsoffizier hörte mit seinen schallisolierten Kopfhörern genau hin. »Mr. President, das ist Premierminister Arbatov in Moskau.«

Crockerman warf Schwartz wieder einen langen Blick zu, ehe er das Mikrophon und die Kopfhörer nahm. Schwartz wußte, was dieser Blick bedeutete. *Er ist immer noch der Mann, verdammt noch mal!*

64

Arthur fuhr den Wagen kurz vor Mitternacht in die Straße zu der Wohnung von Grant und Danielle auf dem Hügel in Richmond. Er war immer noch erschüttert. Die Erinnerung an den Schmerz und Verlust des Netzwerks lag ihm wie ein bizarrer, scharf bitterer Geschmack auf der Zunge. Er saß mit den Händen am Lenkrad da, starrte auf die Garagentür aus Naturholz und drehte sich dann zu Francine um.

Sie fragte: »Ist mit dir alles in Ordnung?«

»Ich denke, ja.« Er blickte nach hinten zu Marty. Der Junge lag quer auf der Rückbank mit geschlossenen Augen. Der Kopf baumelte etwas über der Kante, der Mund war offen.

»Gott sei Dank schläft er«, sagte Francine. »Du hast uns beiden schrecklich Angst gemacht.«

»Ich habe euch Angst gemacht?« fragte Arthur. Seine Erschöpfung wich einem plötzlich aufkommenden Ärger. »Jesus, wenn ihr gefühlt hättet, was ich empfunden habe ...«

»Bitte«, sagte Francine mit todernstem Gesicht. »Wir sind hier. Da kommt Grant jetzt.«

Sie öffnete die Wagentür und stieg aus. Arthur blieb sitzen. Er war verwirrt und schloß kurz die Augen auf unbestimmter Suche nach dem Netzwerk, um zu erfahren, was geschehen war. Im Radio hatte es wenig gegeben außer wiederholten Meldungen von irgendeiner unbekannten Katastrophe in Seattle. Sie hatte weniger als eine Stunde gedauert.

Halb und halb rechnete er damit, daß die Supermächte in einen nuklearen Krieg stolpern würden. Vielleicht waren Mitglieder des Netzes gerade eben damit beschäftigt, dies zu verhindern. Aber er mußte auf Verdacht handeln. Für den Augenblick war er von der Kommunikation des Netzwerks abgeschnitten.

Arthur nahm einen brummenden Marty auf die Arme. Grant führte sie zu einem Schlafzimmer mit einem breiten Doppelbett und einer Klappliege. Danielle — jetzt schlief sie, wie Grant sagte — hatte die Betten hergerichtet und Handtücher für sie hingelegt, sowie einen Spätimbiß aus Obst und Suppe auf den Küchentisch gestellt. Francine packte Marty in die Liege und ging dann zu Grant und Arthur in die Küche.

»Hast du gehört, was passiert ist?« fragte sie Grant.

»Nein ...« Grants Hemd und Hosen waren zerknittert, und sein silbergraues Haar war zerzaust. Er hatte offenbar auf der Couch geschlummert und war aufgestanden, als er sie kommen hörte.

Arthur sagte: »Wir haben im Norden einen Lichtblitz gesehen.«

»Arthur meint, es war Seattle«, sagte Francine. Ihr

Blick war fast eine Herausforderung: *Mach schon, sag uns, daß du Bescheid weißt! Sag uns, wie du es weißt!*

Arthur sah sie entsetzt an. Dann begriff er: Sie war plötzlich im Familienkreis. Sie war nicht völlig auf ihn angewiesen. Sie konnte einige ihrer Zweifel und Spannungen los werden. Marty schlief und konnte nichts hören. Arthur verstand das recht gut, aber es schmerzte doch. Dieser kleine Treubruch war fast mehr, als er ertragen konnte, da er zu dem schon vorhin empfundenen Schmerz hinzu kam.

»Wir haben im Radio gehört, daß in Seattle etwas passiert ist«, sagte Arthur.

Francine nickte mit blutleerem Gesicht und zusammengebissenen Zähnen. »Radio«, sagte sie.

»Was denn, um Gottes willen? Ich habe einen Bruder in Seattle«, sagte Grant.

Der durch die Luft herangetragene Klang des Todes von Seattle ließ die Fensterscheiben klirren. Grant blickte müde zur Decke. Arthur schaute auf seine Uhr und nickte.

»Es ist weg«, sagte Arthur. »Das ganze Stadtgebiet.«

»Jesus Christus!« schrie Grant und sprang hoch. Er ging zu dem Wandtelephon am Ende der Anrichte und hantierte an der Tastatur.

»Wir haben es nicht im Radio gehört«, sagte Francine mit hängenden Schultern. Sie starrte über ihre gefalteten Hände hinweg auf den Teppich.

»Besetzt. Alle hängen dran«, sagte Grant. Er schlurfte in die Diele, um den Fernseher einzuschalten. »Wann habt ihr das gehört?«

»Wir haben den Lichtschein vor etwa fünfzig Minuten gesehen«, sagte Francine und warf Arthur einen schuldbewußten Blick zu. Er hielt die Hand hin und bewegte die Finger. Sie faßte zu und bedeckte mit der anderen Hand das Gesicht. Sie erschauerte, aber es wollten keine Tränen kommen.

Durch das aufwendige Lautsprechersystem von Grant

kam die Stimme des Ansagers, tönend und autoritär, aber mit mehr als nur einer Spur von Furcht. »... jetzt Berichte aus Seattle und Charleston, wonach die beiden Städte vernichtet wurden durch etwas, das wie Kernexplosionen aussieht. Aber es gibt widersprüchliche Meldungen, wonach keine Strahlung damit verbunden war. Wir haben noch keine Vorstellung davon, was tatsächlich geschehen ist, obwohl es jetzt klar ist, daß zumindest diese beiden an der Meeresküste gelegenen Städte, im Osten und im Westen, durch eine Katastrophe, wie es sie noch nie gegeben hat, dem Erdboden gleichgemacht wurden. Die Regierung hat Verlautbarungen herausgegeben, daß sich unsere Nation noch nicht im Kriegszustand befindet, was einige Beobachter zu der Feststellung veranlaßt, daß die Explosionen nicht durch Atombomben verursacht wurden, zumindest nicht solche der Sowjetunion. Tatsächlich haben plötzliche Lichterscheinungen über den Städten San Francisco und Cleveland zu Spekulationen Anlaß gegeben, daß die Zerstörung der Erde begonnen hat und daß wir Zeugen sind...«

»Sag es ihm«, erklärte Francine leise. »Sag es ihm! Ich glaube dir. Wirklich! Sie sollten es erfahren.«

Arthur schüttelte den Kopf. Sie bedeckte wieder ihr Gesicht mit den Händen, aber ihr Zittern hatte aufgehört. Arthur sagte: »Ich kann es ihnen nicht sagen, und du darfst es nicht. Es würde ihnen nur weh tun.«

Danielle erschien in der Tür zur Diele in einem langen Morgenrock mit einer Chenillerobe darüber. »Was ist passiert?« fragte sie.

Francine nahm sie in den Arm und führte sie in die Diele. Arthur schaute auf die unberührten Suppenschalen und dachte *Noch nicht ... Aber es kann nicht mehr lange dauern.*

65

Ein Klopfen an seinem Zelthaus weckte Edward um acht Uhr auf. Er schaute auf die Uhr, schlüpfte in seine Hosen und öffnete. Da war Minelli und eine plumpe schwarzhaarige Frau in einem schwarzen T-Shirt und schwarzen Jeans. Minelli hielt ihm die Hand hin und sagte: »Du kannst mir Glück wünschen. Ich habe Inez gefunden.«

»Ich gratuliere«, sagte Edward.

»Inez Spinoza, dies ist mein Freund Edward Shaw. Er hat es auch mit Steinen zu tun. Edward, Inez.«

»Freue mich, dich kennenzulernen«, sagte Inez.

»Wir haben uns gestern abend beim Tanz kennengelernt. Schade, daß du nicht da warst.«

»Ich war in trüber Stimmung«, sagte Edward. »Ich konnte keine Gesellschaft vertragen.«

»Da ist eine Geschichte im Umlauf über Roboterinsekten. Inez sagt, sie hätte einen Haufen davon hinter Yosemite Village gesehen. Was, meinst du, könnten die sein?«

»Ich habe auch ein paar gesehen«, sagte Edward. »Wartet einen Moment! Ich will mich nur anziehen, und dann werden wir frühstücken.«

Bei auf dem Coleman-Ofen gerösteten Toasts und hart gekochten Eiern erzählte Edward ihnen, was er unter dem Mist Trail gesehen hatte. Inez nickte und schaute ihn mit großen braunen Augen an, offenbar damit zufrieden, wenig zu reden.

»Was, meinst du, könnten die sein?«

»Zum Teufel, wenn die Bastarde falsche Aliens machen können, dann können sie auch Roboterspinnen herstellen. Sie überwachen die Erde. Machen eine allgemeine Bestandsaufnahme, ehe sie sie in die Luft jagen.«

Inez fing spontan an zu weinen.

»Ach, laß uns nicht über diesen Mist reden«, sagte

Minelli. »Sie ist empfindsam. Ihr Vater ist mit einer Harley vor ein paar Tagen auf dem Highway tödlich verunglückt. Sie wurde unverletzt herausgeschleudert.« Inez schluchzte und betupfte ihre Augen, wobei eine häßliche Narbe und Prellung am Unterarm zum Vorschein kam. »Sie ist per Anhalter hergekommen. Sie ist ein Schatz.« Minelli drückte sie an sich, und sie drückte ihn.

Ein kleiner, klapperdürrer Mann mit hoher quadratischer Stirn ging am Felsen vorbei, während sie frühstückten. Er trug einen Baseballschläger, der fast so groß war wie er selbst und wirkte benommen.

»Was ist los, Mann?« fragte Minelli.

»Habe es gerade im Radio gehört. Die Aliens haben in der letzten Nacht Atombomben auf Seattle und Charleston und Schanghai geworfen. Ich bin in Charleston geboren.« Er ging weiter. Der Schläger baumelte an seinem schlappen Handgelenk.

Inez bekam den Schluckauf.

»Was haben Sie vor?« fragte Minelli hinter ihm her.

»Einige von diesen verfluchten Chromkäfern draußen im Wald fangen und zerquetschen«, antwortete der Mann, ohne stehenzubleiben. »Ich will denen eine gehörige Lektion erteilen.«

Minelli stellte seine Teetasse hin und rutschte vom Felsen herunter. Inez nahm seine ihr angebotene Hand und tat mit überraschender Grazie dasselbe. Minelli sagte ruhig: »Ich glaube, es ist Zeit, daß wir zum Glacier Point aufsteigen. Willst du mitkommen?«

Edward nickte, schüttelte dann aber den Kopf. »Noch nicht. Ich werde bald oben sein.«

»All right. Inez geht mit mir. Wir wollen draußen zelten. Würden es begrüßen, wenn du mitmachtest.«

»Danke!«

Das Paar nahm den Weg unter den Kiefern zu Curry Village.

Edward stieg die Stufen zu seinem Zelthaus empor

und holte aus seiner Kartenmappe eine topographische Karte des Tals und der Landschaft südlich davon. Quer über den Betten auf dem Bauch liegend verfolgte er mit dem Finger den Four Mile Trail bis hinauf zum Union Point und weiter zum Glacier Point. Er verglich ihn mit anderen Aussichtspunkten.

Es gab keine, die besser und leichter zugänglich waren. Glacier Point bot einige Annehmlichkeiten. *Wenn aber alles ins Schaukeln kommt, wird der nicht einfach absplittern und herunterfallen und uns mitreißen?*

Machte das etwas aus? Was bedeutete eine Stunde oder so, früher oder später?

Edward gab seine Kartennummer in das Münztelephon ein und wählte Stellas private Nummer in Shoshone. Nach drei Ruftönen meldete sich Bernice Morgan und sagte, daß Stella im Laden wäre und Inventur machte. Sie sagte: »Das Leben geht weiter. Ich kann Sie von hier durchstellen.«

Nach einigem Knacken und Brummen läutete das Telephon im Laden, und Stella meldete sich.

»Hier ist Edward«, sagte er. »Ich möchte gern wissen, was du so machst.«

»Das Übliche«, antwortete Stella. »Wo bist du jetzt?«

»Oh, ich bin in Yosemite. Habe mich da niedergelassen. Warte ab.«

»Ist es so, wie du erwartet hattest?«

»Tatsächlich noch besser. Es ist wundervoll. Es sind nicht viele Menschen da.«

»Was habe ich dir gesagt?«

»Hast du von Seattle und Charleston gehört?«

»Natürlich.«

Edward fand in ihrer Stimme eine Spur von Entschlossenheit. »Hast du immer noch vor, in Shoshone zu bleiben?«

»Ich bin ein Hausmütterchen«, sagte Stella. »Wir haben auch von meiner Schwester gehört. Sie kommt aus

Zimbabwe her. Wir holen sie übermorgen in Las Vegas ab. Wir würden uns freuen, wenn du dazu kämst ...«

Er betrachtete die Flußufer und Bäume und Wiesen hinter der Reihe von Münzfernsprechern. *Dies hier gibt das richtige Gefühl. Dies ist es, wo ich hingehöre.* »Ich hatte gehofft, du könntest dich überwinden, hierher zu kommen. Mit deiner Mutter ...«

»Ich freue mich, daß du gefragt hast. Aber ...«

»Ich weiß. Du bist daheim. Ich auch.«

»Wir sind ein stures Paar, nicht wahr?«

»Minelli ist hier. Ich weiß nicht, wo Reslaw sich befindet. Übrigens hat Minelli eine Freundin gefunden.«

»Gut für ihn. Und wie steht es mit dir?«

Edward kicherte. »Ich bin eben zu wählerisch«, sagte er.

»Sei das nicht! Du weißt ...« Stella machte eine Pause, und einige Sekunden war es in der Leitung still. »Nun, du wirst schon wissen.«

»Wenn ich nur mehr Zeit haben könnte«, sagte Edward.

»Gilt unsere Abmachung noch?« fragte sie.

»Welche Abmachung?«

»Falls sich das Ganze als falscher Alarm herausstellt.«

»Die gilt noch.«

Stella sagte: »Ich werde an dich denken. Vergiß es nicht!«

Wie würde das Leben mit Stella wohl aussehen? Sie war realistisch, intelligent und recht eigenwillig. Vielleicht würden sie nicht miteinander zurechtkommen, vielleicht aber doch.

Sie wußten beide, daß sie nicht die Zeit haben würden, das herauszufinden. »Ich werde es nicht vergessen«, sagte er.

Im Universalladen von Curry Village kaufte er einen Bestand an Trockensuppen und etliche Beutel Campinggerichte für Feinschmecker. Die Vorräte wurden allmählich knapp. Die junge Verkäuferin sagte: »Seit zwei Tagen sind keine Lastwagen mehr angekommen. Wir rufen ständig an, und die sagen immer, daß sie kämen. Aber jetzt tut keiner mehr viel. Nur herumsitzen und warten. Verdammt düster, wenn Sie mich fragen.«

Er nahm noch eine dunkle Sonnenbrille und bezahlte die Einkäufe mit seinem letzten Bargeld. Alles, was er jetzt noch hatte, waren Kreditkarten und einige Reiseschecks. Na, wenn schon!

Er hatte die Plastiktüte ergriffen und wollte gerade gehen, da sah er die blonde Frau hinten im Laden, wie sie in einem Kasten halb verfaulter Äpfel wühlte. Edward holte heimlich tief Luft, machte der Verkäuferin ein Zeichen, daß er zurückkommen würde, und ging nach hinten.

»Haben Sie Ihren Gatten gefunden?« fragte er. Die Frau schaute ihn an, lächelte traurig und schüttelte den Kopf.

»Das ist nicht so besonders schlimm«, sagte sie. Sie hielt einen besonders schäbigen Apfel hoch und betrachtete ihn mißmutig. »Ich liebe Obst und sehe zu, was sie anbieten.«

»Ich habe einige recht gute Äpfel in meiner... In meinem Quartier. Ich breche in Kürze zum Glacier Point auf. Sie können die gern haben. Sie sind zu schwer, als daß ich mehr als einen oder zwei auf eine Tour mitnehmen könnte.«

»Das ist sehr freundlich«, sagte sie. Sie ließ den Apfel wieder in den Kasten fallen, hielt ihm die Hand hin und sagte: »Ich heiße Betsy, und mein Mädchenname ist Sothern.«

»Ich bin Edward Shaw.« Er beschloß, es darauf ankommen zu lassen. »Ich bin hier mit niemandem zusammen.«

»Oh?«

»So lange, wie es dauern wird«, sagte er.

»Wie lange ist das?«

»Man hat gesagt, weniger als eine Woche. Niemand weiß es genau.«

»Wo ist Ihre Unterkunft?«

»Nicht weit von hier.«

»Wenn Sie mir einen schönen, knackigen, saftigen Apfel anzubieten haben, bin ich imstande, Ihnen überallhin zu folgen.«

Edward lächelte spontan und breit. »Vielen Dank! Diesen Weg.«

»Danke sehr!« sagte Betsy.

Im Zelt suchte er für sie den besten Apfel aus und polierte ihn mit einem sauberen Geschirrtuch. Sie biß hinein, wischte sich einen Tropfen Saft vom Kinn und sah zu, wie er in seinem Rucksack den Proviant verstaute.

»Ich hoffe, Sie gehören nicht zu jenen unwissenden Leuten«, sagte sie plötzlich. »Ich will nicht undankbar klingen; aber wenn Sie glauben, daß alles rosig aussieht und Gott uns retten wird oder so etwas ...«

Edward schüttelte den Kopf.

»Gut. Ich fand, daß Sie gescheit aussehen. Lieb und intelligent. Wir haben nicht mehr viel Zeit übrig, nicht wahr?«

»Nein.« Er griff sich den Rucksack und nahm ihn auf den Rücken. Dabei schaute er sie an.

»Wissen Sie, wenn ich noch einmal ganz von vorn anfangen könnte, würde ich Männer wie Sie wählen.«

Das kitzelte Edward etwas. »Das sagen alle die schönen Frauen. Sie sind keine Jungfrauen in Fuchsbauten oder etwas in dieser Art.«

»Jesus!« Sie lächelte. »Das gefällt mir. Haben Sie — entschuldigen Sie die Frage! — haben Sie irgendwelche verheerenden, unmittelbar tödlichen ansteckenden Krankheiten?«

»Nein«, sagte Edward. »Wohl kaum.«

»Ich auch nicht. Ich freue mich, dich kennengelernt zu haben.« Sie hielt ihm die Hand hin, und Edward schüttelte sie zart mit den Fingerspitzen. Dann grinste er und zog sie an sich.

66

Um acht Uhr früh wurde das Netz in Arthurs Kopf lebendig. Er öffnete die Augen, hellwach, aber mit einem Gefühl, als ob man ihn betäubt hätte. Er rollte hinüber und faßte Francine an der Schulter. »Wir müssen gehen«, sagte er. Er verließ das Bett und schlüpfte in seine Hosen. »Zieh Marty an!«

Francine murrte. »Jawohl, Sir. Was jetzt?«

»Ich bin nicht sicher«, sagte er. »Wir sollen binnen einer Stunde an einer bestimmten Stelle in San Francisco sein.«

Marty setzte sich in seiner Liege auf und rieb sich die Augen. »Los, Kamerad!« sagte Francine. »Marschbefehl!«

»Ich bin noch müde«, sagte Marty.

Francine nahm ihn beim Arm und zog ihn dicht an sich. Mit ernster Miene schaute sie ihm ins Gesicht. »Ich sage das nur einmal. Wenn du verrückt spielst und das alles umsonst ist, werde ich ...« Sie ergriff seine Nase und nicht zum Spaß. Sie verdrehte sie in ausgesprochen schmerzhafter Weise. Mit Tränen in den Augen nahm Arthur seine Hand in seine beiden Hände und rieb sie. »Verstehst du mich?«

Er nickte. »Wir müssen uns beeilen.« Trotz seiner schmerzenden Nase war er fast begeistert. *Warum uns alle früh am Morgen loshetzen? Die haben Pläne* ...

Seine Begeisterung schwand, als er in der Diele Grant traf, in einem Bademantel, mit seiner Tochter dicht hinter ihm. Grant sagte: »Du bist schrecklich spät gekommen und läßt jetzt alle so früh aufstehen. Wir hatten eine schlimme Nacht. Ich habe wohl kaum mehr als eine Stunde geschlafen ... Danielle vielleicht überhaupt nicht.«

Danielle saß am Küchentisch und trank eine Tasse Kaffee, als sie durch die Schwingtür einmarschierten. Ihr Gesicht war blaß, und sie hatte geraucht. Der überquellende Aschenbecher erzählte von einer Nacht voller Zigaretten. »So frühe Vögel«, sagte sie ohne Begeisterung.

»Wir müssen fort«, sagte Arthur.

Danielle hob eine Augenbraue. »Wir dachten, ihr würdet eine Weile hierbleiben.«

»Das hatten wir auch gedacht. Aber ich habe in der letzten Nacht überlegt; und wir sollten ... so schnell wie möglich weg sein. Es gibt eine Menge zu tun.«

Danielle neigte den Kopf fragend zur Seite, als Francine und Marty in die Küche kamen. Marty lächelte Becky schüchtern zu. Becky ignorierte ihn und blickte zwischen ihren Eltern vorbei.

»Was, zum Teufel, ist mit dieser Familie los?« fragte Danielle in scharfem Ton. »Verdammt, Francine, wo geht ihr hin?«

»Ich weiß es nicht«, antwortete Francine rundheraus. »Arthur hat das Sagen.«

»Seid ihr alle verrückt?« fragte Danielle.

»Nun, nun, Danny!« sagte Grant.

»Ich bin die ganze Nacht auf gewesen, um mir darüber klar zu werden. Warum geht ihr jetzt? Warum?« Sie war der Hysterie nahe. »Da geht etwas vor. Etwas mit der Regierung. Seid ihr deshalb hier? Ihr verlaßt uns alle und laßt uns sterben!«

Arthur wurde mutlos. Sie war der Wahrheit ziemlich nahe gekommen. Sein ganzer Schwung ließ nach.

Er sagte: »Wir gehen heute in die Innenstadt. Ich habe dort beruflich zu tun, und Francine und Marty müssen mitkommen.«

»Können wir auch mitkommen?« fragte Danielle.

»Wir alle. Mir wäre viel wohler, wenn wir alle mitkommen könnten.«

Francine sah ihn mit tränennassen Augen an. Martys Unterlippe zitterte, und Becky stand neben ihrer Mutter, einen Arm um sie geschlungen, in verwirrtem Schweigen.

»Nein«, sagte Grant. Danielle drehte ruckartig den Kopf.

»Was?«

»Nein. Wir werden nicht in Panik verfallen. Arthur muß arbeiten. Wenn es für die Regierung ist, fein. Aber wir werden in diesem Haus keine Panik aufkommen lassen, sofern ich etwas zu sagen habe.«

»Sie *gehen irgendwohin*«, sagte Danielle leise.

Grant stimmte mit einem kurzen Kopfnicken zu. »Vielleicht. Aber wir können uns da nicht aufdrängen.«

»Das ist verdammt vernünftig von dir«, sagte Danielle. »Wo bleibt deine verdammte Familie? Was tust du für *uns*?«

Grant suchte Arthurs Gesicht, und Arthur spürte seine Verwirrung und Angst und den Entschluß, die Dinge nicht außer Kontrolle geraten zu lassen. Grant sagte: »Wir bleiben in unserem Haus, und ich werde dafür sorgen, daß wir uns friedlich und würdig benehmen.«

»Würde!« sagte Danielle. Sie stülpte ihre Kaffeetasse auf den Fußboden und rannte aus der Küche. Becky stand bei dem Verschütteten und schluchzte leise, schmerzlich vor sich hin.

»Papa!« sagte sie zwischen Krämpfen.

Grant sagte ihr: »Wir haben bloß eine Meinungsverschiedenheit.« Er kniete sich neben sie und legte ihr einen Arm um die Schulter. »Wir werden schon okay sein.«

Arthur kam sich vor wie ein Automat. Er holte ihre Sachen aus dem Bad und dem Reserveschlafzimmer. Francine fand ihre Schwester im Elternschlafzimmer und suchte sie zu beruhigen.

Grant trat Arthur in der Ausfahrt entgegen. Dichter Morgennebel lag über den Hügeln, und die Sonne war ein Versprechen von gelber Wärme über dem Dunst. Ein paar Morgenschwalben sangen hinter den Hecken ihr süßes, wehmütig stupides Lied. »Arbeitest du noch für die Regierung?« fragte Grant.

»Nein«, sagte Arthur.

»Sie werden euch nicht alle in den Cheyenne-Berg oder so etwas bringen? An Bord einer Weltraumfähre schaffen?«

»Nein«, sagte Arthur. Er hatte Gewissensbisse. *Was hoffst du, das passieren wird...? Etwas, das sich nicht so sehr von dem unterscheidet, was Grant vermutet?*

»Kommt ihr heute abend zurück? Bloß in die Stadt gehen und dann ... wiederkommen?«

Arthur schüttelte den Kopf und sagte: »Ich glaube, nicht.«

»Werdet ihr umherfahren und wandern, bis ... es passiert?«

»Ich weiß nicht«, sagte Arthur.

Grant zog eine Grimasse und schüttelte den Kopf. »Ich habe mich schon lange gefragt, wie wir alles zusammenhalten könnten. Wir werden doch alle sterben, nicht wahr; und wir können doch nichts tun?«

Arthur hatte das Gefühl, Glasscherben einzuatmen.

Grant sagte: »Wir stellen uns diesen Dingen auf unsere Weise. Wenn man in einem fahrenden Auto sitzt, kann wohl jeder beisammen bleiben. Einfach weiterfahren. Wenn wir alle daheim bleiben, vielleicht ... auch. Also!«

Bitte, ihr seid mächtig, ihr seid gottähnlich, betete Arthur zu den Bossen an der Spitze des Netzwerks, *nehmt uns alle, rettet uns alle! Bitte!*

Aber die Information, die er schon erhalten hatte, machte dieses Gebet zu einer hohlen Sache. Und er hatte auch keine Garantie dafür, daß seine Familie gerettet werden würde. Ganz und gar keine, nur eine kräftige, lebendige Hoffnung. Er ergriff Grants Hand und nahm sie in seine eigene.

»Ich habe dich immer bewundert«, sagte er. »Du bist anders als ich. Aber du sollst wissen, daß ich dich und auch Danielle immer bewundert habe. Ihr seid gute Menschen. Wo wir auch sein mögen, und was immer auch geschieht, wir denken an euch. Und ich hoffe, daß ihr auch an uns denken werdet.«

»Das werden wir«, sagte Grant mit zusammengebissenen Zähnen. Danielle und Francine kamen aus der Vordertür mit Marty im Schlepp. Becky kam nicht heraus, sah aber durch das vordere Erkerfenster zu, ein kleiner strahlend blonder Geist.

Arthur setzte sich ans Steuer, nachdem er sich vergewissert hatte, daß Marty auf der Rückbank des Wagens festgeschnallt war. Grant hielt Danielle mit einem Arm fest und winkte mit dem anderen.

Gar nichts Besonderes dabei, dachte Arthur. *Ein einfacher Familienabschied.* Er fuhr rückwärts aus der Ausfahrt und lenkte auf die schmale Straße. Er blickte auf die Uhr. Noch eine Stunde, um dahin zu kommen, wo sie sein sollten.

Francines Gesicht war tränenüberströmt, aber sie gab keinen Laut von sich. Sie starrte nach vorn. Ihr Arm hing schlaff aus dem Fenster.

Marty winkte, und sie fuhren los.

Winde vom Ozean her hatten den Rauch von Waldbränden östlich im Hinterland vertrieben; und sobald der Nebel verschwunden war, wurde die Luft schön, blau und klar. Arthur fuhr sie über die Bay Bridge zwischen San Francisco und Oakland mit ihren schweren grauen Stahlträgern. Sie war fast ohne Verkehr. Dann nahm er die Ausfahrt 480 vom Embarcadero und wandte sich südwärts zur China Basin Street und dem Central Basin.

»Weißt *du* eigentlich, wohin wir fahren?« fragte Francine.

Er nickte. Irgendwie wußte er es. Er folgte Anweisungen, hatte aber auch ein Bild von einem fünfzig Fuß langen Fischerboot. Zwanzig Passagiere saßen auf dem Achterdeck in der Sonne und warteten auf sie.

Er parkte den Wagen am Agua Vista Park. »Von hier aus werden wir zu Fuß gehen«, sagte er. »Es ist nicht weit.«

»Was ist mit dem Gepäck?« fragte Francine.

»Und meinen Spielsachen?« wollte Marty wissen.

»Laßt das hier!« sagte Arthur. Er öffnete die Klappe vom Gepäckraum und nahm den Karton heraus, der Francines Disketten und Papiere enthielt. Das war das einzige Ding, auf dessen Mitnahme sie bestehen würden. Er ließ Marty ihn halten.

Die Aufregung kam wieder. Erst später würde er wegen dessen, was zurückbleiben mußte, traurig sein. Eben jetzt schien es sicher zu sein, daß das, worauf er am meisten gehofft hatte, eintreten würde. Das Netz versperrte ihm nicht den Weg oder befahl ihm nicht zurückzugehen. Er wurde vielmehr vorwärts gedrängt. Es blieben nur noch ein paar Minuten.

»Nehmen wir ein Schiff?« fragte Francine. Er nickte. Sie hob ihre Handtasche hoch. Arthur schüttelte den Kopf: Laß sie da! Da nahm sie eine Plastiktüte mit Familienphotos aus ihrer Brieftasche und warf den Rest mit ärgerlich verzerrtem Gesicht weg.

»Werden wir nicht den Wagen abschließen?« fragte Marty. Arthur jagte sie weg und ließ die Klappe vom Gepäckraum offen.

Ihr braucht keine Besitztümer. Bringt nichts als die Kleidung auf eurem Rücken mit! Entleert eure Taschen von Kleingeld, Schlüsseln und allem! Bringt nur euch selbst her!

Er schleuderte seine Schlüssel und Geldstücke, Brieftasche und Kamm auf den Asphalt.

Sie gingen durch ein offenes Tor in einem mit Ketten abgeteilten Zaun zu einem langen, breiten Pier, der zu beiden Seiten von den sanft auf und ab wippenden Masten von Fischerbooten gesäumt war. »Beeilung!« drängte er.

Francine schob Marty vor sich her.

»All das für eine Bootsfahrt«, sagte sie.

Am Ende des Piers wartete das Schiff, das er gesehen hatte, auf sie. Es waren in der Tat ungefähr zwanzig Personen, die auf der Back standen und saßen. Eine junge Frau in verblaßten Jeans und einer Windbluse geleitete sie auf die Rampe, und sie stiegen rasch ein, um auf der Back ihre Plätze einzunehmen. Marty hockte auf einem stinkenden Haufen ausgedienter Netze. Francine saß auf einer Winde.

»All right«, rief die junge Frau. »Das waren die letzten.«

Erst jetzt wagte Arthur auszuatmen. Er sah sich die Leute auf dem Boot an. Die meisten waren jünger als er. In der Gruppe gab es außer Marty noch vier Kinder. Es gab keine Passagiere, die nicht höchstens noch in den mittleren Jahren waren. Wenn er ihnen ins Gesicht sah, erkannte er, daß viele davon mit dem Netzwerk zu tun gehabt hatten, aber doch noch keinen Lohn für ihre Mühen empfangen hatten. Andere vom Netz waren zurückgeblieben. Viele, die nicht dazugehört hatten, wie Marty und Francine, kamen mit.

Indessen schien noch niemand eine Ahnung zu haben, wo ihr Ziel lag. Das Boot fuhr in die kabbeligen Gewässer der Bucht und nahm Kurs nach Norden. Die Sonne spendete willkommene Wärme, und die Winde über der Bay nahmen viel davon weg.

Die junge Frau kam zu ihnen allen herum und hielt die Hand auf. »Schmucksachen, bitte!« sagte sie. »Ringe, Uhren, Halsketten. Alles.« Jedermann händigte ihr die Wertsachen aus, ohne sich zu beklagen. Arthur nahm seinen Trauring ab und nickte Francine zu, dasselbe zu tun. Marty gab seine Racoon-Armbanduhr fort, ohne zu jammern. Er war sehr besonnen und still.

»Wissen Sie, wohin wir fahren?« fragte ein junger

Mann in einem Büroanzug die Frau, als er ihr eine goldene Rolex gab.

»Hinaus in die Nähe von Alcatraz«, sagte sie. »Das hat mir der Skipper gesagt.«

»Ich meine, danach?«

Sie schüttelte den Kopf. »Hat jeder alles abgeliefert?«

»Werden wir unsere Sachen wiederbekommen?« fragte eine kleine Frau von asiatischem Typ.

»Nein«, sagte die junge Frau in den Jeans. »Bedaure.«

»Werden Becky und Tante Danielle und Onkel Grant mit uns kommen?« fragte Marty feierlich und sah zu, wie Möwen über das Kielwasser des Schiffs schwebten.

»Nein«, sagte Francine und nahm damit Arthur das Wort aus dem Munde. »Es kommt niemand sonst mit.«

»Werden wir die Erde verlassen?« fragte Marty. Die Erwachsenen in der Nähe zuckten deutlich zusammen.

»Pst!« sagte die junge Frau, die gerade an ihm vorbeikam. »Abwarten und sehen.«

Arthur kniff Martys Ohr leicht mit Daumen und Zeigefinger. *Kluger Junge,* dachte er. Er blickte über das Wasser und spürte, wie die schaumgekrönten Wellen der Bucht rhythmisch gegen den Bootskörper schlugen. Einige Leute wurden seekrank. Ein nußbrauner Mann mit grauem Bart, um die vierzig, kam vom Ruderhaus herunter und verteilte Plastiktüten. »Benutzt die!« sagte er mürrisch. »Alle. Wir wollen nicht, daß es jemand schlechter wird, als unbedingt sein muß; und wir wollen keine Kettenreaktionen.«

Arthur schaute auf die Silhouette der Stadt. Durch den salzigen Gischt mußte er blinzeln. *Alle diese Arbeit. Ringsum in der Welt. Tausende von Jahren.* Er konnte das Ungeheure noch gar nicht fassen. Francine kam zu ihm und legte die Arme fest um ihn. Er lehnte die Wange an ihr Haar. Er wagte nicht, sich so optimistisch zu fühlen, wie er es sein sollte.

»Kannst du mir sagen, was jetzt vor sich geht?« fragte sie.

Marty kuschelte sich zu ihnen. »Wir fahren fort, Mama«, sagte er.

»Wirklich?« fragte sie Arthur.

Er schluckte und bewegte kaum den Kopf. Dann nickte er. »Ja, das werden wir wohl.«

Sie schnitten durch das Wasser unter der Bay Bridge zwischen San Francisco und Oakland, Yerba Buene Island und Treasure Island zur Rechten — hohe dunkelgrüne und braune Hügel auf dem schieferfarbenen, weißgefleckten Wasser.

»Schau, Marty!« sagte Francine und zeigte auf das Gewirr von Trägern und die riesigen Pfeiler und Beine der Brücke. »Wir sind vor kurzem erst darübergefahren.«

Marty schenkte dem Wunder nur beiläufige Aufmerksamkeit. Die See wurde rauher. Alcatraz, ein trostloser Felsblock mit alten Gebäuden darauf, von denen sich ein Wasserturm abhob, lag genau voraus. Das Schiff wurde langsamer; die Motoren machten nur noch gleichmäßig tschuk-tschuk-tschuk. Die junge Frau kam wieder bei ihnen durch und musterte alle auf unnötige Besitztümer. Niemand protestierte. Sie waren entweder von Angst gelähmt oder seekrank oder erschöpft oder alles zusammen. Als sie wieder nach hinten ging, lächelte sie Marty zu.

Das Boot stoppte und driftete in dem unruhigen Seegang. Die Passagiere fingen an zu murren. Dann sah Arthur, wie neben dem Schanzdeck an Backbord etwas Quadratisches und Graues aus dem Wasser stieg. Er dachte sofort an den Flügel eines U-Bootes; aber es war viel kleiner, kaum so breit wie eine Doppeltür und ragte nur drei Meter über den Wasserspiegel.

»Wir müssen gut aufpassen«, sagte zu ihnen die Frau. Sie stand auf einer kurzen Leiter neben dem Ruderhaus. »Die See ist rauh. Wir werden alle durch diese Tür hinunterkriechen müssen.« In dem grauen Block erschien ein leeres schwarzes Quadrat. »Da führt eine

Wendeltreppe hinab in das Schiff. Die Arche. Wenn Sie ein Kind jünger als zwölf haben, dann fassen Sie es an der Hand und seien Sie sehr vorsichtig.«

Ein stämmiger Fischer in einem schwarzen Rollkragenpullover bemühte sich, eine kurze Laufplanke zu dem Eingang des Blocks hinauszuschieben.

»Wir gehen wirklich fort«, sagte Francine mit einer mädchenhaften Stimme.

Einzeln, einer hinter dem andern, überquerten sie schweigend die nicht allzu stabile Planke, unterstützt von dem Fischer und der jungen Frau. Jede Person verschwand in dem Block. Als seine Familie an die Reihe kam, ging Arthur zuerst, half dann Francine, Marty hinüber zu heben, und ergriff dann fest ihre Hand, als sie hinüberschwankte.

»O Gott!« sagte Francine mit zitternder Stimme, während sie die steife und enge Wendeltreppe hinunterstiegen.

»Sei tapfer, Mama!« sprach Marty ihr Mut zu. Er lächelte Arthur an. Er ging voran, und ihre Köpfe befanden sich fast auf gleicher Höhe.

Nachdem sie etwa zehn Meter hinuntergestiegen waren, traten sie durch einen halbrunden Eingang in einen kreisrunden Raum, mit drei Türen nebeneinander auf der gegenüberliegenden Seite. Die Wände waren pfirsichgelb, und das Licht war ausgeglichen und warm, beruhigend. Als alle zwanzig in dem Raum standen, kam die junge Frau zu ihnen. Der Fischer und andere Mitglieder der Schiffsbesatzung nicht. Die halbrunde Luke hinter ihnen schloß sich leise. Einige Leute begannen zu stöhnen, und ein Mann, der ungefähr zehn Jahre jünger war als Arthur, sank auf die Knie und faltete die Hände zum Gebet.

»Wir befinden uns im Innern eines Raumschiffs«, sagte die junge Frau. »Weiter unten gibt es Wohnräume. In einer kleinen Weile, vielleicht in ein paar Stunden, werden wir die Erde verlassen. Einige von Ihnen wissen das schon. Der Rest von Ihnen sollte Geduld haben und sich bitte nicht ängstigen.«

Arthur ergriff die Hände seiner Frau und seines Sohnes und schloß die Augen. Er wußte nicht, ob er Angst hatte oder in Hochstimmung war, oder schon in Trauer. Wenn sie an Bord eines Raumschiffs waren und alle Arbeit, die er und die anderen im Netz ihren Lohn bekam, dann dürfte die Erde wohl bald sterben.

Seine Familie könnte überleben. Aber sie würden nie wieder die frische, kühle, salzige Luft atmen oder unter der Sonne im Freien stehen. Hinter seinen geschlossenen Lidern zogen Gesichter vorbei: Verwandte, Freunde, Kollegen. Auch Harry, als er noch gesund gewesen war. Arthur dachte an Ithaca Feinman und fragte sich, ob sie an Bord einer Arche sein würde. Wahrscheinlich nicht. Es waren nur so wenige Plätze verfügbar, zumal jetzt, da die Schiffe in Charleston und Seattle vernichtet waren. Eine Brutpopulation, mehr nicht.

Und alle übrigen...

Der jüngere Mann betete laut, glühend, mit einem von Schmerz und Konzentration verzerrten Gesicht. Arthur wäre es leicht gefallen, ihm dabei Gesellschaft zu leisten.

67

Eine lockere Gruppe von zehn Personen nahm am frühen Morgen den Four Mile Trail, unter ihnen Edward und Betsy. Sie stiegen auf im Schatten von Douglas-Fichten und Ponderosa-Kiefern. In der stillen Morgenluft roch es stark nach Kiefernharz. Der Weg war zunächst nicht sehr steil, stieg dann aber immer mehr an bis zum Sentinel Creek etwa fünfundsiebzig Meter über der Talsohle.

Um elf waren sie auf dem steil ansteigenden Weg, der

westlich vom Sentinel Rock in die Granitwand eingeschnitten war.

Edward legte eine Pause ein, um sich hinzusetzen und Atem zu schöpfen. Er bewunderte Betsy in ihren kurzen Kletterhosen.

»Früher mußte man für diese Tour bezahlen«, sagte Betsy und stemmte ein wohlgeformtes Bein gegen eine Felsplatte, um ihren Wanderstiefel neu zu schnüren.

Edward schaute über die Kante auf die Distanz, die sie schon erstiegen hatten, und schüttelte den Kopf. Bis Mittag hatten sie ihre Sweatshirts ausgezogen und sich die Ärmel um die Hüften gebunden. Sie machten Halt, um Wasser zu trinken. Inzwischen hatten sich die zehn über dreiviertel Kilometer verteilt wie Ziegen in einem Tierpark mit Terrassenanlagen. Ein junger Mann einige Dutzend Meter oberhalb von Edward hatte genug Energie, um sich auf die Brust zu trommeln und einen machtheischenden Tarzanschrei auszustoßen. Dann grinste er blöde und winkte.

»Ich Jane, er plemplem«, kommentierte Betsy.

Die gute Stimmung dauerte an, als sie am Union Point standen und, gestützt auf das Eisengeländer, in das Tal hinabschauten. Der Himmel war nur leicht rauchig, und die Luft wurde im Zuge des Aufstiegs wärmer. »Hier könnten wir anhalten«, schlug Betsy vor. »Die Aussicht ist recht hübsch.«

»Vorwärts!« Edward machte eine heldenhafte Miene und zeigte auf das Ziel. »Nur noch ein einziger schwerer Anstieg.«

Um ein Uhr hatten sie auf anscheinend endlosen Zickzackwegen den kahlen Granithang erstiegen und machten eine kleine Rast, um den Bestand an Bärentrauben zu betrachten. Dann gingen sie auf einem angenehmeren und verhältnismäßig ebenen Weg zum Glacier Point weiter.

Minelli und seine Gefährtin Inez hatten in dem Wald hinter den asphaltierten Wegen, die zu den eingezäunten Terrassen des Gipfels führten, schon Zelte aufgestellt. Sie winkten Edward und Betsy zu und wollten sie veranlassen, herüber zu kommen und sich an ihrem Mittagspicknick zu beteiligen.

Edward rief ihnen zu: »Wir wollen zunächst die Aussicht genießen. Nach einer kleinen Weile werden wir bei euch sein.«

Auf das Geländer der untersten Terrasse gelehnt betrachteten sie das Tal in seiner vollen Ausdehnung und die Berge dahinter. Vogelgesang akzentuierte das gleichmäßige Flüstern der Brisen.

Betsy sagte: »Es ist hier *so* friedlich. Man möchte glauben, daß hier nichts passieren kann ...«

Edward versuchte, sich seinen Vater vorzustellen, wie er vor mehr als zwanzig Jahren an der Brüstung gestanden und wie ein Clown mit den Händen gefuchtelt hatte, als seine Mutter eine Aufnahme mit einer Polaroid-Kamera machte. Sie waren gerade dorthin aufgestiegen. Eine Stunde später waren sie schon unterwegs nach Hause. Damit endete die letzte glückliche Zeit seiner Kindheit. Als Kind hatte er zum letzten Mal gefühlt, daß er glücklich *hätte* sein können.

Er berührte Betsys Arm und lächelte ihr zu. »Die beste Aussicht der Welt«, sagte er.

»Ein Platz in der Haupttribüne«, pflichtete ihm Betsy bei und beschattete sich die Augen gegen die starke Sonne. Sie standen einige Minuten lang an der Kante, die Arme umeinander geschlungen. Dann machten sie kehrt und gingen zu den Zelten zurück zu Minelli und Inez.

Der Nachmittag verging langsam und müßig. Minelli hatte im Laden eine Stange trockener Salami gekauft und zwei Laib Brot. Inez hatte irgendwie einen großen Keil Cheddar-Käse mitgebracht. Sie sagte: »Vor ein paar Tagen hatten wir noch ein ganzes Rad davon. Fragt nicht, wie wir es gekriegt haben.« Ihr Lächeln war keß und kindlich und süß zugleich.

Minelli verteilte Bierdosen, warm, aber doch willkommen; und sie aßen langsam, redeten wenig und lauschten dem Rauschen des Windes in den Bäumen hinter ihnen. Als sie fertig waren, breitete Edward einen Schlafsack auf dem Gras aus und lud Betsy ein, sich mit ihm hinzulegen und zu schlummern. Der Aufstieg hatte sie nicht erschöpft, aber die Sonne war warm, die Luft angenehm, und große, dicke Bienen summten in lässigen Kurven um sie herum. Beide waren gut gesättigt, und das Bier hatte Edward etwas schläfrig gemacht.

Betsy lag neben ihm. Ihr Kopf ruhte in seiner Armbeuge. »Glücklich?« fragte sie ihn.

Edward öffnete die Augen und schaute zu den weißen Wolken vor einem strahlend blauen Himmel auf. »Ja«, sagte er. »Das bin ich wirklich.«

»Ich auch.«

Ein paar Dutzend Meter weiter weg sangen andere Camper Folksongs und Lieder aus den sechziger und siebziger Jahren. Ihre Stimmen schwebten in der bewegten, warmen Luft und vermischten sich schließlich mit dem Wind und dem Summen der Bienen.

68

Walter Samshow feierte seinen sechsundsiebzigsten Geburtstag an Bord der *Glomar Discoverer*, die ihre Kreise zog jenseits der Zone, wo gewaltige Sauerstoffmassen vorher an die Meeresoberfläche aufgestiegen waren. Die Blasenbildung hatte vor drei Tagen aufgehört.

In der Kombüse des Schiffs war ein zwei Meter langer Geburtstagskuchen in Gestalt einer Seeschlange hergerichtet — oder eines Heringskönigfisches, je nachdem, ob man den Koch fragte oder Chao, der in seinem Leben schon mehrere Heringskönige gesehen hatte, aber keine Seeschlangen.

Um fünf Uhr nachmittags wurde der Kuchen einigermaßen feierlich unter dem Sonnensegel am Heck angeschnitten. Dicke Stücke wurden auf dem besten Porzellan des Schiffs serviert. Dazu gab es Champagner oder alkoholfreien Punsch für die Diensthabenden.

Sand toastete seinem Partner mit einem erhobenen Glas Champagner im Heck zu. Samshow lächelte und kostete den Kuchen. Er versuchte herauszubringen, welches Aroma der eigenartige schlammfarbene Zuckerguß hatte — den jemand als gesüßten Agar bezeichnet hatte. Da leuchtete der Ozean ringsum in einem hellen Blaugrün auf, das sogar unter der starken Sonne auffiel.

Samshow fühlte sich an seine Jugend erinnert, wie er am Vorabend des vierten Juli bei Cape Cod am Strand gestanden hatte und seine Feuerwerkskörper in die Brandung geworfen hatte in dem Augenblick, wo die Zünder fast abgebrannt waren. Die Knaller waren unter der Oberfläche mit einem lautlosen Blitz elektrischgrünen Lichts explodiert.

Die Besatzung auf dem Achterdeck verstummte. Einige sahen ihre Schiffskameraden verwundert an, weil sie das Phänomen verpaßt hatten.

Kurz hintereinander erhellten weitere Lichtblitze vom nördlichen bis zum südlichen Horizont den Ozean.

Samshow sagte in seinem besten professoralen Ton: »Ich glaube, wir werden jetzt die Lösung verschiedener Mysterien bekommen.« Er kniete sich hin, um seine Teller und das Glas mit Champagner aufs Deck zu stellen und trat dann mit Sands Hilfe an die Reling.

Im Westen begannen das ganze Meer und der Himmel zu brüllen.

Ein Vorhang aus Wolken und blendendem Licht stieg vom Westhorizont auf und kringelte sich langsam wie eine gepeinigte Schlange. Das eine Ende des Vorhangs glitt mit erstaunlicher Geschwindigkeit über das Meer auf sie zu. Samshow duckte sich. Er wollte gerade jetzt noch nicht, daß alles zu Ende ginge. Es gab noch mehr, das er sehen wollte, und noch mehr Minuten, die er leben wollte.

Der Schiffskörper bebte heftig, und die Stahlmasten und Drähte begannen zu singen. Die Reling vibrierte schmerzhaft unter seiner Hand.

Der Ozean füllte sich mit einem gleichmäßigen Licht. Kilometerweit war das Wasser nicht trüber als ein dikker grüner Glasklumpen, den man vor ein Feuer im Freien hält.

Sand sagte: »Das sind die Bomben. Sie gehen hoch. Die Bruchzonen hinauf und herunter ...«

Die See im Westen bedeckte sich in einer vielleicht hundert Meter dicken Schicht mit Blasen, angetrieben von dem sich windenden Vorhang. Sie zerbrach in auf- und absteigende Bänder von Flüssigkeit und Gischt. Zwischen den Fragmenten der abgeschälten See — der Haut einer unvorstellbaren Blase — erhob sich eine massive, schimmernde, durchscheinende Masse von überhitztem Dampf, vielleicht drei Kilometer breit. Ihre erkennbare Oberfläche kondensierte sofort zu einer blaß opaleszierenden Halbkugel. Andere derartige Blasen brachen auf und kondensieren von Horizont zu Horizont. Sie quirlten das Meer zu einem pfefferminzgrünen Schaum. Die Dampfwolken stiegen in verdrehten Säulen zum Himmel. Das Zischen und Brüllen und die tiefen, mahlenden, die Eingeweide erschütternden Explosionen wurden unerträglich. Samshow hielt sich die Ohren zu und wartete auf das, was, wie er wußte, nun kommen mußte.

Ein paar hundert Meter östlich brach ein Schwall freigesetzter Dampfblasen hervor, auf der anderen Seite noch mehr. Die Turbulenz breitete sich in einer hohen Wassermauer aus, die das Schiff in Längsrichtung erfaßte und zerbrach. Das Vorschiff wurde im Uhrzeigersinn halb verdreht, Metall kreischte auf, Nieten barsten wie Kanonenschüsse, Stahlplatten zerrissen mit einem Geräusch, das seltsam an Zerreißen von Papier erinnerte, und Balken brachen. Samshow flog seitlich über Bord und schien für einen Augenblick in Gischt und fliegenden Trümmern zu schweben. Er fühlte alles, von dem er ein Teil war — Meer, Himmel, Luft, Nebel ringsum — jäh aufwärts gerissen werden. Eine noch viel größere Dampfblase kam direkt unter dem Schiff an die Oberfläche.

Natürlich gab es keine Zeit zum Nachdenken; aber ein Gedanke von dem vorangegangenen Augenblick hielt sich noch wie ein eingefrorenes Bild in seinem Geist, ehe sein Körper in Sekundenschnelle gesotten und zu etwas zerschmettert wurde, das von dem Gischt ringsum kaum zu unterscheiden war: *Ich wollte, ich könnte jenen Ton hören, wenn die Erdkruste weit aufgerissen wird.*

Rings um die ganze Erde, überall wo die Bomben legenden Maschinen die Tiefseegräben geimpft hatten, drangen lange, gekrümmte Vorhänge aus heißem Wasserdampf hoch in die Atmosphäre und durchbrachen sie. Nachdem die Millionen glasiger Dampfsäulen zu Wolken kondensiert waren und die Wolken die kalten Luftmassen in der Höhe trafen und zu Regen wurden, da prallte die weggedrängte Luft wieder mit heftigen Donnerschlägen zurück. Tsunamis rollten auswärts unter entsprechenden turbulenten expandierenden Fronten hohen und niedrigen Luftdrucks.

Das Ende hatte begonnen.

Dies irae

69

Unter der Bucht von San Francisco, Stunden nach dem Besteigen der Arche, trat die Frau, die sie auf dem Fischerboot geführt hatte — sie hieß Clara Fogarty — zu den zwanzig Personen im Warteraum und redete mit ihnen, sie beantwortete Fragen und versuchte, alle ruhig zu halten. Sie schien selbst nicht allzu ruhig zu sein: zerbrechlich, aufs Äußerste angespannt.

Hilf ihr wurde Arthur angewiesen. Er und einge andere gehorchten sofort. Nach ein paar Minuten kam er durch die Menge wieder zu Francine zurück und ergriff ihre Hände. Marty drückte ihn heftig an sich.

»Ich werde die Stellen besuchen, an denen wir schlafen werden«, sagte er zu Francine.

»Sagt dir dies das Netz?«

»Nein«, sagte er und blickte mit leicht gerunzelter Miene nach einer Seite. »Jemand anders. Eine Stimme, die ich noch nicht gehörte habe. Ich soll jemand treffen.«

Francine wischte sich das Gesicht mit der Hand ab und küßte ihn. Arthur hob Marty mit einem *Uumph* hoch und sagte ihm, er solle sich um seine Mutter kümmern. »Ich werde bald zurück sein.«

Er stand neben Clara Fogarty an der mittleren Luke gegenüber der Seite, an der sie hereingekommen waren. Die Luke — kaum mehr als ein Umriß in der Wandfläche — glitt auf, und sie gingen rasch hindurch, ehe sie einen klaren Eindruck von dem hatten, was sich auf der anderen Seite befand.

Ein hell erleuchteter breiter Gang, der sich nach unten krümmte, dehnte sich vor ihnen aus. Die Luke ging zu, und sie schauten einander nervös an. Weitere Luken säumten beide Seiten des Gangs.

»Künstliche Schwerkraft?« fragte ihn Clara Fogarty.

»Ich weiß nicht«, sagte er.

Auf eine stille Aufforderung hin gingen sie weiter. Sie blieben in bezug auf den Fußboden aufrecht. Nur die visuellen Eindrücke waren ungewöhnlich. Am Ende des Gangs erwartete sie eine zweite offene Luke. Dahinter lag warmes Halbdunkel. Sie betraten einen Raum, der dem Wartezimmer ähnelte.

Im Mittelpunkt dieses Raumes erhob sich ein etwa dreißig Zentimeter hoher und ein Meter breiter Sockel. Darauf stand etwas, das Arthur auf den ersten Blick für eine Skulptur hielt. Es war etwa halb so groß wie er, geformt wie ein stämmiger, breiter menschlicher Rumpf und Kopf — oder eher wie eine primitive, stilisierte Puppe. Außer einem abstrakten und ungeteilten Busen fehlten ihm alle Oberflächenmerkmale. Farblich sah es wie mit Hitze behandeltes Kupfer aus, auf dem ölige Wirbel regenbogenartig schimmerten. Die Haut war glänzend, aber nicht reflektierend.

Ohne Vorwarnung erhob sich das Ding einige Zentimeter über den Sockel und sprach sie beide mit lauter Stimme an:

»Ich fürchte, daß euer Volk nicht mehr lange wild und frei sein wird.«

Arthur hatte dieselbe Stimme schon vor ein paar Minuten in seinem Kopf gehört, als sie ihn durch die Luken wies.

»Wer bist du?« fragte er.

»Ich bin nicht euer Aufseher, aber euer Führer.«

»Bist du lebendig?« Er wußte nicht, was er sonst fragen sollte.

»Biologisch bin ich nicht lebendig. Ich bin ein Teil dieses Vehikels, das seinerseits bald zum Teil eines viel größeren Fahrzeugs werden wird. Ihr seid hier, um eure Gefährten auf mich vorzubereiten, damit ich sie instruieren und meine Anweisungen ausführen kann.«

»Bist du ein Roboter?« fragte Clara.

»Ich bin ein Symbol, dazu entworfen, daß ich akzeptabel sein kann, ohne falsche Eindrücke hervorzurufen. In gewisser Weise bin ich eine Maschine. Aber ich bin kein sklavischer Arbeiter. Versteht ihr mich?«

Die Stimme des Objekts war tief, autoritär, aber nicht männlich.

»Ja«, sagte Arthur.

»Einige aus eurer Gruppe könnten in Panik geraten, wenn sie mich unvorbereitet zu sehen bekommen. Es ist aber wesentlich, daß sie kommen und mir vertrauen, daß sie kommen und auf die Information und die Anweisungen vertrauen, die ich ihnen gebe. Ist das klar?«

»Ja«, antworteten sie zugleich.

»Die Zukunft eures Volkes und all der Information, die wir von eurem Planeten geborgen haben, hängt davon ab, wie eure und meine Art zusammenwirken. Eure Art muß disziplinierter werden, und ich muß euch unterrichten über größere Realitäten, als die meisten von euch je erfahren haben.«

Arthur nickte mit trockenem Mund. »Befinden wir uns im Innern der Archen?«

»Allerdings. Diese Fahrzeuge werden sich alle zusammenfügen, sobald wir alle draußen im Weltraum sind. Es gibt jetzt einunddreißig solcher Vehikel und an Bord von deren einundzwanzig je fünfhundert Menschen. Die Fahrzeuge enthalten auch große Mengen an botanischen, zoologischen und anderen Proben, in den meisten Fällen nicht als ganze, aber in wiedergewinnbarer Form. Ist das klar?«

»Ja«, sagte Arthur. Clara nickte.

»Die meisten meiner Mitteilungen an euch werden nicht durch Sprache sein, sondern durch etwas, das ihr Telepathie nennen könntet, so wie ihr schon durch das Netz gelenkt worden seid. Später, wenn mehr Zeit ist, wird diese eindringliche Methode weitgehend aufgegeben werden. Vorerst werde ich, wenn ihr euch wieder unter eure Gefährten begebt, durch euch sprechen; aber euch bleibt die Formulierung und das Timing überlassen. Wir haben nur sehr wenig Zeit.«

»Hat es schon angefangen? fragte Clara.

»Es hat angefangen«, sagte das Objekt.

»Und wir brechen bald auf?«

»Die letzten Passagiere und Proben für dies Fahrzeug werden gerade eben eingeladen.«

Arthur empfing Eindrücke von Chromspinnen, die aus kleinen Booten durch den Eingang der Arche an der Oberfläche hereingebracht wurden. Die Spinnen enthielten die Früchte wochenlangen Suchens und Probensammelns: genetisches Material von Tausenden von Pflanzen und Tieren an der ganzen Westküste.

»Wie können wir dich nennen?« fragte Arthur.

»Ich werde eure eigenen Namen für mich erfinden. Jetzt müßt ihr zu eurer Gruppe zurück und sie mit ihren Unterkünften bekannt machen, die entlang diesem Gang angeordnet sind. Ihr müßt auch mindestens vier Freiwillige gewinnen als Zeugen für das Verbrechen, das derzeit verübt wird.«

»Wir sollen bei der Vernichtung der Erde zuschauen?« fragte Clara.

»Ja. So ist das Gesetz. Entschuldigt mich jetzt — ich muß noch andere Einführungen geben.«

Sie verließen nach hinten den schattigen Raum und sahen zu, wie sich die Luke schloß.

»Funktioniert sehr gut«, sagte Arthur.

»Das Gesetz.« Clara lächelte schwach. »Gerade jetzt habe ich noch mehr Angst als je, seit ich das Boot bestiegen habe. Ich kenne noch nicht einmal alle Namen der Leute.«

»Fangen wir an!« sagte Arthur. Sie durchquerten den gekrümmten Gang. Die Luke auf der gegenüberliegenden Seite ging auf, und sie sahen einen Haufen ängstlicher Gesichter vor sich. Ein Geruch von Angst breitete sich aus.

70

Irwin Schwartz ging in den Lagerraum des Weißen Hauses und stieß fast mit der First Lady zusammen. Sie prallte zurück mit einem nervösen Nicken und zitternden Händen. Er trat ein. Die Nerven von jedermann waren seit der Evakuierung am Abend vorher und der eiligen Rückkehr des Präsidenten in die Hauptstadt total überstrapaziert worden. Keiner hatte seit damals mehr als eine oder zwei Stunden geschlafen.

Der Präsident stand mit Otto Lehrman vor den hochauflösenden Datenschirmen, welche auf der Holztäfelung der Betonwände angebracht waren. Die Bildschirme waren eingeschaltet und zeigten Karten verschiedener Ausschnitte der Nordhemisphäre in Mercatorprojektion. Rote Punkte markierten zerstörte Städte. »Kommen Sie herein, Irwin!« sagte Crockerman. »Wir haben einiges neues Material vom Rätselpalast.« Er wirkte beinahe heiter.

Irwin wandte sich an die First Lady. »Werden Sie hier bleiben?« fragte er rundheraus. Er achtete die Frau, mochte sie aber nicht besonders.

Sie sagte: »Der Präsident hat ausdrücklich um meine Anwesenheit ersucht. Er hat das Gefühl, wir sollten beieinander sein.«

»Offenbar sind Sie seiner Meinung.«

»Ja, allerdings«, sagte sie.

Noch niemals hatte in den Vereinigten Staaten eine First Lady ihren Gatten verlassen, wenn er unter Beschuß stand. Mrs. Crockerman wußte das; und es mußte sie einigen Mut gekostet haben zurückzukehren. Aber schließlich hatte auch Schwartz lange Stunden über einen Rücktritt aus der Regierung nachgedacht. Daher konnte er nicht zu streng über sie urteilen.

Er bot ihr die Hand. Sie nahm an, und sie tauschten einen festen Händedruck.

Lehrman sagte: »Wir haben etwa zwanzig Minuten alte Photos von einem Diamond Apple. Die Techniker legen sie jeden Moment auf den Bildschirm.« Diamond Apples waren Aufklärungssatelliten, die in den frühen neunziger Jahren gestartet worden waren. Das National Reconnaissance Office war sehr eigen mit Diamond Apple-Bildern. Gewöhnlich waren sie ausschließlich den Augen des Präsidenten und des Verteidigungsministers vorbehalten. Daß Schwartz sie zu sehen bekam, zeigte, daß etwas Außergewöhnliches zu erwarten war.

»Hier sind sie«, sagte Lehrman, als die Schirme hell wurden. Leuchtend weiße, rot und blaugrün eingerahmte Kurven bildeten ein zusammenhängendes Muster vor einem mitternachtsschwarzen Hintergrund.

»Sie wissen«, sagte Crockerman leise, »daß ich schließlich doch gleichzeitig recht und unrecht gehabt habe. Wie deuten Sie das hier?«

Schwartz starrte auf die leuchtenden Linien und konnte nichts damit anfangen, bis ein Gitternetz und Beschriftungen hinzukamen. Dies war der Nordatlantik. Die Kurven waren Gräben, Gebirgsketten und Bruchlinien mitten im Ozean.

Lehrman sagte: »Das Weiße ist Restwärme von nuklearen Explosionen. Hunderte, vielleicht Tausende, vielleicht Zehntausende — überall entlang den Tiefseefugen und -bruchstellen der Erde.«

Die First Lady schluchzte halb, halb hielt sie den Atem an. Crockerman schaute mit traurigem Lächeln auf die Schaubilder.

»Jetzt der westliche Pazifik«, sagte Lehrman. Noch mehr weiße Linien. »Übrigens — Hawaii ist von Tsunamis schwer getroffen worden. Die Westküste Amerikas ist ungefähr zwanzig oder dreißig Minuten von größeren Wellen entfernt. Ich schätze, daß sie schon durch Wellen aus diesen Gebieten getroffen wurde.« Er zeigte auf Scharen weißer Linien nahe Alaska und Kalifornien. »Der Schaden dürfte sehr umfangreich sein. Die von all diesen Explosionen freigesetzte Energie ist enorm. Die Wetterverhältnisse werden sich rund um die Welt verändern. Der Wärmehaushalt der Erde ...« Er schüttelte den Kopf. »Aber ich zweifle, daß uns noch viel Zeit gegeben ist, um uns darüber Sorgen zu machen.«

»Handelt es sich um eine Zermürbungstaktik?« fragte Schwartz.

Lehrman zuckte die Achseln. »Wer kann den Plan verstehen oder seine Absicht? Wir sind noch nicht tot; also ist es ein Vorspiel. Das ist alles, was jedermann weiß. Erdbebenstationen melden von überall schwere anomale Brucherscheinungen.«

Crockerman sagte: »Ich glaube nicht, daß die Geschosse schon zusammengetroffen sind. Irwin hat den Nagel auf den Kopf getroffen. Es ist ein Vorspiel.«

Lehrman setzte sich an den großen rhombusförmigen Tisch und breitete die Arme aus: *Deine Vermutung ist ebensogut wie die meinige.*

»Ich glaube, wir haben noch eine Stunde, vielleicht weniger«, sagte der Präsident. »Es gibt nichts, was wir tun können. Nichts, was wir je hätten tun können.«

Schwartz studierte die Diamond Apple-Bilder mit leichtem Blinzeln. Sie übermittelten noch keine überzeugende Realität. Es waren attraktive Abstraktionen. Wie sah Hawaii jetzt wohl aus? Wie würde San Francisco in wenigen Minuten ausschauen? Oder New York?

»Ich bedaure, daß nicht alle hier sind«, sagte Crockerman. »Ich möchte Ihnen danken.«

»Wir werden nicht wieder ... evakuiert?« fragte Schwartz automatisch.

Lehrman warf ihm einen scharfen ironischen Blick zu. »Irwin, wir haben keine Niederlassung auf dem Mond. Der Präsident hat, als er noch Senator war, die Mittel dafür im Jahre 1990 gestrichen.«

»Das war mein Fehler«, sagte Crockerman mit fast herausforderndem Ton. Wenn Schwartz in diesem Augenblick eine Pistole gehabt hätte, hätte er den Mann umbringen können. Seine Wut war eine hilflose, ungezielte Leidenschaft, die ihn ebenso zu Tränen wie zu Gewalttaten verleiten konnte. Die Schaubilder vermittelten keine Realität, Crockerman dagegen sehr.

»Wir sind wirklich wehrlose Kinder«, sagte Schwartz, nachdem er seine Züge wieder in Gewalt hatte und seine Hände nicht mehr zitterten. »Wir hatten niemals eine Chance.«

Crockerman schaute sich um, als der Fußboden unter ihm erbebte. Er sagte: »Ich sehne mich fast nach dem Ende. Ich bin innerlich so schwer verletzt.«

Die Stöße wurden heftiger.

Die First Lady hielt sich am Türrahmen fest und lehnte sich dann an den Tisch. Schwartz langte hin, um ihr zu helfen. Beamte des Secret Service kamen ins Zimmer. Sie bemühten sich, auf den Füßen zu bleiben und hielten sich an der Kante des Tisches fest. Nachdem Schwartz die First Lady hingesetzt hatte, nahm er auch selbst wieder Platz und packte die hölzernen Lehnen des Sessels. Das Vibrieren ließ nicht nach, es wurde immer schlimmer.

»Wie lange wird es Ihrer Meinung nach dauern?« fragte Crockerman, ohne sich an eine bestimmte Person zu wenden.

»Mr. President, wir sollten das Gebäude verlassen und uns ins Freie begeben«, sagte der Agent, der es im Lagezimmer am weitesten geschafft hatte. Seine Stimme zitterte. Er war erschreckt. »Jeder andere auch.«

»Seien Sie nicht lächerlich!« sagte Crockerman. »Wenn das Dach jetzt auf mich fiele, wäre das ein gottverdammter Segen. Nicht wahr, Irwin?« Sein Lächeln strahlte, aber er hatte Tränen in den Augen.

Das Bild auf dem Schirm verschwand. Kurz darauf ging das Licht im Zimmer aus, um dann weniger überzeugend wiederzukommen.

Schwartz stand auf. Es war wieder einmal Zeit, ein Beispiel zu geben. »Ich glaube, wir sollten diese Leute ihren Job tun lassen, Mr. President.« Er hatte im Magen plötzlich ein heftiges Gefühl, als ob er sich in einem schnellen Aufzug befände. Crockerman taumelte, und ein Beamter faßte zu und stützte ihn. Das Gefühl des Aufsteigens hielt an, wie es schien für immer. Dann hörte es mit einer Plötzlichkeit auf, die das Weiße Haus ein kleines Stück aus seinen Fundamenten hob. Der Rahmen der Stahlträger, die in die Außenwände des Weißen Hauses in den späten vierziger und frühen fünfziger Jahren eingebaut worden waren, quietschte und knarrte. Er hielt aber. Verputz fiel in großen Stükken und mit erheblicher Staubentwicklung von der Decke, und ein schweres Holzpaneel zersplitterte mit großem Krach.

Schwartz hörte, daß der Präsident seinen Namen rief. Von da, wo er auf dem Fußboden lag — er war irgendwie unter den Tisch gerollt —, versuchte er zu antworten, aber es hatte ihm völlig den Atem verschlagen. Japsend, blinzelnd, sich Staub aus den Augen wischend hörte er über sich ein mächtiges Krachen und Splittern. Er vernahm von draußen gewaltige dumpfe Schläge — wie er vermutete, von losbrechenden Steinen der Außenfront oder umstürzenden Säulen. Das erinnerte ihn stark an so viele Filme über die Zerstörung alter Städte durch Erdbeben oder Vulkanausbrüche, wo riesige Marmorblöcke auf die Volksmengen unglücklicher Städte fielen.

Nicht das Weiße Haus... Bestimmt nicht das.

»Irwin, Otto...« Wieder der Präsident. Nahe dem Tisch ein Beinpaar, das heftig zuckte.

»Hier drunter, Sir«, sagte Schwartz. Er sah im Geist ein kurzes Porträt seiner Frau — mit undeutlichen Zügen, als ob es ein altes unscharfes Photo wäre. Dann sah er ihre Tochter, die verheiratet war und in South Carolina lebte... falls der Ozean sie verschont hätte.

Wieder das Hochsteigen. Er wurde auf den Boden gepreßt. Es war kurz, nur eine oder zwei Sekunden lang;

aber er wußte, daß das genügte. Als es aufhörte, wartete er mit fest zugedrückten Augen auf den Einsturz der oberen Stockwerke. Jesus, kommt denn die ganze östliche Meeresküste hoch? Das Warten und die Stille schienen nicht enden zu wollen. Schwartz konnte sich nicht entscheiden, ob er seine Augen wieder aufmachen ... oder die langen Sekunden abwarten sollte. Er *fühlte*, wie das Gebäude über ihm schwankte.

Er wandte den Kopf zur Seite und öffnete die Augen.

Der Präsident war hingefallen und lag mit dem Gesicht nach oben neben dem Tisch, geisterhaft weiß von Staub. Seine Augen waren offen, aber blicklos.

Das Weiße Haus bekam seine Stimme wieder und kreischte wie ein Lebewesen.

Die massiven Beine des Tisches bogen sich und zersplitterten. Sie konnten dem Gewicht der Tonnen von Zement, Stahl und Steinen nicht widerstehen.

71

Drollig, dachte Edward; kurios und ergreifend. Er wünschte sich, die Motivation aufbringen zu können, sich mit ihnen zusammenzutun. Eine Gruppe von zwanzig oder mehr Personen hatten sich jetzt in einem Kreis versammelt, der hundert Meter hinter dem Granite Point lag. Sie sangen religiöse und volkstümliche Lieder. Betsy drängte sich auf dem Asphaltweg an ihn. Es hatte keine neuen Beben mehr gegeben, aber die Luft selbst schien zu murren und sich zu beklagen.

Es lag eine gewisse Ironie darin, daß sie den Weg aufgestiegen waren, um einen günstigen Ausblick zu haben, jetzt aber in einiger Entfernung von der Kante standen. In dem Steingefüge der Terrasse war ein dreißig Zentimeter breiter Riß aufgetaucht. Von ihrem jetzigen Standpunkt aus konnten sie nur das obere Drittel der gegenüberliegenden Wand des Tales sehen.

»Du bist doch Geologe«, sagte Betsy und massierte mit einer Hand seinen Nacken, worum er sie zwar nicht gebeten hatte, was ihm aber gut tat. »Weißt du, was da vor sich geht?«

»Nein«, sagte er.

»Es ist doch bloß ein Erdbeben?«

»Ich glaube nicht.«

»Dann fängt es jetzt also an. Wir sind gerade noch hier heraufgekommen.«

Er nickte und schluckte einen Kloß von Angst hinunter. Jetzt, da es gekommen war, empfand er beinahe Panik. Er fühlte sich gefangen, klaustrophobisch, wobei die ganze Erde und der Himmel auf ihn eindrangen; und er hatte nicht einmal Flügel. Er fühlte sich zwischen Stahlplatten der Schwerkraft in seiner eigenen jämmerlichen Schwäche zerquetscht. Sein Körper erinnerte ihn gewaltsam daran, daß Angst schwer zu beherrschen ist und Geistesgegenwart angesichts des Todes nur selten.

»Gott«, sagte Betsy und drückte ihre Wange an die seine, während sie zum Point blickte. Auch sie zitterte. »Ich dachte, wir würden mindestens noch Zeit haben, an einem Lagerfeuer zu sitzen und darüber zu reden ...«

Edward drückte sie noch fester an sich. Er stellte sie sich als Gattin vor; und dann dachte er an Stella und wunderte sich über die Unbeständigkeit seiner Phantasien. Er griff nach vielen Leben, da das seine jetzt so kurz zu sein schien. Unbeschadet seiner Furcht stellte er sich lange Jahre mit beiden zusammen vor.

Die Erschütterungen hatten fast aufgehört.

Die Hymnensänger suchten völlig durcheinander weiter nach einer gemeinsamen Tonart. Minelli und Inez kamen von den Bäumen her und stiegen den Hügel zwischen den engen Zickzacks des Asphaltweges empor. Minelli stieß einen lauten Ruf aus und winkte mit der Hand. »Jesus, das ist ein enormer Adrenalinstoß.«

»Er ist verrückt«, sagte Inez. Ihr Gesicht war blaß, und sie atmete schwer. »Vielleicht nicht der Allerverrückteste, dem ich begegnet bin, aber doch nahe daran.«

»Findest du, daß es wärmer geworden ist?« fragte Betsy.

Edward erwog diese Möglichkeit. Würde sich Wärme vor einer Schockwelle ausbreiten? Nein. Wenn die Geschosse zusammenstießen oder erst vor kurzem zusammengestoßen waren, tief im Mittelpunkt der Erde, dann würde das expandierende und unwiderstehliche Plasma ihrer gegenseitigen Vernichtung die Erde weit aufreißen, ehe Wärme überhaupt an die Oberfläche gelangen konnte.

»Ich glaube nicht, daß es wärmer ist wegen des ... Endes«, sagte Edward. Er hatte nie erlebt, daß sein Geist so rasch über so viele Themen eilte. Er wollte sehen, was in dem Tal geschah.

»Sollen wir?« fragte er und wies auf die Terrassen und die noch unversehrte Kante.

»Wozu sind wir sonst hergekommen?« fragte Minelli. Er lachte und schüttelte den Kopf wie ein nasser Hund. Schweiß rann ihm aus dem Haar. Er brüllte noch einmal, ergriff die plumpe Hand von Inez und zog sie über den Kies zu den Terrassen.

»Minel*liiii*«, protestierte sie und sah sich nach Hilfe um. Edward schaute auf Betsy, und sie nickte mit rotem Kopf.

»Ich habe solche *Angst*«, flüsterte sie. »Es ist wie ein Rausch.« Sie gingen zusammen zur Kante. »Ich bedaure alle Leute, die daheim geblieben sind. Wirklich.«

Die beiden Paare standen allein auf der Terrasse und blickten in das Tal hinunter. Es hatte sich nicht viel verändert. Es gab keinen ernsthaften Schaden, jedenfalls auf den ersten Blick. Dann deutete Minelli auf eine dichte Rauchwolke. »Seht!«

Das Ahwanee brannte. Fast das ganze Hotel stand in Flammen.

»Ich habe dieses alte Ding gern gehabt«, sagte Betsy. Inez stöhnte und rang die Hände.

»Wie lange wird es noch dauern, meinst du?« fragte Inez. Es sah so aus, als ob sie niesen oder schreien würde. Sie tat aber beides nicht.

»Es scheint sehr nahe zu sein«, sagte er. Betsy hob stöhnend die Arme; und er drückte sie fest an sich, wobei er ihr fast den Atem ausquetschte.

»Halt mich fest, verdammt!« verlangte Inez. Minelli blinzelte sie an und folgte dann Edwards Beispiel.

Zehn Minuten nach der Zusammenkunft hatten Arthur und Clara den Mitgliedern ihrer Gruppe die neuen Unterkünfte entlang dem gekrümmten Gang zugeteilt. Zwei der jüngeren Kinder weinten untröstlich, und alle waren emotional erschöpft. Arthur stand in der Kabine, die er mit Francine und Marty teilen würde, und machte sich Gedanken über die nächsten gemeinsamen sanitären Anlagen, zu denen der Weg durch das erste Tor zur Rechten der verschlossenen Luke führte, wo sie den Roboter getroffen hatten. Ein paar Leute hatten schon den Waschraum aufgesucht. Manchen war auch schlecht geworden. Zu ihnen gehörte Clara. Sie kam in die Kabine der Gordons und lehnte sich an die Luke. Sie rieb sich mit einer Hand die Augen und sagte: »Ich denke, jetzt ist alles geregelt. Was kommt nun?«

Francine hatte während der ganzen Zeit, die sie an Bord waren, nur wenig gesprochen. Sie saß auf dem Bett und hielt mit einer Hand ihren Karton mit Disketten und Papieren fest. Marty hatte ihre andere Hand fest im Griff. Sie starrte Clara mit leerem Blick an, der Arthur Sorgen machte.

Wählt eure Zeugen. Die Wiederholung des Befehls in ihrem Geist war höflich, aber eindeutig. *So ist das Gesetz.*

Clara zuckte zusammen und stand aufrecht da. »Hast du das gehört?« fragte sie.

Er nickte. Francine schaute Arthur fragend an. Er sagte ihr: »Sie wollen, daß wir vier Zeugen aussuchen.«

»Zeugen wofür?« Ihre Stimme war schwach und weit entfernt.

»Für das Ende«, sagte er.

»Nicht die Kinder«, erklärte Francine energisch. Arthur beriet sich kurz mit der Stimme. *Zwei müssen jünger sein, um die Erinnerungen weiterzugeben.*

»Sie wollen zwei Kinder«, sagte er. »Es ist schon schlimm genug, wenn *wir* es müssen.«

»Sie wollen Kinder — wozu?« fragte Marty und sah sie beide mit großen Augen an.

»Es ist das Gesetz. Ihr Gesetz«, sagte Arthur. »Sie brauchen einige von uns, die die Erde beobachten, wenn sie vernichtet wird; und zwei davon müssen Kinder sein.«

Marty dachte kurz darüber nach und sagte dann: »Die anderen Kinder sind alle jünger als ich, mit einer Ausnahme. Jenes Mädchen. Ich weiß nicht, wie es heißt.«

Francine drehte Marty so, daß er ihr ins Gesicht schaute, und ergriff seine Arme. »Weißt du, was geschehen wird?« fragte sie.

Marty sagte: »Die Erde wird explodieren. Sie wollen, daß wir das sehen, damit wir erfahren, wie so etwas ist.«

»Weißt du, wer *sie* sind?« fragte Francine.

»Die Leute, die zu Papa sprechen«, sagte Marty.

Arthur meinte: »Er versteht das recht gut.«

»Das kann man wohl sagen«, stimmte Clara zu.

Francine warf ihr einen ärgerlichen Blick zu und konzentrierte sich dann wieder auf Marty. »Willst du es sehen?« fragte sie.

Marty schüttelte verneinend den Kopf. »Davon bekäme ich Alpträume.«

»Dann ist es entschieden«, sagte Francine. »Er ...«

»Aber Mama, wenn ich nicht zusehe, werde ich auch nicht Bescheid wissen.«

»Worüber?«

»Wie verrückt ich vielleicht werden könnte.«

Francine betrachtete das Gesicht ihres Sohnes und ließ ihn dann gehen. Sie schlang ihre Arme um sich und fragte Arthur leise: »Nur vier?«

»Mindestens vier«, sagte er. »Alle, die zuschauen wollen.«

Francine sagte: »Marty, wir werden gemeinsame Alpträume haben, okay?«

»Okay.«

»Du bist ein sehr mutiger Junge«, sagte Clara.

»Wirst du auch zusehen?« fragte Arthur Francine.

Sie nickte langsam. »Wenn du und Marty zusehen, kann ich doch nicht kneifen, nicht wahr?«

Wie lange noch? fragte er.

In der gemeinsamen Aussichtskabine wird in einer Stunde und zehn Minuten eine Zusammenkunft sein.

Er setzte sich auf das schmale untere Bett neben Francine und Marty. »Wir werden die Erde bald verlassen«, sagte er. »Wahrscheinlich in ein paar Minuten.«

Marty fragte: »Können wir fühlen, wenn wir starten?«

»Nein«, sagte er. »Wir werden es nicht spüren.«

Grant war Gordons Station Wagon zur Bucht gefolgt und beobachtete mit dem Motor im Leerlauf aus hundert Metern Entfernung, wie sie parkten und zur Pier gingen. Dann stellte er seinen BMW neben Arthurs Wagen ab, hängte sich einen Feldstecher um den Hals und folgte in diskreter Entfernung. Er kam sich wie ein Narr vor, weil er nicht, wie schon Danielle es beim Wegfahren verlangt hatte, ihnen einfach entgegentrat und Antworten forderte.

Er wußte, daß er das nicht tun würde. Erstens konnte er nicht ernsthaft glauben, daß Arthur bei einer staatlichen Flucht in den Weltraum mitmachen würde. Grant konnte sich auch nicht vorstellen, daß eine solche Flucht denkbar oder gar möglich wäre. Niemand konnte weit genug reisen, um die Vernichtung der Erde zu überleben — jedenfalls dann nicht, wenn diese Katastrophe so spektakulär war wie in den Filmen. Und selbst wenn sie es könnten, indem sie sich zum Beispiel hinter den Mond begäben, glaubte er nicht, daß sie im Weltraum lange würden leben können.

Aber er war neugierig. Er war ebenso sehr wie Danielle der Überzeugung, daß die Gordons etwas vorhatten. In dem eigenartigen Zustand fließender Emotionen, in dem er sich jetzt befand, bot es eine gewisse Zerstreuung, den Gordons nachzuspüren.

Im übrigen war er machtlos. Er fühlte dasselbe wie viele Milliarden andere — alle, die wußten und glaubten — einen tiefen Schrecken, überlagert von Hilflosigkeit. Daraus ergab sich eine dumpfe Ruhe, nicht ähnlich der, die seine Großeltern empfunden haben mußten, als man sie zu den Todesgruben von Auschwitz geführt hatte.

Dies hier war natürlich umfassender und endgültiger als der Holocaust. Es traf alle ohne Unterschied. Solche Gedanken preßten ihn gegen eine Mauer der Ignoranz. Er war nie besonders phantasievoll gewesen, und er konnte sich die Mittel oder Motive nicht vorstellen, die hinter dem standen, von dem er nichtsdestoweniger wußte, daß es kommen würde.

Er stand an dem Betonkai und sah zu, wie sie das Fischerboot bestiegen. Dieses nahm dann voll besetzt Kurs gen Nord.

Dann setzte er sich auf den Beton und die Steine, knöpfte seinen Mantel zu und setzte eine Mütze auf gegen die kalten Brisen, die von der Bay kamen.

Grant hatte keine klaren Pläne oder deutliche Vorstellungen über das, was er machte. Wenn er wartete, würde vielleicht eine Antwort kommen. Es vergingen Stunden. Er zog die Beine an und drückte die Knie gegen die Brust, das Kinn auf dem neuen Drillich seiner Hosen. Der Nachmittag verging sehr langsam, aber er hielt bei seiner Wache aus.

Der Boden erzitterte leicht, und der Wasserspiegel der Bay stieg an der Mauer um etwa dreißig Zentimeter. Dann fiel er so stark, daß die Felsen an der Basis der Mauer freigelegt wurden — eine Senkung um vielleicht anderthalb Meter. Er wartete darauf, daß das Wasser wieder drastisch ansteigen und ihn ertränken würde.

Es stieg nicht wieder.

Wie ein Roboter stand er auf und ging durch das unverschlossene Tor zum Ende der Pier. Er starrte nach Norden. Alcatraz war jenseits der Bay Bridge zwischen San Francisco und Oakland kaum zu erkennen. Die See genau südlich von Alcatraz schien rauher zu sein als gewöhnlich, fast weiß.

Inmitten des weißen Gebietes saß eine dunkelgraue Gestalt. Für einen Augenblick meinte Grant, das Schiff wäre in der Bucht umgekippt und triebe jetzt kieloben. Aber der graue Körper stieg im Wasser empor. Er sank nicht. Grant nahm den Feldstecher und richtete ihn auf das Gebilde.

Mit überraschtem Zucken sah er, daß das Ding schon aus dem Wasser heraus war und einen flachen Boden hatte. Er hatte den Eindruck wie von einer Art Bügeleisen oder dem Leib einer Königskrabbe, etwa hundertfünfzig Meter lang. Es erhob sich in einem blendend grünen Lichtkegel über die Höhe der Brücke. Über die Bay kam ein hoher zischender und brüllender Laut, von dem die Zähne weh taten. Das Objekt beschleunigte sich rasch nach oben und verschwand vor dem spät vormittäglichen Himmel. Nach ein paar Sekunden war es verschwunden. Er fragte sich, wie viele andere es wohl gesehen hätten.

Konnte die Regierung wirklich etwas zur Verfügung haben, das so spektakulär war?

Er biß sich auf die Lippe und schüttelte den Kopf. Ohne zu wissen, warum, weinte er jetzt. Er hatte aber einen gewissen Trost in dem Bewußtsein, daß einige Leute irgendwie davonkommen würden. Das war eine Art Sieg — ebenso wichtig, wie der, daß seine Eltern das Todeslager überlebt hatten.

Auch für diejenigen, die verurteilt waren ...

Grant wischte sich die Tränen aus den Augen und eilte den Pier zurück. Als er durch das Tor ging, stieß er gegen einen Eisenpfosten. Er rannte zu seinem Wagen in der Hoffnung, es noch rechtzeitig zu schaffen. Er wollte zu seiner Familie nach Hause.

Die Brücke war praktisch verlassen, als er sie überquerte. Er konnte den Fleck in der Bucht, wo das Wasser weiß gewesen war, nicht mehr erkennen.

Er wußte nicht, wie er das Danielle erklären könnte. Ihre Sorgen würden direkter und weniger abstrakt sein. Sie würde fragen, warum er nicht versucht hätte, einen Weg zur Rettung für sie alle zu finden.

Vielleicht würde er nichts sagen, sondern ihr nur erzählen, daß er den Gordons bis Redwood City nach Süden gefolgt wäre ... Dann hätte er halt gemacht, ein paar Stunden gewartet und wäre zurückgekehrt.

Sie würde ihm keinen Glauben schenken.

72

Das Schiff hatte, wie Arthur erfuhr, 412 Passagiere, die am Morgen und in der vorangegangenen Nacht heimlich an Bord gekommen waren. Sie waren in Gruppen von je zwanzig aufgeteilt, die sich nicht vermischen sollten, bis einige Tage vergangen wären und sie sich an ihre Lage gewöhnt hätten.

Aus ihrer Zwanzigergruppe hatten sich neun Freiwillige gemeldet — zwei Kinder, drei Frauen und vier Männer, darunter Arthur, Francine und Marty. Diese neun folgten dem stämmigen Kupferroboter durch den Raum am Ende des gebogenen Gangs.

Sie gingen längs eines schmalen schwarzen Streifens in einem zylindrischen Korridor. Arthur versuchte, im Kopf eine Karte zu entwerfen, schaffte das aber nicht ganz. Das Schiff hatte offenbar Abschnitte, die sich gegeneinander verschoben.

Der Roboter ging vor ihnen durch eine Luke und nahm dann abrupt eine neue Vertikale. Sie stellten fest, daß sie es genauso machten — mit einigem Gestöhn von Beschwerde und Überraschung. In einem Raum, der etwa dreißig Meter lang und zwölf bis fünfzehn Meter tief war, sahen sie sich einem breiten, transparenten Paneel gegenüber, das helle, ruhige Sterne zeigte. Marty drängte sich dicht an Arthur. Er hielt mit der einen Hand seinen Arm fest und hatte die andere zur Faust geballt. Der Junge hatte die Lippen über die Zähne nach innen eingesogen und machte leichte schmatzende Geräusche. Francine folgte angespannt und widerstrebend nach.

Arthur schaute auf seinen Sohn hinunter und lächelte. »Du hast es ja so gewollt, Bursche«, sagte er. Marty nickte. Das war nicht mehr ein Kind, das mit einer hübschen blonden Cousine herumalberte, sondern ein Knabe, der sich auf dem Weg zur Männlichkeit befand.

Durch eine Luke an der entgegengesetzten Seite des Raums kamen noch mehr Leute herein in Gruppen von vier, fünf oder sechs Personen, darunter auch Kinder. Schließlich befand sich eine kleine Schar vor der Dunkelheit und den Sternen. Arthur schätzte sie auf siebzig oder achtzig Personen. Er glaubte, einige von der Zeit seiner Arbeit im Netz wiederzuerkennen, obwohl das recht unwahrscheinlich war. Er hatte immer nur ihre inneren Stimmen gehört, die fast nie zu der physischen Erscheinung paßten. Er dachte an die robuste, junge und scharfe innere Stimme von Hicks, und sein weißhaariges, großväterliches Aussehen. *Ich werde ihn vermissen. Er hätte uns hier eine Menge helfen können.*

Arthur hatte einen kurzen Eindruck von Harry, wie er ausgezehrt und verwesend in einem Sarg tief in der Erde lag; oder hatte Ithaca ihn verbrennen lassen? Das schien besser zu beiden zu passen.

Ein großer junger Schwarzer stand hinter Arthur und Francine. Arthur nickte ihm einen Gruß zu, und der Mann erwiderte den Gruß herzlich, mit Würde, aber auch voller Schrecken. Seine Halsmuskeln waren wie Seile angespannt. Arthur musterte die anderen Gesichter und versuchte, etwas über die Mischung herauszufinden, wie sie ausgesucht waren. Nach Alter? Nur wenige waren über fünfzig; aber gerade diese waren als Zeugen ausgewählt worden. Rasse? Alle in Nordamerika vorkommenden Typen waren vertreten. Intelligenz? Das ließ sich so nicht feststellen ...

»Wir befinden uns doch im Weltraum, nicht wahr?« fragte der große junge Mann. »Das haben sie jedenfalls gesagt, aber ich habe es einfach nicht geglaubt. Wir sind im Weltraum und werden uns bald mit anderen Archen vereinigen. Ich heiße Reuben«, sagte er und bot Arthur die Hand. Sie schüttelten sich die Hände. Reubens Hand war feucht, aber die von Arthur auch. »Ist das Ihr Sohn?«

»Dies ist Martin«, sagte Arthur. Reuben langte hinunter und schüttelte auch ihm die Hand. Marty sah ihn mit eingezogenen Lippen ernst an. »Und Francine, meine Frau.«

»Ich weiß nicht, wie ich mich fühlen soll«, sagte Reuben. »Ich weiß nicht mehr, was real ist und was nicht.«

Arthur stimmte zu. Er war nicht in Stimmung zu reden.

Etwas blitzte vor den Sternen auf, drehte sich im Sonnenlicht, verhielt sich dann still und kam auf sie zu. Francine zeigte erschrocken hin. Es hatte die Gestalt einer riesigen runden Pfeilspitze, auf einer Seite flach und mit einer zentralen Furche auf der anderen Seite.

»Das ist Singapur«, sagte eine Frau hinter ihnen. Nicht alle vom Netzwerk wurden gleichzeitig informiert, wie Arthur feststellte. Das war sinnvoll. Es hätte sie sonst überflutet.

»Singapur«, sagte Reuben kopfschüttelnd. »Ich bin nie da gewesen.«

»Wir haben Istanbul und Cleveland«, sagte ein junger Mann an einem Ende des Raums, kaum mehr als ein Junge.

Das graue Schiff entschwand nach oben aus ihrer Sicht. Man hatte immer noch nicht das Gefühl einer Bewegung, noch hörte man etwas außer dem Murmeln und Füßeschurren der Leute in der Kabine. Sie hätten in einer Ausstellungshalle stehen und auf den Anfang einer eindrucksvollen neuen Form von Unterhaltung warten können.

Die Sterne fingen jetzt an, sich alle in eine Richtung zu bewegen. Die Arche rotierte. Arthur suchte nach bekannten Sternbildern und sah einen Augenblick lang keine. Dann erspähte er das Kreuz des Südens und, als die Rotation weiterging, den Orion.

Der weißblaue Rand der Erde kam in Sicht, und den Leuten in der Kabine verschlug es plötzlich den Atem.

Immer noch da. Sieht immer noch gleich aus.

»Jesus!« sagte Reuben. »Papa, Mama, Jesus!«

Danielle, Grant, Becky. Angkor Wat, Tadsch Mahal, die Kongreßbibliothek. Grand Canyon. Das Haus und der Fluß. Steppen von Zentralasien. Kellerasseln, Elefanten, die Olduvai-Schlucht, New York City, Dublin, Beijing. Die erste Frau, mit der ich ein Rendezvous hatte, Kathe — Katherine. Die Knochen des Hundes, der mir geholfen hat, mich mit der Welt auseinanderzusetzen und ein Mann zu werden.

»Das ist die Erde, nicht wahr, Vater?« fragte Marty ruhig.

»Das ist sie.«

»Sie ist noch da. Vielleicht können wir umkehren, und es wird nichts passieren.«

Arthur merkte, daß er nickte. *Vielleicht.*

Die Frau, die über Singapur Bescheid gewußt hatte, sagte: »Sie befinden sich noch im Innern der Erde. Sie sind die letzten unter den Planetenfressern. Sie können nicht weg, weil wir sie erwischen werden.«

Arthur schaute sie nervös an, als ob sie eine gefährliche Sibylle wäre. Ihr Gesicht war blaß und verkrampft.

73

»Rock of a-a-a-ages...«

Der Gesang hatte einen leicht ungestümen Ton angenommen, schärfer, höher, verwirrender. Die Rauchsäule vom Ahwanee war über die Royal Arches aufgestiegen; das Hotel war fast abgebrannt, und Funken von der Glut drohten, die Wälder ringsum zu entflammen. Von ihrem Aussichtspunkt aus sahen sie, wie Wagen der Parkfeuerwehr Wasser auf die brennenden Ruinen spritzten.

Verbring deine letzten Minuten damit, etwas zu retten, dachte Edward. *Keine schlechte Art wegzugehen.* Er beneidete die Feuerwehrleute und Parkranger. Das Feuer lenkte sie von dem Unausweichlichen ab. Oben auf dem Glacier Point hatten die Leute nichts weiter zu tun, als daran zu denken, was passieren würde — und dabei miserabel zu singen.

Der Fels unter ihnen verschob sich ein kleines bißchen. Betsy kam von der Toilette, setzte sich fest neben Edward auf die unterste Terrasse und schob ihren Arm unter seinen. Sie waren in der letzten Stunde nicht mehr als ein paar Minuten getrennt gewesen. Trotzdem fühlte er sich allein; und wenn er sie ansah, spürte er, daß sie sich ebenso sehr allein fühlte.

»Hörst du es?« fragte sie.
»Das Rumpeln?«
»Ja.«
»Ich höre es.«

Er malte sich aus, wie die Klumpen aus Neutronium und Antineutronium, oder was immer sie waren, im Zentrum zusammentrafen. Vielleicht war dies sogar schon geschehen, vor Minuten oder einer Stunde; und die sich ausdehnende Front tobenden Plasmas hatte gerade eben begonnen, in dem Mantel und der dünnen Kruste der Erde sich bemerkbar zu machen.

In der Hochschule hatte Edward einmal versucht, eine maßstäbliche Karte der Schichten eines Ausschnitts der Erde zu zeichnen, wobei der innere und der äußere Kern, der Mantel und die Kruste proportional wiedergegeben werden sollten. Schnell hatte er gemerkt, daß die Kruste nicht mehr ausmachte als die feinsten Bleistiftlinien, selbst wenn er für seine Skizze ein zweieinhalb Meter langes Stück Packpapier benutze. Mit Hilfe seines Rechners hatte er herauszufinden gesucht, wie groß die Zeichnung sein müßte, und erfahren, daß der Fußboden des Gymnasiums ausreichen könnte, um die Kruste durch eine Linie von der Dicke seines kleinen Fingers darzustellen.

Wieder verborgene Räume und Flächen.

Bedeutungslosigkeit.

Die Geologen hatten es immer mit Bedeutungslosigkeit zu tun, aber wie viele wandten das direkt auf ihr persönliches Leben an?

»... halte miiiich ... Laß miiiich in diiir geborgen ...«

»Die Luft wird wärmer«, sagte Minelli. Der Oberrand seines schwarzen T-Shirts war durchfeuchtet, und sein Haar hing in dunklen Strähnen herunter. Inez saß auf der oberen Terrasse etwas weiter zurück und seufzte leise vor sich hin.

»Geh zu ihr!« befahl Edward und nickte in ihre Richtung.

Minelli schaute ihn hilflos an und stieg dann die Stufen empor.

»Alles, worauf es ankommt, sind die Menschen«, sagte er leise zu Betsy. »Alles andere ist unwichtig. Im Anfang ebenso wie beim Ende.«

»Schau!« sagte Betsy und zeigte nach Osten. Wolken rasten über den Himmel, nicht zusammengeballt, sondern einfach in Bändern in sehr großer Höhe. Die Luft roch elektrisch und war bedrückend, fühlbar, dick und heiß. Die Sonne schien weiter entfernt zu sein, verloren in einer dünnen milchigen Suppe.

Edward richtete seinen Blick von den Wolken benommen nach unten und versuchte, sich im Tal zu orientieren. Er suchte nach einer bekannten Landmarke, nach etwas, das ihm eine feste Perspektive, einen Anhaltspunkt geben konnte.

Die Royal Arches glitten in riesigen, gekrümmten Flocken von der grauen Granitfläche auf das brennende Hotel hinunter. Winzige Bäume tanzten wild, durch den Luftzug herumgewirbelt, und fielen dann zwischen rollende Felsbrocken. Das Getöse war selbst über die Weite des Tales weg betäubend. Die sichelförmigen Splitter, Dutzende von Metern breit, zerkrümelten wie alter Gips auf der Talsohle. Sie löschten das Ahwanee, die Löschfahrzeuge, die Feuerwehrleute und winzige Mengen von Zuschauern in einer aufsteigenden Wolke aus Staub und Schutt aus. Haushohe Felsblöcke rollten durch den Wald und in den Merced-Fluß. Neue Geröllhänge krochen durch das Tal wie die Scheinfüße einer Amöbe — lebendig, quirlend, sich niedersenkend und Stabilität erstrebend.

Betsy sagte nichts. Edward sah gebannt auf den nahe gelegenen Riß in der Terrasse.

Minelli hatte es aufgegeben, Inez festzuhalten. Sie floh von der Kante weg. Ihre Brüste und Arme hüpften, als sie Steinstufen empor und über Geländer hinweg sprang. Er grinste Edward zu und streckte hilflos die

Hände aus. Dann kam er herunter, um sich neben ihnen hinzusetzen.

»Manche Leute haben es nicht erfaßt«, sagte er, während das Getöse stürzender Steine nachließ. Er blickte Betsy bewundernd an. »Ein Hohlweg. Echtes Geröll. Hast du gesehen, wie diese konzentrischen Teile auseinandergebrochen sind? Genau wie in der Schule. Jahrhunderte in einer Sekunde.«

»Wir siiiind Kiiinder in deinen Häääänden ...« Die Hymnensänger waren jetzt selbstvergessen und achteten nicht auf das, was ringsum geschah. In Trance.

Jedem das Seine.

»So ist es, wie sich die Felsdome gebildet haben, diese Form konzentrischer Gliederung«, erläuterte Minelli. »Wasser dringt in die Spalten und gefriert, dehnt sich aus und zerspaltet die Steine.«

Betsy ignorierte ihn. Sie blickte starr ins Tal. Ihre Hand lang noch fest in der Edwards.

»Die Fälle«, sagte sie. »Die Yosemite-Wasserfälle.«

Das obere Band weißen Wassers war blockiert und überließ es den unteren Fällen, das fortzuführen, was schon heruntergeflossen war. Rechts von da, wo der obere Yosemite-Fall gewesen war, löste sich der freistehende Pfeiler von Lost Arrow langsam mit einigen hundert Metern seiner Länge aus der Wand, zerbrach mitten im Fallen in mehrere Stücke und polterte dann die mit Gebüsch und Bäumen bewachsenen Hänge darunter hinab. Noch mehr Gestein spaltete sich von den nordöstlichen Granitwänden über dem Tal und verdunkelte den Boden mit zerfallenden Blöcken und Schwaden aus braunem und weißem Staub.

»Warum nicht wir?« fragte Minelli. »Alles passiert dort auf der anderen Seite.«

Ein abergläubisches Gefühl in Edward wollte ihm den Mund verbieten. *Tu so, als ob wir nicht da wären. Laß es ihn nicht wissen.*

Der Fels unter ihnen bebte. Die Bäume jenseits der

Hymnensänger schwankten, krachten und zersplitterten. Ihre Äste peitschten vor und zurück. Edward hörte das schreckliche Krachen, mit dem sich unterhalb der Spitze große Granitscheiben ablösten. Eintausend Meter in der Tiefe — er brauchte nicht hinzuschauen, um Bescheid zu wissen — wurden Camp Curry und Curry Village unter Millionen Tonnen von Gesteinstrümmern begraben. Die Sänger hörten auf und klammerten sich aneinander, um das Gleichgewicht zu behalten.

»Zeit, sich davonzumachen«, sagte Edward zu Betsy. Sie lag flach auf dem Rücken und starrte zu dem verzerrten bösartigen Vorhang auf, der an den Himmel gemalt war. Die Luft schien dünner zu sein. Große Wellen hohen und niedrigen Luftdrucks rasten über das Land, angetrieben durch die leichte Verschiebung von Kontinenten.

Edward griff Betsy unter die Arme und zog sie von der untersten Terrasse weg die Stufen hinauf. Es kam jetzt darauf an, so lange wie möglich am Leben zu bleiben und so viel zu sehen, wie sie nur sehen konnten — um das Schauspiel ihres letzten Atemzuges zu erleben, was in jedem Augenblick eintreten konnte.

Minelli kroch hinter ihnen her, mit einem manischen Grinsen im Gesicht. »Kann man so etwas glauben?« sagte er immer und immer wieder.

Das Tal war lebendig vom Widerhall fallender Granitplatten. Edward konnte kaum seine eigenen Worte an Betsy hören, während sie den Asphaltweg hinunter rannten und stolperten — weg von der Kante.

Ein knapper Meter hinter Minelli spaltete sich der Fels. Die Terrasse und alles, was darunter war, kippte weg. Die Lücke verbreitete sich mit majestätischer Langsamkeit. Minelli zappelte rasend. Sein Grinsen war zu einer Maske des Schreckens geworden.

Im Osten nickte, wie das große weise Haupt eines schlafenden Riesen, Half Dome um ein paar Grade und kippte dann in einen Spalt, der sich im Talboden aufgetan hatte. In bogenförmigen Keilen begann er zu zerbrechen. Liberty Cap und Mount Broderick auf der Südseite des Tales neigten sich gen Norden, blieben aber heil. Sie rollten und rutschten wie riesige Kiesel in die Masse der sich setzenden Fragmente des Half Domes hinein, sich verteilend und schließlich zersplitternd, wobei sie Bruchstücke kilometerweit durch das Tal schleuderten. Irgendwo in der Dunkelheit von Staub befanden sich die Überbleibsel vom Mist Trail, Vernal Fall, Nevada Fall und Emerald Lake.

Der Schlamm des Talbodens wurde unter der Vibration flüssig, verschlang Wiesen und Straßen und absorbierte den Merced in voller Länge. Die Vorderkanten der frischen Geröllhänge zerbröckelten zu schlangenähnlichen Bruchstücken und begannen, sich wieder zu verbreitern. Hinter ihnen schossen weitere Granitplatten dahin.

Die Luft war stickig. Die Hymnensinger, jetzt auf den Knien zugleich singend und weinend, konnte man nicht hören, sondern nur sehen. Der Todeslärm von Yosemite war unvorstellbar. Er hatte die Schmerzgrenze überschritten zu einem breiten Spektrum brüllenden Geheuls.

Edward und Betsy konnten selbst auf Händen und Füßen nicht mehr Balance halten. Sie rollten auf den Boden und hielten einander fest. Betsy hatte die Augen geschlossen, ihre Lippen bewegten sich gegen seinen Hals. Sie betete. Edward war es merkwürdigerweise nicht nach Beten zumute. Er war in einer Art Hochstimmung. Er schaute nach Osten, weg vom Tal, über die fallenden Bäume hinaus, und sah etwas Dunkles und Massives am Horizont. Keine Wolken, keine Gewitterfront, sondern ...

Er war jenseits von Staunen und Verwunderung. Was er sah, konnte nur eines sein: östlich der Sierra Nevada, längs der zwischen den Gebirgen durch Äonen von Schwerkräften geschaffenen Bruchlinie und der dahinter gelegenen Wüste spaltete sich der Kontinent und stieß seinen gezackten Rand Dutzende von Kilometern in die Atmosphäre hoch.

Edward brauchte keine Berechnungen anzustellen, um zu wissen, daß dies das Ende bedeutete. Eine solche Energie — selbst wenn alle andere Aktivität aufhörte — würde ausreichen, um alle Lebewesen längs der Westkante des Kontinents zu zerschmettern, genug, um das ganze Antlitz von Nordamerika zu verändern.

In seiner Magengrube hatte er ein Gefühl von Beschleunigung. *Aufsteigen.* Seine Haut schien zu kochen. *Aufsteigen.* Es bliesen Winde, die sie wegzutragen drohten. Mit letzter Kraft hielt er Betsy fest. Minelli konnte er einen Augenblick lang nicht sehen. Dann öffnete er seine schmerzenden Augen und sah vor einem trüben blauen Himmel voller Sterne — wie Minelli da *stand,* selig lächelnd, mit erhobenen Armen, dicht an der Kante. Durch Wälle von Staub auf einer frisch freigelegten Granitplatte trat er mit offenem Munde zurück und brüllte in den übermächtigen Krach, ohne daß man ihn hören konnte.

Yosemite ist weg. Die Erde dürfte dahin sein. Ich denke immer noch. Das einzige, was Edward außerhalb der endlosen Beschleunigung noch fühlen konnte, war Betsys Körper an dem seinen. Er konnte kaum atmen.

Sie lagen nicht mehr auf dem Boden, sondern fielen. Edward sah Felsenmauern — Hunderte von Metern breit — und sich drehende Bäume und zerfallende Erdklumpen und sogar, nur einige Meter entfernt, eine kleine Frau dahinfliegen, mit engelhaftem Gesicht, geschlossenen Augen und ausgebreiteten Armen.

Es schien eine Ewigkeit zu dauern, bis das Licht verschwand.

Die Granitmassen begruben sie alle.

74

Aus einer Höhe von sechzehntausend Kilometern erschien die Erde so natürlich und friedlich und schön wie vor dreißig Jahren, als Arthur sie zum ersten Male in Großaufnahmen aus dem Weltraum gesehen hatte. Dieser Anblick — ein Juwel aus Opal und Lapislazuli, marmoriert durch üppige Wolkenwirbel — hatte ihn berauscht und ihm mehr denn je das Gefühl vermittelt, Teil eines kosmischen Ganzen zu sein. Er hatte sein Leben verändert.

Die Augenzeugen waren niedergeschlagen. Niemand sagte einen Ton oder machte ein lautes Geräusch. Arthur hatte bei einer Menschenmenge noch nie eine so angespannte Konzentration erlebt. Marty stand neben ihm. Er hatte seine Hand losgelassen, ein nicht einmal einhundertvierzig Zentimeter großer Junge. *Wieviel versteht er?*

Vielleicht ebenso viel wie ich.

Nichts war mit dem Schauspiel zu vergleichen, das sie erwartete. Weder das Abbrennen eines ererbten Hauses, noch der Untergang eines Ozeanriesen; nicht die Bombardierung einer Stadt oder der Schrecken von Massengräbern in Zeiten von Revolution oder Krieg. Das gegen die Menschheit begangene Verbrechen war praktisch total. Selbst für sie — die Insassen der Archen und die zur Beförderung in den Archen geretteten Dokumente — würde die Erde nicht mehr existieren.

Arthur konnte mit seinen Gedanken nicht den vollen Umfang erfassen. Er mußte einzelne Verluste ertragen und darüber nachdenken. Es waren große persönliche Verluste und Dinge, um die es ihm leid tun würde. Aber sein individueller Geist ergab nicht ein holographisches Bild der Menschheit.

Es würden wesentliche Dinge vernichtet werden, die er nie kennengelernt hatte. Zusammenhänge, Erkenntnismittel und Geschichten, die bis jetzt noch nicht entdeckt waren und nun verlorengingen. Alle Archen würden das retten, was die Menschen bisher über sich selbst gelernt hatten. Danach würden sie Flüchtlinge sein — ohne Hoffnung, je in ihre Heimat zurückkehren zu können oder den Faden der verlorenen Vergangenheit wieder aufzunehmen.

Sie würden abhängig sein von der Güte, oder was immer die Beweggründe sein mochten, von Fremden, von nichtmenschlichen Intelligenzen, die bisher wenig Miene gemacht hatten, sich zu offenbaren. Wohltäter, ebenso geheimnisvoll wie ihre Vernichter.

Leben. Milliarden menschlicher Wesen, deren Existenz immer zerbrechlich gewesen war, tauchten gemeinsam ins Vergessen. Arthur wußte nicht, wie er das ermessen könnte. Er mußte sich mit Abstraktionen abfinden.

Schon diese Abstraktionen genügten, ihn unauslöschlich zu prägen. In der Erkenntnis, daß das, was er sah, real und unmittelbar geschah, wurde seine Seele versengt. Er hatte Monate gebraucht, um diese Fakten und Konsequenzen zu erfassen. Jene Monate hatten für ihn aber nicht das bewirkt, was der Anblick der Erde, ganz und hell, ihm jetzt antat.

Aus dem Netz kamen keine Erläuterungen. Später, wenn jeder Zeuge seinen persönlichen Kummer erlebt hatte, würden vielleicht die Details des Endes verdeutlicht werden, und ein planetares Requiem konnte stattfinden.

Durch seinen Kopf blitzten seltsame Bilder. Kommerzielle Fernsehsendungen aus seiner Kindheit, lächelnde Frauen mit Peter Pan-Kragen und glatten Frisuren, Bilder von mütterlicher Fürsorge für perfekte Familien. Gesichter von Soldaten, die in Vietnam starben. Präsidenten, die nacheinander vor Fernsehkameras auftraten, mit Crockerman als letztem. Wirklich ein sehr trauriges Bild.

Das zweihundertzöllige Teleskop auf Mount Palomar. Er hatte dort nie gearbeitet, aber oft genug diese historische Stätte besucht. Der Sechshundertzöller auf dem Mauna Kea. Sein Studentenzimmer im CalTech. Das Gesicht der ersten Frau, mit der er ein Verhältnis gehabt hatte, in jenem ersten Jahr an der Universität. Professoren bei der Vorlesung. Seine Freude, wie er die Eigenschaften eines Möbius-Bandes entdeckte. Er war damals dreizehn gewesen. Ebensolche Freude beim Erfassen des Grenzbegriffs in der Infinitesimalrechnung. Die erste Lektüre über Schwarze Löcher in den späten sechziger Jahren.

Harry. Immer Harry.

Das erste Mal, wie er Francine gesehen hatte, in einem knappen schwarzen Badeanzug, so üppig wie eine dem Meer entstiegene Göttin, mit langem, nassem schwarzen Haar, die Innenseiten der Waden und Oberschenkel rauh durch feuchten Sand, wie sie loslief, um von ihrer Freundin ein Handtuch zu holen und auf den Rücken fiel — keine fünf Meter von da entfernt, wo Arthur saß. *Es ist nicht alles verloren.*

Marty berührte seinen Arm. »Papa, was ist das?«

Der Globus sah kaum anders aus. Aber Marty zeigte irgendwo hin, und andere Zeugen murmelten und taten dasselbe.

Über dem Pazifik wuchs eine silberweiße Masse wie Schimmel in einer Petrischale. Über dem Westen der Vereinigten Staaten und dem, was sie von Australien sehen konnten, dehnten sich ähnliche Blüten kondensierender Feuchtigkeit aus.

Binnen Minuten hatte die Erde sich in eine undurchdringliche Decke aus Weiß und Grau gehüllt. Wellen bewegten sich durch die Masse, gekräuselt wie in einem Teich, aber mit der Langsamkeit eines Uhrwerks vorankommend. Über dem Nordpol spielten rasende Lichtvorhänge, die wie Kerzen bei Wind flackerten und sich wieder bildeten. Das waren Polarlichter. Irgend etwas trieb mit dem inneren Dynamo der Erde ein verheerendes Spiel.

Arthur stellte sich vor, wie die Explosion sich durch den überhitzten und hoch radioaktiven inneren Kern zum äußeren Kern ausbreitete, wo das Magnetfeld der Erde entstand. Das dichte, geschmolzene Material wurde am Rande der expandierenden Glut noch stärker komprimiert. Mechanische Schockwellen schossen zur Kruste empor. Sie verschoben die ohnehin durch die Serien thermonuklearer Explosionen geschwächten Meeresbecken und die Kontinente, die bis zehnmal so dick waren wie die Ozeanbecken. Sie wölbten sie alle auf und hoben sie bis zu einigen Kilometern hoch. Ozeane wichen zurück und ergossen sich anderswo über die Kontinente ... Jetzt war alles hinter Wolkenmassen verborgen.

Die Erdoberfläche war extrem heiß, die Atmosphäre schwappte wie Wasser in einer Schüssel. Der größte Teil der Menschheit war schon tot — ausgelöscht durch Erdbeben, schreckliche atmosphärische Stürme oder Überschwemmungen. Bald würde das Gestein in der Tiefe sich nicht weiter verdichten, und die Erde würde ...

»Jesus!« rief Reuben hinter ihnen. Arthur sah ihn an. Das Gesicht des jungen Mannes drückte Faszination und Entsetzen zugleich aus.

Die Wolken lichteten sich. Durch trübe Luft erblickten sie eine schlammige, quirlende Masse, stellenweise aufgehellt durch das höllische Licht von Magma, das durch Hunderte von Kilometern weite Brüche emporquoll. Kontinentale und ozeanische Platten wurden mit ihren Rändern zusammengeschoben und zu festen Gebilden verschmolzen, die nicht mehr ihre Form und ihre Eigenschaften bewahren konnten als Gase. Sie zerrissen wie Stoff.

Arthur konnte nirgendwo mehr irgendwelche Werke der Menschen sehen. Städte — falls noch welche existierten, was unwahrscheinlich war — wären viel zu klein gewesen. Der größte Teil von Europa und Asien befand sich auf der anderen Seite des Globus außer Sicht. Ihr Schicksal war nicht anders als das, was sie mit Ostasien, den westlichen Vereinigten Staaten und Australien geschehen sahen. Tatsächlich konnten diese Landmassen nicht mehr unterschieden werden. Es gab weder Ozeane noch Festland mehr, nur Zonen überhitzten, durchscheinenden Dampfes und kühlere Wolken und gepeinigte Schlammbecken, durchschossen von dunkelbraunem Magma, sowie hier und da große weiße Flecken von Plasma, das sich allmählich aus dem Innern hervorarbeitete.

»Wird jetzt alles explodieren?« fragte Marty.

Arthur schüttelte den Kopf, außerstande zu sprechen.

Trotz der zunehmenden Entfernung zwischen der Arche und der Erde dehnte sich der Globus sichtlich aus, aber wieder mit der Langsamkeit eines Uhrwerks.

Arthur sah auf die Uhr. Sie sahen jetzt seit fünfzehn Minuten zu. Die Zeit war im Fluge vergangen.

Wieder nahm die Erde das Aussehen eines Juwels an, aber diesmal das eines großen Feueropals, orangefarben, braun und tief rubinrot, durchschossen mit gespenstischen Flecken in leuchtendem Grün und Weiß. Die Kruste schmolz und verwandelte sich in basaltische Schlacke, die in Gestalt langsam sich drehender Flecken auf einem braunen und roten Meer dahintrieb. Man konnte außer Farben keine Merkmale erkennen. Die sterbende Erde wurde zu einer unbegreiflichen Abstraktion — schrecklich schön.

Schon mit dem Auftauchen langer, intensiv heller Spiralen aus Weiß und Grün wurde das endgültige Ende deutlich. Der Rand der Erde bildete keine glatte Kurve mehr. Er zeigte deutliche Ungleichmäßigkeiten, breite, niedrige Klumpen, die sich gegen die Schwärze abhoben. Von diesen Klumpen schossen Dampfstrahlen Hunderte von Kilometern durch die trüben Reste der Atmosphäre und warfen blaßgraue Fächer in den Raum.

Solche Vulkane hätte man vielleicht in den frühen Tagen sehen können, als die Erde sich zusammenballte, aber seitdem nicht mehr. Neue Ketten aus freigesetztem Feuer und Dampf tauchten weit über dem Antlitz des verzerrten Globus auf. Langsam schoß eine spiralige Schlange aus weißem Plasma Teile aus ihren inneren Windungen nach außen. Die Geschosse bewegten sich mit Tausenden von Kilometern in der Stunde, fielen aber noch immer zurück und wurden wieder absorbiert.

Kein einzelnes Stück der Erdkruste war mit einer Geschwindigkeit ausgeschleudert worden, die die Orbitalgeschwindigkeit überstieg, geschweige denn die Entweichgeschwindigkeit. Aber es war deutlich, wohin der Trend ging.

Zahllose Boliden von Inselgröße fügten dem Antlitz der Erde Pockennarben mit quirligem Aufbrausen zu. Diese Boliden stiegen Hunderte, ja sogar Tausende von Kilometern auf; dann fielen sie herab und verstreuten kleine Trümmer auf ballistischen Bahnen. Am Rande war die zunehmende Höhe dieser geschmolzenen Projektile deutlich zu erkennen. Es baute sich eine Energie auf, die ausreichte, um sie in eine Umlaufbahn zu stoßen und sogar ganz von der Erde frei zu machen.

Daheim. Arthur verband dies plötzlich mit allem, was er sah. Die Abstraktion gewann Festigkeit und Bedeutung. Die Sterne hinter der glühenden, anschwellenden Erde schienen mit einem Male zu drohen. Er empfand sie wie das Blitzen von Wolfsaugen in einem unendlichen nächtlichen Walde. Er umschrieb das, was Harry auf seinem Tonband gesagt hatte:

Es war einmal ein Kind, verloren im Walde. Es weinte aus Leibeskräften und wunderte sich, warum niemand antwortete. Es zog die Wölfe an ...

Er war jetzt über Tränen hinaus, über alles außer einem tiefen, dumpfen, erstickenden Schmerz. *Heimat. Heimat.*

Marty stand vor dem Paneel mit großen Augen und weit offenem Mund. Fast den gleichen Ausdruck hatte Arthur bemerkt, wenn sein Sohn am Samstag morgen im Fernsehen Cartoons anschaute, nur jetzt etwas anders: angespannter, mit einer Andeutung von Verwunderung, mit forschenden Augen.

Die Erde blähte sich schrecklich auf. Unter der anschwellenden Kruste und dem Mantel verbreiterten sich die weißen und grünen Spiralen und Brüche zu weiten Kanälen und Straßen, die in willkürlichen Richtungen wild durch eine gleichförmig grüne Landschaft verliefen. Riesige Boliden stiegen in langen, graziösen Kurven Tausende von Kilometern — ganze Erdradien — in den Weltraum empor und fielen nicht auf die Oberfläche zurück, sondern zogen glühende Bahnen um den heimgesuchten Planeten.

Fünfundzwanzig Minuten waren vergangen. Arthurs Beine schmerzten, und seine Kleidung war von Schweiß getränkt. Der Raum füllte sich mit einem schrecklichen animalischen Gestank von Angst und Kummer und stummer Qual.

Praktisch jeder, den er gekannt hatte, war jetzt tot, ihre Körper verloren in der allgemeinen Apokalypse. Jeder Ort, wo er einmal gewesen war, alle seine Aufzeichnungen und die Familienpapiere, alle Kinder, mit denen Marty aufgewachsen war. Alle Menschen in der Arche waren ins Nichts getrieben worden. Er konnte deutlich die Trennung und den jähen Verlust empfinden, als ob er schon immer die Präsenz von Menschen um sich empfunden hätte, eine *psychische* Verbindung, die nicht mehr existierte.

Die strahlenden Wege und Kanäle der zum Vorschein gekommenen plasmatischen Energiesphäre erstreckten sich jetzt über Tausende von Kilometern und wölbten die geschmolzene und verdampfte Substanz der Erde nach außen zu einem rohen Ovoid, dessen Längsachse rechtwinklig zur Rotationsachse stand. Von den Spitzen des Ovoides wurden riesige Kugeln aus Silizium, Nickel und Eisen weggesprüht.

Vor dem beherrschenden Licht des Plasmas warfen die verkrümmten Reste des Mantels und komprimierte Streifen des Kerns lange Schatten in den erdnahen Raum durch die expandierende staubige Wolke aus Dampf und kleineren Trümmern. Der Planet glich einer Laterne im Nebel, die fast unerträglich hell war. Unerbittlich stieß das Plasma-Ovoid alles nach außen; es verdünnte, zerblies und verminderte alles, was übrig geblieben war, und zerstreute es vor einem unwiderstehlichen Wind aus Elementarteilchen und Licht.

Zwei Stunden. Er blickte auf die Uhr. Der Mond schien durch den Dampfnebel, zweihunderttausend Kilometer entfernt und anscheinend unbetroffen. Aber seine Gezeitenschwellungen würden nachlassen, und obwohl die Gestalt des Mondes im Laufe von Äonen der Abkühlung erstarrt war, glaubte Arthur, daß die Entspannung beim geringsten Anlaß heftige Mondbeben auslösen würde.

Er wandte seine Aufmerksamkeit wieder der sterbenden Erde zu. Das Plasmaleuchten war etwas schwächer geworden. Einzelne ätherische Stellen von rosa, orange und blaugrauer Farbe gaben ihm ein perlartiges Aussehen, wie die Plastikkugel eines Kindes, wenn sie von innen beleuchtet wird. Der Durchmesser des Plasmaovoids und der Trümmernebel hatte sich inzwischen auf fast fünfzigtausend Kilometer ausgedehnt. Das Ovoid wurde immer noch länger und verbreitete den neuen Asteroidengürtel zu stumpfen Ansätzen eines Bogens.

Das durchsichtige Paneel wurde gnädigerweise matt.

Wie von Marionettenschnüren befreit brach die volle Hälfte der Zeugen auf dem Boden zusammen. Arthur packte Francine und ergriff Marty an der Schulter, unfähig zu sprechen. Dann begab er sich unter seine Genossen, um zu sehen, was man tun konnte, um ihnen zu helfen.

Der kupferfarbene Roboter erschien am Ende der Kabine und schwebte nach vorn. Hinter ihm kamen weitere Dutzende Überlebender mit Platten und Krügen voll Wasser, Speisen und Medikamenten.

Es ist das Gesetz.

Diese Worte hallten immer und immer wieder durch Arthurs Gedanken, als er half, die Hingefallenen wieder zu beleben.

Es ist das Gesetz.

Marty blieb an seiner Seite und kniete neben ihm, als er den Kopf einer jungen Frau anhob und ihr eine Metalltasse mit Wasser an die Lippen hielt.

»Vater«, sagte der Junge, »wohin gehen wir jetzt?«

Agnus Dei

Das Kind, von Wölfen verfolgt, beruhigt sich im Walde; und die lange Dunkelheit ist erfüllt von ungestörter Stille.

PERSPEKTIVE

New Mars Gazette, 21. Dezember 2397; editorial von Francine Gordon:
Die Titelseite der heutigen Ausgabe ist gefüllt mit Nachrichten aus der Zentral-Arche. Vierhundert mehr von uns, zumeist aus den eurasiatischen Archen, sind aus dem Tiefschlaf wiederbelebt und für die Ankunft auf New Mars von den Muttis vorbereitet worden. (Erinnert sich noch jemand daran, wer die Roboter als erster ›Muttis‹ genannt hat? Das war Reuben Bordes, damals neunzehn Jahre alt, vor acht Jahren wieder belebt und jetzt auf der Erkundungsmission nach New Venus.) Unsere Bevölkerung hat heute die Zahl von 12 250 erreicht. Die Muttis sagen, daß wir uns gut machen; und ich glaube ihnen.

New Mars feiert heute das erste Jahr der Autonomie. Die Muttis üben nicht mehr das aus, was mein Gatte als ›Autorität von Zoobesitzern‹ bezeichnet hat. Bei uns kommt es schon zur Bildung von Gruppen und zu Streitigkeiten; aber das sind Anzeichen für einen wiedergeborenen Planetismus, der erneut seine Reife erlangt. Wird uns das große Freude bereiten? Sicher nicht den Politikern, die sich gegen das Auftauchen von mehr Marxisten stemmen.

Was wir aber wirklich feiern, ist natürlich die vierhundertste Wiederkehr des Tages, wo durch den Einsturz des Eises der Neue Mars begonnen hat. Diese Welt ist den meisten Angehörigen der menschlichen Rasse schon zur Heimat geworden. Ich fühle mich dem Mars jetzt enger verbunden als der Erde, so blasphemisch das klingen mag. Ich glaube, wir müssen in unseren Herzen zugeben, daß die zehn Jahre, seit die meisten von uns aus dem Schlaf geweckt wurden, den Schmerz um den Tod der Erde verwischt haben. Nicht beseitigt, aber gemildert ...

Wir können nicht vergessen.

In vier Tagen werden viele von uns Weihnachten feiern. Auf der Erde war das eine Zeit der Hoffnung, des Versprechens von Auferstehung. Selbst die Atheisten unter uns müssen die Kraft dieser besonderen Jahreszeit und des Feiertags empfinden, zumal wir jetzt wie Christus das Gewicht von Milliarden auf unseren Schultern tragen. Mehr noch, wir tragen die Verantwortung für die Biosphäre eines ganzen Planeten. Wir sind wie Kinder, die vorzeitig in Elternschaft gezwungen wurden, und die Bürde ist oft unerträglich.

Indessen ist die Selbstmordrate auf New Mars in den letzten drei Jahren stark gesunken. Wir gewinnen wieder Boden unter den Füßen, wir sind jämmerlich schwach, aber auch entschlossen. Wir werden nicht umkommen.

Wir werden auch nicht unsere Pflichten vergessen, ebenso wenig wie jene, die auf den Schiffen des Gesetzes nach draußen fliegen, um die Heimat der Planetenfresser zu suchen. Mein Sohn ist auch draußen. Was müssen wir an dem Tage feiern, der für ihn dem 21. Dezember entspricht?

Allen von euch, die dieses oft undisziplinierte, unstete kleine Journal unterstützt haben, sprechen mein Gatte und ich unseren herzlichen Dank aus. Wir hoffen, daß unsere Philosophie, wonach New Mars und New Venus unsere wahre Heimat sind und sein werden, einen gewissen Trost geboten hat.

Die ganze Erde ist auf eine kleine Stadt reduziert worden. Welche Differenzen es auch unter uns geben mag — wir alle sind einander außerordentlich nahe. Wir lieben euch alle und begrüßen unsere neu erwachten eurasiatischen Brüder und Schwestern.

Arthur zog seinen Kälteschutzanzug an und schnallte einen kleinen Sauerstoffbehälter an den Gürtel. Schon im vergangenen Jahr war die Luft reicher geworden, und nicht nur im Mariner Valley, sondern auch auf den grünen, mit Moos und Flechten bewachsenen Ebenen der Hochländer. Aber es war immer noch besser sicherzugehen. Falls er sich sehr anstrengen müßte, könnte der Sauerstoffbehälter ihm das Leben retten.

In der kleinen Einpersonen-Luftschleuse konnte er den fernen, metallenen Klang der Feier in der Haupthalle von Geopolis hören. Er hatte für diesen Abend genug Gesellschaft gehabt. Jetzt brauchte er Einsamkeit, Zeit zum Nachdenken und zur Neubeurteilung der Lage.

Die Luke ging auf, und er trat hinaus auf einen Fleck mit der überall vorkommenden saftigen Flechte. Jetzt, in der Abenddämmerung, war die Luft kühl und ruhig, und die Sterne unbewegt wie Kristall.

Der Himmel erglühte in einer lieblichen, gedämpften Malvenfarbe, die zum Zenith hin in Blau überging. Im Südosten empfingen die hohen Wände des Tales das letzte Sonnenlicht des Tages — ein schmales horizontales Band von intensivem Orange.

New Mars hatte sich in den dreihundertneunzig Jahren, die sie im Tiefschlaf verbracht hatten, von seinem Zusammenstoß mit dem Eisfragment der Europa erholt und seinen Wolkenmantel nach zwei Jahrhunderten fast unausgesetzten Regens abgelegt. Überschwemmungen hatten das rote und ockerfarbene Land ereilt, und die erhöhte Temperatur hatte das gefrorene Kohlendioxid der Pole freigesetzt und die Atmosphäre dichter gemacht. Zu jener Zeit, vor einem Jahrhundert, war New Mars für primitive Pflanzen ideal gewesen. Auf und ab im Tal bedeckten sich der Staub und der Fels mit Teppichen aus Flechten und Moosen, und die neuen kleinen Seen wurden mit Phytoplankton besät.

Bald kehrte Sauerstoff reichlich auf New Mars zurück.

Weiter nördlich gestatteten die aufgetroffenen Reste von Phobos und Deimos, die reich an organischen Stoffen waren, Bergfarmen mit neuen Weizenarten und erste Versuche mit erdähnlichen Wäldern, hauptsächlich Koniferen. New Mars würde in wenigen Jahrzehnten Landschaften haben, die von denen der Erde praktisch nicht zu unterscheiden waren. Er hatte das Geschlecht von Mutter Erde adoptiert und versprach, ein Planet mit weiten grünen Prärien, halbtrockenem Hochwald und tiefen, fast tropischen, sauerstoffreichen Tälern zu werden.

Achttausend Personen waren hier angesiedelt, zwei Drittel der menschlichen Rasse. Das restliche Drittel lebte noch auf der Zentral-Arche. Einige davon studierten die Theorie der Planetenbewirtschaftung, und andere — eine ausgesuchte Minderheit — warteten auf ihre Chance, noch mehr Sternschiffe zu steuern und das Urteil des Gesetzes zu vollstrecken.

Mit praktisch unbegrenzten Energiereserven, ohne Waffen, und mit Rohstoffen, die jetzt schon für mehr als hundert Mal so viele ausreichten, als sie jetzt waren, versprach das Leben auf dem Mars idyllisch zu werden. Wie immer, hätte nur ihre eigene Bosheit dies verhindern können.

Arthur ging zwischen den Milchglaswänden der Gewächshäuser hoch zu einem Hügel, wo er auf Feinman Rift hinunterblicken konnte. Weit unten wurden die ersten Weidetiere gehütet, die aus genetischer Konservierung geboren waren. Dort unten war es wärmer, und es regnete öfter. Manche beklagten sich, daß in einer wirklich freien Gesellschaft dies echte Immobilien sein würden; aber das Gebiet war streng für die Brutstätten reserviert. Falls man den niedrigeren Instinkten der Gemeinschaft nachgäbe, könnte das ihnen die Muttis wieder auf den Hals hetzen, wie es schon einmal auf der Zentral-Arche geschehen war, als die politische Autorität der Menschen in Anarchie verfallen war. Arthur möchte das nicht noch einmal erleben.

Kinder mögen nicht, wenn man sie diszipliniert.

Niemand wußte, wer diese strengen, dienstbeflissenen Wächter entsandt hatte. Es war gut möglich, daß man das nie erfahren würde. Arthur vermutete, daß sogar Wohltäter ihren Schützlingen gegenüber mißtrauisch sein müßten. Vorerst war es am besten, einfach in Deckung zu bleiben und sich still zu verhalten.

Arthur kniff sich in die Wange und schloß das Visier gegen die Kälte. Dann schaute er nach Osten über den rötlichen Schimmer der Dämmerung und sah den silbrigen Punkt der Venus, noch in einen Wolkenmantel gehüllt.

Reuben Bordes befehligte die erste Erkundungs- und diagnostische Expedition zur Venus. Vor zwanzig Jahren hatten sich die inzwischen feuchten Wolken über der Venus etwas gelichtet; und ein jahrzehntelanger Regen war gefallen, welcher die Säuren auf der Oberfläche des Planeten mit geschmolzenem, durch drei Jahrhunderte eines neuen Vulkanismus emporgeworfenem Gestein in eine chemische Schlacht verwickelte. Dann hatten sich die Wolken wieder geschlossen; und die Erkundungsexpedition war von der Zentral-Arche aus gestartet worden.

Arthur beneidete Reuben nicht um diese Aufgabe. Venus war eine harte Nuß; es könnte Jahrhunderte dauern, bis Menschen in nennenswerter Anzahl auf ihrer Oberfläche würden leben können.

Was er wirklich suchte, war eine klare Sicht der Milchstraße, damit er Sagittarius sehen könnte. Martin fehlte ihm sehr. Wenn man von der Vergangenheit abgeschnitten war, schätzte man die Zukunft desto mehr. Martin war ein großer Teil von Arthurs Zukunft, obwohl sie einander nie wiedersehen würden und seit anderthalb Jahren, nach Arthurs Zeitkoordinate, keine Verbindung mehr gehabt hatten.

Martin war mit dem siebenten Schiff des Gesetzes abgereist, mit fünfzig menschlichen Gefährten, nur acht Jahre nach der Vernichtung der Erde, noch ehe die meisten Überlebenden in Tiefschlaf versetzt worden waren. Die Schiffe waren jetzt seit Jahrhunderten unterwegs; sie beschleunigten und bremsten, sie suchten und nahmen Treibstoff von toten Eismonden auf.

Arthur fand Sagittarius, den Bogenschützen, zwischen Scorpius und Capricornus. Er hob die im Handschuh steckende Hand und zeigte: *irgendwo dort.* Innerhalb des von seinem zitternden Finger ausgespannten Bogens lag das Sonnensystem der Mörder der Erde.

Wie schrecklich der Himmel jetzt war! Arthur wünschte sich, er könnte Harrys Vision von vereinigten Sonnensystemen teilen, die riesige ›Galaktismen‹ bildeten. Nach dem, was die Muttis ihnen gesagt hatten, war die Galaxis jetzt bestenfalls erst eine vage erkundete Grenze, schlimmstenfalls aber ein scheußlicher Dschungel.

Auch die Galaxis war noch jung.

Die Planetenfresser waren schließlich aus gar keiner so großen Entfernung gekommen. Die ersten Anzeichen der interstellaren Tarnung ihrer Erbauer waren als Schutzfärbung in weniger als hundert Lichtjahren Distanz von der Erde deutlich geworden.

Martin, ein ruhiger, ernster Mann, der als Erwachsener seinem Vater ähnlich sah, schwebte inmitten einer Schar jüngerer Studentenpiloten auf das Beobachtungsdeck des kilometerlangen, nadeldünnen Schiffs des Gesetzes. Alle diese Schiffe waren aus dem Material der toten Erde selbst gewonnen worden. Mit dem noch unvorstellbar weit entfernten Zentrum der Galaxis vor sich dachte er zurück an die Debatten, die er zu Beginn der Reise mit den Muttis des Schiffs gehabt hatte.

»Wie wäre es, wenn wir die Zivilisation der Planetenfresser fänden und sie inzwischen gereift wäre? Wie, wenn sie schön

und edel und reich an Kultur wäre und ihre früheren Irrtümer bereute? Werden wir sie dennoch vernichten?«

»Ja«, hatten die Muttis geantwortet.

»Warum? Wozu wäre das gut?«

»Weil es das Gesetz ist.«

Tatsächlich hatten die Erbauer der Planetenfresser schon sehr früh, vor Jahrtausenden, ihren Irrtum erkannt. Sie hatten die Planetensysteme um ihren Mutterstern mit Dutzenden falscher Zivilisationen umgeben, mit irreführenden Baken, sogar mit durch Ingenieurgenetik erzeugten biologischen Ködern, die in jedem Detail vollkommen waren bis auf eines — ein Schiff des Gesetzes irrezuführen.

Drei Schiffsjahre zuvor war Martin über die Oberfläche eines solchen Köderplaneten gegangen und hatte die Kreativität und den enormen Energieaufwand bewundert.

Der Planet hatte raffinierte Verteidigungseinrichtungen aufgewiesen. Sie waren der Falle nur knapp entronnen.

Jetzt näherten sie sich dem Abschluß ...

Falls sie scheiterten, würden andere nach ihnen kommen, besser informiert und mit genauerer Kenntnis der Gefahren und Fallgruben in diesem Winkel der galaktischen Urwälder.

Trotz seiner intellektuellen Zweifel setzte Martin sich voll ein. Er hatte oft an das uralte Gesetz gedacht und an die Hunderte von Zivilisationen, die es angenommen hatten. In seinem Herzen bildeten ein kalter, rationaler Haß und Rachedurst ein Echo für die Erfordernisse der Gerechtigkeit.

Er wußte, daß, so seltsam und unverhältnismäßig es sein mochte, eine seiner Hauptmotivationen darin bestand, den Tod eines einfachen, unkomplizierten Freundes zu rächen — eines Hundes. Er erinnerte sich lebhaft an jene herzzerreißenden Stunden in der Beobachtungskabine der Arche.

Viele der Menschen an Bord des Schiffs des Gesetzes waren in der Zentral-Arche geboren worden und hatten ihre Heimatwelt nie kennengelernt. Alle fühlten sich rückhaltlos dem Suchauftrag verpflichtet.

Einen Tag vor dem kurzen Schlaf des tiefen Raumes hatte Martin sich im stillen einen selbst formulierten Eid geschworen:

An jene, die die Erde getötet haben:
Hütet euch vor ihren Kindern!
So wird das Gleichgewicht bewahrt.

DANKSAGUNGEN

Besonderer Dank geht an Larry Niven, John Paul, Jonathan Post, John Anderson und, wie immer, Karen und Poul Anderson. Beth Meacham hat, nachdem sie dies Buch gekauft hatte, einen Teil davon durchlebt — ebenso wie ihr Gatte, Tappan King, meine Frau Astrid und Kim Stanley Robinson. Die Stadt Shoshone gibt es wirklich. Sie ist ein lieblicher Ort; und ich habe Susan, Charles, Maury und Bernice Sorrells viel Liebe und manche schöne Stunde zu verdanken.